JN028543

民法**7** 親族・相続

第7版

高橋朋子・床谷文雄・棚村政行〔著〕

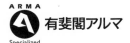

ARMA
有斐閣アルマ
Specialized

　第 6 版を世に出した 2020（令 2）年 3 月は，まさにコロナが日本全国に広まろうとした時期でした。コロナ禍に見舞われたこの 3 年半の間，われわれは，あらゆる社会生活に制約が課されるという未曽有の経験をしました。病院は機能不全に陥り，多くの高齢の方々が亡くなり，出生数も減少しました。人々は家庭の中に閉じ込められ，その結果，DV や子どもの虐待が増加しました。ようやく落ち着きを取り戻し始めた昨今ですが，このような事態が繰り返されないことを願うばかりです。

　そのような中，2021（令 3）年には相続法の一部改正，2022（令 4）年には親子法制の一部改正が行われ，現在，家族法制の改正が進められています。このように近年は家族法の改正が相次いで行われ，多くの変化がもたらされています。一方，改正には至っていない夫婦別姓やジェンダー（トランスジェンダーや同性婚等）に関する問題については，各地で訴訟が起こされ，複数の判決が出されています。今後の法改正への影響が注目されます。

　今回の改訂にあたりましては，これら家族法をめぐる諸変化をできるかぎりフォローし，最新の情報をお届けすべく努めました。親子法制改正は施行前ではありますが，改正内容を基本とした記述をしています。ご活用いただければ幸いです。

　改訂作業に際しては，有斐閣編集部の井植孝之さんに大変お世話になりました。ここに記して，心より感謝を申し上げます。

　2023 年 9 月 8 日

執筆者一同

　法学部の学生さんが親族法・相続法（家族法）を履修した後，
「身近だと思って受講したが，日常感じる家族とは違うものだっ
た」という感想を聞かせてくれることがあります。家族法は社会
の基本的要素をなす家族を対象としたその時々の法政策の表われ
であるため，わたしたちは家族法によって一定の行為を義務づけ
られているのです。しかし，家族に法の厳格な枠がはめられてい
ることを，わたしたちは日常の家族生活のなかではあまり意識す
ることがありません。また，家族法は家族の間に生じた紛争を解
決するために裁判所が従う規範でもあるので，紛争がない家庭で
は，家族法にどんな定めがあるのかをとくに意識することもない
かもしれません。しかし，家族法は日常の家族から離れて存在し
ているわけではありません。意識するとしないとにかかわらず，
家族生活は一定の行為を義務づける家族法によって，大きな影響
を受けています。また，家族の実態の変化によって，家族法自体
が変化していくということもあります。家族法を学ぶことによっ
て，日常の家族生活を新しい目で見つめなおし，また，そのこと
を通じて，これからの家族法のあり方を考えてみて欲しいと思い
ます。

　本書は，日々変化する家族の実態をふまえつつ，家族法の体系
をわかりやすく理解してもらうために，アルマシリーズ
Specialized 民法7として，編まれたものです。新しい学説・判
例を織り込みつつ，初学者にもわかりやすいように基本的な事項
の解説に主眼を置いています。平易な叙述を心がけるとともに，

皆さんの理解を容易にするために，多くの具体的事例〔Case〕や図などを載せました。本文を理解した上でさらに深い知識を求める読者のためには，コラム〔Column や Web など〕を設けました。この欄を読むことによって，新しく生起してきている問題や，民法財産法分野との関連などを知ることができると思います。また，財産法の部分により詳しい解説のある問題については，本シリーズ民法1〜6のどこを見ればよいかについても示してありますので，参照してください。できれば，本シリーズ全体を通読して欲しいと思います。そうすることで，民法の体系の中での家族法の位置を確認することができるでしょう。さらに深く家族法を勉強したいという方は，巻末の参考文献欄に掲げた書物に取り組んでみてください。

　本書は共著ですので，分担部分ごとに担当者3人の個性が表われています。しかし，それは3人が勝手気ままに執筆したということではありません。完成までには，3人で全体を通して何度も意見を交換しては書き改めるという作業を行ってきました。ですから，3人の意見が調整された上での各人の個性の表われだと思ってください。3人のハーモニーを感じていただけたら幸いです。

　最後になりましたが，本書ができあがるまでの長期間にわたり，有斐閣書籍編集第1部の藤本依子さん，佐藤文子さん，山宮康弘さんのお三方に大変お世話になりました。執筆者会議の段取りをはじめ，編集サイドからの原稿へのご提案などまで，多くの面でご助力を得ました。この場をお借りして心より御礼を申し上げます。

　　2004年1月

執筆者一同

PART 1　親 族 法

PART 2　相 続 法

Column 目次 ◆━◆━◆━◆━◆━◆━◆━◆━◆━◆━◆━◆━◆━◆━◆━◆

◆━◆━◆━◆━◆━◆━◆━◆━◆━◆━◆━◆━◆━◆━◆━◆

著者紹介

<ruby>高<rt>たか</rt></ruby><ruby>橋<rt>はし</rt></ruby> <ruby>朋<rt>とも</rt></ruby><ruby>子<rt>こ</rt></ruby>　　第 1 章，第 2 章執筆

　前成蹊大学教授

　主要著作　　『近代家族団体論の形成と展開』（有斐閣，1999），「日本家族の変化と停滞」『未来法学』（有斐閣，2022），「配偶者居住権の創設」民商 155 巻 1 号（2019），「夫婦の氏──再論」『星野英一先生追悼・日本民法学の新たな時代』（有斐閣，2015），「夫婦の居住用不動産の処分制限に関する一考察」『星野英一先生古稀祝賀・日本民法学の形成と課題（下）』（有斐閣，1996）

<ruby>床<rt>とこ</rt></ruby><ruby>谷<rt>たに</rt></ruby> <ruby>文<rt>ふみ</rt></ruby><ruby>雄<rt>お</rt></ruby>　　第 3 章～第 6 章，第 13 章，第 14 章執筆

　現在，奈良大学教授

　主要著作　　『現代相続法』（共編，有斐閣，2010），『親子の法律相談』（共編，有斐閣，2010），『サイエンス・オブ・ロー事始め』（共著，有斐閣，1998），「夫婦別氏制と戸籍制度の再検討」民商 101 巻 2 号 3 号（1989），「養子縁組のあっせんと養親の選択について」『現代社会と家族法』（日本評論社，1987），「ドイツ養子制度における子の福祉」阪大法学 118 = 119 号（1981）

<ruby>棚<rt>たな</rt></ruby><ruby>村<rt>むら</rt></ruby> <ruby>政<rt>まさ</rt></ruby><ruby>行<rt>ゆき</rt></ruby>　　第 7 章～第 12 章執筆

　現在，早稲田大学教授

　主要著作　　『結婚の法律学〔第 2 版〕』（有斐閣，2006），『ライフステージと法〔第 8 版〕』（共著，有斐閣，2020），『家族法実務講義』（共編，有斐閣，2013），『夫婦の法律相談〔第 2 版〕』（共編，有斐閣，2010），『基本判例(4)家族法〔第 2 版〕』（共編，法学書院，2005），『新・民法学 5 家族法』（共著，成文堂，2004），『現代家事調停マニュアル』（共編，判例タイムズ，2002）

1 法令名の略語について

＊（　）内での条文の引用にあたって，民法は原則として，条数の
みを引用した。関係法令の略記については特別なものをのぞいて，
有斐閣版『六法全書』巻末の「法令名略語」に基づいた。主なもの
は以下の通り。

家事　　家事事件手続法　　　　戸　　　戸籍法
家事規　家事事件手続規則　　　児福　　児童福祉法
人保　　人身保護法　　　　　　任意後見　任意後見契約に
　　　　　　　　　　　　　　　　　　　　関する法律

2 判例の略記について

＊最判平 12・3・10 民集 54 巻 3 号 1040 頁

＝最高裁判所平成 12 年 3 月 10 日判決，最高裁判所民事判例集 54
　巻 3 号 1040 頁

＊判　例

　　大判（決）　　大審院判決（決定）
　　大連判（決）　大審院連合部判決（決定）
　　最判（決）　　最高裁判決（決定）
　　最大判（決）　最高裁大法廷判決（決定）
　　控判　　　　　控訴院判決
　　高判（決）　　高等裁判所判決（決定）
　　地判（決）　　地方裁判所判決（決定）
　　家審　　　　　家庭裁判所審判

＊判例集

　　民録　大審院民事判決録

刑録　大審院刑事判決録

民集　大審院民事判例集，最高裁判所民事判例集

刑集　大審院刑事判例集，最高裁判所刑事判例集

高民集　高等裁判所民事判例集

下民集　下級裁判所民事裁判例集

家月　家庭裁判月報

新聞　法律新聞

判時　判例時報

判タ　判例タイムズ

家判　家庭の法と裁判

金法　金融法務事情

訟月　訟務月報

3　コラムについて

本書は，学習上の便宜を考慮し，コラムにいくつかの種類を設けた。

Column　学習内容に関連して，現在議論されている問題，
新しい制度などを説明する。

Web　民法上の類似の制度との比較や特別法について解説。
民法の立体的な理解を目指す。

◆　学習内容に関連して，制度の沿革や高度な論点などを取り
上げる。応用力を養成する。

4　リファーについて

図表・別項目などへのリファーは⇒で示した。表記については，
以下の通り。

⇒第2巻　　有斐閣アルマ　民法2を参照

⇒第1章 *1* ②　　第1章 *1* ②全体を参照

⇒第1章 *1* ②人事訴訟法の対象　　第1章 *1* ②の窓
見出し（人事訴訟法の対象）を参照

PART 1 親族法

MAP

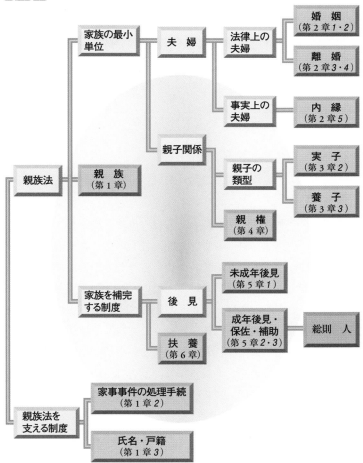

第1章 親族法総則

親族法の土台を学ぼう。家族の実態や親族法はどう変化してきたのか。家族の紛争を解決するにはどのような手続があるのか。個人を識別する氏名や国家への登録簿である戸籍は、どのようなルールに基づいているのか。親族とはなにか。

1 序　説

① 親族法の対象

家族とはなにか

わたしたちは，生まれてからこの世を去るまでの間，社会の中で多くの人たちと関係を結びながら生きていく。中でもとりわけ緊密なのは，家族との関係であろう。今日における一般的な個人と家族との関わりを見ると，わたしたちは，誕生してから成人になるまでは親の庇護の下に成長し，成人した後は，独立して自らの生活を築いていく。結婚をした後は，異性とともに新しい生活の場をつくり，次世代を生み育てていく。老齢になり，独力で生活できなくなると，社会保障の援助の下に，多くの場合，近親者による精神的，経済的，あるいは身体的援助を受けることになろう。親族法は，このような夫婦・親子等の家族の法律関係を定め，これら家族関係をめぐって紛争が生じたときに，その解決の基準を与えるものであ

る。

〈家族〉という言葉をきいたとき，おそらくわたしたちは，1つ屋根の下に住む夫婦と未婚の子どもからなる核家族を思い浮かべるだろう。これは現代日本に一般的にみられる家族形態である。しかし，現代日本の家族もつねに同じであり続けるわけではなく，日々変化している。同時代を生きる欧米諸国では，日本よりもさらに激しい家族関係の変動を経験しつつある。親族法を学ぶにあたっては，現行制度をよく理解するとともに，変わりゆく存在である家族を複眼的にみることが重要になる。

これからの家族　わが国の人口は，第1次ベビーブームを経た 1950（昭 25）年に約 8320 万人を数え，19 歳以下の割合は約 45.6%，65 歳以上が約 4.9% を占めていた。1997（平成 9）年になると，子どもの数が高齢者人口よりも少なくなり，これ以降少子社会といわれ，さらに 21 世紀になると高齢化が進展し，少子高齢社会を迎えた。2021（令 3）年には，人口は約 1 億 2278 万人を数え，1950 年の約 1.5 倍に増えているが，19 歳以下の割合は約 19.8%，65 歳以上が約 29.3% となっている。2016（平成 28）年以降，出生数は 100 万人を下回るようになり，2020 年以降はコロナによる社会情勢の不安定化も加わって出生数がより減少し，2021（令 3）年には 81 万 1622 人を数えるに過ぎない。

婚姻状況を見ると，結婚志向は根強い（⇒第 2 章）。しかし，晩婚化が進み，その結果，未婚率も上昇している。1950（昭 25）年に 71 万 5081 件であった婚姻件数は 2021（令 3）年には 50 万 1138 件（約 30% 減）となった。一方，同じ期間に，離婚件数は 8 万 3689 件から 18 万 4384 件（約 2.2 倍）に増加しており，特に中高年離婚が増加している。このような変化が見られつつも，変わ

らない側面もある。たとえば，わが国では，同棲に対する寛容度が低く，中絶が比較的容易に行われうることもあって嫡出でない子（婚姻関係外で出生した子⇒第3章2②）の数は極めて少ない（1952〔昭27〕年以降，約50年間，出生子中の嫡出でない子の割合は1%前後であった。2021〔令3〕年はやや増えて2.3%である）。また，同性婚も認められていない。

　これに対して，欧米の家族はすでに激しい変化を経験している。フランスの例を見てみよう。フランスは日本よりも早めに少子高齢化を経験したが，その後の変化は日本よりも緩やかである。また，1950年から2018年までの離婚件数の増加割合は日本よりもやや高い（3.7倍）が，婚姻件数の減少割合は日本とそう変わらない（約3割強）。しかし，なにより特徴的な変化は家族形態の多様性である。1999年には，同性愛者・内縁者の共同生活を規律する法律（民事連帯協約〔Pacs〕法）が公布され，2013年には同性婚が認められた。2018年には，婚姻が234,735件（内，異性間が228,349件，同性間が6,386件），Pacsが208,871件（内，異性間が200,282件，同性間が8,589件），締結された。若い世代には，婚姻もPacsも選択せず，内縁を選ぶ者も多い。内縁やPacsの増加にともなって嫡出でない子の出生数が増加し，年毎の全出生子数におけるその割合は，1966年の6.0%から，2020年には61.0%へと激増した。

　このようなフランスの現象は，欧米諸国の中では決して突出したものではなく，もっと激しい変化を経験している国も多い。いずれ日本の家族関係もこのような状況になるかもしれない。現行民法の定める家族関係は，さまざまな男女，親子関係の1つの形態を規律するにすぎない。家族法の問題を考える際には，固定観念にとらわれずに，どのような家族関係がよりよいものといえ

のかを，考えていってほしい。

*Column*① 同性カップルへの法的保護 •••••••••••••••••••••••••••••

　近代民法において，婚姻は男女間にのみ認められてきたが，近年，性的指向の多様性が認められてきており，欧米では，同性カップルにも婚姻と同様の法的保護を与えようとする動きが生じている。必ずしも社会の多数から好意的に受けとめられているわけではないが，すでに北欧，オランダ，ドイツ，フランス，アメリカ，イギリスなど30以上の国において，同性婚が，また，約30ヵ国で登録パートナーシップ制度等が認められている。婚姻または登録したカップルには，民法，税法，社会保障法などにおいて，婚姻の効果またはそれと類似の効果が与えられる。たとえば，登録後にカップルの一方により有償で得られた財産が2人の共有財産と認められたり，相続権を与えられたり，2人の間の贈与・遺贈に有利な税控除が認められたり，一方の医療について他方に承諾権が与えられたり，休暇を一緒に取ることが認められたりしている。ただし，与えられる効果の範囲は国により異なる。最も議論になっているのは，養子をもらうことや人工生殖技術を受けることが認められるかどうかという点である。

　わが国では，2015（平27）年に東京の渋谷区と世田谷区が同性パートナーシップ証明の発行を始めて以降，これに続く自治体が増えており，人口カバー率は7割を超えている。また，同性婚の立法を求める当事者たちから複数の訴訟が提起され，いくつかの判決が出されている。現行制度を合憲とする判決（大阪地判令4・6・20判時2537号40頁）がある一方で，現行制度は憲法24条2項に違反するとは言えないものの，「違反する状態」にあるという判決（東京地判令4・11・30判時2547号45頁等）や，14条に違反しているという判決（札幌地判令3・3・17判時2487号3頁），さらには，24条2項と同時に14条1項にも違反するという判決（名古屋地判令5・5・30 LEX/DB25595224）も出ている。

•••

親族法の性質　　　家族は，市民社会および国家の最小集団であり，それらの基盤であると考えられ

てきたため，秩序維持の観点から，家族の法律関係を全く自由な取決めに委ねるということはできなかった（強行法規性が強い）。民法は，親族編において家族に一定の枠をはめ，家族を法制度化した。親族法は，家族間に生じた紛争を解決するための裁判規範（および調停規範）としての性質ももっている。

親族法の対象 親族法は，民法の第四編に定められている。民法は，市民の法（市民法）であり，市民の財産関係，家族関係を規律する。民法は，財産法を定める第一編（総則），第二編（物権），第三編（債権）と，家族法（広義）を定める第四編（親族）と第五編（相続）からなる。財産法は，抽象的存在である市民（人）から構成される市民社会における財産関係のルールを定めるものであるのに対して，家族法は，具体的身分関係に基づいた市民（自然人）の身分的・財産的関係のルールを定めるものである。また，広義の家族法の一部をなす相続法は，市民（自然人）の死を契機とする，身分関係を基礎にした財産移転のルールを定めたものであり，身分的原理と財産法的原理が交錯している。論者によっては，相続法を家族法からはずし，親族法のみを家族法（狭義）と称する説もある。以下の記述で家族法という用語を使う場合は，とくに断りのないかぎり，広義の意味である。

親族法と身分性 親族法を財産法から区別するのは，身分性の存在である。自然人が身分関係に基づいて与えられる権利を身分権という。純粋に身分的な権利のほかに財産的な権利も含まれる。身分権は，一身専属的であり，譲渡，他人による代理行使，相続も許されない。不当に行使された場合，権利濫用とされやすい。

身分上の法律効果を発生させる法律行為は，身分行為といわれ

る。身分関係には，財産関係と異なる特質があるという認識から生まれた概念である。元来は，親族法・相続法全般の構造を分析する概念であったが，今日では，婚姻・離婚・養子縁組・離縁の成立要件に関する議論において使用されるにすぎなくなり，その存在意義について疑問の声もある。

　身分行為が有する独自性から，民法総則をそのままの形で身分行為に適用することはできないと考えられている。

　親族法は，第1章総則，第2章婚姻，第3章親子，第4章親権，第5章後見，第6章保佐及び補助，第7章扶養から構成されている。

② 親族法の変遷と理念

　親族法の基本原理は，個人の尊厳と両性の本質的平等（2条，憲24条）である。しかし，この基本原理が確立されたのは第二次世界大戦終了後の憲法・民法の改正においてのことであり，それ以前の民法では，別の基本原理が支配していた。

戦前の家族法　わが国において民法が制定されたのは明治時代に遡る。明治政府は，治外法権を撤廃し，徳川期からの諸慣習法を統一するために，1871（明4）年から民法典の編纂事業を開始した。編纂にあたっては，財産法部分はフランス人のボアソナードに委ね，家族法部分は，日本の風俗慣習に基づかせるため，日本人委員の手によらせた。1890（明23）年に草案が完成し，これが公布された（「旧民法」と呼ばれる）。しかし，旧民法をめぐって，いわゆる民法典論争が起こり，旧民法は，1892（明25）年に施行延期となった。

　◆民法典論争　　旧民法のとくに家族法部分をめぐって，賛成（断行派），反対（延期派）の2つの立場から行われた論争である。延期

派の理由とするところは，民法の内容が個人主義的，民主主義的であって，明治憲法の精神に合致せず，わが国古来の倫理を破壊し，伝統の祖先崇拝を中心とする家族主義に反するものである，ということであった。論争の結果，延期派が勝利した。

1893（明26）年に，穂積陳重・富井政章・梅謙次郎の3名を起草委員として，旧民法の修正作業が開始された。1896（明29）年に財産法部分が，1898（明31）年に家族法部分が公布された（「明治民法」と呼ばれる）。家族法部分の基本的構造は，旧民法と同様に，戸主権を中心とする「家」を軸とするものであった（「家」制度）が，旧民法以上に戸主権に関する条文が増加し，親族編の構成も「家」を中心としたものになった。「家」の基礎には戸籍がおかれ，戸主の地位は長男により単独相続された。婚姻関係は親子関係に従属し，婚姻に際しても離婚に際しても，子は父母の同意を得なくてはならなかった。婚姻関係においては，妻は夫の「家」の名字（氏）を名乗らなければならず，また，妻は婚姻により行為無能力とされ，夫の許可がなければ重要な法律行為を行うことができなかった。

大正期に入って資本主義化が進むにつれ，農村から都市に流出する人々が増え，戸籍が実際の「家」を反映しないものになった。政府は「家」制度の強化を図って臨時法制審議会を設置し，親族編・相続編に関する改正要綱を作成させた（親族編は1925〔大14〕年，相続編は1927〔昭2〕年に発表された）。審議会は，これを条文化する人事法案の編纂を行ったが，政府の思惑とは異なり，家族の実態に合わせて「家」制度を緩和する点も多くとり入れ，その内容は新旧思想の妥協的な性格のものとなった。しかし，起草作業は，第二次世界大戦の激化により，中止を命ぜられた。

戦後，ポツダム宣言が受諾されたことにともない，占領軍より明治憲法の改正が示唆され，1947（昭22）年5月3日に日本国憲法が施行された。新憲法は，「家」制度を廃止し，個人の尊厳および両性の本質的平等を定めた。憲法改正作業と並行して，親族法・相続法の改正作業が我妻栄・中川善之助を中心として行われ，1947（昭22）年に新法が公布された。新民法は，「家」制度を廃止し，平等相続を定め，婚姻を男女の合意によらせ，夫婦の平等を定めた。しかし，旧来の勢力との妥協的産物として，夫婦同氏強制など「家」制度的性質を有する条文も残された。

　その後，日本は社会的・経済的に急速な変化を遂げた。とくに1960年代以降の高度経済成長は，家族関係にも大きな影響を与えた。都市では核家族と呼ばれる夫婦とその未成熟子からなる小規模家族が増加し，子どもの数が減少していった（2021〔令3〕年の合計特殊出生率は1.3人である。合計特殊出生率とは，15歳から49歳までの女子の年齢別出生率を合計したもので，1人の女性が一生の間に出産すると考えられる平均の子ども数に相当する）。1980（昭55）年代以降には，社会の高齢化の急速な進行，晩婚化，未婚率の上昇，離婚の増加などがみられる。1986（昭61）年と2020（令2）年の世帯構成を比較してみてみると，65歳以上の者のいる世帯の全世帯に占める割合は，26.0％から40.7％へと増加し，夫婦と未婚の18歳未満の児童がいる世帯は，30.2％から13.6％へと減少した。また，既婚勤労女性も増加し，1985（昭60）年に，既婚女性中の勤労女性の割合が50％を超えた。これら家族の実態の変化に呼応して，家族法には数多くの部分的改正が行われた。たとえば，離婚後の婚氏続称制度の創設（767条2項。1976〔昭51〕年），配偶者の相続分の増加（900条。1980〔昭55〕年），特別

養子制度の導入（817条の2。1987〔昭62〕年），成年後見制度の新設（1999〔平11年〕），離婚後の親子の面会交流や監護費用に関する規定の新設（766条。2011〔平23〕年），虐待から子どもを守るための親権行使の停止制度等の創設（834条の2。2011〔平23〕年），嫡出でない子の相続分平等化（900条4号。2013〔平25〕年），女性の再婚禁止期間の短縮化（733条。2016〔平28〕年），成年年齢の引下げに伴う婚姻適齢の改正（2018〔平30〕年），相続法の一部改正（2018〔平30〕年，2021〔令3〕年），特別養子縁組の一部改正（2019〔令元〕年），親子法制の一部改正（2022〔令4〕年）などである。現在，親権等に関する家族法制の改正が進められている。1996（平8）年には，選択的夫婦別姓などを内容とする「民法の一部を改正する法律案要綱」（以下，1996年の民法改正要綱と称する）が発表され，いくつかの部分が上記の改正に至ったが，選択的夫婦別姓や離婚関係などの改正は残されたままである。

　このように，現在の日本の家族法は，未だ「家」制度的性質を有する条文を残しつつも，家族の実態の変化に対応して，個人の尊厳，夫婦の平等という基本原理をより徹底すべく，改正を重ねている。今後も，夫婦関係の弛緩，老齢者の増加，LGBTQのようなセクシュアリティに対する理解の広がり，国際結婚の増加など，家族関係はますます変化していくと思われ，それに応じて家族法もさらに変わっていかなければならなくなるであろう。

Column②　国際結婚の増加と子をめぐる法的紛争——ハーグ条約 ◆◆
　一般には，日本人と外国人との婚姻など，国籍を異にする者の婚姻を国際結婚というが，日本人男女が外国で結婚する場合など，国際性を有する婚姻も含まれる。日本人と外国人との国際結婚は1980（昭55）年以降に増加し，1975（昭50）年には婚姻したカップルの0.6%（約6000件）であったのが，2021（令3）年には約3.3%（16,496件）を占めている。また，同年，「夫日本人・妻外

国人」のカップルは，「夫外国人・妻日本人」のカップルの約 1.4 倍の婚姻件数である。外国人配偶者の国籍をみると，最近では多様化が進んでいる。

国際結婚をめぐる法的紛争は，国際私法の問題となる。その一例として，国際結婚の破綻にともなう，国境を越えた子どもの奪い去り事件の頻発をあげることができる。子の利益を守り，紛争を予防するために，子どもをそれまで住んでいた国（常居所地国）に返還し，子の監護権についてその国の裁判所で判断してもらうという「国際的な子の奪取の民事上の側面に関する条約」（いわゆるハーグ条約）に，わが国でも 2013（平 25）年 5 月に加盟承認する決議がなされた。

手続としては，監護権を侵害され，子（16 歳未満）を連れ去られたと主張する者が，子の常居所地国または連れ去られ留置されている国（いずれも条約締結国）の中央当局（わが国では外務大臣）に返還を請求する（実施法 4 条・11 条）。申請者と子を監護している者との合意が図られる（同法 9 条）が，合意が得られない場合，その国の裁判所（わが国では東京家庭裁判所と大阪家庭裁判所）が，子の返還事由に該当しているか否か（同法 27 条），該当している場合にも，現在の子の状況，子の意思，返還により重大な危険がないか等の返還拒否事由の存否を判断して返還か返還拒否を命じる（同法 28 条）。裁判で返還が決定されたとき，子の返還は間接強制か代替執行のいずれかにより行われる（同法 134 条〜143 条，民執 172 条，174 条〜176 条）。代替執行の際，2019（令元）年の民事執行法および実施法の一部改正（2020〔令 2〕年施行）の前は，執行官が債務者（監護親）による子の監護を解くために必要な行為を行うのは，子が債務者と共にいる場合に限られていた（旧実施法 140 条 3 項）が，改正により，債権者（子の返還を求める親）等が立ち会えばよいとされた（民執 175 条 5 項）。別居親は子との面会その他の交流を実現するための援助を中央当局に請求することができる（実施法 16 条）。

実施法施行後に裁判で争われている問題としては，①返還事由の認定（同法 27 条：大阪家決平 28・3・31 判時 2399 号 25 頁），②返

還拒否事由の認定（同法28条1項1号：東京家決平30・12・11判時2444号53頁，3号：大阪高決平27・8・17判時2375 = 2376号210頁，4号：東京高決令2・6・12判時2482号17頁，5号：大阪高決平29・7・12判時2388号22頁等），③事情変更に基づく終局決定の変更の認定（同法117条1項：最決平29・12・21判時2372号16頁，最決令2・4・16民集74巻3号737頁）等がある。また，子の返還を命じる終局判決が確定したにもかかわらず，拘束者である一方の親が代替執行に抵抗する場合に，他方の親が人身保護法に基づき子の釈放を求める事件も起こっている（最判平30・3・15民集72巻1号17頁等）。

2 家事事件の処理手続

家事紛争の特殊性　離婚や相続などをめぐって家族間で争いが起こったとき，どの裁判所に行って，どのような手続に従えばよいのだろうか。

　家族間の紛争は，財産法関係の紛争とは異なり，単に当事者間の権利義務関係を合理的に確定すれば済むものではない。家事紛争は，①紛争が継続的な家族関係・人間関係に関わるため，紛争の解決が，人間関係を調整し，当事者にとって感情的に納得のいくものとなること，②家族秩序が国家・社会の基礎をなすことから，その解決が紛争の当事者だけでなく第三者にも効力を生じること，を要請することに特殊性を有する。

　これら家事紛争の特殊性を考慮して，紛争処理手続にも特殊性がみられる。家事紛争に関わる手続法としては，**家事事件手続法**（2013〔平25〕年1月1日施行）と人事訴訟法とがあり，いずれも家庭裁判所を舞台とする（図1-1参照〔23頁〕）。

| 家庭裁判所の役割 | 家庭裁判所の役割は，家事事件の処理と少年事件の処理とに大別される（裁判所 |

家庭裁判所の役割は，家事事件の処理と少年事件の処理とに大別される（裁判所31条の3）。そのうち，家事事件の処理に絞ってみると，その手続には**家事審判**，**家事調停**と**人事訴訟**がある。また，明文の規定はないものの，国民の要望に応えて家事手続案内も行っている。2021（令3）年には415,472件の利用があった。

① 家事事件手続法

家事事件手続法は，2011（平23）年に，従来の家事審判法を改正してできたものである。家事審判法が非訟事件手続法第1編総則の規定を包括的に準用しているため，非訟事件手続法の改正に併せて家事審判法をも改正しようとしたものである。家事事件手続法の改正の目的は，家事事件の解決が困難化している状況の下，当事者が主体的に手続に関与することにより納得を得られるよう，手続を充実させることにある。そのため，①手続の基本事項（管轄〔家事4条〜9条（裁31条の3第1項1号）〕），当事者・代理人（手続行為能力を欠く者の法定代理人・手続代理人〔家事17条〜27条〕），家事審判（家事39条〜243条）・家事調停（家事244条〜288条）の手続，不服申立て（家事85条〜102条・288条等）に関する規定を整備し，②手続保障（参加〔家事41条・42条〕），記録の閲覧謄写（家事47条・254条），子の意思の把握（家事65条），陳述の聴取（家事68条・89条・107条）等に資する規定をより充実させ，③利便性の向上を図るための諸制度（電話会議システム〔家事54条〕等による手続，高等裁判所における調停〔家事274条3項〕等）の新設等を行った。

また，IT化の流れが進んだ2022（令4）年には，離婚・離縁に関する調停事件において，映像と音声の送受信による方法（ウ

ェブ会議）によっても調停を成立させることができるという改正
（家事 268 条 3 項ただし書）が成立した（施行日未定）。

家事審判〜別表第一　家事審判事項は，家事事件手続法の別表
第一・第二に列挙されている（家事 39
条）。

Case 1-1
　AB 夫婦は子宝に恵まれないので，8 歳の子 C を養子にもらうこと
にして，C の親権者の承諾も得た。そこで AB は養子縁組届を戸籍事
務担当者に提出したが，受理されるであろうか。

　未成年者を養子にする場合には，家庭裁判所の許可が必要であ
る（798 条，戸 38 条 2 項，家事 161 条・別表第一 61 項）ので，AB
が許可を得ていなければ，縁組届は受理されない。このような家
庭裁判所の許可は，別表第一に掲げる事項を対象とする審判によ
り与えられる（家事 161 条・別表第一 61 項）。
　別表第一に掲げられている事項は，事柄の性質上，国家の後見
的な役割において決定されるものである。未成年養子の場合を含
めて全部で 134 の事項がある。

家事審判〜別表第二　別表第二に掲げられている事項は，法的
紛争性の強いものである。協議による解
決が望ましい。

Case 1-2
　AB 夫婦は仲が悪くなり，妻 B が実家に帰ってしまった。夫 A が帰
宅を懇願しても，B は応じない。A は家庭裁判所の助力を得て，B に
同居するよう命じてもらおうと思った。どのような申立てが可能であろ
うか。

Aのとりうる手段の1つとして，同居の審判の申立てがある（752条，家事150条・別表第二1項）。

　別表第二に掲げられている審判には，同居の審判を含めて全部で17の事項（婚姻費用の分担，子の監護，財産分与，親権者の指定，扶養の順位・程度・方法，祭具等の所有権の承継者の指定，遺産分割，寄与分等）がある。本来，当事者間の協議で解決されることが望ましいため，家事審判事件が係属している場合には，裁判所は，当事者の意見を聴いて，いつでも，職権で，事件を家事調停に付することができる（家事274条1項・2項）。その場合，審判手続は中断する。（⇒家事調停(4)）

家事審判の手続　上記のように，審判には2種類があるが，いずれにおいても，原則として裁判官が参与員（民間人から選任された者。家事40条）を立ち合わせ，またはその意見を聴いて行う（家事40条）。審判に対しては，特別の定めがある場合に限り（協力扶助，婚姻費用分担，子の監護，財産分与，離婚等における祭具等の所有権の承継者指定に関する処分，他多数）高等裁判所に即時抗告をすることができる（家事85条）。高等裁判所は，即時抗告に理由があると認めるときには，家庭裁判所に差し戻す場合を除いて，自ら審判に代わる裁判をしなければならない（家事91条2項）。

　確定した審判には再審請求をすることができる（家事103条。最判平7・7・14民集49巻7号2674頁）。

　審判は，裁判官に後見的な役割をもたせ，その合目的的な裁量に基づいた望ましい解決をめざす，非訟的手続である。その点，当事者主義（訴訟の解決や審理の資料収集を当事者の責任とするもの）をとる通常の訴訟手続とは異なる。そのため，家庭裁判所は，職権で審理に必要な事実の存否を認定するために調査などをする

（職権探知主義。調査には，家庭裁判所調査官や裁判所技官〔医師〕などがあたる。家事56条1項）。また，家族のプライバシーに関わるため，審理は非公開で行われる（家事33条）。

　審判では職権探知主義を採るとはいえ，家事事件手続法の改正により，当事者の審問請求権を保障すべく，当事者主義的な性格を有する条項が盛り込まれた。

　たとえば，①前述の家庭裁判所の職権による調査の際に，適切かつ迅速な審理・審判の実現を図るためとして，当事者も事実の調査および証拠調べに協力するものとされた（家事56条2項）。②別表第二に掲げる事項について家事審判の申立てがあった場合，家庭裁判所は，原則として家事審判の申立書の写しを相手方に送付しなければならず（家事67条），また，審判に対する即時抗告があった場合には，抗告裁判所は原則として原審における当事者および利害関係参加人（抗告人を除く）に対し，抗告状の写しを送付しなければならない（家事88条）とされた（⇒◆審判手続の合憲性）。

　このほかにも，当事者による記録の閲覧・謄写の可能性（家事47条・254条），当事者の陳述を聴取すべき家庭裁判所の義務（家事68条・89条・107条・120条・126条3項・130条・139条・152条・157条2項・161条3項・164条3項4項7項・165条3項・169条・175条2項・178条・184条・188条3項・210条・220条・229条・236条），聴取への当事者の立会い可能性（家事69条），審理終結日ならびに審判期日を決定する家庭裁判所の義務（家事34条1項・71条・72条）などが定められた。

| 家事審判の執行力 | 金銭の給付，物の引渡し，登記義務の履行その他の給付を命ずる審判は，執行力 |

ある債務名義と同一の効力を有する（家事75条）。

◆審判手続の合憲性　　別表第二に掲げられている事項は紛争性が強いため，家事審判手続が，対審構造の公開の法廷で裁判を受ける権利を定める憲法（憲 82 条・32 条）に違反しないかどうかが争われたことがある。最高裁は，審判が，権利義務を確定するものではなく，権利義務の存することを前提として，その具体的内容を定める処分であり，本質的に非訟事件の裁判であるから，公開の法廷における対審および判決によってすることを要しないこと，また，前提たる権利義務自体については，公開の法廷における対審および判決を求める途が閉ざされているわけではないことを理由に，審判手続は合憲であるとした（最大決昭 40・6・30 民集 19 巻 4 号 1089 頁）。

Case 1-3 ──────────────────────
　Case 1-2 の事例で，夫 A は，同居の審判の申立て以外に，どのような申立てが可能であろうか。
──────────────────────

家事調停　　(1)　A は，審判ではなく調停を申し立てることもできる（家事 244 条）。家事紛争は継続的な家族関係・人間関係に関わるため，当事者の合意による，納得のいく解決のもたらされることが望ましい。そこで，裁判所が関与しつつ，当事者に自主的に紛争を解決させる調停制度が採用されている。ただし，同居のような別表第二に掲げられている審判事項については調停を行うことができるが，別表第一に掲げられている審判事項は，その性質上，調停に適しないものとして除かれる（家事 244 条）。

　(2)　家事調停は，調停委員会または例外的に裁判官単独により行われる（家事 247 条）。調停委員会は，裁判官 1 名と家事調停委員 2 名以上からなる（家事 248 条）。調停委員は，弁護士資格を有する者，専門的学識経験者，有識者などから選任される。調停は非公開で行われる（家事 33 条）。

事実の調査および必要な証拠調べは，家庭裁判所が職権で行う（家事258条1項2項・56条1項・262条）が，同時に当事者も事実の調査および証拠調べに協力するものとするとされた（家事258条1項・56条2項）。

また，最高裁判所は，5年以上弁護士であった者のうちから家事調停官を任命することができる（家事250条）。家事調停官は，家庭裁判所，裁判官または裁判長が行うものとされている家事調停事件の処理に関する権限を行うことができる（家事251条2項）。

別表第二に掲げられている審判事項に関する調停において合意が成立した場合，これを調書に記載すれば調停は成立し，その記載は確定した審判と同一の効力を有し（家事268条1項），既判力を生じる。合意が成立せず，調停不成立の場合には，審判手続に移行する（家事272条4項）。

(3) 別表第二に掲げられている審判事項以外に家事調停に付されるのは，人事訴訟事件，その他一般に家庭に関する紛争事件のすべて（たとえば，内縁の解消，婚約不履行，遺留分侵害額請求などの民事訴訟事件）である（家事244条）。これらの場合（離婚・離縁を除く。後述）も，合意が成立し，合意を調書に記載すると，調停が成立したものとされ，その記載は確定判決と同一の効力を有する（家事268条1項）。

(4) 調停を行うことができる事件についての訴訟または家事審判事件が係属している場合，裁判所は，当事者（本案について被告または相手方の陳述がされる前にあっては，原告または申立人に限る）の意見を聴いて，いつでも，職権で，事件を家事調停に付することができる（家事274条1項）。その場合，家庭裁判所および高等裁判所は，その家事調停事件を自ら処理することもできる（家事274条3項）。高等裁判所が自ら調停を行うとき，調停が不

成立ならば調停に代わる審判に代わる裁判を，調停が成立すれば合意に相当する審判に代わる裁判を行うことができる（家事274条5項・277条・284条。⇒◆調停に代わる審判，◆合意に相当する審判と人事訴訟手続）。

審判前の保全処分・調停前の仮の処分

審判の申立てから終局審判の効力発生までの間に，関係人の財産や生活などに変動が生じて，後日の審判に基づく強制執行による権利の実現が困難になることがありうる。これを防止するために審判前の保全処分制度がある。

家事審判の申立てがあった場合，家庭裁判所は仮差押え，仮処分，財産の管理者の選任，その他の必要な保全処分を命ずることができる（家事105条）。処分が財産の管理者の選任等である場合には形成力が認められ，他方，処分が仮差押え，仮処分，その他の保全処分であり，処分内容が強制執行できるものである場合には執行力が認められる（家事109条3項）。保全処分の申立てが却下された場合には，一部の場合を除いて，即時抗告をすることができる（家事110条）。

なお，調停の場合にも，調停委員会は，調停の前に必要と認められる処分をすることができるが，強制力はない（家事266条）。

履行確保

調停や審判によって，子の養育費の支払や婚姻費用の分担などの給付義務が決まっても，実際には履行されないことがある。そのような場合，給付を命じる審判（家事75条）や調停における合意の調書への記載（家事268条1項）を債務名義として，民事執行法により強制執行をすることもできる（民執22条1項7号）が，時間もかかるし，また，債務者によほどの資力がなければ費用倒れになるおそれが多いことなどから，あまり利用されない。そこで強制執行とは別

に，家庭裁判所が義務者に対し履行を勧告したりする，履行確保のための制度が設けられている。

　権利者からの申出を受け，家庭裁判所は，義務の履行状況を調査し，義務者に義務の履行を勧告し（家事289条），不履行者に対して義務の履行を命じ（家事290条），命令違反に対して10万円以下の過料の制裁を加えるなどする（家事290条5項）。

②　人事訴訟法

　人事訴訟は，婚姻が無効かどうか，子が嫡出子であるかどうかなど，基本的な身分関係の存否をめぐる紛争を処理するための，特殊な民事訴訟手続である。

人事訴訟の対象　人事訴訟法の対象となる事項としては，婚姻事件（婚姻の無効・取消し，離婚，離婚の無効・取消し，婚姻関係の存否の確認。人訴2条1号），親子関係事件（嫡出否認，認知，認知の無効・取消し，父を定める訴え，実親子関係の存否の確認。人訴2条2号），養子縁組事件（縁組の無効・取消し，離縁，離縁の無効・取消し，養親子関係の存否の確認。人訴2条3号）およびその他の身分関係の形成または存否の確認を目的とする訴えに係る訴訟（たとえば，姻族関係の存否確認の訴え，一定の身分関係にある者が提起する婚姻関係等の存否確認の訴えなど）とされている（人訴2条）。

　従来，人事訴訟の管轄は地方裁判所にあったが，家庭裁判所の機能の拡充による人事訴訟の充実・迅速化を図るため，第1審の管轄を家庭裁判所に移管し（人訴4条以下），家庭裁判所調査官の専門的な調査を活用したり（人訴33条以下），審理にあたって参与員の意見を聴く（人訴9条以下）ことができるように，改正が行われた（2003〔平15〕年）。

また，IT 化の流れが進んだ2022（令4）年には，離婚・離縁の訴訟において，映像と音声の送受信による方法（ウェブ会議）によっても和解および請求の認諾等をすることができるという改正（人訴37条3項ただし書，46条）が成立した（施行日未定）。

Case 1-4

夫 A が不貞行為を繰り返すので，妻 B は離婚を決意した。しかし，A は離婚に同意しない。B のとりうる手段にはどのようなものがあるか。

離婚・離縁に関する人事訴訟手続

B は家庭裁判所に調停の申立てをしなければならない。離婚のような人事訴訟事件では，原則として訴訟提起前に家庭裁判所に調停の申立てをする必要があるからである（調停前置主義。家事257条1項）。B が調停でなく訴訟を提起した場合にも，原則として裁判所はこれを調停に付する（家事257条2項）。

ただし，当事者が調停で解決する能力を欠いていたり（たとえば，相手方とすべき者が行方不明の場合，相手方が調停行為能力を欠く場合，合意によって解決する資格のない検察官が当事者である場合など），調停で解決する見込みが当初からない（たとえば，深刻な意見の対立があるような場合など）といった，裁判所が事件を調停に付することを相当でないと認める例外的な場合には，調停前置主義の適用はない（家事257条2項ただし書）。

離婚・離縁に関する調停において AB 間に合意が成立した場合，これを調書に記載することにより調停は成立し，その記載は確定判決と同一の効力を有し（家事268条1項），既判力を生じる。

調停不成立の場合には調停に代わる審判がなされることがある（家事284条）が，調停に代わる審判がなされなかった場合（家事272条1項），あるいは，審判が異議の申立てにより失効した場合

（家事 286 条 5 項）において，当事者が人事訴訟を提起したときは，家事調停の申立ての時に，その訴えの提起があったものとみなされる（家事 272 条 3 項・286 条 6 項）。

　◆調停に代わる審判　　人事訴訟事件中の離婚・離縁に関する調停，ならびに家事事件手続法別表第二に掲げる事項に関する調停について，家庭裁判所は，調停が成立しない場合において相当と認めるときは，当事者双方のために衡平に考慮し，一切の事情を考慮して，職権で，事件の解決のため必要な審判（調停に代わる審判。家事 284 条 1 項）をすることができる。これは，些細な行き違いなどで調停が成立しないような場合に，当事者が了承しうるような妥当性のある審判を下すことにより紛争を円満に解決しようとするものである。異議の申立てがないとき，またはその却下の審判が確定したときは，離婚・離縁については確定判決と同一の効力を，また，別表第二に掲げられている事項については確定した審判と同一の効力を有する（家事 287 条）。しかし，当事者から適法な異議が申し立てられると効力がなくなる（家事 286 条 1 項 2 項 5 項）。

Case 1-5

　A 男は，友人の B 女が自分に対して恋愛感情をもっていないことを知りつつ，勝手に B との婚姻届けを提出した。これを知った B は，婚姻を無効にしたいと考えたが，どうすればよいのだろうか。

その他の人事訴訟事件に関する手続

　B が，家庭裁判所に調停の申立てをしなければならないのは，Case 1-4 と同様である。

　異なるのは，調停で AB 間に婚姻無効についての手続的合意が成立した場合に，合意に相当する審判（家事 277 条）がなされることがあるという点である（任意処分が可能な離婚・離縁を除き，その他の事項は公益性が強く任意処分ができないため，これについて成立した調停は確定判決と同一の効力を有しないことを理由とする。

268条4項)。この審判は，確定判決と同一の効力を有する（家事281条）。

　合意に相当する審判がなされなかった場合（家事272条1項4項），あるいは，利害関係人からの適法な異議の申立てにより合意に相当する審判が失効した場合（家事280条4項）において，当事者が人事訴訟を提起したときは，家事調停の申立ての時に，その訴えの提起があったものとみなされる（家事280条5項・272条3項）。

◆合意に相当する審判と人事訴訟手続　　人事に関する訴えを提起することができる事項から離婚・離縁の訴えを除いた調停事項について，当事者間に合意が成立し，原因の有無について争いがない場合，家庭裁判所は，合意を正当と認めるときには，合意に相当する審判をすることができる（家事277条）。これらの事項は基本的な身分関係の発生・消滅という公益に関わるので，本来は人事訴訟によるべきであり，当事者の合意によって処分することは許されない性質のものである。しかし，調停前置主義の採用により，合意が成立することを前提とせざるをえず，そのような場合にはあえて訴訟によるまでもなく，審判で済ませることを認めたのが，合意に相当する審判制度である。

人事訴訟の手続・効果における特殊性　　人事訴訟事件は基本的身分関係の存否に関するので，①職権探知主義が採用され（人訴20条），②弁論主義が制限され（人訴19条1項2項），③公益の代表としての検察官の関与が認められている（人訴23条）。また，判決の効力は第三者にも及ぼされる（対世的効力。人訴24条1項・25条1項2項）。

　③　家庭に関する事件

　家庭裁判所は，別表第二に掲げる事項についての事件および人

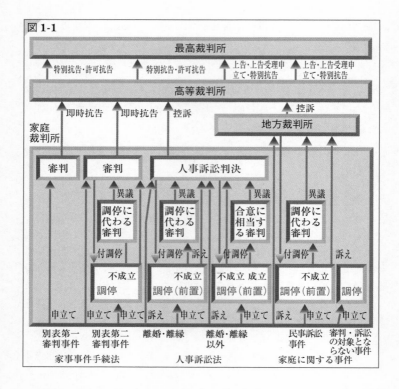

図 1-1

事訴訟事件以外の，家庭に関する事件についても調停を行う（家事 244 条）。これには，民事訴訟事件で家庭に関するもの（離婚による慰謝料請求，遺言無効，遺留分に関する事件など），および，親族またはこれに準じる者の間での，訴訟・審判の対象とはならない家庭に関する事件（夫婦関係・親子関係の円満調整に関する事件など）が含まれる。

3 氏名と戸籍

① 氏　名

氏 の 性 質　山田，田中など，一般的には名字や姓と呼ばれるものを，民法上は氏という。明治民法の「家」制度の下では，氏はなによりもまず「家」の呼称だったので，「家」に属する者はすべて戸主と同一の氏を称した。戦後の民法改正の際に，「家」制度は廃止されたが，現実の親族共同生活を規律するものとして，氏は戸籍法とともに残された。その結果，氏は複雑な性質を有することになった。氏の性質をめぐっては，血統名説，家名説，家族共同体名説など，諸学説が存在している。最近では，憲法における個人の尊重（憲13条）の理念から，また，夫婦別姓案の登場により，氏は個人の呼称としてとらえるべきであるとする説が有力に主張されている。氏制度全体は，いずれか1つの説では説明できないものとなっている。

氏 の 取 得　山田さんはどのようにして山田という氏をもつことになったのだろうか。人が初めて氏を取得（生来取得，原始取得）するルールは，次のようである。嫡出子は，出生により父母の氏を名乗る（親子同氏の原則。790条1項本文）。子の出生前に父母が離婚した場合，子は，父母の離婚時の氏を名乗る（790条1項ただし書）。嫡出でない子の場合は，母の氏を取得する（790条2項）。棄子の場合，父母ともに不明な子は，市町村長が氏をつける（戸57条2項）。このようにして，人は初めての氏を取得するのである。

（1）　山田さんが結婚して佐藤さんに変わった，というように，生来取得した氏が別の氏になることがある。氏が変わる場合としては，身分変動にともなって，法律上当然になされる場合（以下，氏の変動と称する）と，変動を欲する意思表示の効果としてなされる場合（以下，氏の変更と称する）がある。

（2）　まず，氏の変動であるが，これは，婚姻（750条），婚姻の取消し（749条），離婚（767条1項・771条），縁組（810条），縁組の取消し（808条2項），離縁（816条1項）などの身分変動にともなって，法律上当然に，現在保有する氏から別の氏へ変わらなければならないこと，あるいはさらに，元の氏へ復さなければならないことをいう。

このように，身分変動にともなって変動するという氏の性質を，氏の身分性と呼ぶ。氏の身分性は，身分変動がないかぎり氏の変更を原則として認めないということを意味している。氏の変更を簡単には認めない理由としては，社会生活上の混乱を避けるため，選挙などの行政事務上の支障を避けるため，戸籍制度の円滑な運用のため，などの点が一般に挙げられる。しかし，英米のように氏名の変更が自由な国もあり，その当否についての議論が必要となる。

（3）　次に，氏の変更であるが，これは氏の身分性の例外として，意思表示をすることにより氏を変更できる場合である。その中にも，身分行為の変動に関連しつつ，意思表示により氏を変更できる場合と，身分行為とは関係がない場合とがある。

身分行為の変動に関連しつつ，意思表示により氏を変更できる場合とは，生存配偶者が結婚前の氏に復する場合（751条1項），婚姻の取消し・離婚の後も婚氏を名乗り続けたい場合（749条・

767条2項），縁組の取消し・離縁の後も縁組中の氏を名乗り続けたい場合（808条2項・816条2項），子の氏を変更したい場合（791条）である。また，身分行為とは関係がなく，意思表示により氏を変更できる場合とは，やむをえない事由により氏を変更したい場合である（戸107条1項，家事別表第一122項）。

　以上のような氏の変動・変更のルールにつき，以下に詳しくみていきたい。まず，氏の変動・変更の両方について，身分行為に直接・間接に関連するものをみていき，次に，身分行為に関係がなく，意思表示のみによるものをみていきたい。

婚姻と氏

婚姻に際しては，夫婦は同一の氏を名乗らなければならない（夫婦同氏の原則。750条）。この共通の氏（婚氏）は，夫婦いずれかの婚姻前の氏から選ぶものとされている。佐藤秋夫と佐藤春子が結婚し，秋夫の氏を婚氏とした場合，春子の氏はあいかわらず佐藤のままである。しかし，婚姻前の佐藤と婚姻後の佐藤は異なる氏と観念される。

　日本人が外国人と婚姻した場合には，当然には氏の変動を生じないが，届出によって外国人配偶者の氏に変更することができる（戸107条2項）。

Column ③　**夫婦別姓論** ┄┄┄┄┄┄┄┄┄┄┄┄┄┄┄┄┄┄┄┄┄┄┄┄

　現行法の婚氏制度は，妻が夫の「家」の氏を名乗らなければならなかった戦前に比べると，形式的には婚氏の選択方法において夫婦平等となった。しかし，2021（令3）年に結婚した夫婦をみると，その95.0％が夫の氏を名乗る選択をしている。婚氏制度をとるかぎり，夫婦の一方は従来の氏を称することが許されず，現実には，ほとんどの妻が夫の氏を称している。そこで，夫婦平等の観点や，自己のアイデンティティーの保持要求などから，婚姻してもそれぞれが自己の氏を名乗り続けられる夫婦別姓の立法化が求められている。1996（平8）年の民法改正要綱では，選択

的夫婦別姓案が採用されたが，立法には結実していない。要綱作成過程では，夫婦の子の氏を父母いずれの氏にするのか，夫婦の戸籍は同一にするのかどうか，といった点が問題となった。要綱では，子の氏は，父母が婚姻の際にいずれの氏にするかを決定するものとした。また，戸籍は，子の氏として定めた氏を称する者を最初に記載して，夫婦と子（婚姻中の父母の子）を同一戸籍として編製することとされた（民事行政審議会答申）。

　夫婦別姓の改正が行われてこなかったことに対して，国会の立法不作為を理由とする国家賠償法 1 条 1 項に基づく慰謝料請求訴訟が提起された。最高裁は，①「氏の変更を強制されない自由」は，憲法上の権利として保障される人格権の一内容であるとはいえず，憲法 13 条に違反するものではない，②夫婦同氏制において，夫婦がいずれの氏を称するかは協議による自由な選択に委ねられており，夫婦同氏制自体に男女の形式的な不平等が存在するわけではないので，憲法 14 条 1 項に違反するものではない，③夫婦同氏制は社会に定着し，家族集団を構成する一員であることを公示するものとして合理性が認められ，また，夫の氏を選択する夫婦が圧倒的多数を占めている現状では，妻となる女性が不利益を受ける場合の多いことが窺われるが，これは婚姻前の氏を通称使用することにより一定程度は緩和されうることなどから，憲法 24 条に違反するものではない，④この種の制度の在り方は国会で判断されるべき事柄であるなどとして，請求を棄却した（最大判平 27・12・16 民集 69 巻 8 号 2586 頁）。この多数意見に対しては，750 条は憲法に違反するという反対意見等が表明された。その後も，民法 750 条および戸籍法 74 条 1 号の規定が憲法に違反するという訴訟が複数提起されたが，最高裁は未だ訴えを認めていない（最大決令 3・6・23 判時 2501 号 3 頁，最決令 4・3・22 裁判所ウェブサイト，他）。しかし，これらの決定のいくつかにおいては，憲法に違反するという反対意見が付されている。

　2019（令元）年には住民票などへの旧姓併記が認められた。

Case 1-6

　佐藤秋夫と山田夏子が結婚し，夫の氏を婚氏とした。その後，2人は離婚することになった。離婚後，夏子の氏はどうなるのであろうか。

離婚と氏

夏子は山田の氏に戻らなければならない。婚姻によって氏を改めた配偶者は，離婚に際して，婚姻前の氏に復さなければならないからである（離婚復氏の原則。767条1項）。

　しかし，夏子が離婚後も佐藤の氏を使用し続けたい場合には，届出をすれば可能となる。これは，国際婦人年にあたる1976（昭51）年に，離婚の日より3ヵ月以内に届け出れば，離婚復氏後も婚姻中の氏を称すること（婚氏続称）ができるように法改正された結果である（767条2項，戸77条の2）。婚氏続称制度は，離婚により再び氏を変えなければならない女性の社会的・職業的な不利益や，復氏により母と子が氏を異にする不都合をなくそうとしたものである。婚氏続称の届出数は，2021（令3）年で82,472件（離婚数の44.7%）である。

　外国人と結婚して，配偶者の称している氏に変更した者が，離婚により元の氏への変更を希望する場合には，3ヵ月以内にその旨を届け出ることができる（戸107条3項）。

　婚姻の取消しの場合には，離婚の規定が準用される（749条）。

夫婦の一方の死亡と氏

夫婦の一方の死亡による婚姻の解消の場合は，離婚の場合と異なり，婚姻の際に氏を改めた生存配偶者は当然には復氏しない。復氏を希望する場合には，その旨を届け出ることにより（戸95条）認められる（751条1項）。

　外国人と結婚して，配偶者の称している氏に変更した者が，配

偶者の死亡により元の氏への変更を希望する場合には，3ヵ月以内にその旨を届け出ることができる（戸107条3項）。

氏と祭祀財産の承継　氏の変動に関連して，「系譜・祭具及び墳墓の所有権」の承継の問題がある。婚姻により氏を改めた者が，改めなかった者の系譜・祭具および墳墓の所有権を承継した後，離婚したり，死別復氏した場合には，①関係人の協議で，②協議が調わないとき，または協議をすることができないときは家庭裁判所により，権利を承継すべき者を定めなければならない（751条2項・769条）。

Case 1-7

　佐藤秋夫は山田夏子と，佐藤を婚氏とする婚姻をした。その後，①秋夫が田中春夫の養子となる縁組をした。秋夫と夏子の氏はどうなるか。②夏子が田中春夫の養子となる縁組をした場合にはどうか。

養子縁組・離縁　（1）　Case1-7①の場合には，秋夫と夏子の氏は田中となる。養子縁組に際して，養子は養親の氏を称する（810条本文）。婚姻により氏を改めなかった者が単独で養子となった場合には，その者のみならず配偶者も養親の氏を称することになる。これに対し，Case1-7②の場合には，秋夫と夏子の氏は佐藤のままである。婚姻により氏を改めた者が単独で養子となった場合には，婚氏が養親の氏に優先し，夫婦いずれに関しても氏の変更が生じない（810条ただし書）。

　（2）　離縁に際しては，養子は縁組前の氏に復する（816条1項本文）。ただし，夫婦そろって縁組をした養親の一方のみと離縁した場合には，養子の氏は変動しない（同条1項ただし書）。

　婚氏続称と同様に，縁組の日から7年経過した後に離縁により復氏した者は，離縁の日から3ヵ月以内に届け出ることによって，

離縁の際に称していた氏を名乗ることができる（いわゆる縁氏続称。816条2項）。

縁組の取消しの場合には，離縁の規定が準用される（808条2項）。

子の氏変更　子が父または母と氏を異にする場合には，子の氏の変更を申し立てることができる（791条）。子の氏変更の申立件数は年々増加し，2003（平15）年には約20万6000件を数えたが，近年はやや減少気味である（2021〔令3〕年には138,758件）。

基本的には，子の氏の変更は，家族の共同生活の実態に氏を合わせようとする考え方に基づいている。父母の離婚・一方の死亡により，父母の一方・生存配偶者が復氏したとき，父または母の再婚による氏の変動があったとき，父が嫡出でない子を認知したときなど，子が父または母と氏を異にした場合には，子は家庭裁判所の許可を受け（家事別表第一60項），届け出ることによって，父または母の氏に変更することができる（791条1項，戸38条2項・98条1項）。

また，父母が第三者の養子となる縁組をしたときや，嫡出でない子の父母が婚姻したときなど，父母が婚姻中である場合にかぎって，子は届出をするだけで父母の氏に変更することが認められている（791条2項）。

他方で，子が15歳以上の場合は子自らが氏の変更を申し立てることとされ（15歳未満の場合はその法定代理人がする。791条3項），また，氏変更後も，成年に達した時から1年以内に届け出れば，従前の氏に復することができることになっている（791条4項）。このかぎりにおいて，子の氏変更は，共同生活の実態と切り離され，子の意思によることとされている。

Case 1-8

　認知された嫡出でない子の甲野春男は，父の氏である乙野への氏の変更の審判を申し立てた。請求は認められるであろうか。

　変更が認められると，嫡出でない子は父の戸籍に入ることになり（戸18条2項），父の配偶者や嫡出子の反発が生じうる。家庭裁判所は，嫡出でない子の利益・福祉と，法律婚家族の精神的損害・社会的不利益とを総合的に考慮して判断しており，審判例の結論は分かれている。

Case 1-9

　Aさんの氏は珍しいため，初対面で正確に呼ばれることがなく，社会生活上も多くの不利益を被っている。別の氏に変更できるであろうか。

やむをえない事由
による氏の変更

　「やむを得ない事由」があり，家庭裁判所が許可を与えれば，氏の変更が認められる（戸107条1項，家事別表第一122項）。「やむを得ない事由」とは，珍奇（蝶々，赤禿など），難読（小迎森（こけもり），南風花（はいばら）など）など，当該氏を継続することにより社会生活上著しい困難と不便を招き，不当であると認められることをいう。

　この改氏の審判を申し立てられるのは，戸籍の筆頭に記載された者およびその配偶者にかぎられ，氏の変更が認められれば，変更の効果は同一戸籍内の者に及ぶ。

　離婚後に婚姻中の氏の継続使用を選択した者が，後に婚姻前の氏に変更したくなった場合にも，「やむを得ない事由」による氏の変更を申し立てることになる。この場合，「やむを得ない事由」にあたるか否かの判断については，一般の氏の変更の場合よりも緩やかに解釈される傾向にある。婚氏を10年前後称してきたよ

うな比較的長期の使用の場合にも許可する裁判例がみられる。

名の取得　だれが名前をつけるかは，家庭の事情により異なってくるだろう。両親の場合もあれば，祖父母の場合もあり，また，他人がつける場合もある。名前は命名した人の命名行為により決まるが，その**命名権**については明文の規定がない。戸籍法上，父母その他の届出義務者（戸52条・56条）が命名して出生届を提出することになるが，届出義務者が命名権者というわけではない。命名権者は親権者であるという説（通説）や，親権者は代行者であり，出生者自身が命名権者であるという説などがみられる。

　子の名には，常用平易な文字（常用漢字，人名用漢字，ひらがな，カタカナ。変体仮名は除く）を用いなければならないとされている（戸50条，戸則60条・別表第二）。

Case 1-10

　Aは，生まれた子に「悪魔」と命名して，出生届を出した。受理されるだろうか。

　子に「悪魔」と命名して提出した出生届の受理をめぐって，実際に争いがあった。裁判所（東京家八王子支審平6・1・31判時1486号56頁）は，親は原則として命名権を自由に行使できるが，例外的には，親権・命名権の濫用にあたる場合や社会通念上明らかに名として不適当とみられる場合などには，戸籍事務担当者が名前の受理を拒否することも許されるとした。その上で，「悪魔」は戸籍法に反する違法な名であると判断した。この決定に対して，市町村長には実質的審査権はないという批判がある。

名の変更　珍奇・難解な名をつけられた子は，名を変更することができるであろうか。戸籍

法は，正当な事由があれば，家庭裁判所の許可（家事別表第一
122項）を得ることによって，名を変更することを認めている
（戸107条の2）。正当な事由の有無については，社会通念に照ら
し，裁判官が自由裁量によって判断する。氏の変更に比べると，
比較的広く名の変更は認められている。

　なお，従来の戸籍法において，氏名の読み仮名についての規定
はなかった。しかし，行政手続において氏名を仮名表記したもの
を利用して個人を識別できるようにするため，氏名の仮名表記を
戸籍の記載事項とする法改正が2023（令5）年6月に成立した
（戸13条・29条など。施行日未定）。文字の読み方に「一般に認め
られているもの」という基準が設けられ，今後通達で詳細が示さ
れるが，明確な判断基準の作成が課題となろう。

② 戸籍制度

戸籍とは　　戸籍は，わたしたち日本人の身分上の事
実や親族関係を登録し公証する制度であ
る。明治民法の「家」制度の下では，戸籍は「家」の範囲を画す
る基準をなし，戸籍に記載された者が，民法上の「家」の構成員
であった。氏がその「家」の名であった。戦後，「家」制度は廃
止され，戸籍制度も改革されたが，なお氏制度と一体的に構成さ
れている。

戸籍編製の原則　　戸籍は，民法上の親族関係を基礎にしつ
つも，それとは独立の基準により編製さ
れている。すなわち，氏の同一性（同氏同籍の原則，復氏復籍の原
則）と家族単位（家族簿主義）の2つを原則として編製の基準とす
る。氏の同一性の原則は，氏を同じくする者は同じ戸籍に入ると
いうことであり，身分変動（婚姻，養子縁組，離婚，離縁など）や

子の氏変更によって氏が変わった場合には，それに応じて戸籍も変わることになる。一方，家族簿主義とは，個人単位での登録をせずに，一定の範囲の家族を単位として登録することである。

両基準から，次のような原則が導かれる。①同一戸籍に入るのは，夫婦および氏を同じくする親子である（夫婦同籍の原則，親子同氏同籍の原則。戸16条・18条）。婚姻により新戸籍を編製し，婚姻後の夫婦共通の氏（婚氏）を従前から称していた者を，戸籍の筆頭者とする。なお，日本人が外国人と婚姻した場合に，戸籍を新たに編製するときは，その者およびこれと氏を同じくする子ごとに編製される（戸6条ただし書）。②親子であっても，3代が同一戸籍に入ることは禁止される（三代戸籍禁止の原則）。たとえば，Aの子である，未婚の未成年の女性Bが嫡出でない子Cを産んだ場合，CはBの登録されているAの戸籍に入るのではなく，BがAの戸籍を出て，Cと2人の新戸籍を編製することになる（戸17条）。

| 戸籍への届出 | 身分関係の変動は，届出によって戸籍に記載される（戸15条）。|

届出には，すでに法的効果が生じたことを報告するにすぎない報告的届出（出生，死亡，失踪宣告，裁判離婚，調停離婚，裁判離縁，調停離縁，強制認知，遺言による認知など）と，届け出ることにより効果が生じる創設的届出（婚姻，協議離婚，養子縁組，協議離縁，任意認知など）とがある。

嫡出でない子の出生届に関して，嫡出子または嫡出でない子の別を記載しなければならないとする戸籍法49条2項1号の違憲性が争われた事件がある。この区別を記載しないで提出された出生届が受理されなかったために，父母が国に対して，憲法14条1項に違反する当該規定を撤廃しない立法不作為を理由とする国

家賠償法1条1項に基づく慰謝料等を求めた事案につき，最高裁は，本規定は不合理な差別的取扱いを定めたものとはいえず，憲法14条1項に違反するものではないと判示した（最判平25・9・26民集67巻6号1384頁）。なお，2010（平22）年3月24日付法務省民一729号課長通知によれば，記載の補正等を求めても届出人がこれに応じない場合には，届書の付せんまたは余白に，「出生子は，母の氏を称する」または「出生子は，母の戸籍に入籍する」等を記載することによって出生届は受理されることを認めている。

　戸籍における嫡出でない子の父母との続柄欄には，かつては男，女と記されていたが，2004（平16）年より，嫡出子と同様に「長男（長女）」等（母が産んだ，嫡出でない子の出生順による）と記載されるようになった。

戸籍の訂正　戸籍の記載が不適法であったり，記載に錯誤や遺漏があった場合，戸籍の訂正が必要となる。当事者や利害関係人の申請（家庭裁判所の許可が必要。戸113条〜116条）または職権（戸24条）により訂正される。ただし，身分関係に重大な影響を及ぼす事項については，確定判決または審判によらなければならない（戸116条）。

　Column④　性別適合手術と戸籍訂正 ◆◆◆◆◆◆◆◆◆◆◆◆◆◆◆◆◆◆◆◆
　性同一性障害（トランスジェンダー，GID）に悩む人の存在が社会的に注目されるようになってきた。性同一性障害とは，生物学的には完全に遺伝的な性と外性器等の形態が一致しており，本人も自分の肉体がどちらの性に属しているのかを認知しているにもかかわらず，人格的には自分が別の性に所属していると確信していることをいう。1998（平10）年にわが国で初めて医学的治療として性別適合手術が行われて以降，医学界にもこれを認める動きがみられるようになってきた。その後，性別適合手術を受け，外

形的に別の外性器の形状を備えた者が，新しい性への戸籍訂正を求める訴えを起こす例も出てきたが，当初審判例はこれを認めなかった。

このような動きを受けて，2003（平15）年に「性同一性障害者の性別の取扱いの特例に関する法律」が立法された。性同一性障害者と診断された者で，20歳以上であり，現に婚姻をしておらず，現に未成年子がおらず，生殖腺がないまたは生殖機能を永続的に欠く状態にあり，他の性別に係る身体的外観を備えている者（法3条1項）は，戸籍上の性別の取扱いの変更の審判を家庭裁判所に求めることが認められた。性別変更審判申立ては年々増え，2019（令元）年には953件の申立てがあったが，その後やや減少し，2021（令3）年には750件となった。

しかし，現に未成年の子がいないことという要件については，憲法13条，14条1項に違反するものであるという訴えが提起された。最高裁は合憲と判断したが，1名の反対意見は，自己同一性を保持する権利を侵害するものであり，憲法13条に違反するという判断を示した（最決令3・11・30時報1780号1頁）。また，性別適合手術を受けなければならないという要件については，身体への侵襲を受けない権利を侵害するなど，憲法13条，14条に違反するものであるという訴えが提起された。最高裁は合憲と判示したが，2名の裁判官の補足意見は，13条に違反する疑いが生じているという認識を示した（最判平31・1・23家判22号104頁）。

性別変更審判を受けた者は，名の変更を求める場合が多いが，請求の認められた事例が相当数存在する。

また，女性が性別を男性に変更した後に婚姻した夫婦がAID（精子提供による人工授精）を行ったケースにつき，2010（平22）年，法務省は，子どもと遺伝的な父子関係にないことが明らかであるとして，嫡出子と認めないという見解を示したが，最高裁は2013（平25）年にこれを嫡出子と認める決定を下した（最決平25・12・10民集67巻9号1847頁）（⇒第3章2③）。

戸籍は親族関係を公証する制度であるため，公開が要請される。しかし，かつて個人の人権やプライバシーを侵害するような利用が多かったため，1976（昭51）年に戸籍法が改正され，第三者による戸籍謄本・抄本の交付請求の場合には，請求事由を明示し，不当な目的の場合には，交付は拒否されうることとされた。さらに，2007（平19）年の改正において，交付請求できる第三者を制限する（戸10条・10条の2）とともに，請求者の本人確認を行い（戸10条の3），不正に交付を受けた者を処罰すること（戸133条）を定めた。

1994（平6）年の戸籍法改正により，法務大臣の指定する市町村長は，戸籍事務の全部または一部をコンピューターにより取り扱うことができるようになった。その結果，プライバシー保護の必要性がいっそう高まっている。

住民基本台帳は，市町村において，住民の居住関係の公証などの住民に関する事務処理の基礎をなし，住民に関する記録の適正な管理を図るためのものである（住民台帳1条）。日本国籍を有する者および中長期在留者等の外国人を対象とする（同法30条の45・39条）。住民基本台帳は，個人を単位とする住民票を世帯ごとに編成するものであり（同法6条），世帯主が定められている（同法7条4号）。住民基本台帳制度は，事実上の共同生活を営む集団（世帯）を，行政上「家族」として扱うことにつながっており，その当否が論じられている。

住民票の記載については，子の出生届の提出を待ち（催告等を行うこともある），戸籍の記載に基づき職権で行う方法と，市町村長が職権調査を行って子の身分関係を把握し，職権で行う方法と

の2種類がある。催告等によっても届出がなされないとき，市町村長が職権調査による方法で住民票の記載を義務づけられるかという点が最高裁で争われた。

　事実婚をしている夫婦に生まれた子を父が認知のうえ出生届を提出したが，非嫡出子の用語を差別用語と考えたため，嫡出子または嫡出でない子の別を記入する欄を空欄のままとした。これに対して，区長が父に不備の補正等を求めたが，拒否されたため，出生届を不受理にした。父は区長に対し，住民票に子の記載を求める申出をしたが，区長は出生届が受理されていないことを理由に拒んだため，父母が出生届の不受理処分を不服として，取消請求を求めた。最高裁は，母が適法な出生届を提出していない場合，区長が住民票に，子を母の世帯に属する者としての記載をしていないことは違法ではないと判断した（最判平21・4・17民集63巻4号638頁）。

　なお，1995（平7）年より，世帯主の子は，嫡出子であるか嫡出でない子であるかを区別することなく，一律に「子」と記載されるようになった。

4　親族関係

親族の種類
　親族とは，6親等内の血族，配偶者，および3親等内の姻族の総称である（725条）（⇒図1-2参照）。

　血族とは，自然的あるいは擬制的な血縁関係にある者をいい，自然血族と法定血族がある。自然血族とは，親子，兄弟姉妹のように，本来的に血縁関係にある者をいい，他方，法定血族とは，

養親子関係のように，本来血縁関係は存しないが，法律によって血縁関係を擬制された者をいう。法定血族においては，養子と養親およびその血族との間に，血族関係と同一の親族関係が生じる（727条）。したがって，養子の血族と養親との間（大決大13・7・28新聞2302号22頁）や，縁組以前に生まれた養子の直系卑属と養親との間（大判昭7・5・11民集11巻11号1062頁）には，親族関係が生じない。

血族の中の区別には，父母，祖父母，おじ，おばなど，自分より前の世代に属する尊属と，子，孫，おい・めいなど，自分より後の世代に属する卑属がある。これは，あくまで関係の上でのことであり，誕生の先後ではない。兄弟姉妹，いとこなど，同じ世代にある者は，尊属でも卑属でもない。

姻族とは，配偶者の血族，あるいは血族の配偶者のことをいう。両配偶者の血族間（たとえば，夫の父母と妻の父母），血族の配偶者間（たとえば，兄の妻と弟の妻）には姻族関係はない。

配偶者が親族概念に含まれる例は，西欧にはみられない。

親等の計算 親等とは，親族関係の遠近を示す単位であり，一世代を単位とする（726条）。

直系血族（血統が直下する者）間の親等は，両者間の世数を数える。傍系血族（共同の祖先より直下する2つの異なる親系に属する者）間の親等は，両者から共通の始祖に至る世数を合計する。

姻族の親等は，配偶者の血族に関しては，配偶者を基準として同様の方法で計算する。これは，配偶者が自己と同列にあるものと考えられており，親等がないためである。同様の理由から，血族の配偶者の親等は当該配偶関係にある血族の親等と同じになる。

民法は，血族に関しては6親等までを，姻族に関しては，3親等までを親族の範囲に含めている。しかし，6親等の血族という

のは，直系では実際に存在できないものであり，傍系でも非常に
遠い関係にあり，その意義に疑義がもたれている。

親族関係の効果　民法は，親族関係から生じる法的効果に
ついては，問題ごとに個別に定めている
（7条・734条〜736条・744条・805条・834条・840条・846条・877
条・887条・974条など）。民法730条は，直系血族および同居の
親族に互いに扶け合う義務を定めているが，この義務は道徳的な
ものであって法律的なものではないというのが，立法に際しての
政府委員の説明である。

親族関係の終了　親族関係は，死亡・離婚・離縁・婚姻の
取消し・縁組の取消しにより終了する。

　血族関係のうち，自然血族関係は，死亡により当然に終了する
（失踪宣告も含む。31条）。法定血族関係は，離縁・縁組の取消し
により終了する。終了する血族関係は，当事者間の関係ばかりで
なく，縁組により生じた他の血族関係にも及ぶ（729条）。特別養
子縁組の場合，養子と実方の父母およびその血族との親族関係は，
特別養子縁組により終了（817条の9）し，特別養子縁組が離縁さ
れた場合に，再び発生する（817条の11）。

　配偶者との親族関係は，死亡，婚姻の取消し，離婚により終了
する。

　姻族関係は，離婚（728条1項）・婚姻の取消しにより終了する。
夫婦の一方が死亡した場合，姻族関係は当然には終了せず，生存
配偶者が終了の意思表示（戸籍上の届出。戸96条）をすることに
より終了する（728条2項）。

　親族関係が終了することにより，親族関係の効果は消滅するが，
一部，効果の存続するものがある。それは，直系姻族間の婚姻禁
止（735条）と養親子関係者間の婚姻禁止（736条）である。

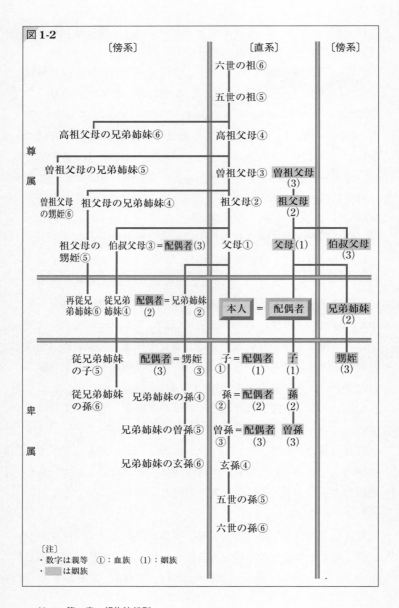

図1-2

〔傍系〕　　　　　　　　　〔直系〕　　　　〔傍系〕

六世の祖⑥

五世の祖⑤

高祖父母の兄弟姉妹⑥　　　高祖父母④

尊

属

曽祖父母の兄弟姉妹⑤　　　曽祖父母③　　曽祖父母
　　　　　　　　　　　　　　　　　　　　（3）

曽祖父母　祖父母の兄弟姉妹④　　祖父母②　　祖父母
の甥姪⑥　　　　　　　　　　　　　　　　　（2）

祖父母の　伯叔父母③＝配偶者(3)　父母①　父母(1)　伯叔父母
甥姪⑤　　　　　　　　　　　　　　　　　　　　　（3）

再従兄　従兄弟　配偶者＝兄弟姉妹　　本人　＝　配偶者　　兄弟姉妹
弟姉妹⑥　姉妹④　(2)　　②　　　　　　　　　　　　　（2）

従兄弟姉妹　配偶者＝甥姪　子＝配偶者　子　　甥姪
の子⑤　　（3）　③　①　（1）　（1）　（3）

従兄弟姉妹　兄弟姉妹の孫④　孫＝配偶者　孫
の孫⑥　　　　　　　　②　（2）　（2）

卑　　兄弟姉妹の曽孫⑤　曽孫＝配偶者　曽孫
　　　　　　　　　　　③　（3）　（3）

属　　兄弟姉妹の玄孫⑥　玄孫④

五世の孫⑤

六世の孫⑥

〔注〕
・数字は親等　①：血族　（1）：姻族
・▨▨▨は姻族

42　　第1章　親族法総則

第2章 夫 婦

家族を形成する契機としての結婚（婚姻）とこれを解消する離婚という2つの制度について学ぼう。また，民法に規定のない婚約・内縁に関わる問題についても考えよう。

現代の結婚

わが国の婚姻件数は，1972（昭47）年の109万9984件をピークとして以降，増減はあるものの次第に減少する傾向にあり，2021（令3）年は50万1138件となっている。結婚志向は徐々に減少しつつも，35歳未満の未婚者の約8割（男性81.4%，女性84.3%）は，いずれ結婚するつもりであるという（2021〔令3〕年）。しかし，晩婚化は進んでおり，1950（昭25）年の平均初婚年齢が，男性25.9歳，女性23歳であったのに対し，2021（令3）年には，男性31.0歳，女性29.5歳に上がった。1980（昭55）年以降に未婚率も急上昇し，2020（令2）年における30歳〜34歳の男性の未婚率は51.8%，女性は38.5%である。一方，再婚件数は増加している。全婚姻件数に占める再婚件数の割合は，1971（昭46）年には，男性8.1%，女性5.9%であったのに対して，2021（令3）年には，男性19.1%，女性16.6%と増加している。

今後，結婚をとりまく状況の一層の変化に応じて，婚姻法もその成立方式や効果について見直しを迫られることになろう。

(1) 結婚のことを，法律上では「婚姻」という。婚姻とは，社会制度として保障された男女の性的結合関係であり，これを法規範化したものが婚姻法である。近年では，家族の多様性を認める国において，男女間のみならず，同性間の婚姻を認める国も増加してきた（⇒ *Column* ①）。

(2) そもそも西欧前近代では，婚姻はキリスト教における秘蹟（神の愛を夫婦間で分かち合う典礼）とされ，宗教的儀式により成立させられていた（宗教婚。神前での誓約）が，近代国家の成立により，婚姻は世俗的な国家法の下におかれることになった（民事婚。身分登録官の面前での婚姻の合意）。このように，国家法の要求する方式に則ったものを婚姻として承認することを，**法律婚主義**という。わが国も法律婚主義をとっており，戸籍法の定めるところにより，市区町村役場へ婚姻届を提出することを要する**届出婚主義**を採用している。法律婚主義の対概念としては，習俗的な儀式をあげたことや，当事者が婚姻の意思をもって夫婦共同生活を始めたことをもって，法律上の婚姻の成立とする**事実婚主義**がある。現在，事実婚主義をとる国は少ない。

(3) 日本民法は，夫婦を一組の男女からなるものとし（一夫一婦制。732条・770条1項1号），一夫多妻や一妻多夫，あるいは同性間の婚姻などを認めていない（最近の同性婚に関する動きについては，⇒ *Column* ①）。

婚姻を律する基本原理は，**個人の尊厳**と**両性の本質的平等**である。憲法は，婚姻が個人の尊厳の原理に立脚し，両性の合意のみに基づいて成立すること，および，夫婦が同等の権利を有し，その相互の協力により，婚姻を維持しなければならないことを定める（憲24条）。民法も，これら2原理を解釈の基準とする（2条）。

1 婚姻の成立

① 婚姻の要件

形式的要件　　民法は，市区町村役場への婚姻届の提出を要する届出婚主義を採用した（739条・742条2号）。民法739条1項は，婚姻は届出によって「その効力を生ずる」と書いているが，通説は，婚姻の合意そのものについて届出という方式を要求する民法の趣旨から，届出を婚姻成立の要件と解する（成立要件説）。これに対して，内縁を救済するなどの目的から，婚姻は当事者の合意により成立し，届出は効力発生要件であるとする見解（効力要件説）がみられる。

婚姻届は，当事者双方および成年の証人2人以上から，口頭または署名した書面でなされ（739条2項，戸37条），これに法令違反がないことを戸籍事務担当者が確認した後，受理することによって，婚姻は成立する（大判昭16・7・29民集20巻1019頁）。

口頭による届出の場合には，当事者の出頭，陳述が必要とされる（戸37条）。これに対して，書面による届出の場合，原則として自署が必要であるものの，代署であってもそれが外見上明らかでなければ，戸籍事務担当者には実質的審査権がないため，受理を拒めない。いったん受理されれば，代署であっても有効となる（742条2号）。また，届書は，当事者が届け出るほか，第三者に委託したり，郵送することも認められる。このように，婚姻意思の合致を確認するという点からみると，書面による届出方式は不十分であるため，2007（平19）年の戸籍法改正により，市役所・町村役場に届け出た者が本人であるかどうかの確認がなされるこ

とになり（戸27条の2第1項），本人が届け出たことが確認でき
ない場合には，市町村長から，届出を受理したことを本人に通知
すべきことが定められた（戸27条の2第2項）。

　外国に在る日本人間で婚姻するときは，取り寄せた婚姻届書を
本籍地に送付などするほか，その国に駐在する日本の大使，公使
または領事にその届出をすることもできる（741条）。また，その
国の法律で定められた方式で婚姻することもできる（法適用24条）。

実質的要件

婚姻の実質的要件には，①婚姻意思の存
在と②婚姻障害のないことの2つがある。
婚姻意思がなかった場合には，婚姻の無効が問題となり，婚姻障
害があった場合には，婚姻の取消しが問題となる。

婚姻意思の存在

当事者間に婚姻をする意思がないとき，
婚姻は無効となる（742条1号）。人違い
をしたような場合には，婚姻意思がないことは明らかであるが，
単に婚姻に与えられる効果の一部のみを欲して婚姻届を出したよ
うなとき，婚姻意思があるといえるだろうか。

Case 2-1 ———————————————————————

　ABは，結婚を約束して6年間肉体関係を続けてきた。B女はAの
子Cを出産したが，AはD女との結婚を望み，Bとの関係の解消を求
めた。BがCを嫡出子にしたいとAに懇願したため，Aは，婚姻した
後に離婚することを約束して，Bとの婚姻届を提出した。ABに婚姻意
思はあるか。

（1）　婚姻届を出すことにより法律上の夫婦になるという意思
が婚姻意思であるとするならば，ABに婚姻意思は存在すること
になる。このように，法律上の婚姻をしようとする意思（婚姻届
出をする意思）の合致があれば足りるとするのが形式的意思説であ

る。この説にとって，当事者が婚姻の法的効果のどの部分を欲しているのか，また，実際に結婚生活を営むのかどうかは，問題とならない。

　これに対して，夫婦としての実体を重視する立場からは，婚姻意思とは「真に社会観念上夫婦であると認められる関係の設定を欲する効果意思」をいうとする，実質的意思説が唱えられている。この説によれば，ABには婚姻意思はないということになる。しかし，実質的意思説のいうところの「社会観念上夫婦」という関係が，具体的になにを指すのかは明らかでない。

　判例は，Case 2-1 のような仮装婚姻の場合に，実質的意思説を採用して（最判昭44・10・31民集23巻10号1894頁），婚姻を無効とした。しかし，判例は，仮装離婚や養子縁組のような他の身分行為については異なる判断をしている。仮装離婚（たとえば，生活保護の受給を継続するために，収入のある配偶者との離婚届を出したような場合）については，形式的意思説をとり，離婚を有効とした（最判昭57・3・26判時1041号66頁）。また，養子縁組については，脱法目的の縁組（たとえば，戦前，法定推定家督相続人であれば徴兵されなかったので，徴兵を免れるために男子のいない人と養子縁組を結んだような場合）には，実質的意思説をとって縁組を無効にした（大判明39・11・27刑録12輯1288頁）が，成年養子縁組には多様な目的があるため，未成年子を育てるといった純粋な親子関係を求めるものではない縁組も有効としている（偶発的とはいえ情交関係のあった男女間の養子縁組や，相続税の節税を目的とした養子縁組も，事情により有効とした。最判昭46・10・22民集25巻7号985頁，最判平29・1・31民集71巻1号48頁⇒ 第3章3②縁組意思）。判例は，各身分行為に理念的に前提とされる実体と当該事案とのズレの大きさ，各身分行為に予定される法的効果

と当事者の欲する効果との差，目的の違法性などを考慮し，総合的に判断しているものと思われる。

　学説においては，かつては実質的意思説と形式的意思説が対立していたが，今日では多様化し，判例同様，身分行為によって判断基準を変える説などがある。たとえば，相続や嫡出性の付与のような，婚姻にとって定型的な法律効果の実現を期する場合には婚姻意思があるとする**法律的定型説**や，婚姻や養子縁組のような創設的身分行為には，その効果のうちの基本的部分を意欲する積極的意思（実質的意思）が必要であるが，離婚や離縁などの解消的身分行為には，すでになされている創設行為の機能の一部を失うことを意欲する消極的意思（形式的意思）で足りるとする**法的意思説**などがみられる。

　(2)　**婚姻意思の存在時期**　婚姻意思は，婚姻届書の作成時に存在しなければならないことはもちろんであるが，届書受理時にも存在しなければならないと解されている。したがって，届書作成時に婚姻の意思があっても，届出までに翻意した場合，婚姻は無効ということになる。なお，婚姻届を作成した当事者の一方が翻意した場合，相手方からなされる婚姻届を戸籍事務担当者に受理させないためには，婚姻届不受理の申出をすることができる（戸27条の2第3項4項5項⇒*3* ②◆不受理申出制度）。

　問題となるのは，①届書作成後に一方が死亡または意識不明になった場合，②一方の不知の間に婚姻届が受理されたが，後にこれを認めるような言動をした場合である。いずれも受理時には婚姻意思の存在が認められず，本来ならば無効となるはずであるが，社会的妥当性から有効性が問題となる場合である。

　①の場合で，届出を郵便または民間事業者による信書の送達に関する法律に定める信書便によって発送した後に一方が死亡した

ときは，死亡時に届出があったものとみなされ，届出が受理される（戸47条）。戦時中の出征軍人のための特別法に由来する解決である。では，郵便または信書便による発送ではなく，届出を他人に委託したところ，受理時に当事者の一方が意識不明になり，間もなく死亡した場合はどうだろうか。判例は，当事者間に内縁関係があった場合，あるいは継続的な性関係があった場合につき，翻意するなど婚姻の意思を失う特段の事情がないかぎり，届書の受理により，婚姻は有効になるとした（最判昭44・4・3民集23巻4号709頁，最判昭45・4・21判時596号43頁）。

②の場合とは，事実上夫婦として暮らしていた間に，一方が勝手に婚姻届を出したが，他方がこれを知った後も，特に苦情をいわずに生活を継続したような場合である。判例は，夫婦としての実質的生活関係が存在しており，後に他方の配偶者が届出の事実を知ってこれを追認したときは，婚姻はその当初に遡って有効になると判示した（最判昭47・7・25民集26巻6号1263頁）。

婚姻障害　婚姻障害に関わる要件としては，①婚姻適齢，②重婚の禁止，③近親婚の禁止がある。

（1）**婚姻適齢**　婚姻できる年齢は男女ともに18歳である（731条）。かつて民法は男18歳，女16歳という下限を設けていて，婚姻適齢に達した未成年者が婚姻するとき，父母の同意を得なければならなかった（旧737条1項）。社会の安定化のために，その成立の基礎である婚姻を，男女異なる基準によって肉体的，精神的に成熟したと考えられていた年齢の者に制限したということである。しかし，年齢差に合理的な理由がないことから，1996（平8）年の民法改正要綱では男女ともに18歳に揃える提案がなされていた。その後，2018（平30）年に，成年年齢の18歳への

引下げとともに，女性の婚姻適齢を 18 歳に引き上げる法改正が
なされ，父母の婚姻同意の規定も削除されることになった。

（2）　**重婚の禁止**　　配偶者のある者は，重ねて婚姻をするこ
とができない（732 条）。国によっては，一夫多妻制をとるところ
もあるが，わが国は一夫一婦制を採用した。配偶者ある者が重ね
て内縁関係を営んでいても，内縁関係は戸籍に表れないので，こ
こにいう重婚にはならず，重婚的内縁の問題となる（⇒ 5 ②重婚
的内縁）。

通常，重婚かどうかは戸籍事務担当者が受理の際にチェックす
るので，婚姻が二重に成立する場合は稀である。戸籍事務担当者
が過誤により受理する場合以外に重婚が問題となるのは，①協議
離婚をして再婚したが，離婚が無効または取消しになった場合，
②失踪宣告（30 条）を得て再婚したが，失踪配偶者が生存してい
ることがわかり宣告が取り消された（32 条）場合，③認定死亡
（戸 89 条）を受けて再婚したところ，前配偶者が生存していた場
合などである。

重婚の禁止の規定に違反して婚姻をした女性が出産した場合に
おいて，嫡出推定規定（772 条）によりその子の父を定めること
ができないときは，裁判所が父を定める（773 条）。

なお，刑法では，重婚は 2 年以下の懲役の対象となりうる（刑
184 条）。

　Web **失踪宣告の取消し** ✦✦✦✦✦✦✦✦✦✦✦✦✦✦✦✦✦✦✦✦✦✦✦✦✦
　失踪宣告が取り消されても，宣告後取消し前に善意でなされた行
為の効力は変わらないというのが総則の定めである（32 条 1 項後
段）。婚姻にもこれが適用されるのだろうか。通説は，32 条 1 項後
段を適用し，失踪者の生存について後婚の当事者がともに善意の場
合には前婚は復活せず，一方または双方が悪意の場合には前婚が復
活して重婚になるという。これに対して，1996（平 8）年の民法改

正要綱は，32条1項後段を適用せず，善意・悪意を問わず，前婚を復活させずに後婚のみを有効とする提案をした。

❖❖

Column⑤ 廃止された**再婚禁止期間** ❖❖❖❖❖❖❖❖❖❖❖❖❖❖❖❖❖❖❖❖❖❖❖

　かつて女性は，前婚の解消または取消しの日から6ヵ月を経過した後でなければ，再婚をすることができないとされていた（旧733条）。これは，早期の再婚により生まれた子の父性の推定（旧772条）の重複を避けるための制度であった（最判平7・12・5判時1563号81頁）。父性推定について，旧民法772条は，婚姻成立の日から200日後または婚姻の解消もしくは取消しの日から300日以内に生まれた子は，婚姻中に懐胎したものと推定すると定めていた。かりに再婚禁止期間がなければ，前婚の夫の子の推定と後婚の夫の子の推定が重なる期間が100日間存在した。父性の推定の重複を避けるためであれば再婚禁止期間は100日で足りる。そこで，1996（平8）年の民法改正要綱では，再婚禁止期間を100日間に短縮するよう提案されていた。その後，2015（平27）年12月16日に最高裁判所大法廷判決（民集69巻8号2427頁）が出され，①733条1項のうち100日の再婚禁止期間を設ける部分は憲法14条1項，同24条2項に違反するものではないが，②100日を超過する部分は，父性の推定の重複を回避するために必要な期間とはいえず，遅くとも当該事件において前婚が解消された2008（平20）年3月から100日を経過した時点までには，違憲状態に至っていたこと等を判示した。これを受けて，2016（平28）年に，再婚禁止期間を100日間に短縮する改正がなされた。

　しかし，再婚禁止期間の存在は，婚姻の自由を女性にのみ制限することになり男女不平等であること，また，再婚禁止期間があるために事実婚が行われ，そこから生まれた子に対して前婚の夫の嫡出推定がはたらく場合があることから，再婚禁止期間を廃止すべきであるという意見が出されていた。2022（令4）年の法改正によって嫡出推定規定が改正され，再婚によって嫡出推定が重なった場合でも子は出生の直近の婚姻における夫の子と推定されることとなったため，再婚禁止期間は廃止された（改正法の施行は

令和6年4月1日）。（嫡出推定の改正については⇒第3章2①嫡出子）

━━━━━━━━━━━━━━━━━━━━━━━━━━━━━━━━━━━━

（3）　近親婚の禁止　　優生学的および社会倫理的配慮から，一定の親族関係にある者の間では婚姻が禁止されている（⇒第1章4図1-2）。

①直系血族または3親等内の傍系血族の間では，婚姻をすることができない（734条1項本文）。ただし，かつての婿養子制度（養親の娘と養子との婚姻が養子縁組と同時に行われるという明治民法上の制度。旧839条など）のように，養子と養方の傍系血族（養親の兄弟姉妹〔養子からみてのおじ・おば〕，養親の子〔養子からみての兄弟姉妹〕，養親の孫〔養子からみてのおい・めい〕など）との間では，婚姻が許される（734条1項ただし書）。また，特別養子縁組により，養子と実方の父母およびその血族との親族関係が終了（817条の9）した後も，婚姻の禁止は存続する（734条2項）。

②直系姻族の間でも，婚姻することができない（735条）。離婚により，および，夫婦の一方が死亡した後に姻族関係終了の意思表示をしたことにより，姻族関係が終了（728条）した後も，同様である。また，特別養子縁組により，養子と実方の父母およびその血族との親族関係が終了した結果，姻族関係が終了（817条の9）した後も，婚姻は禁じられる。

③養子，その配偶者，直系卑属またはその配偶者と，養親またはその直系尊属との間では，婚姻をすることができない（736条）。離縁により，養子，その配偶者，直系卑属（縁組前に生まれた子は含まれない）およびその配偶者と，養親およびその血族との親族関係が終了（729条）した後も，同様である。なお，①で触れたように，養親の子である兄弟姉妹などは婚姻禁止の対象からはずれる（734条1項ただし書⇒図2-2）。

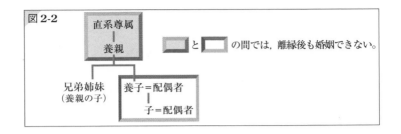

図 2-2

直系尊属
養親

□ と □ の間では，離縁後も婚姻できない。

兄弟姉妹
（養親の子）

養子＝配偶者
子＝配偶者

　以上の近親婚の禁止制度に対しては，姻族間の婚姻禁止や養親子間の婚姻禁止は，もっぱら倫理的観点からのものであるので，姻族関係や養親子間の親族関係が終了した後は，婚姻を認めてもよいのではないかという見解もある。

　(4)　成年被後見人の婚姻　　成年被後見人が婚姻をするには，婚姻の意味を理解できる能力（意思能力）があれば，その成年後見人の同意を要しない（738条）。婚姻のように身分の変動をもたらす行為では，本人の意思が尊重されるべきだからである。

　②　婚姻の無効および取消し

婚姻の無効

　(1)　人違いその他の事由によって当事者に婚姻をする意思がないとき，婚姻は無効となる（742条1号。⇒1①実質的要件）。また，婚姻の届出をしないときにも無効になると定められている（742条2号）が，婚姻届を成立要件と解する通説（成立要件説）の立場からは，婚姻は不成立になると解される。742条2号の意義は，届出が739条2項に掲げる条件を欠くだけであるとき，婚姻は有効であると定めるただし書にあるといわれている。

　(2)　婚姻無効の訴え・審判　　無効な婚姻は，たとえ無効確認の判決や審判がなくても当然に無効であり，利害関係人は他の訴

訟の前提問題として無効を主張することができるというのが通説の立場である（当然無効説）。これに対しては，婚姻無効を宣言する判決や審判がなければ，何人も婚姻の無効を主張することはできないという見解がある（形成無効説）。

婚姻の取消し　(1)　婚姻の成立要件の一部（婚姻適齢，重婚の禁止，近親婚の禁止）に違反した婚姻（744条1項），ならびに詐欺・強迫による婚姻（747条）は，婚姻届が受理されれば一応有効に成立するが，取消しの訴訟（人訴2条1号）・審判（家事277条）により取消しが認められる。前者は公益的見地から，後者は私益的見地からのものである。そのため，原則として，前者の取消権者には，当事者（重婚の禁止に違反した婚姻については，前婚の配偶者も取消権者となる。744条2項）のほか，その親族または検察官が含まれる（ただし，検察官は，当事者の一方が死亡した後は，請求できない。744条1項ただし書）のに対して，後者の取消権者は詐欺・強迫によって婚姻をした本人に限られる。

(2)　婚姻適齢違反の場合，不適齢者が適齢に達したときは，取消しの請求はできない（745条1項）。ただし，本人は，追認をしないかぎり，適齢に達した後も3ヵ月間は取消しを請求することができる（同条2項）。

重婚に関して，判例は，後婚が離婚によって解消されたときには，特段の事情のないかぎり後婚の取消しを請求することはできないという（最判昭57・9・28民集36巻8号1642頁）。

詐欺・強迫による婚姻の場合，当事者が，詐欺を発見し，もしくは強迫を免れた後3ヵ月を経過し，または追認をしたとき，取消権は消滅する（747条2項）。

(3)　婚姻取消しの効果は，将来に向かってのみ生じ，遡及しな

い（748条1項）。ただし，当事者の死亡後に婚姻が取り消されたときは，死亡時に取消しによって解消したものと解釈されている。

　婚姻取消しの効果が遡及しないのは，いったん有効とされた婚姻から生じた生活事実を重んじたためである。そのため，たとえば，婚姻から生まれた子は嫡出子となり，直系姻族間では取消し後も婚姻禁止規定が及ぶこととなる（735条）。

　ただし，財産関係については，異なる効果が定められている。すなわち，婚姻の当時，取消しの原因があることを知らなかった当事者は，婚姻によって得た財産を，現に利益を受ける限度において返還しなければならない（748条2項）。また，婚姻当時，取消原因の存在につき悪意であった当事者は，婚姻によって得た利益の全部を返還しなければならず，さらに，相手方が善意であったときは，損害賠償もしなければならない（748条3項）。

　婚姻の取消しには原則としてその効果が遡及しないことから，離婚に類似すると考えられ，離婚の規定（姻族関係の終了，子の監護者の決定，復氏，財産分与，祭祀財産の承継，子の氏，親権者の決定）が準用される（749条）。

　Web 取消しの意義 ❖❖❖❖❖❖❖❖❖❖❖❖❖❖❖❖❖❖❖❖❖❖❖❖❖
　瑕疵ある意思表示または法律行為の効力を，表意者その他の特定人が消滅させることを取消しという。取り消しうる行為も，取り消されるまでは有効であるが，取り消されると初めから無効であったことになる。これに対して，条文上は「取消し」となっているが，上述とは異なる効果を有するものがある。たとえば，取消しの効果を既往に遡らせず，取消し時までに発生した効力に変動を及ぼさないもの（婚姻の取消し〔748条〕など）である。このほかに，権利義務が発生しないうちに，表意者が任意に意思表示の効果を将来に向かって失わせるという意味の「取消し」もあったが，2004（平16）年改正により「撤回」と改められた（相続の承認・放棄の撤回〔919

条 1 項〕，遺言の撤回〔1022 条〕など）。

❖❖

2 婚姻の効力

　婚姻をした男女に法はさまざまな効果を与える。このことによって，婚姻は同棲や事実上の夫婦関係（内縁）から区別される。とはいえ，民法が婚姻に与えている多様な効果のうちのかなりの部分は，現在の解釈のもと，内縁にも認められてきている（⇒**5**②）。その結果，法律上の婚姻にのみ与えられる効果としては，①夫婦間および一方配偶者と他方配偶者の血族との間に親族関係が発生すること（725 条⇒第 1 章**4**），②夫婦は同一の氏を称すること（750 条⇒第 1 章**3**），③婚姻中に懐胎された子は夫の嫡出子と推定されること（772 条⇒第 3 章**2**），④夫婦は相互に相続権をもつこと（890 条⇒***PART 2***），などがあるにすぎない。

　本節では，婚姻によって発生する効果のうち，親族編第 2 章第 2 節に定める婚姻の効力（750 条〜754 条）および同章第 3 節に定める夫婦財産制（755 条〜762 条）を対象として取り上げる。

① 一般的効果

　親族編第 2 章第 3 節が婚姻共同生活の基盤をなす財産関係を扱うのに対し，第 2 節は婚姻の身分的効果ならびに身分に付随して財産関係にも関わる効果を扱う。婚姻の身分的効果とは，夫婦が名字を同じくし，一つ屋根の下に住み，協力し，助け合わなければならず，不貞などしてはならないことをいう。また，身分に付随して財産関係にも関わる効果とは，未成年者であっても結婚生

活を営むために成年として扱われるようになることや，夫婦の間での契約はいつでも取り消しうることなどをいう。

夫 婦 の 氏

夫婦は，婚姻の際に，夫または妻の氏のいずれかを夫婦の共通の氏として定め，婚姻中これを称する（750条）。夫婦の一方が死亡したとき，婚姻の際に氏を改めた生存配偶者は，婚姻前の氏に復することができる（751条1項）が，離婚をしたときは原則として婚姻前の氏に復さなければならない（767条1項）。また，夫婦同氏は婚姻の効果として定められているが，婚姻届は，夫婦がいずれの氏を称するかを記入しなければ（戸74条1号）受理されないので，婚姻の要件と化していると解する説も見られる。⇒第1章 *3*，選択的夫婦別姓については，*Column ③*。

同居・協力・扶助義務

夫婦は，同居し，互いに協力し，扶助しなければならない（752条）。同居・協力・扶助義務は，夫婦関係の身分的効果の中心をなすものであり，これに反する夫婦の約定はその効力を主張することができないと解されている。

協力義務は精神的・事実的な援助（日常生活の維持，子の保育など）を意味し，扶助義務は経済的な援助を意味する（⇒ ②婚姻費用の分担，第6章 *2*）と解されている。

同居義務は，夫婦が2人で協議して決めた場所と住宅に夫婦として同居しなければならないことをいう。家庭内別居のような単なる場所的同居は，夫婦としての同居とはいえない。協議がまとまらなかったり，夫婦の一方が正当の事由なく同居しない場合には，他方は同居の審判を請求することができる（家事別表第二1項。裁判を受ける権利との関係については⇒第1章 *2* ①◆審判手続の合憲性）。しかし，たとえ同居の審判が下されても，同居義務は任

意に履行されなければ目的を達することができないので，その性質上強制執行を許さないものと考えられている（大決昭5・9・30民集9巻926頁）。

　正当の事由なく同居を拒んだ場合には，悪意の遺棄（770条1項2号）として離婚原因となったり，相手方が扶助義務を免責されたりする。なお，夫婦関係が破綻したため別居した夫婦の場合，裁判所は，同居の審判がかえって夫婦関係を悪化させるとして，同居審判を下さない傾向にある。

　正当の事由があれば一時的別居も認められる。たとえば，病気による入院や職業上の理由での一時的別居などである。学説では，別居に正当の事由があるにもかかわらず夫婦の一方が同居の請求をすれば，請求権の濫用として請求は認められないと考えられている。もっとも，日本には別居に関する規定がない。夫婦が激しい対立関係にあるとき，冷却期間をおくために別居をする方がよい場合もある。同居に関する一処分として別居を命じた審判例も見られる。

貞操義務　明文の規定はないが，不貞行為が離婚原因になっており（770条1項1号），重婚が禁止されていること（732条）などから，夫婦は相互に貞操義務を負うと解されている。不貞行為とは，夫婦としての貞操義務に反する行為であり，配偶者の自由な意思で行った配偶者以外の者との性的交渉をいう（⇒ *3* ④ 配偶者の不貞行為）。

Case 2-3
　夫婦の一方配偶者Ａと肉体関係をもち，その貞操義務を侵害した第三者Ｃに対し，他方配偶者Ｂはその被った精神的苦痛について損害賠償を請求することができるだろうか。

判例は，Ｃに，Ａが既婚であることについて故意または過失があるかぎり，Ａを誘惑するなどしたか，あるいは自然の愛情によったかどうかにかかわらず，ＣはＢの権利を侵害したのであり，その精神上の苦痛を慰謝すべき義務があるとした（最判昭54・3・30民集33巻2号303頁）。これに対して，学説では，夫婦間で問題を解決させようと志向することなどから，原則的にはＣの責任を否定し，例外的に，Ｃが不貞行為を利用してＢを害しようとしたり，暴力や詐欺・強迫など違法な手段によって強制的・半強制的に不貞行為を実行した場合にのみ，第三者の責任を認めるとする説が有力である。このような学説の動向などを受けて，最高裁は，不貞行為の当時，すでにＡＢ間の婚姻関係が破綻していた場合には，特段の事情のないかぎり，ＣはＢに不法行為責任を負わないとする，制限的な判決を出した（最判平8・3・26民集50巻4号993頁）。また，最高裁は，第三者が夫婦の一方と不貞行為に及んだことにより当該夫婦の婚姻関係が破綻して離婚するに至った場合において，離婚による婚姻の解消は，本来，当該夫婦の間で決められるべき事柄であるため，第三者が当該夫婦を離婚させたことを理由とする不法行為責任（離婚慰謝料）を負うのは，単に夫婦の一方との間で不貞行為に及んだだけでなく，当該夫婦を離婚させることを意図してその婚姻関係に対する不当な干渉をするなどして当該夫婦を離婚のやむなきに至らしめたものと評価すべき特段の事情があるときに限られる，という判決を出した（最判平31・2・19民集73巻2号187頁）（⇒ **4** **1** 財産分与の法的性質〜慰謝料）。

　また，夫婦の一方が第三者と同棲していた場合，他方配偶者が同棲相手に対して有する慰謝料請求権の消滅時効（724条）は，同棲の終了時ではなく，他方配偶者が同棲関係の存在を知った時

から開始すると解されている（最判平6・1・20判夕854号98頁）。

◆子どもからの慰謝料請求　父が妻子のもとを去って第三者と同棲したために，未成年子が父から愛情を注がれず，監護教育を受けられなくなったとして，第三者に対して慰謝料請求をすることは認められるだろうか。最高裁は，第三者が害意をもって父親の子に対する監護等を積極的に阻止するなど特段の事情のないかぎり，父が子に愛情を注ぎ，監護教育を行うことは，第三者との同棲とはかかわりなく，父の意思によって行いうるので，子の被った不利益と第三者の行為との間には相当因果関係がない（前掲最判昭54・3・30）として，請求を認めなかった。

夫婦間の契約取消権

夫婦間で契約をしたとき，婚姻中であればいつでも，夫婦の一方はこの契約を取り消すことができる（754条）。なぜ夫婦間ではこのようなことが認められるのだろうか。夫婦間の契約取消権の立法理由としては，かつて，①夫の威圧により妻は，あるいは妻を溺愛する夫は，自由な意思によって契約を結ぶことができにくいこと，②夫婦間の契約に法的拘束力をもたせて訴訟の対象とすると，家庭の平和を害する結果になることが挙げられていた。しかし，現行法の下では，夫婦は平等であり，また，夫婦間の訴訟一般が禁止されていないことから，本条の存在理由の正当性には疑問が投げかけられている。

　本条における「契約」の種類には制限がなく，すべての契約を含むと解されている。この点，本条文が由来するフランス法（夫婦間贈与の取消しと特定の夫婦間贈与の無効のみを認める）よりも適用範囲が広い。また，取消権には方式の定めもなく，消滅時効にもかからない。契約の履行前のみならず，履行後にも取り消すことができる。契約を取り消すと，契約は当初に遡及して無効となる。ただし，契約取消権の対象となった目的物について取消権行

使前に権利を取得した第三者の権利を害することはできない（754 条ただし書）。第三者の善意悪意は問わない。

Case 2-4 ───────────────────────────────────

夫Ａと妻Ｂは，Ａ名義の建物で洋裁店を経営していたが，夫婦関係が不和になり，Ａは家を出ていった。その後，Ｂが不在の時にＡは店に立ち寄り，「一切の権利をＢに贈与する」と書いた書面と署名した離婚届用紙を置いていった。Ｂが離婚届を提出した後，洋裁店の建物の名義書換をＡに請求したところ，Ａは贈与契約をすでに取り消したと主張した。Ａの主張は認められるだろうか。

──

夫婦が円満であれば，契約の取消しも当事者間でスムーズに行われるだろうから，契約の取消しの効力が裁判で争われるのは，婚姻が破綻し，その関係の修復のための贈与や，離婚を前提とする財産分与の取決めなどがなされた場合だろう。しかし，婚姻の破綻後には本条により守られるべき家庭の平和はもはや存在せず，むしろそのような状況では契約の履行こそが求められる。

判例も，離婚と不可分の関係において締結された贈与契約は，財産分与請求権（768 条）に基づく契約と同性質であり（最判昭 27・5・6 民集 6 巻 5 号 506 頁），したがって，婚姻が破綻に瀕している場合になされた契約は取り消しえない（最判昭 33・3・6 民集 12 巻 3 号 414 頁）と判示している。ここから，Case 2-4 のＡの主張は認められない。さらに，夫婦円満なときに結ばれた契約を婚姻破綻後に取り消しうるかという問題についても，判例は，本条にいう「婚姻中」とは，形式的にも実質的にも婚姻が継続していることを意味するとして，本条の適用を制限した（最判昭 42・2・2 民集 21 巻 1 号 88 頁）。1996（平 8）年の民法改正要綱でも，本条の削除が提案されていた。

2 夫婦財産制

　結婚により夫婦の経済的共同生活が始まる。夫婦は互いの財産
や収入を共同で使用し，また，節約などに協力し合って新たな財
産をつくっていく。このような夫婦の婚姻中の財産関係を規律す
るのが夫婦財産制である。夫婦財産制は，夫婦間の財産関係を定
めるだけでなく，夫婦と取引する第三者との関係も規律する。

　夫婦は，婚姻前に契約（夫婦財産契約）をすることによって，
婚姻後の財産関係を定めることができる（755条）。婚姻後に契約
をすると，夫婦間の契約取消権（754条）によって取り消される
おそれがあるからである。夫婦財産契約を結ばずに結婚した場合
には，民法が法定財産制を用意している。現実には，夫婦財産契
約を結ぶ夫婦は極めて少なく（2017（平29）年〜2021（令3）年の
5年間では平均約18件），ほぼすべての夫婦は法定財産制に服して
いる。

夫婦財産契約
　夫婦財産契約は，夫婦の財産の所有・管
理・処分，債務負担，婚姻解消の際の財
産の清算などについて定めるものである。夫婦財産契約の内容は，
契約自由の原則から，自由に決定してよいとされる。ただし，家
族法の理念である個人の尊厳と両性の本質的平等や，公序良俗，
強行法規に反することはできない。また，相続に関する指定，た
とえば，相続分や分割方法の指定（902条・908条）などは遺言に
よって行われるべきものであるから，夫婦財産契約によることは
認められないと一般に解されている。

　夫婦財産契約が締結された場合，夫婦は婚姻届出前に登記しな
ければ，夫婦の承継人（相続人および包括受遺者）および第三者に
対抗することができない（756条）。また，婚姻届出の後は，原則

として，夫婦の財産関係を変更することができない（758条1項。管理失当による変更などについては，同条2項・3項）。

　諸外国では，夫婦財産契約の慣行があること，夫婦財産契約の手助けをする公証人が身近にいること，民法も契約のモデルを複数定めて選択を容易にしていること，婚姻後も内容の変更を認めていることなど，夫婦財産契約を締結しやすい環境が整えられている。そのような条件がないわが国では，すでに述べたように，夫婦財産契約を結ぶ夫婦は稀である。ここから，夫婦財産契約の制度は不要ではないかという意見もあるが，最近では，契約のしやすい制度に改めることによって，夫婦財産契約を促進し，それぞれの夫婦が自分たちに合った夫婦財産契約を締結するのがよいのではないかという考えが強くなっている。1996（平8）年の民法改正要綱でも，夫婦財産契約の制度を利用しやすいものにするための方策の検討が，今後の課題とされていた。

法定夫婦財産制　夫婦財産契約を結ばない人びとのための法定夫婦財産制は，婚姻費用の分担（760条），日常家事債務（761条）および夫婦の財産の帰属（762条）に関する3ヵ条からなる。

夫婦の財産の帰属　夫婦の一方が婚姻前から有する財産および婚姻中自己の名で得た財産は，その特有財産となり（762条1項），夫婦のいずれに属するか明らかでない財産は，夫婦の共有に属するものと推定される（同条2項）。これは別産制と呼ばれる制度である。「婚姻中自己の名で得た財産」とは，労働して得た財産や実質的に対価を支払うなどして得た財産を意味し，所有名義にはかかわらない（最判昭34・7・14民集13巻7号1023頁）。したがって，夫の所得を妻が自己名義で貯金しても，あるいは，夫の所得で購入した住宅を登記簿上妻名

義にしても，それはあくまで夫の特有財産である。

妻の財産権の保護　別産制は夫婦の経済的独立を認めた制度であるが，現実には専業主婦も多く，既婚女性労働者の平均賃金水準も低いため，妻には不利な結果をもたらしやすい。別産制を定める762条1項は憲法24条に違反するのではないかという批判に対して，判例は，民法には別に財産分与請求権，相続権ないし扶養請求権等の権利が規定されており，夫婦相互の協力，寄与に対しては，これらの権利を行使することにより実質上の不平等が生じないよう立法上の配慮がなされているので，違憲ではない，と判示した（最大判昭36・9・6民集15巻8号2047頁）。

しかし，判決当時，子とともに相続する妻の相続分は3分の1であり（1980〔昭55〕年に現行の2分の1に改正），財産分与制度も現実には十分に機能していなかったことなどから，学説は解釈により妻の財産権を保護しようと試みた。その際，西欧にみられる共有制や付加利得共同制などが参照された。共有制とは，婚姻中に得られた収入や有償取得した財産を夫婦の共有財産とする財産制であり，付加利得共同制とは，婚姻中は夫婦各人が単独で自己の全財産を管理・処分するが，解消時には婚姻中に増加した財産額を共有とみる財産制である。これらの制度を参照しつつ妻の財産権を保護しようとした学説には多くのものがあるが，代表的な説は以下のようである。

（1）　妻の経済的自立のためには別産制が望ましいが，婚姻費用の分担として支出されたものは夫婦の共有財産になるとする説。

（2）　婚姻中は別産制だが，解消時には共有財産が形成され，財産分与や相続分に体現されるという説。

（3）　財産の取得に際して配偶者の協力があったかどうか，婚

姻共同生活に必要な財産であるかどうか，あるいは，財産の名義がいずれかを考慮して，夫婦財産を，①名実ともに一方の特有財産となるもの（例：婚姻前からの財産，婚姻後に相続などにより無償で取得した財産），②名実ともに夫婦の共有財産となるもの（例：家財・家具など），③名義は一方に属するが実質的には共有に属し，対外的には特有財産だが，対内的には共有財産となるもの（例：婚姻中，夫婦が協力して取得した住宅），の3種に分けるという説。

別産制にどの程度共有制の要素を取り入れるかにより説は分かれるが，いずれの説も，夫婦内部においては共有財産を広く認めようとするものである。

これら学説の流れを受けて，下級審判決では，生活費の余剰金やそれにより取得された財産を夫婦の共有財産と判示するものがみられるようになってきた。しかしなお，離婚の際の財産分与が十分に実現されているとはいえない状況にある（⇒ *4* □）。

婚姻中に取得した財産が夫婦の協力・扶助の結果であり，婚姻共同体の平等な構成員として，夫婦は財産に平等な持分を有すると考えるならば，立法政策的に法定夫婦財産制を共有制に改正するということも考えられないわけではない。しかし，共有制をとると財産の管理・清算の仕組みや運用が複雑になることや，共有制を採用している国でも，女性の社会進出が進むにつれて別産制的要素を加味し始めていることなどの理由から，現在では共有制への改正を望む声はあまり大きくない。1996（平8）年の民法改正要綱では，別産制を当面維持しつつ，家庭裁判所での財産分与額の決定に際して，各当事者の寄与の程度を原則として平等とすることを明文化する，という方向性が示されていた。

　1996（平8）年の民法改正要綱には採用されなかったが，家族の住宅の保護の問題が議論の対象となった。たとえば，家族の居住する住宅が夫の所有名義になっている場合，現行法では，夫が住宅を一方的に処分することができ，その結果，妻や子の居住が侵害されることになる。これを防ぐために，諸外国では，名義人であっても他方配偶者の同意がなければ一方的に住宅を処分することができないという制度などを設けている。婚姻中ならびに離婚・相続の際の非名義人の居住の保護のために，日本でもこのような制度を導入すべきかどうかが議論されたが，民法改正要綱では見送られ，今後の検討課題とされた。

　その後，2018（平30）年の相続法改正において，生存配偶者の居住を保護するための短期・長期の居住権の新設が実現した（⇒第7章*2*配偶者の相続法上の地位の強化）。なお，内縁配偶者の居住権は改正の対象とされなかった。

·•

婚姻費用の分担　　夫婦の財産の帰属については，夫婦の独立性に基礎をおく個人主義的な別産制が採用されたが，夫婦が共同生活を営む以上，共同性に配慮した規定が必要となる。その1つが婚姻費用の分担規定である。

　夫婦は，その資産，収入その他一切の事情を考慮して，婚姻から生じる費用を分担する（760条）。婚姻から生じる費用とは，夫婦と未成熟子の生活を保持するのに必要な費用を指し，具体的には，衣食住の費用，子の出産費・養育費・教育費，医療費，教養・娯楽費などが含まれる。裁判例では，成年であっても病弱なために生活能力のない子の生活費や，親の社会的地位や資力によっては医学部卒業までの学費も，また，夫婦の一方の連れ子や親の生活費も，婚姻費用に含まれるとされている。

　分担の方法は，夫婦の一方が金銭を出し，他方が家事労働を負担するという形態でもいいし，双方が金銭を出し合うという形態

でもいい。

　婚姻費用の分担方法や額は，第一次的には，当事者の協議により決定されるが，協議が調わない場合には，家庭裁判所が，夫婦の資産，収入その他一切の事情を考慮して，審判（家事別表第二2項）または調停により決定することになる。

Case 2-5 ─────────────────────────────

　AB夫婦は不仲となり，夫Aが家を出た。Aが生活費を妻Bに送らないため，BはAに生活費の支払を請求して家事調停を申し立てた。調停が不成立に終わったため，BはAに婚姻費用の分担を求めて審判を申し立てた。BはAと同程度の生活水準を保てるような額を希望しているが，認められるであろうか。

─────────────────────────────

　婚姻費用分担が現実に問題となるのは，夫婦が別居して破綻に瀕したときである。円満時，夫婦は自己と同一水準の生活を保障する義務（生活保持義務。⇒第6章1生活保持義務と生活扶助義務）を負っている（752条）。破綻別居の場合にもこの義務は消滅しないので，原則的にはBの請求は認められる。しかし，義務者に過重な負担を負わせる場合もありうるため，裁判例には，相手方の意に反して正当の事由もなく独断的に別居をした配偶者側からの生活費の請求を認めなかったもの，夫婦の一方が破綻別居後も相当な経済的援助を続けていた場合，その後は生活扶助義務（⇒第6章1生活保持義務と生活扶助義務）を前提として，生活保護基準（⇒4②養育費）に準拠した分担でよいとしたものなど，分担義務を軽くする例も多くみられる。

　未成熟子の養育費に関しては，夫婦が破綻しても，現に未成熟子を養育している者から他方に対し，その分担を請求することができるとされる。

婚姻費用ならびに養育費の額の算定に関しては，簡易迅速な算定を目指して作成された標準的算定方式と算定表（判タ1111号285頁以下）が定着してきた（最決平18・4・26家月58巻9号31頁）。しかし，金額が低すぎるという批判がみられたため，最高裁は，2019（令元）年に改訂標準算定方式・算定表を公表した（⇒**4** ②養育費）。

　婚姻費用分担審判申立て後に離婚しても，これにより費用分担請求権は消滅しない（最決令2・1・23民集74巻1号1頁）。

　さて，夫婦の一方が他方に対して生活費の請求をするとき，婚姻費用分担として請求すべきだろうか，それとも夫婦の扶助義務（752条）の履行として請求すべきだろうか。両者の関係について，学説は多岐にわたっている。通説によれば，752条は，夫婦共同生活の本質として，夫婦間の生活保持義務を示したものであり，760条は，それに必要な費用の負担者を定めたものであり，両者は観念的には異なるが，機能的には重複するといわれる。裁判例も，基本的にはこれと同一の立場をとっている（もっとも，実務は事実上，760条に手続を集中させている）。

日常家事債務　共同生活から生じる日常家事債務につき，夫婦は連帯責任を負う（761条）。夫婦の一方と取引をした第三者の保護を図ったものである。沿革的には，婚姻費用の負担者が夫とされ，日常家事を担う妻が行為無能力者であった明治民法において（旧14条以下・798条1項本文・804条1項2項），妻の日常家事の取引権限（夫の代理人）を定め，妻のした取引の効果を夫に帰属させるための仕組みが日常家事債務制度であった。今日では，婚姻費用分担義務は等しく夫婦に課され，妻も行為能力者であるので，第三者との関係では各行為者が責任を負えばよいとすることもできる。にもかかわらず本条が設けられたのは，婚姻共同生活のために行われた行為については，夫婦

が共同して責任を負うべきであるという，婚姻の共同性を重視した立場によるものである。

　夫婦の一方により日常の家事としてなされる法律行為は，どのようにして夫婦の連帯責任を生じさせるのだろうか。学説には，大別して，夫婦がともに代理権を有するためであるという**代理権説**と，旧法の条文にある代理の文言が現行法にはないため，連帯責任は法が定めた効果であるという法定効果説とがある。前者における代理権の理論付けにおいては，種々の見解があり，①いわゆる代理ではなく，家族の代表としての行為であるという代表権説，②家事は，一部は行為者の事務であり，他の一部は他方配偶者の事務であるため，他方の事務についての部分的代理権が定められているという部分代理権説，③夫婦の一方の名において他方の財産を処分し，権利義務を本人に帰属させることができる管理権を夫婦は相互に有するという管理権説，などがみられる。最高裁は，夫婦は相互に他方を代理する権限を有するとして，代理権説の立場をとることを明らかにした（最判昭44・12・18民集23巻12号2476頁）。

　日常家事には，夫婦と未成熟子からなる共同生活に通常必要とされる一切の事項を含む。食料・衣料などの購入，医療，娯楽，子の養育・教育などは当然に含まれる。

Case 2-6
　夫Ａは，その経営するＣ会社の債務支払のために，妻Ｂ所有の土地建物を，債権者Ｄに譲渡した。Ｂは，Ａになんらの任意代理権も授与していなかったとして，Ｄに対し，所有権移転登記の抹消を請求した。これに対し，Ｄは，Ａが日常家事に関する代理権を有していたと主張した。Ｂの請求は認められるだろうか。

学説には，日常家事の範囲は，各夫婦の社会的地位・職業・収入などによって異なる上に，地域社会の慣行によっても異なるが，共同生活にとくに必要な資金調達のための既存の財産の処分と借財は，日常家事に含まれると解するものもある。しかし，判例は，ある行為が日常家事の範囲に属するかどうかについては，夫婦の内部的な事情や当該行為の個別的な目的のみを重視すべきではなく，当該行為の種類や性質などの客観的な要素を考慮して判断すべきであるとした（前掲最判昭44・12・18）。

裁判例では，電気料金の支払（1950〔昭25〕年），家出をしていた妻が買った14万円の電子レンジの購入（1976〔昭51〕年），月収手取り約30万円の家庭で子どもの教育のために購入した学習教材（約60万円）の立替払（月々7000円の支払）（1994〔平6〕年）などは日常家事に含められたが，月収約8万円の家庭での約41万円の太陽熱温水器の購入（1986〔昭61〕年），収入のない家庭での21万円あまりのふとん購入のクレジット（36回払い）（1986〔昭61〕年）などは日常家事には含まれないとされた。

問題となるのは，借財と，Case 2-6のような他方名義の不動産の処分である。借財が日常家事に属すると判断されるかどうかは，金額の多寡や実際に日常の家事に属する目的に充当されたかどうかにより判断される例が多い。これに対し，他方名義の不動産の処分は，日常家事には含まれないとされる傾向にある（最判昭43・7・19判時528号35頁，前掲最判昭44・12・18）。1996（平8）年の民法改正要綱の作成過程で，家族の住宅の名義者による処分には他方配偶者の同意が必要ではないかという議論（⇒ *Column* ⑥）がなされたことに鑑みても，不動産の処分を日常家事に含ませて非名義者の意思による処分を可能にすることには，問題があると思われる。

日常の家事に関する法律行為でない場合，最高裁は，第三者保護を図りつつ，夫婦の財産的独立の保護に配慮するために，第三者が当該行為を日常家事の範囲内と信じ，かつ，そう信じるについて正当な事由がある場合にかぎり，民法 110 条の表見代理の趣旨を類推適用すると判示した（前掲最判昭 44・12・18）。Case 2-6 では，D が A の行為を日常家事の範囲内と信じるについて正当な事由があるとは認められないので，B の請求は認められる。

Web　**日常家事債務と表見代理**　❖❖❖❖❖❖❖❖❖❖❖❖❖❖❖❖❖❖❖❖❖❖❖

　旧法下において，妻は夫の代理人とみなされており，大審院は，日常家事の範囲を超えた行為につき，この代理権を基本代理権として民法 110 条の表見代理の成立を認めた（大判昭 8・10・25 民集 12 巻 2613 頁）。現行法において代理の文言が削除された後も，民法 761 条は夫婦相互に代理権を定めたものと解した上で，表見代理を認める学説が維持された。しかし，この説に対しては，容易に表見代理が成立し，夫婦の財産的独立性を損なうという批判が生じた。そこで，第三者保護と夫婦の財産的独立の保護の双方に配慮したものとして，表見代理の趣旨を類推適用し，第三者が当該行為を日常家事の範囲内と信じ，かつ，そう信じるについて正当な事由がある場合にかぎり第三者を保護するという説が有力に主張され，判例（前掲最判昭 44・12・18）もこれを採用した。ただし，判例は表見代理の成立を制限する目的を有していたが，これに対して，有力説は日常家事の範囲を判例より広く解し，借財や不動産の処分をも含めているので，必ずしも表見代理の成立を制限することにはならない可能性がある。

❖❖❖❖❖❖❖❖❖❖❖❖❖❖❖❖❖❖❖❖❖❖❖❖❖❖❖❖❖❖❖❖❖❖❖

　婚姻が破綻に瀕している場合には，日常家事債務は存在せず，本条の適用はないと解されている（大阪高判昭 49・10・29 判時 776 号 52 頁）。

　夫婦の一方と日常の家事に関する法律行為をする第三者に対し

て，他方配偶者が，自らは責任を負わない旨を予告した場合，連帯責任は生じない（761条ただし書）。

3 離婚の成立

① 離婚法の変遷

婚姻の解消

婚姻の解消原因には，夫婦の一方の死亡と離婚がある。夫婦の一方が死亡すると，相続が開始し，生存配偶者は相続権を有する（890条）。配偶者の相続権についての説明は，相続法部分（⇒ *PART 2*）に譲ることとし，本節では，もう1つの婚姻の解消原因である離婚について述べる。なお，夫婦の一方が死亡した場合，生存配偶者が意思表示をすれば，次の2つの効果が発生する。①生存配偶者が姻族関係を終了させる意思を表示したとき，姻族関係は終了する（728条2項。⇒第1章 *4*）。②生存配偶者は届出により婚姻前の氏に復することができる（751条1項。⇒第1章 *3* ①）。

西欧離婚法の歴史

西欧では，中世にキリスト教の影響が強まり，離婚は認められなかった（婚姻非解消主義）。神の恩恵を授けられて成立した婚姻は人間の意志では解消できないものとされたのである。もっとも，教会も，婚姻の無効・取消しという形で，実質的な離婚を認めないわけではなかった。

絶対王権の成立する16世紀以降，教会権力は衰退し，ルターやカルヴァンらの宗教改革者たちにより，婚姻非解消主義は批判されるようになった。18世紀末の市民革命の中で，ついに離婚制度が認められるようになる。とはいえ，キリスト教の影響はな

お残り，法律の定める有責事由があるときにかぎり離婚を認める有責主義離婚法が採用されたのであった。

　20世紀に入って，婚姻関係が破綻したことを離婚原因とする破綻主義離婚法が採用されるに至る。多くの国は，離婚原因に有責事由を残しつつ無責事由を加えたところの，有責主義と破綻主義を併合した制度をとっているが，1970年代に，破綻を唯一の離婚原因とする制度を採用する国が現れた。

　以上のように，西欧では，中世に禁じられた離婚が近代以降に認められるようになり，20世紀後半にさらなる自由化が進んだのである。

　しかし，離婚の最も自由な形式は合意による離婚であるが，西欧では，後述するわが国の協議離婚制度のように，合意と届出のみで離婚できる制度はない。1970年代以降の離婚法改革において，夫婦間に婚姻継続の意思がなくなったことを理由とする合意離婚制度を創設した国がいくつかあるが，この制度は，裁判所や行政庁の積極的関与のある裁判離婚の一種である。

日本の離婚法の歴史

　これに対して，わが国における離婚は，より自由な歴史をもっている。江戸時代では，夫が三行半（三下り半とも書く）と呼ばれる離縁状を妻に差し出すことにより離婚が行われた。妻から離婚したいときには，縁切寺に駆け込むしかなかった。これを，一般的には夫による専権的離婚であったと解している。しかし，近年の研究では，庶民における離婚は，夫による専権的離婚ではなく，親類・仲人等をまじえての協議（熟談）による離婚であったとされている。また，再婚も稀ではなかったようである。

　明治時代になり，明治民法が施行されると，裁判離婚と並んで合意による協議離婚（旧808条）が導入された。協議離婚制度は

夫による追出し離婚に利用されたと指摘されており，夫婦が平等な立場で協議を行えたわけではなかった。しかし，このように合意のみによる離婚制度が明治民法で採用され，以来，戦後の民法改正後の今日まで続いていることは，西欧との比較において，日本に特徴的なことである。

　他方，裁判離婚制度においては，明治民法は有責主義を採用し，離婚原因として，重婚，姦通，悪意の遺棄，3年以上の生死不明，虐待・重大な侮辱などをあげている（旧813条）。離婚原因には「家」制度が反映しており，たとえば，虐待・重大な侮辱には，配偶者間の行為のみならず，直系尊属と配偶者との間の行為も含まれていたり，婿養子縁組をしている者が離縁すると，これが離婚原因になったりしている。また，離婚原因は男女不平等なものであり，妻の姦通はそれだけで離婚原因になるが，夫の姦通は，姦淫罪による処刑があった場合にのみ離婚原因となった。

　現行民法は，「家」制度的な規定や男女不平等な規定を廃止し，かつ，無責事由も離婚原因に加えた。ところが，無責事由が立法されたにもかかわらず，判例は長い間，婚姻破綻を理由とする有責配偶者による離婚請求を認めなかった（破綻原因の判断に有責主義を加味し，破綻の事実のみをもって離婚を認めることに消極的である考え方を消極的破綻主義という）。ようやく1987（昭62）年になって，判例は条件付きではあるが積極的破綻主義の立場に転じた（最大判昭62・9・2民集41巻6号1423頁）。1996（平8）年の民法改正案要綱では，破綻の徴表としての5年以上の別居が離婚原因として掲げられていた。

離婚の増加現象　　離婚はこの約70年間に急激に増加した。離婚件数をみると，1950（昭25）年には8万3689件であったが，1965（昭40）年頃から急激に増加し，

ピーク時の2002（平14）年には28万9836件を記録している。1950年の離婚件数に比べると約3.6倍になったのである。それ以降はやや減少し，2021（令3）年には18万4384件となっている。

　また，中高年離婚が増加している。別居時の妻の年齢でみた1950（昭25）年における年代別離婚件数と2021（令3）年のそれとを比較してみると，この約70年間に，20歳代では約0.8倍と減少しているのに対して，30歳代では約3.3倍，40歳代では約9.4倍，50歳代では約17.9倍，60歳以上では約33.1倍の増加を見ている。40歳以上の離婚件数の増加は顕著である。

　中高年離婚の増加にともない，親の離婚に巻き込まれる子の数も増えている。未成年子のいる夫婦の離婚件数は，1950（昭25）年の4万7984件から2020（令2）年の10万5318件へと，約2.2倍に増えている。

　このような離婚の実態の変化を受けて，離婚法も見直しを迫られている。

事実上の離婚　　夫婦共同生活の実体がまったく失われたにもかかわらず，離婚の届出をしていない状態のことを事実上の離婚という。事実上の離婚には，離婚の合意をして別居している場合（狭義。届出の遅延など）と，明確な離婚の合意はないが，客観的に破綻状態になり別居している場合（広義。一方による遺棄や，離婚については合意しているものの条件を含めての離婚総体に関する合意ができていない場合など）がある。

　判例は，広義の事実上の離婚の場合でも，同居義務（大阪高決平21・8・13家月62巻1号97頁など多数），貞操義務（最判平8・3・26民集50巻4号993頁），契約取消権（最判昭33・3・6民集12巻3号414頁等），日常家事連帯債務（大判昭11・12・26新聞4100号12頁），共同親権（最判昭54・3・30家月31巻8号35頁），死亡

退職金・遺族給付・遺族一時金の給付（最判令3・3・25民集75巻3号913頁）などの婚姻の効果の消滅を認めている。しかし，嫡出推定（最判平12・3・14家月52巻9号85頁等）や財産分与（最判昭34・2・19民集13巻2号174頁）などについては，狭義の事実上の離婚の場合でなければ婚姻の効果の消滅を認めないという判決が見られる。さらに，正式に離婚に至らなければ消滅させられないものとして婚姻費用分担義務がある（大阪高決平26・8・27判タ1417号120頁，大阪高判昭30・6・7家月7巻8号63頁等）。

　事実上の離婚概念は，夫婦の一方に生じた重婚的内縁配偶者と，事実上の離婚状態にある法律婚配偶者のいずれに婚姻の効果を認めるかという文脈においてとくに意味を持つ。前者を保護することは，法律婚から法的な効果をなし崩し的に奪うことになり，法律婚の規範的価値や婚姻体系を否定することになると危惧する学説も見られる。

離婚の手続　離婚の方式としては，協議離婚，調停離婚，審判離婚，裁判離婚がある。2021（令3）年において，最も利用されているのは，夫婦双方の協議によって行う協議離婚であり，離婚全体の86.4%を占める。協議ができない場合には，家庭裁判所の調停によることになるが，これは全体の9.2%である。調停が不調の場合には，調停に代わる審判（家事284条。⇒第1章2②◆調停に代わる審判）によることになるが，これは全体の1.9%である。2013（平25）年以降，次第に件数が増えてきたとはいえ，1%を超えたのは2020（令2）年からである。件数が少ないのは，審判が下されても異議申立てがあると審判は失効するので，異議申立てが予想される場合には，直接に訴訟に移行することが多いからである。とはいえ，裁判離婚も，全体の2.6%にすぎない。その内訳としては，判決による

離婚が離婚全体の 1.1％ であり，離婚訴訟中に離婚の合意が成立した場合に認められる和解離婚は 1.5％ であり，離婚訴訟の被告が原告の主張を全面的に受け入れる場合に認められる認諾離婚は 0.004％ であった（⇒ *3* ④）。各手続については，以下に説明する。

②　協　議　離　婚

協議離婚の要件

夫婦は，その協議で離婚をすることができる（763 条）。協議離婚には，離婚意思の合致と，離婚届書を提出すること（764 条→ 739 条）が必要である。成年被後見人が離婚するときは，離婚の意味を理解できる能力（意思能力）があれば，成年後見人の同意を要しない（764 条→ 738 条）。また，未成年の子がいる場合，協議で一方を親権者と定めなければならない（765 条 1 項・819 条 1 項）。

離婚意思とはなにを指すのであろうか。事実上は夫婦関係を継続する意思を有しながら，他の目的のために離婚届を出した場合（たとえば，夫の債権者による強制執行を免れるため，離婚をしたことにして，財産の名義を妻に移す）には，法律上の夫婦関係は解消する意思があるので，離婚は有効となる（最判昭 38・11・28 民集 17 巻 11 号 1469 頁，最判昭 57・3・26 判時 1041 号 66 頁）。判例は，離婚意思を届出意思と解している（形式的意思説。身分行為の性質によって判例の判断が異なることについては，⇒ *1* ① 婚姻意思の存在）。

離婚意思は，届書作成時ならびに届出時にも存在することが必要である。いったんは離婚に同意して届書を作成したが，後に翻意した場合，届出時に離婚意思のないことが明確であるから，相手方に対する翻意の表示がなくても届出は無効である（最判昭 34・8・7 民集 13 巻 10 号 1251 頁）。また，知らぬ間に離婚届が提出されたが，その後の調停において離婚を認めることを前提に離

婚慰謝料を受ける合意をしたときは，離婚を追認したことになる（最判昭42・12・8家月20巻3号55頁）。追認の効果は，離婚届出時に遡って有効になると考えられている（⇒ 1 ① 婚姻意思の存在）。

離婚の無効・取消し　協議離婚の無効についての規定は，民法ではなく人事訴訟法にある（人訴2条1号。⇒第1章 2 ② 人事訴訟法の対象）。

夫婦の一方の意思に基づかない離婚届は，たとえ無効確認の判決や審判がなくても当然無効であり，利害関係者は他の訴訟の前提問題として無効を主張することができるというのが通説・判例の立場である（最判昭53・3・9家月31巻3号79頁。当然無効説）。これに対しては，離婚無効を宣言する判決や審判がなければ，何人も婚姻の無効を主張することはできないという見解がある（形成無効説）。

詐欺または強迫によって離婚の合意をした者は，その取消しを裁判所に請求することができる（764条→747条。人訴2条1号）。婚姻の取消しの場合と異なり，効果は遡及する（764条に748条の準用がない）。

Column ⑦　離婚の意思・効果に関する確認制度の必要性 ◆◆◆◆

　離婚意思は相手方および周囲の状況によって変化する可能性のあるものであり（浮動性），また，離婚意思は離婚後の生活をも考慮した上で形成される（包括性）ことが指摘されている。ここから，協議離婚の合意の成立を認めるためには，離婚意思が本人の真意であって，浮動状態を脱していることが必要であり，かつ，離婚の効果に関する合意内容が当事者や子にとって満足のいくものであるか，かりに不満であっても，諸般の事情からやむをえないものであることが必要であるといわれている。しかし，協議離婚制度は，離婚を当事者の自由意思に委ねており，手続も簡便である。当事者が対等な立場で協議して離婚を決定し，離婚後の財

産分与や子の処遇につき理性的に話合いができるのであればよいが、そうでなければ追出し離婚などに利用される可能性がある。離婚届書を受理する戸籍事務担当者には実質的審査権がないため、当事者の離婚意思さえ十分に確認することができない。ましてや、離婚後の財産分与などが十分に取り決められたかどうかを確認する方法はない。離婚届書作成後の翻意を確保するため、あるいは、追出し離婚を予防するために、戸籍実務において離婚届不受理の申出制度が存在する（⇒◆不受理申出制度）のみである。

　諸外国の合意離婚では、裁判所等が関与して離婚意思の確認や合意内容の審査を行う。わが国でも、立法論として、離婚意思の確認や財産分与などの取決めについて、裁判所でのチェックを受けなければならないようにすべきであるという説などが出されている。

◆不受理申出制度　　事前に届不受理の申出をしておくと、相手方からなされた離婚届などが受理されない仕組みになっている不受理申出制度は、1952（昭27）年7月9日の民事局長回答により初めて認められた。これは、離婚に同意した後に翻意しても、いったん離婚届が受理されて戸籍簿に記載されると、これを元に戻すのが容易でないことに対応したものである。1962（昭37）年には、離婚意思がそもそもない者からの予防的不受理申出に拡張された。また、不受理申出制度は、離婚のみならず、婚姻届・養子縁組届（1959〔昭34〕年）、その他の創設的届出（1964〔昭39〕年）にも拡張された。手続としては、当初、不受理を認めるだけであったのが、1971（昭46）年には、誤って受理され、戸籍に記載された場合の、市町村長の職権による戸籍訂正を認めた。不受理申出制度をめぐって次々に生じる難問を解決すべく、1976（昭51）年1月23日に、法務省民二900号民事局長通達「離婚届等不受理申出の取扱について（先例変更）」、同民二901号課長依命通知が出され、不受理申出制度が体系化された。2007（平19）年には、戸籍法の中に明文規定が設けられた（戸27条の2第3項4項5項）。従来6ヵ月とされていた有効期間の定めがはずされたこともあって、申立件数は半減した。2021

（令 3）年の不受理申出件数は 2 万 4008 件である。

③ 調停離婚・審判離婚

当事者の協議では離婚の合意が成立しない場合，いきなり家庭裁判所に離婚訴訟を提起するのではなく，まず調停を申し立て，調停において夫婦関係を調整することになる（家事 257 条）。

最近の離婚調停の申立ては，妻からのものが約 65 % を占め，また，妻による申立ての主たる動機（3 個までの複数回答）として多いのは，性格の不一致（37.1 %），生活費を渡さないこと（31.0 %），精神的虐待（25.7 %），暴力（19.1 %）などである（2021（令 3）年）。

調停では，離婚の合意だけでなく，財産分与，慰謝料，子の親権者，子の養育費，子との面会交流などの離婚条件についての合意も成立するように調整する。合意が成立すれば，調停は成立する（詳しくは，⇒第 1 章 2 ① 家事調停）。

離婚の合意は成立したが，財産分与などの離婚条件に関するわずかな意見の相違で調停が成立しないような場合，家庭裁判所が相当と認めるときには，職権で，調停に代わる審判をすることができる（家事 284 条）。しかし，審判に異議の申立てがなされると，審判は失効する（家事 286 条 1 項 2 項 5 項）ため，審判離婚はほとんど利用されていない。異議申立てがないときは，審判は確定判決と同一の効力を有する（詳しくは，⇒第 1 章 2 ② 離婚・離縁に関する人事訴訟手続）。

④ 裁 判 離 婚

調停離婚が成立せず，審判もなされないか，あるいは，審判が異議申立てにより失効した場合，離婚を求める当事者は離婚訴訟

を提起することになる（人事訴訟法）。なお，離婚訴訟中に離婚の合意が成立した場合には，和解調書が作成され，離婚が成立する（和解離婚。人訴37条）。また，離婚訴訟の被告が原告の主張を全面的に受け入れる場合も離婚が成立する（認諾離婚。人訴37条）。認諾離婚は，財産分与や子の監護に関する裁判をする必要のない場合に限られる（人訴37条1項ただし書）。和解離婚と認諾離婚は，2003（平15）年改正の人事訴訟法において新設された。

　裁判離婚は，法定の離婚原因（770条1項1号〜5号）がある場合にのみ認められる。離婚原因には，①配偶者の不貞行為（1号），②悪意の遺棄（2号），③3年以上の生死不明（3号），④回復の見込みがない強度の精神病（4号），⑤その他婚姻を継続し難い重大な事由（5号），の5つがある。①〜④は具体的離婚原因であり，⑤は抽象的離婚原因である。

配偶者の不貞行為　　配偶者の不貞行為は離婚原因となる（770条1項1号）。不貞行為とは，配偶者のある者が配偶者以外の者と自由な意思で性的交渉を行ったことをいう（⇒2①貞操義務）。相手方の任意性を問わないので，判例は夫が強姦を行った場合も不貞行為にあたるとした（最判昭48・11・15民集27巻10号1323頁）。逆に，強姦の被害にあった場合は，自己の自由な意思によるものではないので，不貞行為にはあたらない。また，判例は，夫が生活費を渡さないので，妻が子との生活の必要上やむを得ずなした売春行為を，不貞行為と認定している（最判昭38・6・4家月15巻9号179頁）。

悪意の遺棄　　配偶者からの悪意による遺棄は離婚原因となる（770条1項2号）。悪意の遺棄とは，正当な理由もなく同居・協力・扶助義務（752条）を継続的に果たさないことをいう。相手を捨てて家出をする，相手を追い

出す，出ていくようにしむけて復帰を拒むなどの行為が，悪意の遺棄となる。生活費を得るために長期間出稼ぎをするなど，正当の理由があれば，悪意の遺棄にあたらない。妻が夫の意思を無視して実兄を同居させ，兄のために夫の金員を支出したため，夫が妻との同居を拒み，扶助しなくなった事例では，妻に主たる責任があるので，夫の行為は悪意の遺棄にあたらないとされた（最判昭 39・9・17 民集 18 巻 7 号 1461 頁）。

3 年以上の生死不明　配偶者の 3 年以上の生死不明は離婚原因となる（770 条 1 項 3 号）。生死不明の原因や責任は問わないとされる（大津地判昭 25・7・27 下民集 1 巻 7 号 1150 頁）。破綻主義的離婚原因である。配偶者が生死不明の場合，協議離婚や調停離婚ができず，また，失踪宣告により婚姻を解消するためには 7 年かかる（30 条 1 項・31 条）ので，本号が定められている。所在が不明でも，生存が確実であれば，本号にあたらない。3 年の起算点は，生存を示す最後の事実があった時点である。

回復の見込みがない強度の精神病　(1)　配偶者の回復の見込みがない強度の精神病への罹患は，離婚原因となる（770 条 1 項 4 号）。強度の精神病とは，夫婦共同生活における協力・扶助義務，とくに精神的生活に対する協力義務を十分に果たしえない程度の精神障害を意味する。夫婦は，本来ならば，同居・協力・扶助義務（752 条）を負っているので，他方が強度の精神病にかかったときにこそ療養に協力しなければならず，このような場合に離婚を許すことは，義務の放棄を認めることとなる。しかし，精神的交流ができない婚姻生活を強制することは健康な配偶者に酷であることを重視して，戦後改正の際に，破綻主義の立場から離婚原因に加えられた。

　Ａの妻Ｂは，精神状態に異常の徴候がみられるようになり，病状が進行した後は子の養育もできなくなった。その後，Ｂは入退院を繰り返し，将来家庭の主婦として生活できる程度に回復することはないだろうと診断された。ＡはＢに対し，770条1項4号に基づき離婚を請求したが，Ａの離婚請求は認められるであろうか。

　判例は，Ｂが強度の精神病であることだけでは離婚を認めず，Ａが病者の今後の療養，生活等についてできるかぎりの具体的方途を講じ，ある程度において，前途に見込みのついた上でなければ，770条2項によって離婚を認めないとした（具体的方途論。最判昭33・7・25民集12巻12号1823頁）。この判決に対して，学説は，経済力のない健康な配偶者に婚姻の継続を強制することになり非人間的であるとして，破綻主義の立場から批判した。その後，判例は「具体的方途」の要件の判断において，Ａに資力が十分でなくても，Ｂの実家が療養費に事欠くような資産状態ではないこと，Ａが過去の療養費を全額支払い，将来の療養費についても可能な範囲で支払をする意思を表明していること，ＡがＡＢの子を養育していることなどの事情を考慮して，具体的方途が講じられたと認めている（最判昭45・11・24民集24巻12号1943頁）。

　判例によれば，配偶者や実家の経済状態がよく，今後の療養の見通しが立つ場合にのみ離婚が認められるので，離婚されても病者の保護は図られよう。しかし，これを裏返せば，配偶者や実家の経済状態が悪く，今後の療養について配偶者が手当できない場合には婚姻が継続することになり，病者の保護が十分に行われるかどうか，また，配偶者に悲惨な重圧を強いる結果になるのでは

ないか，などが危惧されている。精神病離婚の問題は，配偶者にのみ責任を負わせることでは解決できず，社会福祉との関連において病者の保護を考えていくことが求められている。

（2）　心神喪失の常況にあるがいまだ後見開始の審判を受けていない配偶者に対する離婚訴訟が提起される場合，まず，成年後見開始の審判が家庭裁判所に請求され（7条），後見人が選任される（843条。最判昭33・7・25民集12巻12号1823頁）。すでに他方配偶者が後見人であったときは，後見監督人が選任される（849条の2）。そのうえで，他方配偶者が後見人または後見監督人を被告として離婚訴訟を行うこととなる（人訴14条）。その際，実務では，離婚調停や審判はできないものとされている。これに対して，家庭裁判所の調停・審判における後見的関与の経過を生かした訴訟の必要性を説く学説は，批判を加えている。

（3）　1996（平8）年の民法改正要綱では，本号が精神病者に対する差別感情の助長につながるおそれがあり，また，一般的な破綻の問題として扱えばよいという理由から，削除が提案されていた。

その他婚姻を継続し難い重大な事由　以上のような具体的離婚原因がなくても，婚姻が破綻して回復の見込みがない場合には，離婚原因となる（770条1項5号）。離婚が認められた具体例としては，性格の不一致，アルツハイマー病とパーキンソン病への罹患（17歳年上の妻が両方の病気に罹患し，通常の会話もできず，また，骨折後は寝たきりになり，夫とその母により世話されていたが，後に公立の特別養護老人ホームに入所した事案），浪費癖，怠惰，過度の宗教活動（妻が，信仰する宗教の集会に参加するにあたり子どもを連れていったり，教義上，墓参りでの合掌を拒むなどしたため，これを嫌った夫が宗教活動を中止するよ

う求めたが，妻に止める意思がなかった事案），配偶者による暴力，犯罪行為（20数年の婚姻期間中，妻が窃盗を重ね，計10余年間服役した事案），性的異常，性的不能，性交拒否などがある。

Column ⑧　難病と離婚 •••••••••••••••••••••••••••••••••

　夫婦の一方が難病に罹患し，精神的交流が不可能な場合，770条1項4号に該当しなくても，同項5号により離婚が認められることがある。上掲のアルツハイマー病とパーキンソン病に罹患した妻への夫からの離婚請求は，婚姻の破綻を理由として認められた（長野地判平2・9・17家月43巻6号34頁）。これに対して，同じく妻が難病に罹患した事案だが，5号でも離婚が認められなかった例がある。これは，妻が脊髄小脳変性症に罹患し，平衡感覚に失調をきたし，運動障害や言語障害などの症状を呈しているが，知能障害がみられない事例である。妻の入院後，夫は1回面会に行ったのみで，子にも面会を禁止していた。判決は，妻に知能障害が認められないから，夫婦間・親子間の精神的交流は可能であり，夫の誠意のない態度のみによっては破綻していると認めることはできないとした（名古屋高判平3・5・30判時1398号75頁）。知能障害の有無が結果を分けたものである。また，後者の判決には，配偶者に誠意のないことを非難する口ぶりがみられ，4号の精神病離婚をめぐる判例のいわゆる具体的方途論に近い発想が窺われる。

　難病や高齢者の認知症などを理由とする離婚事件においては，4号類似の考慮が要求され，社会福祉との関連において病者の保護を考えていくことが求められる。

•••

◆ドメスティック・バイオレンス　　近年，家庭内での主に夫から妻への暴力が問題になっている。2021（令3）年の警察庁統計によると，女性が被害者の事件のうち，殺人の24.5%，傷害の25.2%，暴行の32.8%は，配偶者が加害者である。また，同年の，女性による離婚調停申立ての19.1%が，夫による身体的暴力を理由にしている（なお，夫による離婚申立て理由のうち，妻による暴力は8.6%）。ドメスティック・バイオレンスの問題は，1990年代以降，国連で

も重要課題となり，1993（平5）年のウィーン世界人権会議では，女性の人権問題の中核に位置づけられた。わが国でも2001（平13）年に立法がなされた（「配偶者からの暴力の防止及び被害者の保護等に関する法律」〔DV法〕）。

DV法では，配偶者からの暴力の発見者は配偶者暴力相談支援センターや警察に通報するよう努めなければならないこと（法6条1項2項），同センターは被害者に対して保護についての説明・助言をし，保護を受けることを勧奨すること（法7条），被害者が生命・身体に重大な危害を受けるおそれが大きいとき，裁判所は申立てにより配偶者に対して，被害者の身辺につきまとうことなどを禁止できること（法10条）などが定められている。2021（令3）年の配偶者暴力等に関する保護命令は1335件発令されている（そのうち被害配偶者に関する保護命令のみ発令されたものは352件）。

有責配偶者からの離婚請求　770条1項5号に定める抽象的離婚原因によって離婚が認められるかどうかが問題となったのは，有責配偶者からの離婚請求である。たとえば，夫が家を出て他の女性と同棲し，長年の別居後に，妻に離婚を求めたような場合である。妻は離婚を承知しないが，夫の妻への愛情は冷めており，もはや婚姻を継続することは難しい。しかし，離婚を求めたのが，その原因をつくった有責な夫（有責配偶者）であることをどう評価すべきだろうか。

当初，最高裁は，このような夫の勝手な請求を認めるならば，妻は踏んだり蹴ったりであるとして，離婚請求を認めなかった（最判昭27・2・19民集6巻2号110頁〈踏んだり蹴ったり判決〉）。この消極的破綻主義は，その後緩和されつつも，30余年堅持された。緩和の流れをみると，まず，夫婦の有責性が比較され，有責性の小さい者から大きい者への離婚請求（最判昭30・11・24民集9巻12号1837頁），あるいは，有責性が同程度である場合の離婚請求（最判昭31・12・11民集10巻12号1537頁）が認められ，ついで，

婚姻破綻後に生じた他の女性との同棲は破綻の原因ではないとされて，離婚請求が認められた（最判昭 46・5・21 民集 25 巻 3 号 408 頁）。

　最高裁が消極的破綻主義を堅持している間に，西欧では積極的破綻主義を採用する国が現れ，また，国内でも，一部下級審判決に積極的破綻主義をとるものが現れたり，家庭裁判所内でも消極的破綻主義を批判する動きがみられるようになってきた。消極的破綻主義は，クリーン・ハンズの原則や，追出し離婚の防止などの観点から意義を有していたが，他方，破綻した婚姻を維持させることへの疑問や，裁判での有責性や破綻原因の証明の困難性などから，次第に積極的破綻主義への支持が大きくなっていった。そこで，最高裁は，1987（昭 62）年の大法廷判決によって，消極的破綻主義から条件付きの積極的破綻主義に転じた。

Case 2-8 ―――――――――――――――――――――――――――――

　夫Ａは，Ｃ女と関係をもったために，12 年間連れ添った妻Ｂと不和になった。Ａは家を出て，Ｃと同棲した。その後 36 年たって，Ａは，Ｃと正式に婚姻するために，Ｂに離婚を求めて訴訟を提起した。Ｂは現在無職で，資産もない。Ａは経済的に安定している。Ａの離婚請求は認められるだろうか。

――――――――――――――――――――――――――――――――――

　最高裁は，5 号所定の事由があるときに有責配偶者からの離婚請求が容認されるためには，信義誠実の原則に照らしても許される場合であることが必要であるとする。それを判断するための事由として，有責配偶者の責任，相手方配偶者の婚姻継続の意思，有責者への感情，相手方配偶者の精神的・社会的・経済的状態，夫婦間の子の監護・教育・福祉の状況，別居後に形成された生活関係，これらに与える時の経過の影響を挙げる。さらに，これら

を整理した形で，①夫婦の別居が，両当事者の年齢・同居期間との対比において相当の長期間に及び，②夫婦間に未成熟子が存在しない場合には，③離婚請求を容認することが著しく社会正義に反するような特段の事情がないかぎり，有責配偶者からの離婚請求も許されるとした（最大判昭62・9・2民集41巻6号1423頁）。最高裁は，社会正義に反する特段の事情として，相手方配偶者が離婚により精神的・社会的・経済的に極めて苛酷な状態におかれること（苛酷条項）などを挙げつつ，しかし，これさえも，財産分与や慰謝料により解決されるべきものであって，重視されるべき要素ではないという。

　この大法廷判決の出された後，最高裁が離婚を認める別居期間は，30年（最判昭62・11・24判時1256号28頁），22年（最判昭63・2・12判タ662号80頁），16年（最判昭63・4・7家月40巻7号171頁），約10年（最判昭63・12・8家月41巻3号145頁）と，次第に短くなってきた。その後いったん，同居26年，別居8年では長期の別居とはいえないとして，離婚を認めない判決が出された（最判平元・3・28家月41巻7号67頁）が，離婚の条件を緩和する傾向は継続している。たとえば，同居23年，別居7年半で，すでに子は成人し，夫は毎月送金しており，かつ，高額の財産分与を提示している事案で，離婚が認められた（最判平2・11・8家月43巻3号72頁）。また，高校2年生の未成熟子がいるが，別居14年で，夫が毎月送金していた事案でも，離婚が認められた（最判平6・2・8家月46巻9号59頁）。

　Case 2-8では，長期の別居期間と未成熟子の不存在が認められることから，財産分与などの経済的給付をすることにより，Aの離婚請求は認められうる。

　近年の下級審判決では，信義誠実の要件を使って短期間の別居，

未成熟子のいる場合でも離婚を認める例がみられる。

1996（平8）年の民法改正要綱では，5年以上継続して婚姻の本旨に反する別居をしていることが，離婚原因として提案されていた。

裁量棄却条項 　770条1項1号から4号の具体的離婚原因の事由があっても，裁判所は，一切の事情を考慮して婚姻の継続を相当と認めるときは，離婚請求を棄却できる（770条2項）。この裁量棄却条項は，裁判官の婚姻観，倫理観に左右されるおそれがあり（⇒◆女冥利判決など），精神病離婚をめぐる具体的方途論におけるような広範な使用が危惧されている。

◆女冥利判決（東京地判昭30・5・6下民集6巻5号896頁）　戦前，軍需会社数社の重役として多額の収入を得ていた夫は，複数の女性と十数年にわたって関係を続けていたが，終戦により会社の事業の遂行が不可能になり，無職となった。しかし，その後も女性関係が絶えず，浪費し，賭事に手を出し，さらに暴力をふるうようになった。妻は家を出て，離婚を請求した。これに対し，判決は，妻が「年齢満50歳で，女性としては既に，その本来の使命を終り，今後は云はば余生の如きもので，今後に於て，花咲く人生は到底之を期待し得ないと考えられるのに反し」，夫は苦難の生活により体験を深め，人間として成熟してきて，今後に真の活動が期待できること，したがって，妻は夫と再び夫婦生活を送ることが幸福であり，夫のもとに「復帰を肯んぜないとすれば，それは，俗に云ふ，女妙利の尽きる仕儀である」として，離婚請求を棄却した。

1996（平8）年の民法改正要綱は，「離婚が配偶者又は子に著しい生活の困窮又は耐え難い苦痛をもたらすときは，離婚の請求を棄却することができる」（苛酷条項）こと，また，5年以上の別居や回復し難い破綻を原因とする離婚請求の場合にも，「離婚の請求をしている者が配偶者に対する協力及び扶助を著しく怠ってい

ることによりその請求が信義に反すると認められるときも同様とする」（信義則条項）ことを明文化して，裁量棄却の条件を具体化したが，実現されていない。

法改正の方向　1996（平8）年の民法改正要綱は，破綻主義を一層進めたものとなっていた。すでにみたように，精神病への罹患を離婚原因から削除することを提案していたが，これは一般的な破綻の問題とすればよいと考えられたためである。また，不貞な行為や悪意の遺棄を原因とする場合にも，婚姻関係が回復の見込みのない破綻に至っていることを要求する一文が加えられた。さらに，破綻の客観化を図ったものとして，5年以上の別居を離婚原因に加えた。これは，別居を婚姻破綻の徴表ととらえたためである。

　以上のように，民法改正要綱では離婚原因の破綻主義化が進められていたが，破綻主義の行き過ぎへの歯止めとしては，濫用が危惧されている770条2項の裁量棄却条項に代えて，前述のように，苛酷条項と信義則条項が新たに提案されていた。しかし，この苛酷条項などの新設に対しては，離婚女性を不利益で安易な離婚から守るものとして評価する意見がある一方で，その濫用により離婚の消極化につながることを危惧する意見や，その証明のために離婚訴訟でプライバシーが暴かれ，破綻の客観化を狙った別居離婚の趣旨を損なうという意見などが出された。

4 離婚の効力

婚姻関係の終了　離婚が成立すると，身分上ならびに財産上の諸効果が生じる。

①各当事者は再婚することができる。ただし，女性は，前婚解消の日から100日を経過した後でなければ，再婚できない（733条1項⇒*1* [1] 婚姻障害（4））。

②婚姻によって氏を改めた夫または妻は，婚姻前の氏に復する（767条1項）。離婚復氏後に婚氏続称を希望する場合には，離婚から3ヵ月以内に届け出る必要がある（767条2項⇒第1章*3* [1] 離婚と氏）。また，婚姻によって氏を改めた夫または妻が，祭祀財産を承継した（897条1項）後に離婚をしたときは，関係人の協議でその権利を承継すべき者を定めなければならない（769条1項）。

③姻族関係が終了する（728条1項）。夫婦の一方が死亡した場合のような，姻族関係終了の意思表示（728条2項）は必要がない。

④夫婦の一方は，相手方に対し，財産の分与を請求することができる（768条）。この点については，[1] 離婚給付の項で詳しくみる。

⑤父母は子の親権者，監護者を決めなければならない（766条1項2項・819条1項）。この点については，[2] 子の監護と養育費の項で詳しくみる。

[1] 離 婚 給 付

離婚給付制度の前史・意義

財産分与制度は，戦後の民法改正により初めて導入された。戦前は，手切金の慣行に委ねられており，法的には，有責，不法な行為をした相手方配偶者に対して不法行為法（709条）上の慰謝料請求をすることができたにすぎなかった。

財産分与制度が設けられたことにより，慰謝料だけでなく，婚姻中に夫婦が協力して得た財産の清算や離婚後に生活に窮する配

偶者の扶養を法的に処理することが可能になった（財産分与と離婚にともなう慰謝料とを合わせて，離婚給付と呼ぶ）。

離婚給付の実態　妻からの離婚請求が多くなったとはいえ，離婚後の妻や，妻に引き取られた子の生活には相変わらず厳しいものがある。2018（平30）年におけるひとり親世帯の相対的貧困（中間的な所得の半分に満たない状態）率は48.1％であり，生活の苦境が窺える。母子家庭の81.8％は親が就業しているが，正規職が44.2％，非正規職が48.4％であり，非正規の割合が多い。母子世帯における母親自身の平均年収は2016（平28）年に243万円であり，父子世帯における父親自身の平均年収である420万円の約6割である。

　このように経済力のない妻の離婚後の生活を保障し，離婚後の夫婦間の経済上の衡平を図るために，離婚給付制度は存在する。しかし，その現状は不十分なままである。

　協議離婚の場合，最近の統計がないために正確な数字はわからないが，金銭その他の財産給付が取り決められるのは全体の2～3割にすぎないといわれている。離婚を成立させたいがために，離婚給付の請求をあきらめる妻も多数いるものと推測される。調停離婚または審判離婚においても，財産分与の取決めをしたのは，2021（令3）年で24.2％である。離婚時および離婚後の審判・調停における財産分与の額は，100万円以下が，財産分与を取り決めた者の27.7％であり，～200万円以下が15.4％，～400万円以下が15.5％，となっている。取決め額が400万円以下（1998〔平10〕年における平均支払額は約380万円）の者が約半数を占めており，離婚後の母子の生活を保障するには不十分である。

**財産分与の法的性質〜
清算・扶養**

財産分与には，通常，清算的要素，扶養的要素，慰謝料的要素が含まれると考えられている。ただし，慰謝料的要素に関しては，財産分与には含まれないと考える説もある。

　第1に，財産分与の清算的要素とは，婚姻中に夫婦が協力して築き上げた財産を離婚に際して清算するというものである。判例によれば法定財産制は別産制であるが，これを厳格に解釈すると，家事に従事して就労していなかった妻には清算すべき自己の名で得た財産はないことになる。しかし，多くの学説・下級審判例は，夫婦の財産は有形無形の夫婦の協力によって獲得された財産であるから，財産の名義にとらわれずに清算する必要があると考えている。

　第2に，財産分与の扶養的要素とは，離婚後に生活に困窮する他方配偶者の生計を維持させるための扶養料的なものである。夫婦は婚姻中には同居・協力・扶助義務を負っているが，なぜ離婚した後にも扶助しなければならないのだろうか。本来であれば，生活困窮者への援助は親族により，また，それが不可能なときは公的扶助によりなされるべきであろう（⇒第6章）。にもかかわらず離婚後扶養が要請される根拠については，婚姻の事後的効果であるとする説，本来国家の責任であるが，社会保障の充実まで政策的に元配偶者に課せられるとする説，婚姻生活に起因する夫婦間の経済的不均衡を補償するためという説，あるいは，婚姻中に家事労働により減少させた所得能力を回復するためという説などがある。

**財産分与の法的性質〜
慰謝料**

第3に，財産分与の慰謝料的要素であるが，慰謝料には，①離婚の原因となった個別的有責行為に対する慰謝料，②有責

行為により離婚をやむなくされたこと自体についての慰謝料，③無責離婚であっても離婚により受けうる精神的苦痛に対する破綻慰謝料などが考えられる。③の慰謝料については，離婚自体が違法でないことなどから，これを認めることに疑問の声がある。

　①と②の要素に関しては，峻別説と一体説の2説がある。峻別説は，①の慰謝料が離婚とは無関係に独立の不法行為として請求できるものであるから，財産分与との関係で問題となるのは②の慰謝料であるという，①と②を区別して考える立場である。一体説は，離婚の原因となった個別的不法行為の発生から離婚までの一連の経過を全体として1個の不法行為としてとらえる立場である。一体説は，①を婚姻中の夫婦間の個別的有責行為による通常の精神的苦痛に対する慰謝料と，同一行為を原因としつつも離婚に発展する契機となる，婚姻を継続することの精神的苦痛に対する慰謝料とに分け，後者が離婚にあたって請求されるものであるとする。これに加えて，離婚が成立して配偶者である地位を喪失することにより生じる精神的苦痛に対する慰謝料（②）も離婚にあたって請求されるという。裁判実務で認められている離婚慰謝料の実態には一体説のほうが合っているとの指摘がある。

　以上のような慰謝料が財産分与に含められるかどうかについては，説が分かれている。

Case 2-9 ———————————————————————————————

　妻Bは，夫Aに対して離婚訴訟を提起した。判決において，離婚の原因はAにあることが認定され，一切の事情を考慮して，AからBへ整理タンス1棹を財産分与する旨定められた。その後，BはAに対して，Aの虐待のため離婚をやむなくされたことによる精神的苦痛に対する慰謝料を請求した。Bの慰謝料請求は認められるであろうか。

学説では，財産分与が清算的要素・扶養的要素とともに慰謝料的要素も含むとする包括説と，慰謝料的要素は財産分与に含まれないとする限定説とが対立している。包括説は，財産に関する紛争を1回で解決することにメリットがある。限定説は，慰謝料が不法行為の問題であり，裁判管轄（財産分与は家庭裁判所，不法行為は地方裁判所）や請求権の消滅期間（財産分与の除斥期間は2年〔768条2項〕，不法行為の短期消滅時効は3年〔724条〕）が異なるなど，財産分与と法的性質が異なることを理由としている。Case 2-9の場合，包括説では，すでに財産分与はなされているので，さらなる慰謝料請求は認められないことになるのに対して，限定説では，財産分与とは別に慰謝料請求ができることになる。

　判例は，財産分与の請求においては，その相手方が有責者であることを必要としないから，慰謝料請求権とはその性質を必ずしも同じくするものではない（限定説的）と考えるものの，財産分与の決定に際しては，一切の事情を考慮すべきであるから，慰謝料をも含めて財産分与の額および方法を定めることができる（包括的）とする。財産分与の後，さらに請求者が相手方の不法行為を理由に慰謝料を請求する場合については，すでに精神的苦痛がすべて慰謝されたと認められるときには重ねて請求することは認容されないが，慰謝するには足りないと認められるときや，慰謝料を含めた趣旨と解せられないときには，すでに財産分与を得たということによって慰謝料請求権がすべて消滅するものではない（限定説的）という（最判昭46・7・23民集25巻5号805頁）。判例は，限定説と包括説の折衷的立場（折衷説）をとっている。Case 2-9の場合，財産分与の内容が精神的苦痛を慰謝するのに不十分であるため，慰謝料請求は認められる（前掲最判昭46・7・23）。なお，判例によれば，有責行為により離婚をやむなくされ

精神的苦痛を被ったことを理由とする損害賠償債務は，離婚判決確定の時に遅滞に陥る（最判令4・1・28民集76巻1号78頁）。

財産分与の請求 夫婦間で財産分与について協議が調わないとき，家庭裁判所は，当事者双方がその協力によって得た財産の額その他一切の事情を考慮して，財産分与をさせるべきかどうか，分与の額および方法を定める（768条2項3項，家事39条・別表第二4項）。裁判上の離婚の場合，裁判所が分与の額および方法を定める際，裁判所は，①訴訟の最終口頭弁論時における当事者双方の財産状態を考慮すべきであり（最判昭34・2・19民集13巻2号174頁），②当事者の一方が過当に負担した過去の婚姻費用の清算のための給付を含めることができ（768条2項。最判昭53・11・14民集32巻8号1529頁），また，③当事者が婚姻中にその双方の協力によって得たものとして分与を求める財産の一部につき，財産分与についての裁判をしないことは許されない（最判令4・12・26裁判所ウェブサイト）といった裁判例がみられる。

1996（平8）年の民法改正要綱では，財産分与についての当事者の協議が調わないときには，家庭裁判所が，離婚後の当事者間の財産上の衡平を図るため，財産の額・取得・維持についての各当事者の寄与の程度，婚姻の期間，婚姻中の生活水準，婚姻中の協力および扶助の状況，各当事者の年齢，心身の状況，職業および収入その他一切の事情を考慮し，分与させるべきかどうかならびに分与の額および方法を定めるものとするという提案がなされていた。

清算的財産分与の算定基準～分与の対象財産

清算的財産分与の対象となる財産には，何が含まれるだろうか。裁判例をみると，婚姻中夫婦が協力して取得・蓄積した財

産を，名義にかかわらず実質的共有財産として清算している。したがって，夫婦の一方が婚姻前から有する財産や，婚姻後に贈与や相続により得た財産とその収益などの各自の特有財産は，清算の対象とならない。

　清算の対象となる財産を具体的にみると，不動産，自動車，預金，株式などである。不動産を取得するために組んだローンが返済中であるときは，不動産の価値からローンの残額を除いたものを清算の対象とする審判例や，別居時までに支払った元金充当分の合計額を清算の対象とする審判例などがある。自営業の場合には，営業用財産なども清算の対象となる。退職金は，離婚時にすでに支払われている場合には清算の対象とされる傾向にある。未だ支給されていないものについては，従来，不確定要素が多いとして否定されてきたが，支給の高度の蓋然性が認められるとして清算の対象とした例もある。年金については，①夫婦の合意によって，婚姻期間中の年金受給権（保険料納付記録）を按分割合（上限2分の1）で離婚時に分割できる制度（年金の合意分割制度。厚生年金保険法78条の2～78条の12。2015（平27）年より公務員の共済年金は厚生年金に一元化された），および，②被扶養配偶者を有する被保険者が2008（平20）年4月以降に支払った保険料納付記録の2分の1につき，離婚した被扶養配偶者（第3号被保険者）が分割請求をすることにより，自動的に分割を受けることができる制度（第3号被保険者の分割制度。厚生年金保険法78条の13～78条の20）が2004（平16）年に創設された。2021（令3）年度の調停離婚または審判離婚のうち，按分割合の取決めがあった件数は8953件であり，そのうち，上限の50%の取決めをした件数は99.4%であった。

清算の割合は，清算の対象となる財産を形成するにあたっての財産分与請求者の寄与度に応じて算定される場合が多い。裁判例では，従来，専業主婦の寄与度は3割程度と認定されることが少なくなかった。共稼婚における妻の寄与度は，夫婦の収入の比により算定される例がみられるが，平等の推定を用いる裁判例も多く出てきている。

　前記のように，1996（平8）年の民法改正要綱は，財産分与についての当事者の協議が調わないときには，家庭裁判所が，離婚後の当事者間の財産上の衡平を図るため，一切の事情を考慮し，分与させるべきかどうかならびに分与の額および方法を定めるものとしたが，その際，当事者がその協力により財産を取得し，または維持するについての各当事者の寄与の程度が明らかでないときは，相等しいものとする（いわゆる2分の1ルール）という提案をしていた。現在，財産分与制度見直しの議論が行われており，各当事者の寄与の程度が異なることの明らかでないときは，相等しいものとする等の改正案が議論されている。

（1）　扶養的財産分与が認められる要件としては，請求する配偶者に扶養の必要があり，相手方に扶養の能力がなければならない。請求者に資産があったり，定職に就いている場合には，扶養の必要は認められないことが多い。また，請求者に婚姻破綻の責任があることを理由として，扶養を認めない裁判例もある。

　（2）　裁判例にみられる扶養料は，離婚により生じた一時的な生活の危機に対処するための少額のものであることが多い。ただし，精神病離婚の場合には生活費や治療費の必要性，また，高齢者の場合には生活費の必要や相続権を失うことなど，諸事情が考

慮されて扶養の算定がなされる。

慰謝料的財産分与の
算定基準

(1)　慰謝料請求権の発生の要件は，相手方配偶者が有責行為により離婚を招いたために請求者に精神的苦痛を与えたことである。有責行為としては，不貞行為や暴力などがあげられる。最近では，通常の性関係をもたない，またはもてないことも慰謝料が請求される原因となっている。

　なお，不貞行為を原因とする離婚において，不貞行為の相手方である第三者に対しては原則として離婚慰謝料を請求できない（最判平 31・2・19 民集 73 巻 2 号 187 頁）。（⇒ 2 ① 貞操義務）

　(2)　慰謝料の算定にあたっては，両当事者の経歴，資産収入，婚姻の実態，離婚にいたる経緯等，諸般の事情が考慮される。

財産分与の方法

財産分与の方法には，金銭給付と現物給付の 2 種類がある。

　裁判例をみると，婚姻中に夫婦の協力によって取得された財産につき，夫名義のものは夫に帰属させ，妻へは一時金を分与させるにとどまるものが多い。月給以外に財産のない場合などには，一時金ではなく定期金を支払わせる例もみられる。精神病離婚の場合には定期金の支払が命じられることが多い（大阪地堺支判昭 37・10・30 家月 15 巻 4 号 68 頁は，病者が生活保護を受けられるまで支払うことを命じた）。

　また，現物（金銭以外の財産権）給付の例としては，営業用財産の分与や，家族の住宅の所有権（鳥取家審昭 39・3・25 家月 16 巻 10 号 106 頁は，住宅の価値が正当な分与額を超過するので，その分を被分与者に清算金で支払わせた）や持分権が分与されるものなどがあげられる。そのほか，土地や建物に地上権，賃借権，使用貸借権等を設定することも認められる。

離婚後に財産分与義務を負う配偶者が死
亡した場合，財産分与義務が相続の対象
になるかどうかは，3要素のいずれを問題とするかによって異な
って判断される。清算的要素と慰謝料的要素は，一身専属性がな
いために相続されると解されている（⇒第9章1②生命侵害による
慰謝料請求権）。一方，扶養の要素に関しては，扶養請求権（881
条）と同様に，一身専属性があるために相続の対象にならないと
解されている（⇒第6章2②扶養関係の変更・消滅，第9章1①）。た
だし，扶養的財産分与義務の相続性を認めた判決例もある。大分地判
昭62・7・14判時1266号103頁）。財産分与調停が申し立てられ，
審判中に義務者が死亡した場合でも，財産分与義務は相続の対象
となる（大阪高決平23・11・15家月65巻4号40頁）。その財産分
与義務は具体的な内容が未確定であり，相続人全員に合有的に帰
属するため，生存配偶者は相続人全員に対して財産分与の請求を
することになる（東京高決昭56・9・30家月35巻1号87頁）。

　財産分与請求権の相続性についても同様に考えられている。な
お，離婚が成立する前に夫婦の一方が死亡した場合には，死亡前
にその者から離婚調停が申し立てられ，財産分与を求める趣旨が
明確にされていたときでも，死亡によって離婚が成立する余地は
ないから，財産分与請求権も発生することはなく，相続人はこれ
を相続により取得することはできない（東京高決平16・6・14家月
57巻3号109頁）。

　Web 財産分与と詐害行為取消権・債権者代位権 ✤✤✤✤✤✤✤✤✤✤✤✤
　離婚にともなう財産分与は詐害行為取消権の行使の対象となるだ
ろうか。判例は，財産分与の額が不相当に過大であって，財産分与
に仮託してなされた財産処分であると認めるに足る特段の事情のな
いかぎり，詐害行為とはならないとした（最判昭58・12・19民集37

巻10号1532頁）。では，特段の事情が認められた場合，財産分与全体が取消しの対象となるのだろうか。判例は，財産分与として相当な範囲を超える部分を取り消すことができるとした（最判平12・3・9民集54巻3号1013頁）。

　また，離婚によって生じる可能性のある財産分与請求権を保全するために債権者代位権を行使することができるかどうかについては，協議・審判等によって財産分与請求権の具体的内容が形成されるまでは，その範囲・内容が不確定・不明確であるから，債権者代位権を行使することはできないというのが判例である（最判昭55・7・11民集34巻4号628頁）。

❖❖

財産分与と税

財産分与に際しては，税金のことを考慮しておかないと，思わぬ不利益を被ることがある。分与を受けた者には，原則として贈与税は課されないが，分与した者には，それが不動産などの資産の分与であった場合，所得税法33条1項にいう「資産の譲渡」にあたり，無償であっても譲渡所得を生じるとして，譲渡所得税が課されるのである（最判昭50・5・27民集29巻5号641頁，最判昭53・2・16家月30巻8号38頁）。判例に対しては，学説からの批判が少なくない。

② 子の監護と養育費

子の監護をめぐる紛争の増加

離婚の増加（⇒3 ① 離婚の増加現象）にともない，親の離婚に巻き込まれる未成年子が増加している。両親が離婚した未成年子の数も，1950（昭25）年の8万481人から，2002（平14）年の29万9525人をピークとして，それ以降減少しつつも，2021（令3）年には18万3228人を数えている。

　父が親権者になる割合は1950（昭25）年には48.7％であった

が，その後減少し，母が親権者になる件数が増加している。2021（令3）年には，84.9％が全児の親権者を母としている。離婚母子世帯は，2016（平28）年において，母子世帯の79.5％を占めると推計される。また，離婚後，親権者とならなかった親と子がどの程度会っているかをみると，2016（平28）年の調査では，父とは46.3％，母とは32.8％が全く面会交流を行ったことがないという結果が出ている。

　このような状況を背景として，子の親権・監護をめぐる家事事件も増えている。親権者指定・変更に関する調停・審判の申立件数をみると，調停は，1949（昭24）年に314件であったのが，2003（平15）年には1万186件となり，その後増減を繰り返しつつ，2021（令3）年には5160件（1949年の約16倍）となっている。審判は，1949年に731件であったのが，1983（昭58）年の3088件をピークとして，その後増減を繰り返しつつ，2021（令3）年には1578件（1949年の約2.1倍）となっている。子の監護に関する調停・審判の増加はさらに著しい。調停の申立件数をみると，1949年に510件であったのが，2021（令3）年には3万7221件と，約73倍に増えている。審判も，1949（昭24）年に44件であったのが，2021（令3）年には1万1576件と約263倍に増えている。

　以上のように，多くの子どもが親の離婚に巻き込まれており，これらの子どもの利益を保護すべく，親権者・監護者の決定，離婚後の親子の交流などの局面において，制度の改善が要請されている。（⇒本節 ② 改正の動き）

子の親権・監護　婚姻中，父母は共同して親権を行う（共同親権。818条3項）が，離婚に際しては一方を親権者としなければならない（単独親権の原則）。協議離婚

の場合には，いずれが親権者になるかを父母の協議により定める（819条1項）が，協議が調わないときには家庭裁判所の調停に付し，調停が成立しないときには家庭裁判所が協議に代わる審判をする（819条5項，家事39条・244条・別表第二8項）。裁判離婚の場合には，裁判所が親権者を指定する（819条2項，人訴32条3項）。いずれの場合にも，子の利益を基準として親権者が決定される。

　単独親権の原則の立法理由については，生活を共にしていない父母に親権を共同行使させることは不当ないし困難であるからだといわれている。これに対しては，なぜ離婚という夫婦間の事柄によって父母の一方が子に対する権利を奪われるのか，あるいは，子に対する義務を免れるのかが疑問であるという見解が見られる。近年，離婚後の共同親権制を採用する国も多く見られ，わが国でも①共同親権の選択制を導入するかどうか，②共同親権を採用した場合，監護者を定めるかどうか，その権限をどうするか等に関する改正案が検討されている。意に沿わない共同親権を合意させられてしまうケースをどう防ぐか，共同親権を採用したものの，重要事項の決定の際に父母の意見が対立した場合に子に不利益が生じないか，父母を支えるサポート体制を整えることなく父母の協議に任せると，弱い立場の親が圧迫される恐れが生じないか，などの問題点が指摘されている。

　父母は，親権者のほかに子の監護権者を定めることができる（766条1項）。親権者とならなかった者は監護者として子の養育についての権利を行使し，義務を果たすことができるのである。

　では，親権と監護権との関係はどのようなものだろうか。従来，監護の内容は，親権から監護を切りはなし，これだけを別個に決定するものであると解されていた。たとえば，父親が親権者とし

て子の財産管理などをし，母親が子を引き取って監護・教育する
ような関係である。この親権者と監護者との分離は，その性質上，
子の奪い合いの際の妥協の道具として利用される面が強かったし，
また，円滑に行使されうるのかが疑問視されてきた（大阪家審昭
50・1・16家月27巻11号56頁は，親権と監護権の分属は最善のもの
とはいえないので，監護適格者に監護権のみならず親権をも行使させ
るのが妥当であるとした）。しかし，最近では，監護者がいる場合
の親権にも監護教育の権利義務が残されていると考え，離婚後も
父母の監護教育は併存しうるという説や，離婚後の単独親権の原
則の弊害を是正する意味から離婚後も父母が監護教育に共同で関
与すべし（共同監護）という説など，父母が共同して監護するこ
との必要性を論じる立場がみられる。条文上も，子の縁組への代
諾について，親権者に監護者の同意を要求しており（797条2項），
そこには親権者による監護教育と監護者による監護教育とは併存
し，共同すべきものであるという考え方があるようにも理解でき
る。

　監護者は父母の協議により定められるが，協議が調わないとき
は，家庭裁判所がこれを定める（766条1項2項・771条）。子の
利益のために必要があると認めるとき，家庭裁判所は，子の監護
者を変更したり，監護について相当な処分を命じることができる
（766条3項）。未成年者である子がその結果により影響を受ける，
親権等に関する家事審判の手続においては，家庭裁判所は子の陳
述の聴取等の方法により，子の意思を把握するように努め，審判
をするにあたり，子の年齢および発達の程度に応じて，その意思
を考慮しなければならない（家事65条）。

　なお，祖父母から子の監護をすべき者を定める審判が申し立て
られた事案に関して，最高裁は，父母以外の第三者は，事実上子

を監護してきた者であっても，子の監護をすべき者を定める審判を申し立てることはできないとした（最決令 3・3・29 民集 75 巻 3 号 952 頁）。

面会交流権～法的性質　　監護者がいるために子を養育していない親権者，あるいは，親権者でも監護者でもないために子を養育していない親が，子に会ったり，電話をかけたり，手紙のやりとりをしたり，あるいはともに旅行に行ったりなどすることを請求する権利を，**面会交流（面接交渉）権**という。2011（平 23）年の民法改正によって制度化された（766 条 1 項，家事別表第二 3 項）。それ以前は，家庭裁判所の実務において，監護についての相当な処分（旧 766 条 2 項）として処理されていた（最決昭 59・7・6 家月 37 巻 5 号 35 頁）。また，夫婦が別居中である場合に，子を監護していない親からの子に対する面会交流請求も，766 条の類推適用により認められていた（最決平 12・5・1 民集 54 巻 5 号 1607 頁）。2021（令 3）年度，子の監護事件における面会交流権に関する調停が成立したのは 7502 件，審判で認容されたのは 1136 件である。

　面会交流権の法的性質については，これを権利とみる考え方と，権利性を否定する考え方があるが，多くの学説は権利とみている。権利とみる考え方にも，親の権利ととらえる立場と子の権利ととらえる立場とが存在する。親の権利ととらえる立場には，親として有する自然権であると同時に具体的には監護に関連する権利とみる説，親権の一権能とみる説（他に監護者のいる場合の親権者のもつ親権と，監護者にならなかった非親権者のもつ潜在的な親権とがあるとする）などの諸説がある。子の権利ととらえる立場は，親との交流を通して精神的に成長・発達することは子の生まれながらにしてもっている権利であるとする。

審判例では，監護者が面会交流に否定的な場合でも，子の福祉からみて面会交流が必要とされる場合には，家庭裁判所は監護者の意向に反して面会交流を認めることがある（名古屋高決平9・1・29家月49巻6号64頁）。しかし，面会交流の結果，離婚夫婦に紛争が再燃するおそれがあったり，あるいは，監護していない親の教育方針が監護者のそれと異なったりなどするために，子に悪影響が及ぼされるような場合には，子の福祉の観点から，面会交流権の行使が認められない例も少なくない（東京家審平13・6・5家月54巻1号79頁，福岡高那覇支決平15・11・28家月56巻8号50頁など）。このように，面会交流は，子の福祉にかなっていると認定される場合に認められている。審判例においては，親の面会交流権は子の福祉のいわば反射効として認められるにすぎず，学説ほどには権利性はあまり強く認められていない。

　なお，祖父母から面会交流について定める審判が申し立てられた事案に関して，最高裁は，父母以外の第三者は，事実上子を監護してきた者であっても，子との面会交流について定める審判を申し立てることはできないとした（最決令3・3・29集民265号113頁）。

面会交流権〜許可基準

　面会交流を許可する基準は，前述のように，子の福祉にかなうかどうかにおかれている（766条1項後段）。具体的には，監護していない親の親としての適格性（たとえば，子の養育を委ねること，扶養義務を果たしていること，子を奪取する危険性のないこと，監護者の悪口を言わないことなど）および子の面会交流に対する態度により判断される。もっとも，子が面会交流に否定的な態度を示したときであっても，監護者の影響による場合があるので，家庭裁判所は慎重に調査する必要があろう。

面会交流の具体的形態は，父母の協力の程度と子の意思を基本として，その他の諸要素を考慮に入れて決定されることになる。家庭裁判所は，試行的面会交流の結果をも考慮して判断する傾向にある。裁判所が面会交流を命じても，父母が協力関係を築けずに，自力では面会交流を行えない場合がある。そのような場合，民間団体（たとえば，家庭問題情報センターなど）の支援を受けることもできる。しかし，民間団体の数は限られており，国として支援機関を充実させる必要があろう。

面会交流の実施

父母が自ら面会交流を行えないとき，最高裁は，面会交流を許可した審判において，面会交流の日時または頻度，各回の面会交流時間の長さ，子の引渡しの方法等が具体的に定められているなど監護親がすべき給付の特定に欠けるところがないといえる場合には，審判に基づき監護親に対し間接強制決定をすることができるとした（最決平 25・3・28 民集 67 巻 3 号 864 頁）。

子の引渡し

(1) 離婚前後の破綻した夫婦間において，しばしば子の奪い合いが演じられる。父母の一方が他方に子の引渡しを請求しうるかについて，民法は明文の規定を有しない。利用可能な手続としては，民事訴訟法，家事事件手続法および人身保護法がある。

(2) まず，民事訴訟法による場合であるが，離婚後，親権者とならなかった親が子を手元にとどめ，親権者の親権行使を妨害するとき，親権者は，親権行使に対する妨害排除請求として民事訴訟によって子の引渡しを請求することができる（最判昭 35・3・15 民集 14 巻 3 号 430 頁）。

親権者は，子を監護教育するために子を自己の支配下におく必要があることから，子を占有することが許されると考えられてい

るためである。ただし，意思能力のある子が自由意思で親権のない親の下にとどまっている場合や親権者の請求が親権の濫用とみられる場合（最決平29・12・5民集71巻10号1803頁）には，請求は認められない。

(3) つぎに，家事事件手続法による場合であるが，離婚後，親権者・監護者とならなかった親が子を手元にとどめ，親権者・監護者に子を引き渡さないとき，親権者・監護者は子の監護に関する処分（766条1項2項3項・771条，家事39条・別表第二3項）として，子の引渡しを請求することができる。また，親権者・監護者とならなかった親が子の引渡しを求めるときは，親権者の変更（819条6項，家事39条・別表第二3項），監護者の指定・変更（766条1項2項3項）を請求することになる。

また，離婚に至らないが別居中の夫婦間にも，同様の紛争が起こっている。従来，父母いずれも親権者であるので，共同親権行使における協力扶助の問題として（752条，家事別表第二1項），あるいは，離婚における子の監護者指定・子の監護に関する処分についての条文（766条1項2項3項，家事別表第二3項）を類推適用して，解決されてきた（東京家審平8・3・28家月49巻7号80頁）。

家庭裁判所に，子の監護に関する処分としての子の引渡しの申立てや，子の監護者の指定などにともなって子の引渡しの申立てをする際に，子の引渡しの仮処分を合わせて申し立て，仮処分命令を得ることができる（家事105条）。この審判前の保全処分には執行力が付与されており，ただちに子の引渡しを求めることができる。また，家事審判手続によって子の引渡しの調停が成立，あるいは審判が下されたものの，履行されないときは，履行勧告を求めることができ（家事289条1項），履行勧告にも従わないとき

は，強制執行をすることができる（⇒第1章2①履行確保）。強制執行の場合，間接強制（不履行の場合に一定額の金銭を債権者に支払うことを債務者に命ずることにより間接的に履行を強制すること。民執172条）に限られるのか，直接強制（執行官が相手方から子を取り上げてくること。動産に関する民執169条を類推適用）も許されるのかについては議論が分かれていた。間接強制のみでは子の引渡しの実現には有効でないということから，実務において直接強制が実施されるようになった。これを受けて，2019（令元）年には，民事執行法及びハーグ条約実施法の一部改正が行われ，子の引渡しの強制執行に関する制度が新設された（民執174条〜176条）。

強制執行に際しては，子の心身に有害な影響の及ばないように配慮しつつ（民執176条），必要な行為を行わなければならない。これは，子が引き渡されることを望まない場合であっても異ならない（最決平31・4・26判タ1461号23頁，最決令4・11・30判タ1506号33頁）が，子が強制執行を明確に拒絶して呼吸困難に陥りそうになるなど，心身に重大な悪影響を及ぼすおそれがあると判断される場合は，執行不能とされうる。このような事案において，さらに間接強制の申立てをすることは過酷な執行として許されず権利の濫用となるとの最高裁の判断が示されている（前掲最決平31・4・26）。

なお，調停前の処分は認められているが，執行力を有しない（家事266条1項3項）。

以上のように，子の引渡しの履行に関する改正が近年行われているが，従来は強力かつ迅速な解決が手続的に保障されていたわけではなく，また，調停に付されると解決に時間がかかることなどから，子の引渡請求事件の多くが，人身保護手続に解決を求めた。

Case 2-10

　AB 夫婦は円満を欠くようになり，妻 B は子 C を連れて実家に戻った。その数ヵ月後，夫 A は，C の通う小学校付近で登校してくる C を待ち伏せし，車に乗せて A 宅に連れていき，以後，共に生活している。B は，A による監護・拘束は違法なものであると主張して，人身保護請求をした。B の主張は認められるであろうか。

　　　　　　　　　　　　　人身保護法は，法律上の正当な手続によ
　　　子の引渡しと　　　　らないで，身体の自由が不法に奪われま
　　　人身保護法　　　　　たは制限された場合に，簡便かつ迅速に
（審問期日は請求の日から 1 週間以内に開き，証拠資料は疎明で足り，判決言渡しは審問終結の日から 5 日以内にしなければならない。人保 5 条・6 条・11 条・12 条 4 項・15 条，人保規 11 条・36 条）その自由を取りもどすことを目的とする法であり，勾引・勾留や刑事罰に裏づけられた強い強制力を有するものである（人保 18 条，人保規 39 条。東京地決平 2・8・3 判時 1365 号 88 頁）。高等裁判所または地方裁判所の管轄となる。人身保護法は本来，非常応急的な特別の救済方法であり，他に救済の目的を達するのに適当な方法があるときは適用されないものである（人保規 4 条ただし書。補充性の原則）ため，子の引渡請求事件に利用されることに疑問を呈する見解もある。しかし，判例も利用を認め（最大判昭 33・5・28 民集 12 巻 8 号 1224 頁），その後，1991（平 2）年頃には人身保護請求事件の約 7 割が未成年の子の引渡請求事件となり，別居中の夫婦間での事件が大半を占めていた。

　監護権をもたない者が幼児を監護下において拘束している場合で，監護者が人身保護法に基づいて子の引渡しを請求するときは，請求者による監護が適法であるので，幼児を請求者の監護下にお

くことが拘束者の監護下におくことに比べて子の幸福の観点から著しく不当なものでないかぎり，監護者でない者による拘束は権限なしにされていることが顕著である場合（人保規4条）に該当し，監護者の請求が認容される（最判平6・11・8民集48巻7号1337頁）。

　これに対し，別居中の夫婦間における子の引渡しが問題となる場合には，迅速性のみが考慮されるべきではなく，今後の家族関係の在り方や，子に対する父母の愛情，子の父母に対する信頼，家庭環境・経済状態の良好さ等の諸要素をも視野に入れた解決が必要であり，これらを判断する場としては家庭裁判所調査官などによる調査を活用できる家事事件手続の方が人身保護法よりも優っているという考えが有力になった。最高裁も，この動向を受けて，人身保護法の適用範囲を限定しようとしている。すなわち，夫婦の一方による子に対する監護は，親権に基づくものとして，特段の事情がないかぎり適法というべきであるから，監護・拘束が権限なしにされていることが顕著である（人保規4条）というためには，拘束者による子の監護が明白に子の幸福に反する必要がある（明白性の要件）というものである（最判平5・10・19民集47巻8号5099頁）。その後，最高裁は，人身保護法が適用される2つの例外的な場合を明らかにした（最判平6・4・26民集48巻3号992頁）。1つは，拘束者の子に対する処遇が親権行使という観点からみてもこれを容認することができないような場合であり，他は，拘束者に対し子の引渡しを命ずる家事審判または仮処分が出され，その親権行使が実質上制限されているのに，拘束者がこの仮処分等に従わない場合（最判平6・7・8家月47巻5号44頁）である。

　これらの判決は事件処理に多大な影響を与え，裁判所は人身保

護請求を取り下げて，家事事件手続法にもとづく審判前の保全処分を申し立てるように促したり，審理においても，子の福祉に配慮した柔軟な解決を図るという運用が定着していった。

Case 2-10 では，A の親権行使を制限するような家事審判や仮処分が出されておらず，また，A が親権者として適切に C の監護をしているのであれば，A による監護は適法なものとされ，B の請求は認められない。

養　育　費

子の養育費をめぐる状況をみてみよう。

離婚後，母が子の親権者となる割合は近年 8 割強になっているが，別れた父から養育費を受け取る取決めをしているのは，2016（平 28）年において 42.9% にすぎない。実際に養育費を受け取っている母子世帯は，24.3% にすぎず，過去に養育費を受け取った例を含めても 39.8% である。調停・審判・裁判離婚の場合，養育費の取決めが行われる割合は，79.5% であるが，離婚の 9 割を占める協議離婚の場合には 37.8% にすぎない。支払われている額の統計をみると，2016（平 28）年における 1 世帯平均月額は 4 万 3707 円である。子の養育費に関する制度はどのようになっているのだろうか。

養育費については，従来，子の監護について必要な事項として処理されていたが，2011（平 23）年の改正により，「子の監護に要する費用の分担」という文言が明記された（766 条 1 項）。

離婚後も父母は子の養育費を分担する義務があるが，養育費の取決めは協議離婚の要件とされていない。上述のように，協議離婚の場合には養育費の取決めが十分になされていないので，養育費の取決めを促進する制度の創設が議論されている。また，取り決めはなされても支払わない親も多く，この者に対する行政罰を制定する方針を示している自治体も出てきている。

子の養育費の決定は父母の協議に委ねられており，協議が調わないときには，家庭裁判所がこれを定める（766条1項2項・879条，家事39条・別表第二3項）。

　裁判離婚の場合，離婚の判決に際して，子の養育費の支払を命じることができる（766条2項・771条，人訴32条1項。最判平元・12・11民集43巻12号1763頁）。この場合，離婚後の養育費のみならず，別居後離婚までの期間における養育費も含まれる（最判平9・4・10民集51巻4号1972頁）。別居後離婚までの期間における養育費の支払を求める申立てがあった場合には，裁判所は離婚請求を容認する際に申立ての当否について判断しなければならない（最判平19・3・30家月59巻7号120頁）。養育費が附帯処分として求められている裁判離婚において，判決によらないで婚姻が終了した場合（和解離婚）でも，裁判所は審理・裁判しなければならない（人訴36条）。

　なお，妻が婚姻中に夫以外の男性との間に子をもうけた場合で，①子と夫の間に自然的血縁関係がないことを妻が夫に告げなかったために，夫が親子関係を否定する法的手段を失い，②夫は婚姻中，子の養育・監護のための費用を十分に分担しており，③離婚後の子の監護費用をもっぱら妻において分担することができないような事情がうかがわれない，という事情においては，妻から夫に離婚後の監護費用の分担を求めることは権利の濫用にあたるという最高裁判決がある（最判平23・3・18家月63巻9号58頁）。

　離婚後に，子を養育する親権者・監護者が監護費用の分担を他方に請求する場合は，子の監護に関する処分（766条，家事39条・別表第二3項）としてすることができる。子からも，扶養請求（877条1項，家事39条・別表第一84項）として，監護していない親に養育費を請求することができる。

次に，養育費の算定方法をみると，裁判例で採用されている方法には，労研方式（労働科学研究所が調査した生活費を算定基準とするもの），標準生計費方式（総務局統計局や地方公共団体で実施している家計調査などの統計資料から出された標準的な消費支出額を参考とするもの），生活保護基準方式（生活保護基準額を参考とするもの）など（⇒第6章◆扶養料の算定）があり，それぞれに一長一短がある。そこで，算定を簡易迅速にするために，養育費の算定方式と算定表の作成が試みられ，実務に定着してきた（判タ1111号285頁以下参照）が，これに対しては，金額が低すぎるという批判が見られた。最高裁は，2019（令元）年12月に，これまでの標準算定方式・算定表の考え方を踏襲しつつ，基礎となる統計資料を更新するなどした改訂標準算定方式・算定表を公表した。

　いったん決定された養育費の額も，支払義務者に支払が困難になる事情の変更がある場合，減額される可能性がある。事情変更があるとして減額が認められた事例としては，父の再婚相手が育児休業をして減収した場合などがある。

　最後に，子の養育費についての取決めを履行させる方法についてみてみたい。協議離婚の際に養育費の取決めがあった場合，それについて公正証書が作成されていないと，強制執行を請求することができない。また，家庭裁判所の調停や審判によって養育費が取り決められた場合，これまでその履行を確保する制度（⇒第1章2①履行確保）が十分に機能していなかったので，2003（平15）年に強制執行の特例が創設された。義務者による養育費の支払が遅れるなどした場合，すでに確定期限の到来している分および未到来分について，確定期限の到来後に弁済期が来る給料などを差し押さえることが認められた（民執151条の2第2項・152条3項）。また，2004（平16）年には，より実効性のある履行確保方

法の制度化のために，養育費を支払わない義務者に制裁金として一定金額を支払わせる間接強制が認められた（民執167条の15）。さらに，2019（令元）年には，民事執行法及びハーグ条約実施法の一部改正が行われ，①子どもの養育費の義務を果たさない相手方の財産状況を確認するための財産開示手続要件が見直され（民執197条1項），②相手方の財産に関する情報を取得できる制度（民執204条以下）が新設された。

改正の動き　2011（平23）年の改正により，父母の離婚にともなう，面会交流，子の監護費用の分担，子の利益の優先考慮などが明文化された。これらはすべて1996（平8）年の民法改正要綱を取り入れたものといえよう。しかし，協議離婚において，これらの事項が十分に取り決められたかどうかを確認する方法はない（2012〔平24〕年から，当事者の意識向上を目的として，離婚届用紙に面会交流および養育費の取決めの有無を尋ねるチェック欄が設けられているが，真実に合致しているかどうかは分からない）。現在新たに，離婚後の子の監護について必要な事項（親権・監護権，面会交流，養育費等）に関する改正の議論がなされており，養育費への先取特権の付与，法定養育費の創設等の案が出されている。

5　婚姻外関係について

男女関係と法的保護　男女の恋愛関係には多くの形態がある。性関係を継続するだけの関係，結婚を約束した関係，一時的な同棲，事実上の夫婦として生活する内縁，婚姻届を出した男女など，さまざまである。その中で，民法は婚

姻届を出した男女の関係のみを婚姻として保護しており，それ以外の関係についてはなにも規定していない。しかし，婚姻外の男女関係を法の保護の外におくことは，時として当事者の一方の名誉を傷つけ，損害を与えたまま放置することになりかねない。男女の社会的地位が平等でない場合には，とくに女性が被害者になりやすい。そこで，判例・学説は，婚姻外関係にも法的保護を与えるべく，解釈論を展開してきた。

　本節では，婚姻外関係のうち，純粋な婚約関係と内縁を取り上げる。現実には，結婚を約束しながら内縁関係に入るカップルもいるだろうし，その他にもさまざまな婚姻外関係が存在しよう。しかし，ここではそれら婚姻外関係を代表するものとして，上記の2つの関係をみていきたい。

① 婚　約

婚約の成立要件　　婚約とは，男女間での将来結婚をしようという合意であり，「誠心誠意を以て将来に夫婦たるべき予期の下に」なされる必要がある（大判昭6・2・20新聞3240号4頁〈誠心誠意判決〉）。未成年者であっても意思能力があれば婚約することはできる。婚約時に婚姻の要件を満たす必要はないが，近親婚のようにそもそも婚姻が許されない者の間では，婚約は無効である。問題なのは，配偶者のある者との婚約である。これは離婚を前提としているため，判例は公序良俗に反するので無効とする（大判大9・5・28民録26輯773頁）。しかし，学説には，すでに婚姻が事実上の離婚状態にあるならば婚約を認めてよいとする説もみられる。

　婚約には通常，結納や婚約指輪の交換などがともなうが，これは婚約成立を証明する事実にはなるとしても，婚約の成立や効力

発生の要件ではないとされている（大判大8・6・11民録25輯1010頁，前掲大判昭6・2・20，最判昭38・9・5民集17巻8号942頁）。

婚約の効力　婚約をすると，将来婚姻を成立させるよう，互いに誠実に努力する義務を負う。しかし，婚約者の一方がこの義務を果たさない場合に履行を強制することはできない。婚姻する意思のない者を強制的に結婚させても，婚姻の本来の目的を果たすことはできないからである。ただ，債務不履行を原因とする損害賠償の請求は可能である。

婚約の不当破棄　婚約は，当事者の合意，一方当事者の解消の意思表示，あるいは婚姻の成立を不可能とする事情の発生によって解消する。

　一方当事者による婚約解消の意思表示が正当の理由によらない場合，他方当事者は解消により生じた精神的・財産的損害の賠償を請求できる。婚約破棄が正当な理由によるかどうかの判断は，離婚原因よりは緩やかに解されている。判例において婚約破棄により損害賠償請求が認められたものには，婚約者以外の異性と結婚したことが原因となった例（最判昭38・12・20民集17巻12号1708頁），民族差別を理由とした例（大阪地判昭58・3・8判タ494号167頁），部落差別を理由とした例（大阪地判昭58・3・28判時1084号99頁），宗教の違いを理由とした例（京都地判昭45・1・28判時615号56頁）などがある。第三者が不当な干渉をしたために婚約が破棄された場合には，第三者は損害賠償の責任を負う（徳島地判昭57・6・21判時1065号170頁は，第三者と婚約破棄者の共同不法行為を認めた）。

　婚約を不当破棄した者は，相手方に生じた精神的損害と財産的損害を賠償する義務を負う。精神的損害の算定はケース・バイ・

ケースであり，数十万円から数百万円まで幅がある。財産的損害
に関する裁判例には，結納のための費用，仲人への礼金，勤務先
退職による逸失利益などを認めたものがある。嫁入り道具処分に
よる損失については判断が分かれている。

損害賠償請求権の法的性質については，債務不履行説（415条）
と不法行為責任説（709条）とがある。通説・判例は債務不履行
説である（前掲最判昭38・12・20）が，最近の下級審では不法行
為責任説をとるものも多くなっている。

◆結　　納　旧来より，婚約が成立すると，そのしるしとして，ま
た，近い将来における婚姻の成立を祈念して，金品を贈る慣行があ
る。これを結納という。結納の法的性質については諸説があるが，
通説は，婚姻の不成立を解除条件とする贈与と解する。これに対し
て，判例は，婚約の成立を確証し，かつ，婚姻が成立した場合に当
事者・両親族の情誼を厚くする目的で授受される一種の贈与である
と解している（大判大6・2・28民録23輯292頁，最判昭39・9・4民
集18巻7号1394頁）。

婚約が解消された場合には，目的不到達による不当利得（前掲大
判大6・2・28）として返還義務が生じる。また，婚約解消に責任の
ある者による結納返還請求は，信義則上許されないと解されている。

② 内　　縁

キリスト教の影響の残る西欧では，これまで内縁には法的保護
があまり与えられてこなかったにもかかわらず，この20年間に
飛躍的に同棲数が増え，婚姻数は減った（⇒第1章1① これからの
家族）。これに対して，わが国では婚姻志向が根強いにもかかわ
らず，判例・学説上，内縁への手厚い保護が認められている。そ
れはなぜだろうか。

民法は，婚姻は届出によって成立するという届出婚主義（⇒本章　婚姻とは）を採用しているが，この制度が導入されたのは明治民法においてである。しかし，当時，届出婚主義はなかなか国民に浸透せず，従来からの結婚の慣行に従う人々が少なくなかった。また，明治民法の定めた「家」制度の制約（男30歳，女25歳まで婚姻には戸主や父母の同意が必要であったり，戸主または は推定家督相続人同士の結婚が禁じられていたなど）から法律上の婚姻が認められない人々もいた。

　やがて判例は，このような関係を婚姻予約の関係とみて，その不当破棄の場合に，正当の理由なく婚姻を拒絶した者に損害賠償の責任があることを認めた（大連判大4・1・26民録21輯49頁）（経緯については，⇒不当破棄の救済）。

　その後，不当破棄以外の場合にも，判例は保護の範囲を拡大していった。一方当事者の債権者である第三者保護の前提として（東京控判昭7・3・29新聞3409号17頁），また，当事者の一方を殺害された場合の損害賠償請求において（大判昭7・10・6民集11巻2023頁），大審院は，内縁に婚姻と同様の効果を与えた。学説においても，内縁を婚姻に準じる関係としてとらえる，いわゆる準婚理論が通説となった。戦後，最高裁も準婚理論を採用した（最判昭33・4・11民集12巻5号789頁）。

　以上の動向と並行して，内縁をめぐるもう1つの動きが存在した。すなわち，資本主義の発達により工場労務者や鉱山労務者が増加したが，彼らの中には内縁関係を結ぶ者が多かったため，労務災害時の遺族補償を内縁者にも認める必要が生じたのである。準婚理論はこの方面にも影響を与えた。

　内縁とは，婚姻届は出されていないものの，社会観念上夫婦共同生活と認められるような生活を送る関係を指す。その成立のためには，①内縁を成立させようとする合意と，②内縁の事実の存在（別々の住まいを有していても，精神的にも日常生活においても相互に協力し合った共同生活形態があればよいとする判決がある。大阪地判平 3・8・29 家月 44 巻 12 号 95 頁）が必要である。当事者間に婚姻障害がある場合にも内縁の成立を認めるべきかどうかについては議論がある。婚姻適齢に達していない場合については，内縁の成立に問題がないと考えられているが，近親婚禁止や重婚禁止については議論が分かれる（⇒特別法による生存内縁者保護，重婚的内縁）。なお，同性カップルについては，婚姻に準ずる関係にあったとして，不法行為法上保護される利益の存在を認めた下級審判決がある（東京高判令 2・3・4 判時 2473 号 47 頁）一方，同性間では事実上婚姻関係と同様の事情にあるとは言えないとして，犯罪被害者給付金の受給権を認めなかった判決がある（名古屋高判令 4・8・26 判タ 1506 号 48 頁）。

内縁の効果　民法が婚姻に与えている多様な効果のうちのかなりの部分は，準婚理論により内縁にも認められている（日常家事代理権を認めたものに，東京地判昭 46・5・31 判時 643 号 68 頁，扶養義務を認めたものに，大判大 11・6・3 民集 1 巻 280 頁）。

　その結果，法律上の婚姻にのみ与えられる効果は，①姻族関係の発生（725 条），②夫婦同一氏（750 条），③嫡出推定（772 条），④相続権（890 条）などにすぎなくなった（⇒2）。

不当破棄の救済　明治民法下，届出婚主義の未浸透や「家」制度の制約のために婚姻届を出さ

ない男女の関係が破綻したとき，大審院は損害賠償請求を認める
かどうかにつき，当初，態度を統一しきれなかった。慣習上の儀
式を挙げ，夫婦同然の生活をした後に男性側が一方的に関係を破
棄した事例で，一方では損害賠償請求を認めた判決がありながら
（大判明44・1・26民録17輯16頁。数ヵ月間の同棲をした事例），他
方では男性には何らの責任も生じないとした判決があった（大判
明44・3・25民録17輯169頁。数年間の同棲をした事例）。その後，
大審院は，正当の理由なく婚姻を拒絶した者には損害賠償責任が
あるという見解に落ち着いた（大連判大4・1・26民録21輯49頁，
大判大8・3・21民録25輯492頁）。

　さらに，相手方の責任から，内縁を解消せざるをえなくなった
場合には，破棄者ではなく相手方が損害賠償の責任を負うことが
認められ（最判昭27・10・21民集6巻9号849頁），また，第三者
が不当な干渉をしたために内縁が破綻した場合には，第三者が損
害賠償の責任を負うことも認められた（最判昭38・2・1民集17巻
1号160頁）。

　なお，16年間にわたる「特別の他人」としての関係を続け，2
人の子どもが生まれ，仕事や旅行を共にすることもあったが，共
同生活をしたことがなく，事前の取決めにより母は子どもの養育
をしたこともなく，意図的に婚姻を回避してきた男女において，
男性が突然に一方的に関係を解消し，他の女性と婚姻した行為に
つき，最高裁は，慰謝料請求権の発生を肯認しうる不法行為とは
評価できないとした（最判平16・11・18判時1881号83頁）。

　不当破棄を原因とする損害賠償請求権の性質について，当初判
例は，婚姻予約の不履行を理由とすべきである（前掲大連判大
4・1・26）としたが，その後，婚姻予約の不履行を理由とする
こともできるし，準婚理論により不法行為を理由とすることもでき

るとした（最判昭 33・4・11 民集 12 巻 5 号 789 頁）。

内縁破綻の効果

当事者の合意または一方の意思によって内縁が解消されたとき，離婚に際しての財産分与の規定（768 条）が類推適用されることは，学説・裁判例において確立している。なお，内縁解消にともなう財産分与の審判手続中に分与義務者が死亡した場合，財産分与義務は相続の対象となる（大阪高決平 23・11・15 家月 65 巻 4 号 40 頁。⇒第 2 章 *4*，第 9 章 *1*）。有責者からの財産分与の請求は，信義則上，清算的要素についてのみ認められるとする審判例がある。

また，厚生年金の分割制度（⇒ *4* ① 清算的財産分与の算定基準）を利用することができる。

死亡による解消の効果
〜生存内縁者と財産分
与請求

内縁者の一方が死亡した場合，内縁関係は解消するが，生存者には死亡した内縁者の遺産に相続権類似の権利が認められるだろうか。また，従来から居住していた住宅に住み続けることができるだろうか。

離婚の際の財産分与制度を類推適用して，生存内縁者に他方の遺産を与えうるかについて，学説・裁判例は長い間，積極・消極の両説に分かれていた。その後，生存内縁者は相続人に対して清算的要素・扶養的要素を含む財産分与請求権をもたないとして，これを否定する最高裁の決定が下された（最決平 12・3・10 民集 54 巻 3 号 1040 頁）。その理由とするところは，財産分与の類推適用は準婚的法律関係の保護には適するが，相続による財産承継の構造の中に異質の契機を持ち込むものであり，法の予定しないことであるというものである。この結果，家事労働にもっぱら従事してきた内縁者の保護をどうするのかという問題は残されたままとなった（⇒第 8 章 *1* Case 8-1）。なお，死亡内縁者に相続人がい

ない場合には，生存内縁者は特別縁故者として財産分与を請求することができる（958条の3）。

生存内縁者の居住権　住宅については，持家である場合と借家である場合とを分けて考えなければならない。持家の場合，これを相続した相続人から生存内縁者に明渡請求がなされたとき，相続人に居住の差し迫った必要がないかぎり権利の濫用とされ（最判昭39・10・13民集18巻8号1578頁），内縁者の居住権は保護される。また，持家が内縁カップルの共有であった場合で，不動産を居住または共同事業のために共同で使用してきたときは，両者間で，これを生存内縁者が単独で使用する旨の合意が成立していたとの推認がなされ，また，その使用による利益について他の共有者（相続人）に不当利得返還義務を負わないものとされる（最判平10・2・26民集52巻1号255頁）。なお，死亡内縁者に相続人がいない場合には，生存内縁者は特別縁故者として持家の財産分与を請求することができる（958条の3）。

　借家の場合，相続人が不存在であれば，生存内縁者は借家権を承継することができる（借地借家36条）。相続人がいるときには，相続人が承継した賃借権を生存内縁者が援用して，家主からの明渡請求に対し，居住する権利を主張することができるという判例が確立している（最判昭42・2・21民集21巻1号155頁）。一方，相続人から明渡請求があった場合について，判例はない。学説には，所有家屋に関する判例を借家の場合にも及ぼし，相続人に居住の差し迫った必要がないかぎり権利の濫用とみて，内縁者の居住権を保護しようとする見解が見られる。また，内縁者は，相続人と共に共同賃借人になるわけではないから，賃料の支払債務は負わない（同判決）（⇒ *Column* ⑥，第9章 1 ② 住宅の相続性）。

　社会保険や労働法の分野においても，内
縁者は遺族として法律婚の配偶者と同等
の受給資格を認められている（労働者災
害補償保険法 16 条の 2 第 1 項，国民年金法 5 条 8 項，国家公務員共
済組合法第 2 条 1 項 2 号イ，国家公務員災害補償法 16 条 1 項，国家
公務員退職手当法 11 条 1 項 1 号，厚生年金保険法 3 条 2 項など）。

　なお，内縁が近親者間によるものである場合，どのような関係
であるかによって判例は異なる結論を下している。厚生年金保険
の被保険者と直系姻族の関係にある者が被保険者と内縁関係にあ
る場合（735 条第 2 文により婚姻禁止の関係），最高裁は，厚生年金
保険法 3 条 2 項の規定にいう「婚姻の届出をしていないが，事実
上婚姻関係にある者」にはあたらないと判示して，内縁者の遺族
年金受給資格を否定した（最判昭 60・2・14 訟月 31 巻 9 号 2204 頁）。
これに対して，734 条 1 項により婚姻が禁止されている傍系血族
間（叔父と姪）によるものである場合，内縁の妻に対する遺族年
金の支給については，内縁関係形成の経緯，周囲や地域社会の受
け止め方，共同生活期間の長短，子の有無，夫婦生活の安定性等
に照らし，反倫理性，反公共性が婚姻秩序等の観点から問題とす
る必要がない程度に著しく低いと認められる場合には，近親婚禁
止の公益的要請よりも遺族の生活の安定と福祉の向上に寄与する
という法の目的を優先させるべき特別の事情があるとして，受給
が認められた（最判平 19・3・8 民集 61 巻 2 号 518 頁）。

　内縁者が他の者と法律上の婚姻をしてい
る場合を重婚的内縁という。内縁を準婚
とみるならば，重婚的内縁は重婚関係に類似し，これに保護を与
えることは一夫一婦制をとる婚姻制度との関係で問題を生じうる。
そのため学説には，重婚的内縁は公序良俗に反するので無効であ

るとする説，一定の条件を満たす場合には有効とする（相対的無効）説，有効説など，諸説がみられる。また最近では，法律上の配偶者への経済的給付や音信が続いている場合に，扶養に関しては，保護を必要とする度合いなどに応じて，法律婚と内縁に権利を分配しうるという配分的保護説なども提唱されている。

一方，判例が重婚的内縁者にいかなる地位を与えているかについては，問題を分けてみていく必要がある。

第1に，重婚的内縁の不当破棄を原因とする損害賠償請求について，判例は，当初，重婚的内縁は公序良俗に反するため，自己に存する不法の原因によって生じた損害の賠償を，内縁者は請求することができないとしていた（大判昭15・7・6民集19巻1142頁）。その後，下級審判決に，内縁者の責任を考慮しつつも，精神的損害に対する慰謝料を認めたものや，婚姻が形骸化している場合には内縁関係に相応の法的保護が与えられるべきであるとして，慰謝料請求を認めたものなどが出てきた。さらに，重婚的内縁関係を不当な干渉により破綻させた第三者への慰謝料請求を認めた下級審判決もある。

第2に，重婚的内縁の解消の際に財産分与が認められるかどうかについては，婚姻が形骸化し，内縁関係に社会通念上夫婦としての実態がみられるときには，財産分与を認めてもよいとする下級審判決がみられる。

第3に，重婚的内縁者が事故により死亡した場合，下級審裁判例は，生存内縁者に加害者に対する損害賠償請求権を認めている。

第4に，遺族年金などの社会保障法上の遺族給付について，死亡した内縁者に法律上の配偶者がいた場合，残された配偶者と内縁者のいずれが遺族として給付を受けられるのであろうか。最高裁は，明文上，受給権者としての「配偶者」に内縁者を含めてい

る法律に関し，婚姻関係が形骸化し，かつ，その状態が固定化している場合には，法律上の配偶者は法律所定の遺族としての「配偶者」にあたらないとした（最判昭58・4・14民集37巻5号270頁，最判平17・4・21判時1895号50頁）。これに対して，明文の定めをもたない恩給法に関しては，受給権者たる「配偶者」（72条1項）は法律上の婚姻関係にある者に限られるとした（最判平7・3・24判時1525号55頁）。

　以上を総じてみれば，判例は，婚姻関係が破綻して形骸化している場合には，重婚的内縁に婚姻に準じる効果を与えているということができよう。

内縁の今後　　準婚理論のようなこれまでの手厚い内縁の保護傾向に対し，今日内縁の実態が変化したのであるから，関係の多様なファクターや問題となる事項に応じて効果を考えるべきであるという説（相対的効果説）などが唱えられている。さらに，近年広まってきた，主体的な意思によってあえて婚姻届を出さない関係（事実婚）に対しては，①上述の相対的効果説，②当事者間では合意・契約に委ね，当事者はしかるべき契約を締結することによって経済関係を規律すべきであるという説，③どのような家族を形成し，どのような家庭生活をすごすかは自己決定によるが，2人で築いた財産の公平な分配と要保護者への援助は認めるべきであるという説など，考え方は多岐にわたっている。

　また，内縁を判例による解決に委ねたままにするのか，それともフランスのPacsのように，法的存在として立法する道を探るのかどうかという問題も残されている。

親子関係は親族関係における縦糸をなすものである。血縁関係に基づく親子，血縁によらない親子，そして新しい医療の補助を受けて誕生した人工授精・体外受精の親子など，本章では，法律上の親子（実子と養子）の発生要件とその効力について学ぼう。

1 親子とは何か

法律上の親子

親子関係は，生理上の親子関係（血縁）を基盤とする実親子関係（実子）と，血縁関係にない者の間での法定的・擬制的な養親子関係（養子）に区別される。実子は，さらに婚姻から出生した子（嫡出子）と婚姻関係外で出生した子（嫡出でない子）に区別され，婚姻外で生まれた子も，父母が婚姻したときは，婚姻から出生した子として扱われる（準正嫡出子）。また養子縁組は，当事者間の契約（届出）による普通養子縁組と家庭裁判所の審判によって成立する特別養子縁組に区別されている。

親子法の変遷

親子法においては，家のための親子法，親のための親子法，子のための親子法という3段階の変化があったといわれる。親子の関係は，まず家族共同体のかなめである婚姻（家長の婚姻）とのつながりにおいて

表3-1　親子の関係

実子（嫡出子） 　生来嫡出子 　　推定を受ける嫡出子 　　（婚姻中懐胎） 　　（婚姻前懐胎・婚姻後出生）※ 　嫡出推定の及ばない子 　　（表見嫡出子）	養子（嫡出子） 　特別養子 　　（実親との親族関係終了） 　普通養子 　　（実親との親族関係保持）
準正嫡出子 　　　　　（認知準正・婚姻準正） 実子（嫡出でない子） 　認知（父）のある子　　父母の 　認知（父）のない子　　婚姻	社会的親子 　内縁養子 　　（判例・特別法） 　里子 　　（児童福祉法・準委任契約）

※　2022年改正前の「推定を受けない嫡出子」

認められた。西欧キリスト教社会では神の前での神聖な結合（婚姻）を重視したので，婚姻外性関係は厳しく規制され，社会的に承認されない関係から生まれた子（罪ある結合の果実）は蔑視され，親との社会的，法律的つながりを正式には認められなかった（何人の子にもあらざる子）。その後，母との関係のみが認められたが，父との法的関係は承認されなかった（父の捜索は許さず）。世界的に人権思想が広まった1950年代から70年代にかけて，欧米諸国における婚外子の法的地位は大きく変化し，法律上の父子関係が承認され，扶養や相続の権利が認められるようになった。さらに90年代には，子どもの権利条約などにみられる世界的な子どもの権利意識の高まりもあって，婚外子に婚生子と完全に同等の権利を認めるべきだとする考えが強まった。婚生子を正統ないし合法な子と呼び，婚外子をその否定形で表現する伝統的な法律用語（illegitimate, unehelich, nichtehelich）も廃止されてきている。

わが国では武家社会の慣行を引き継ぎ，「家」の後継者である男子を得るために妾を公認した時期もあり，妻以外の女性から生まれた子も，むしろ諸外国と比べて優遇されていた。旧法では，婚姻外出生子を私生子と称していたが，父の認知を受けた子は庶子と呼び，庶男子は，嫡出女子に優先して家督相続権が認められていた（男尊女卑である）。しかし，嫡出の男子には劣後していた。

1947（昭22）年改正民法においても法律婚の尊重を理由として，婚姻外で出生した子は，法的に差別を受けてきた。婚外子差別の象徴として批判が強かった相続分問題については，2013（平25）年に最高裁判所が違憲判断を打ち出したことで，法改正が実現した（⇒第8章1*Column*⑳）。しかし，出生届の様式（⇒第1章3②）など問題は残されている。婚外子についての共同親権も検討課題となっている。

社会的親子 民法上の親子ではないが，社会的には親子として成立している関係もある。縁組の届出をしていないが事実上養子縁組と同様の関係にあるものについては，内縁養子として保護が与えられている（⇒3②）。離婚・再婚などが増え，複合的な家族関係が多くなってきたこともあって，継親子・兄弟姉妹関係（ステップファミリー）から生じる問題も増えている。また，社会的には親子に類した生活関係にある里親・里子関係も重要な意義がある。

*Column*⑨ 里親制度 •─•─•─•─•─•─•─•─•─•─•─•─•─•─•─•─•

わが国では古くから，事情があって親元で育てられない子を近郊の農家などに預け，養育料を出して育ててもらう里子養育の習俗があった。こうした慣行を素地として，公的規制の下で近代的児童福祉システムとして運用されているのが現在の里親制度であ

り，1948（昭 23）年に児童福祉法の施行により発足した。同法では，保護者のない児童または保護者に監護させることが不適当であると認められる児童（要保護児童）を養育することを希望する者であって，都道府県知事が行う研修を修了したことその他の要件を満たし，審査を経て里親名簿に登録されている里親に，家庭生活に恵まれない児童（4 人まで）の養育を委託している（児福 6 条の 4）。里親家庭養育が大半の欧米と異なり，わが国では児童福祉施設での養育が中心である。しかし，児童の発達においては乳幼児期の愛着関係の形成が極めて重要であり，できるかぎり，家庭的な環境の中で養育されることが望ましい。そこで，厚生労働省は，「里親委託ガイドライン」等を設けて，里親制度（および養育者の家庭で 5, 6 人の児童を受け入れる小規模住居型児童養育事業：ファミリーホーム）の推進と支援を図っている（2021〔令 3〕年 3 月末の里親等委託率は 22.8％）。

　里親には，保護者のない児童または保護者に監護させることが不適当であると認められる児童を養育する通常の**養育里親**（生活費 5〜6 万円，教育費・医療費実費，里親手当として 1 人 9 万円が支給される）のほか，被虐待児童・非行児童等の養育者として経験豊富な**専門里親**（里親手当は 1 人 14.1 万円），養子縁組を前提とする**養子縁組里親**（里親手当は不支給。特別養子縁組を前提とする新生児里親委託も行われている），両親が死亡した等の事情がある場合に，3 親等以内の親族が里親として監護する**親族里親**（扶養義務がある，または扶養義務を課されうる親族である〔877 条〕ことから，里親手当は不支給。東日本大震災後の親族養育の支援の必要もあり，扶養義務者でないおじ・おばは親族里親から外し，里親手当を支給），がある。里親は民法上の親権（代行権）を有しないが，父母の同意を得て，または児童虐待等の場合に家庭裁判所の承認（児福 28 条）を得て行政（児童相談所等）から委託された者として，里子の監護・教育を行う。児童福祉法では，児童相談所長は，里親（ファミリーホームを含む）委託中の児童で親権を行う者または未成年後見人のないものに対し，親権を行うものとされ，里親は，受託中の児童で親権を行う者または未成年後見人のあるものについて

も，監護および教育に関し，児童の福祉のため必要な措置をとることができるものとしている（児福 47 条⇒第 4 章 **4 *Column*** ⑭）。里親の里子に対する事実上の監護権などを明確にするために，民法上も社会的親として，一定の権利義務が認められてもよいであろう。

2 実 子

① 嫡 出 子

Case 3-1

A は，婚約中の B が妊娠したことがわかり，結婚式の予定を早めて 5 月 1 日に婚姻の届出をした。その後，B は 11 月 1 日に C を出産したが，A は 6 月 15 日に事故で死亡しており，B は，10 月 10 日に A の弟 D と再婚していた。

嫡 出 推 定

（1）「父は，婚姻が示すところの者である Pater est quem nuptiae demonstrant」という法諺（法のことわざ）がある。妻が婚姻中に懐胎した子の父は夫である，という意味である。民法は自然生殖を前提としているため，婚姻中に懐胎したかどうか，夫による懐胎かどうかは，客観的な事実として明らかにすることはできない。そこで民法は，夫婦間における貞操義務の遵守を信頼して，妻が婚姻中に懐胎した子は，その婚姻における夫の子であると推定した（772 条 1 項〔前段〕）。そして，医学上，妊娠期間を 200 日ないし 300 日として，婚姻成立の日から 200 日を経過した後または婚姻の解消もしくは取消しの日から 300 日以内に生まれた子は，婚姻

中に懐胎したものと推定した（同条2項）。2022（令4）年改正前は，この婚姻中の懐胎を基準として夫の子と推定される子を，推定を受ける嫡出子（推定される嫡出子）と呼んでいた。

（2）　2022年改正法では，婚姻前に懐胎され，母の婚姻後に生まれた子についても，その婚姻の夫の子と推定するものとされ（772条1項〔後段〕），婚姻の成立の日から200日以内に生まれた子は，婚姻前に懐胎したものと推定した（同条2項）。明治民法の立法者は，婚姻前に懐胎した子は，婚姻後に出生したとしても，夫の子であるという法律上の推定はないので，嫡出でない子であるが父母の認知によって準正嫡出子となると考えていたようであり，大審院もはじめはこの考えに従っていた。しかし，結婚式をしても婚姻届は子（特に男子）ができるまで出さないという夫婦が少なくなかったことから，裁判所も，婚姻成立の日から200日以内に生まれた子は，772条の嫡出推定は受けないが，出生と同時に嫡出子の身分を有することを認めるに至った（大連判昭15・1・23民集19巻54頁）。この判例では，内縁中に懐胎し法律上の夫婦となった後に出生した子であったが，戸籍事務を扱う者には子の父母が内縁の夫婦かどうかを審査する権限はないこともあって，婚姻後に生まれた子はすべて嫡出子として届け出ることができる取扱いになった。ただし，母から嫡出でない子として出生届をすることも許された（昭26・6・27民事甲1332号回答）。このような子を学説は推定を受けない嫡出子（推定されない嫡出子）と呼んでいたが，2022年改正により，母の婚姻後に生まれた子はすべて夫の子と推定される嫡出子であることが明確にされた。

（3）　2022年改正法では，女性の再婚禁止期間を廃止したことから，婚姻解消後すぐに再婚し，その再婚も短期間で解消され，子が生まれる前に再々婚，再々々婚をする事態も起こり得る。そ

のため，子を懐胎した時から子の出生の時までに母が2以上の婚姻をしていたときは，その子は，出生の直近の婚姻における夫の子と推定されている（772条3項）。したがって，前婚の解消から300日以内で，かつ，再婚後に生まれた子は，前婚の夫の子とも，再婚の夫の子とも推定されるべきところ（再婚から200日を経過した後に生まれた子は，772条1項前段の推定の重複，再婚から200日以内の出生のときは前段の推定と後段の推定の重複），再婚の夫の子と推定されることになる。懐胎後に婚姻し，200日以内に複数の婚姻をして出産したときは，後段の嫡出推定が重複する。子の出生時に母が婚姻していれば，その夫が生物学上の父である蓋然性が高く，夫婦による子の養育が期待できるので，子の成育環境を保障し家庭の平穏を保護することができる（Case 3-1のCはAの子ではなく，Dの子と推定される）。複数回の婚姻を経て子の出生時には母が婚姻をしていない場合でも，子の生物学上の父である蓋然性が相対的に高いこと，子の養育にかかわる意思を期待できることから，直近の婚姻の元夫が子の父であると推定するのが合理的とされている。

　(4)　婚姻解消または取消し後300日以内に生まれた場合であっても，婚姻解消（取消し）後の懐胎であることが医学的に証明できれば，772条の適用がないものと解することもできる。しかし，戸籍先例は，出生証明書記載の妊娠月数から逆算すれば婚姻解消後の懐胎と見られる場合でも，嫡出でない子としての出生届は受理しないとしていた（昭24・9・5民事甲1942号（二）337号民事局長回答）。そのため，婚姻解消後300日以内に再婚し出産した場合，後夫の子として出生届をするためには，調停・裁判の手続で前夫の子でないことを明らかにしなければならなかった。夫婦の別居中や婚姻解消後に夫以外の男性の子を懐胎した女性が夫

（前夫）の嫡出子とする出生届をしないことから生じたいわゆる無戸籍者問題の解決のための一策として，2007（平19）年に戸籍先例が変更され，懐胎時期に関する医師の証明により，前の夫の子としない出生の届出ができるものとされた（平19・5・7民一1007号民事局長通達）。

◆「懐胎時期に関する証明書」が添付された出生の届出　　民法制定時とは異なり，現在では，医師の診断により懐胎時期を高い精度で判定することができるようになった。そこで医師の作成した証明書により，婚姻解消（取消し）後の懐胎であることが確認できる場合には，772条の300日ルールが適用されないものとして（調停・裁判手続を不要とする），婚姻解消（取消し）時の夫を父としない出生の届出（嫡出でない子または後婚の夫を父とする嫡出子としての出生の届出）を受理するものとした。ただし，事実上の離婚状態にある中で，事実上再婚し出産した場合，この取扱いでは救済されない。

父を定める訴え　　2022年改正前は，再婚禁止期間（改正前733条）に違反した母の再婚により生まれた子につき嫡出推定が重複する場合には，父を定める訴えによって父を決定するものとされていた。2022年改正により再婚禁止期間が廃止されたことにより，父を定める訴えは，母が重婚禁止に違反して複数の婚姻をした場合について適用するものと改められた（773条）。重婚は，772条3項にいう2以上の婚姻には該当しないものと考えられている。

嫡出否認の訴え　　(1)　嫡出推定が事実に反するときは，この推定を争うことができる（774条）。2022年改正前は，早期に嫡出親子関係を安定させるために，原則として，夫のみが，子の出生を知った時から1年以内にかぎり（改正前777条），子の嫡出性を否認するための訴え（人訴2条2号）を提起することを許されていた。

2022年改正により，父のほか，子，母，母の前夫（子の懐胎の時から出生の時までの間に母と婚姻していた者であって，子の父以外のもの）に嫡出否認の権利が認められた。子の否認権は，親権を行う母，親権を行う養親または未成年後見人が，子のために行使することができる（774条2項）。母の否認権の行使は，子の利益を害することが明らかなときは，認められない（同条3項）。子の出生までに母が複数の婚姻をしている場合において出生の直近の婚姻における夫の子とする推定については，母の前夫から否認権を行使することができる。ただし，安定した父子関係に不当に介入するような場合など，子の利益を害することが明らかなときは，否認することができない（同条4項）。

　(2)　嫡出否認の訴えの相手方は，父の訴えについては子または親権を行う母（親権を行う母がいないときは特別代理人を選任），子または母の訴えについては父，前夫の訴えについては父および子または親権を行う母である（775条）。夫が成年被後見人であるときは，成年後見人（妻が成年後見人であるときは成年後見監督人）が否認の訴えをすることができる（人訴14条）。

　出生前の胎児の嫡出性を否認する訴えはできない。胎児の嫡出推定は不確定であり，出生までの間に母の婚姻関係が変わることにより，嫡出推定される父が異なりうるので，否認すべき嫡出推定および訴えの相手方が定まっていない。

　(3)　父が子の出生前に死亡したとき，または出訴期間内に嫡出否認の訴えを提起しないで死亡したときは，その子のために相続権を害される者その他父の3親等内の血族は，夫の死亡の日から1年以内にかぎり，嫡出否認の訴えをすることができる（人訴41条1項）。父が否認の訴えの提起後に死亡した場合は，父の死亡の日から6か月以内に訴訟手続を受け継ぐことができる（同条

2 項)。父が嫡出否認の調停申立後に死亡した場合に父の 3 親等内の血族らによる否認の訴えがあったときは，父がした調停の申立ての時に訴えの提起があったものとみなされる（家事 283 条）。

（4）　父または母は，子の出生後において，その子が嫡出であることを承認したときは，否認権を失う（776 条）。嫡出性の承認は，父または母が積極的に自分の子であると肯定することであり，慣行上父として命名したり出生届をしたりしただけでは嫡出性の承認とはならない。ただし，自己の子でないことをよく知りながら嫡出子として出生届をしたときは，否認権は失われるものと解すべきである。

（5）　嫡出否認の訴えについては，父子関係の安定性のために出訴期限が定められている。2022 年改正前は父が子の出生を知った時から 1 年であったが，これを 3 年に伸長し，子および母については子の出生の時から 3 年とした（777 条）。また，懐胎時から出生時までに母が複数の婚姻をしていた場合に，出生の直近の婚姻における夫の嫡出子であることが否認されたことにより新たに子の父と定められた者についての否認の訴えは，当該子に係る嫡出否認の裁判が確定したことを知った時から 1 年とされている（778 条）。子の否認権については特則が設けられており，子は，父との継続した同居期間が 3 年に満たないときは，21 歳に達するまでの間，嫡出否認の訴えを提起することができるものとされた。推定される父との間に社会的に親子としての実態がない場合には，子自身の判断で否認権を行使することを認めるのが相当であるからである。ただし，その場合でも，子の否認権の行使が父による養育の状況に照らして父の利益を著しく害するときは，認められない（778 条の 2 第 2 項）。また，前夫の否認権の行使は，子が未成年の間に限られる（同条 4 項）。

(6)　嫡出否認の裁判が確定したときは，子は出生時に遡って母の嫡出でない子となる（または前夫の子と推定される）。この場合，それまでに父が支出した生活費等の返還請求の可否が問題となりうるが，2022 年改正法は，子は，子の父であることが否認された者に対して，その者が支出した子の監護に要した費用を償還する義務を負わないことを明示した（778 条の 3）。母に対して，あるいは否認後に認知をした父または新たに父と推定される者に対して費用の償還を請求することについては，肯定されうる。

◆親子関係を正す権利は誰のもの　　夫婦間に生まれた子を原則として夫の子とすることは，外国法でも一般的である。問題は，それが血縁の真実に合致しない場合に，どういう形で不一致を正すかである。夫以外の者にも否認権を認めるか否か，権利行使を時間的に制限するかなどについては，国によって違いがみられる。ドイツでは，父子関係を否定する事実を知ってから 2 年間，母および子も否認の訴えをすることができる。フランスでは，母が子の実父と再婚して新しい家庭の子として育てることができることなどを条件として，母の訴えによる嫡出否認が認められる。スイスでは，夫は反対の事実を知ってから 1 年間，かつ，子の出生後 5 年以内に限られ，子は成年到達（18 歳）から 1 年後まで認められる。オーストリアでは，夫は事実を知ってから 2 年間，かつ，子の出生後 30 年以内に限られているが，子は事実を知り，かつ，成年到達（18 歳）から 2 年間は認められる。韓国ではわが国と同様の法制になっていたが，子の出生を知ってから 1 年以内という出訴期間については，憲法に合致しないという憲法裁判所の決定があり，2005（平 17）年の改正により，妻にも否認の権利を与え，夫の子でないことを知ってから 2 年を出訴期間としている。親子関係を正す権利は，誰よりもまず子自身に認めるべきものである。

　わが国の嫡出推定制度は，無戸籍児の問題を生み出しており，父にのみ否認権を認めることは憲法違反であるとの批判があった（無戸籍で苦しんだ母娘孫からの損害賠償を求める訴えに対し，神戸地判平

29・11・29 判時 2381 号 114 頁は現行規定を合憲として請求を棄却し，大阪高判平 30・8・30 訟月 65 巻 4 号 623 頁も控訴棄却，最決令 2・2・5 判例集未登載は憲法判断を示すことなく母らの敗訴が確定）。こうした問題の解決に向けて，2022（令 4）年 12 月に嫡出推定制度に関する改正が行われた（2024 年 4 月 1 日施行）。

Case 3-2

　A は，2 年前に夫 H の暴力に耐えかねて家を出て，夫には居所を隠して生活をしている。最近，交際中の男性 B の子を妊娠したことがわかり，胎児 C が B の子であることを法的に明らかにしたいと考えている。

嫡出推定の及ばない子

　（1）　嫡出推定制度は子の身分を早期に確定させ，家庭の平和を保持しようとするものであるが，2022 年改正前は夫に限られていた嫡出否認権が適切に行使されないときは，事実に反する親子関係が法律上の親子として確定するという問題もあった。それを修正し血縁の真実に合致した親子関係の形成を可能とするために考案されたのが，「嫡出推定の及ばない子」（推定の及ばない嫡出子）という概念である。たとえば，夫が行方不明であるとか，長期間別居し事実上の離婚状態にある場合に妻が産んだ子は，嫡出推定の前提である母とその夫との実質的な夫婦共同生活を欠くので，夫の子であるとの強固な法的推定を与えるべきではない。判例も，離婚届出に先立って約 2 年半前から別居していた場合，夫からの嫡出否認を待つまでもなく，真実の父に対して認知の請求ができるものとした（最判昭 44・5・29 民集 23 巻 6 号 1064 頁）。Case 3-2 の場合は，C の出生後に B を相手方とする認知の請求が認容されれば，反射的に H は父でないことになる。認知請求は調停でもできるから，C（法定代理人 A）B 間に合意が成立したときは，合意に相当す

る審判も行われうる（家事277条）。

　(2)　問題となるのは，772条の嫡出推定が及ばない子の範囲である。家庭内の秘事に過度に踏み込まないように，通説は，事実上の離婚状態であった場合や外国滞在中であったなど，外観上夫の子でないことが明らかな場合にかぎるが（外観説），血縁の事実を重視して，夫の生殖不能（夫が精管切断術を受けていた例として，東京家審昭58・6・10判時1095号135頁），血液型の背馳（東京家審昭52・3・5家月29巻10号154頁），人種の相違（福岡家審昭44・12・11家月22巻6号93頁）など，実質的にみて実親子関係が否定されるときにも推定が及ばないとする説（血縁説）も有力である。近時は，DNA鑑定を親子関係不存在の根拠とする主張が強くなっている。また，家庭の平和の保護と真実主義を調和させるために，家庭が平和であれば外観説の範囲にとどめ，家庭平和が失われたときには血縁の事実探求を進める説（家庭平和説，家庭破綻説）もあり，血縁上の父と母が新家庭を形成し，子を養育している場合にかぎり，戸籍上の父子関係排除を認めるべきとする見解もある（新家庭形成説，新・家庭破綻説）。しかし，近時の事例においても，最高裁は外観説の立場を崩していない（最判平10・8・31家月51巻4号75頁，最判平12・3・14家月52巻9号85頁，最判平26・7・17民集68巻6号547頁）。嫡出推定制度の存在意義を見直し，否認権者や出訴期間について大幅に修正を加えた2022年改正法により，嫡出推定の及ばない子の理論は影響を受けるが，その有用性が完全に否定されるものではない。

　(3)　嫡出推定の及ばない子と夫との父子関係を直接に否定するためには，嫡出否認の訴えでなく，親子関係不存在確認の訴えによる。774条以下の規定による嫡出性排除は，772条の規定による実質的嫡出推定が前提であり，同条が適用されない表見的嫡

出推定（嫡出子として届出ができるにすぎない）の場合は，その実質は事実上の父子関係の推定であるから，これを排除するには事実としての父子関係の不存在を確認すれば済むからである。

◆親子関係不存在確認の訴え　親子関係存否確認訴訟（人訴2条2号）は，戸籍上の母子関係も事実と異なる場合（典型的には虚偽の嫡出子出生届⇒3 ②）に用いられることが多いが，産院で取り違えられ生物学的な親子関係がない夫婦の実子として成長してきた子について提起された親子関係不存在確認請求が，権利の濫用にあたるとされた事例もある（東京高判平22・9・6判時2095号49頁）。訴えにつき法律上の利益を有する者（親子関係が不存在であることにより自己の身分関係に関する地位に直接影響を受ける者。最判令4・6・24判時2547号18頁）はいつでも提起することができる。父母双方または子のいずれか一方が死亡した後でも，生存する一方は，検察官を相手方として，死亡した一方との親子関係存否確認の訴えを提起することができる（最大判昭45・7・15民集24巻7号861頁）。この訴えは調停前置主義に服し，当事者間に合意が成立すると，合意に相当する審判が行われる（家事277条）（⇒第1章 *2*）。

② 　嫡出でない子

認知とは　　民法では，「嫡出でない子は，その父又は母がこれを認知することができる」と規定する（779条）。婚姻から出生した子が父母の婚姻という強固な基盤をもっているのに対して，婚姻外で出生した子には，父を定めるためのよりどころがない。そこで民法では，父母から自発的に父母であることを認める場合に親子関係の成立を認め（任意認知），任意に認知しない場合には，裁判によって成立させることとした（強制認知）。これは認知があってはじめて嫡出でない子と生理上の父母との間に法律上の親子関係が発生することを意味している。任意認知（781条）は，親の意思に重点があり（未成

年者または成年被後見人が認知をするときも，法定代理人の同意を要しない。780条，戸32条），強制認知（787条）は，生理的に親子であるとの事実が重視されている。

認知は，他に法律上の父子関係が存在していないことが前提である。他の男性の認知した子をさらに任意認知することはできないし，母の夫の子と推定されている子を認知するには，まず嫡出否認を受けなければならない。嫡出推定の及ばない子の場合は，親子関係不存在確認の訴えにより母の夫との父子関係を否定してから父が任意認知をするか，子の側からする裁判上の認知（強制認知）によらなければならない。

認知の届出件数は，年に12000程度（2021〔令3〕年度）である（嫡出でない子の出生数は2021年に18,602人で全出生数の2.3％）。

任意認知の方式　　（1）　任意認知は，通常は，認知の届出を戸籍事務管掌者（市区町村長）にすることによって行うが（781条1項，戸60条〜62条），遺言による認知も可能であり（781条2項），父の死亡によって遺言の効力が発生するとともに，認知の効力も生じる。ただし，遺言による認知があった旨の届出を遺言執行者がしなければならない（戸64条）。

婚姻前に出生した子につき父母が嫡出子出生の届出をしたときは，認知の届出の効力を有するものとされている（戸62条）。認知による準正を経て嫡出子の身分を取得する子を生来の嫡出子として届け出る以上，当然に認知意思の存在が認められるからである。父が嫡出子出生届をした後に父母の婚姻が無効であることが裁判上確定しても，その出生届には認知の効力が認められる（最判昭53・2・24民集32巻1号110頁）。

認知者が記入した届出書を他人が勝手に出した場合や，認知者が委託していたが届出が認知者の死後になった場合は，任意認知

の効力を有しない。周りの者に対して子どもとして認め，親子としての生活をしていても，届出がなければ認知は成立しない。

（2）　妻以外の女性が産んだ子を妻が産んだ子として夫が出生の届出をした場合，この虚偽の嫡出子出生届によって，その子を自己の子として認める父の意思表示が含まれていると考えられるので，認知の効力を有する（大判大15・10・11民集5巻703頁）。生母でない女性が産んだ嫡出でない子として出生届をした場合も，同様である（前掲最判昭53・2・24）。

| 任意認知に対する承諾 |

（1）　認知を受ける子が成年であるときは，その承諾が必要である（782条）。未成年の間は放置していて，成年になった子を認知することにより自己の利益を図ろうとする親の身勝手を抑えるためである。未成年者の承諾を必要としないのは，父の認知が子を引き受ける意思（旧法では庶子とする意思）であり，子にとって有利な行為と考えられていたからであろう。近時の学説には，未成年者の意思を尊重すべきであるという批判がみられる。

死亡した子は，その者に直系卑属があるときにかぎり，認知することができる。この場合において，その直系卑属が成年者であるときは，その承諾が必要である（783条3項）。成年の直系卑属が複数いる場合は，個別に承諾をした直系卑属との関係において，認知者との間に血族関係が発生するという見解があるが，賛成できない。承諾の有無により各直系卑属との間で相対的な血族関係に基づく権利義務の発生を観念することはできるであろうが，死亡した子の認知自体は第三者効のあるものとして効力を発生させるべきである。直系卑属の全員が共同してのみ承諾することができるものと考える。

（2）　胎児を認知するには母の承諾を得なければならない（783

条1項）。①誤った認知を防ぐためであり，また②母の名誉・利害を考慮したためであるとされる。出生後は子自身にも母にも認知に対する承諾の権利は与えられていないことから，②の理由が大きい。胎児認知をした男性との関係が明らかになり，その男性以外の者との婚姻が事実上制約される可能性もあるし，胎児認知に対する出生前の認知無効の訴えは想定されていないからである。

2022年改正によって，胎児認知された子が出生した場合において嫡出推定（772条）により子の父が定められるときは，胎児認知は効力を生じないものとされた（783条2項）。

（3）　承諾は，承諾を証する書面を認知の届書に添付するか，届書の「その他」欄に承諾の旨を付記し，署名押印することによって表示する（戸38条1項）。承諾を欠いた届出が受理された場合の効力については，後述のように見解が分かれている。

Case 3-3 ————————————————

Aは，交際しているBの子Cが実父Dの認知を受けていないことを知り，Bとの婚姻の届出をするとともに，Bの了承を得て，Cを認知する届出をした。10年後，Aの不貞行為を原因としてAとBは離婚した。Aは，Cに対し，Aによる認知は事実に反し無効であると主張した。

————————————————

| 認知の無効と取消し |
（1）　認知は，自然の血縁（生物学上の親子関係）を基礎とする。したがって，生物学上の父でない者が認知した場合には，2022年改正前の民法では，子その他の利害関係人は，認知に対して反対の事実を主張することができるものとされていた（改正前786条）。子の生物学上の父でない者が認知をしても，認知は無効であり，子その他の利害関係人は認知無効の訴えをすることができ，これにつき出訴

期限はないものと解されていた。そのため，嫡出でない子の身分がいつまでも安定せず，嫡出子の場合には嫡出否認の訴えが厳格に制限されることで早期に身分が安定することとの均衡を欠くという問題があった。特に，血縁上の父ではない者が事実に反することを知りながら認知をした場合（不実認知。好意認知ともいう）に，後に認知無効を主張しうるとすることには批判があった。大審院の判例は，自由な意思で認知した者は，民法785条により認知を撤回することができないとしていた（意思主義）。しかし，通説は，真実に反する認知については786条を適用して，認知の無効の訴え（人訴2条2号）を認めるべきであるとしていた（事実主義）。そして最高裁判所は，認知者は786条に規定する利害関係人にあたり，自らした認知の無効を主張することができ，これは認知者が血縁上の父子関係がないことを知りながら認知をした場合においても異なるところはない，と判示した（最判平成26・1・14民集68巻1号1頁）。

　(2)　2022年改正では，認知について反対の事実があることを理由として，認知の無効の訴えを提起することができる者として，子またはその法定代理人，認知をした者，子の母を明示し，子，子の法定代理人，子の母については，認知を知った時から7年，認知をした者については認知の時から7年の出訴期間を設けた（786条1項各号）。ただし，子の母については，認知の無効の主張が子の利益を害することが明らかなときは，認知無効の訴えを提起することは認められない（同条1項柱書ただし書）。また，子についての特則として，子は，その子を認知した者と認知後に継続して同居した期間が3年を下回るときは，21歳に達するまでの間，認知の無効の訴えを提起することができるものとされた（同条2項）。ただし，子による認知の無効の主張が認知をした者

による養育の状況に照らして認知をした者の利益を著しく害するときは，認められない（同条2項ただし書）。これは嫡出推定を受ける子の嫡出否認の場合（778条の2第2項）と同様であり，子の身分の安定，子の意思の尊重，社会的な父子関係の実態の尊重などが根底にある。Case 3-3では，認知から10年が経過しているので，Aは，もはや認知無効の訴えをすることはできない。

なお，認知が無効とされた場合は，子は出生時に遡って認知者の子ではなかったことになるが，子は，認知をした者が支出した子の監護に要した費用を償還する義務を負わない（786条4項）。これは嫡出否認の場合と同様である。

（3）　認知者が出訴期間内に死亡した場合における認知者の3親等内の血族らによる認知無効の訴え，および認知者が出訴後に死亡した場合の訴訟手続の受継（人訴43条による同法41条1項・2項の準用），認知者が認知無効の調停を申し立てた後に死亡した場合の効力について，嫡出否認の場合と同様に規律されている（家事283条の3第1項）。子が出訴期間内に認知無効の訴えを提起しないで死亡したときにおける子の直系卑属またはその法定代理人による認知無効の訴え，子が提訴後に死亡した場合における手続の受継（人訴43条2項・3項），子が認知無効の調停の申立後に死亡した場合における子の直系卑属らによる認知無効の訴えの提起の効力についても，嫡出否認の場合と同様である（家事283条の3第2項）。

（4）　父が認知の意思をもっていれば，他人に認知届の作成および届出を委託したり，届出が受理された時点では認知者が意識を失っていたとしても，原則として，認知は有効に成立する（最判昭54・3・30家月31巻7号54頁）。

認知者の意思に基づかない認知届は無効であり，認知者と被認

知者との間に生理上の親子関係が存在していたとしても，法律上の親子関係は成立しない（最判昭 52・2・14 家月 29 巻 9 号 78 頁）。

　(5)　判例は，詐欺・強迫によって父がした認知は取り消すことができる（96 条 1 項）とするが（大判大 11・3・27 民集 1 巻 137 頁），学説は，生理上の親子関係があるかぎり，民法 785 条により取り消すことはできないと解している。

　成年の子や胎児の母の承諾を得ないで認知の届出がされ，受理されたときは，有効とする説，無効説，承諾権者から取消しの訴え（人訴 2 条 2 号）をすることができるという説がある。取り消しうるものと考えるべきであろう。

　裁判による認知　　かつて婚外子の「父の捜索は許さず」との主義をとった法制もあり（フランス），旧民法も父からの認知のみを規定していた（人事編 98 条・99 条）。しかし，明治民法は父に対して認知を求めることを認め（旧 835 条），現行法は，子，その直系卑属またはこれらの者の法定代理人は，認知の訴えを提起することができるものとしている。ただし，父または母の死亡の日から 3 年を経過したときは，認知の訴えはできなくなる（787 条）。子に意思能力があれば，子は自ら訴えを提起することができるが，そのような場合でも，子の法定代理人は子を代理して認知の訴えを提起することができる（最判昭 43・8・27 民集 22 巻 8 号 1733 頁）。認知の訴えは，死後認知が認められる前は給付の訴えと考えられていたが，現行法上は形成の訴えと解されている（最判昭 29・4・30 民集 8 巻 4 号 861 頁）。

　任意認知と異なり，子が胎児の間は，母も認知の訴えを提起することはできない。証明が困難であるなどの問題があるが，妊娠中に内縁の夫の死亡により内縁が解消した場合など，任意の認知がされないときには認知の訴えを認めてもよいのではなかろうか。

また，子の直系卑属は，子が死亡している場合にかぎり，訴えを提起することができる。子が生きているかぎり，子の意思が優先されるということである。

父子関係の証明 (1) 母子関係における分娩の事実のように客観的に明確な証明方法は，父子関係については今のところ存在しない。したがって裁判では，間接的な事実に基づいて父子関係の存在を推認して，認知請求を認めることになる。子の懐胎時期における母と被告との情交関係および他の男性との情交の不存在が証明できれば問題がない。しかし，事実がなかったという証明は困難である。そのため，被告は，子が懐胎された時期に子の母と情交をもった男性は他にもあり，子の母は貞節ではなかったとの抗弁（主要事実の認定を妨げるべき間接事実の主張）を提出することによって（「不貞の抗弁」とか「多数関係者の抗弁」と呼ばれた），被告以外の男性とは性交渉がなかった旨の立証を原告に負担させ，その結果，父とされることを容易に免れることができた（大判明 45・4・5 民録 18 輯 343 頁ほか）。

(2) 学説はこれを強く批判していたが，最高裁は学説の批判をいれて，大審院の判例を変更し（最判昭 32・6・21 民集 11 巻 6 号 1125 頁ほか），①原告（子）の母が，受胎可能期間中に被告と継続的に情交を結んだ事実があり，②被告以外の男性と情交関係のあった事情が認められず，③原告と被告の間には血液型のうえでも背馳がないときは，他に別段の事情のないかぎり，原告は被告の子であるとの事実は証明されたものと認めることができるものとした。子の利益の観点から意義のある重要な判例変更であった。

(3) 子の母と内縁関係にあったときは，その男性が父である可能性が高いから，772 条が類推適用され，その子は内縁の夫の子と事実上推定される（最判昭 29・1・21 民集 8 巻 1 号 87 頁）。し

たがって，内縁子の場合は，父子関係の証明が容易である。

Column⑩　DNA（遺伝子）鑑定 •~•~•~•~•~•~•~•~•~•~•~•~•~

　親子関係の証明のための手段としては，骨相・唾液分泌物その他身体的な特徴の類似性による人類学的鑑定，ABO式・MN式・Rh式などの初期の血液（赤血球）型鑑定，血清型，白血球（HLA）型による新しい血液鑑定と進化してきたが，最近の生命科学の進展により，ついに人の設計図ともいわれる遺伝子の分析による鑑定が使われるようになってきた。このいわゆるDNA鑑定については，プライバシー保護の観点から問題が多く，人の特性の遺伝子検査や遺伝子型による人の特定に極めて慎重な立法例もある。犯罪捜査や遺体の身元確認のために使われる場合はともかくとしても，親子鑑定のために遺伝子検査への協力を強制すべきかどうか，強制するとすればいかなる場合に，いかなる手続のもとで行うか，強制しないとすれば，任意の検査に応じない場合にそのことをどう判断するかなど，法的な規制を十分に検討しておかなければならない。科学技術（親子鑑定技術）の進歩を親子関係の法的判断の場面においてどのように生かすかは21世紀の家族法上の重大課題であり，法律上の親子関係と血縁上の親子関係とのかぎりない一致をめざすか，親子としての心情的交流，養育の事実と親子であろうとする意思に裏付けられた外観的（実体的）な親子関係を保護すべきか，考え方は分かれうるところである。

•~

認知の訴えは
いつまで可能か

　（1）　1942（昭17）年の民法改正により，父の死後にも認知の訴えをすることが認められた。しかし，同時に死亡の日から3年以内にかぎるという制限がつけられ，これが現行法に受け継がれている（787条ただし書）。死後3年に制限したのは，身分関係を早期に安定させるためである。また，時の経過により事実の証明が困難になることも理由となっている。その一方で，父が生存するかぎりは，子の出生後何年経っていても，認知の訴えは認

められる。父が長命であれば，父の死亡で他に出生当時の事情を知る者がいなくなった後に，認知の訴えが起こされると，証明が困難であることから，真偽をめぐり残された家族の平和が乱されるおそれがある。死後認知は相続財産争いの手段とされることが多いから，たとえば，任意認知に対する承諾を拒否していた子が，父の死亡後に一転して認知の訴えをするようなときは，認知請求権の濫用として排斥することも考えられる。

(2) 父母が内縁関係にあった場合は，772条の類推適用により事実上の父性推定を受けるので，認知の訴えによる必要はなく，父の死後何年経とうとも，親子関係存在確認の訴えによって父子関係を確定することができるとする見解がある。また，認知の訴えは必要であるとしても，出訴期間の制限は適用しないとする見解もある。いずれも，内縁という婚姻に準じた関係から生まれた子が，期間制限に阻まれて親子関係を発生させることができないことを不当とするものである。しかし判例は，内縁関係により懐胎出生し，772条の類推適用により事実上の父性の推定を受ける子についても，認知の訴えの提起にあたっては出訴期間の制限に関する787条ただし書の適用があるとする（最判昭44・11・27民集23巻11号2290頁，最判昭55・12・23判時992号47頁）。

Case 3-4 ─────────────────────────────

A男とB女は同棲中に妊娠したので，結婚式を挙げた。2人は婚姻届を作成したが，提出しないうちにAが家出したため，Xが生まれた後，Bは，残されていた婚姻届とXの出生届をした。その後，失踪直後に自殺していたAの死亡が確認されたが，すでにAの死亡から3年が経過していた。Aの死亡が婚姻届出前であったため，婚姻は無効となり，Xも嫡出子の身分を失った。そこでBは，Xの法定代理人として

認知の訴えを提起した。この訴えは認められるか。

Case 3-4 のような事案において，最高裁は，出訴期間を定め
た法の目的が身分関係の法的安定と認知請求権者の利益保護との衡
量調整にあることに鑑みると，他に特段の事情が認められないかぎ
り，出訴期間は，Aの「死亡が客観的に明らかになった」時
から起算することが許される旨判示した（最判昭57・3・19民集
36巻3号432頁）。客観的な父の「死亡の日」ではなく，父の
「死亡が客観的に明らかになった」時を起算点として認知の可能
性をひろげたものである。本件では，Bが単独で婚姻の届出をし
たことに問題があり，Xの出生後に行方不明のAに対して認知
の訴えをするのが法律的にはとるべき方法であったともいえよう。
しかし，挙式をして婚姻届書の作成もして，夫婦として生活して
いた場合に，Aに失踪されたBが手元に残されていた婚姻届を
出し，子を嫡出子として届け出たことを責めるのは酷である。

本件の特殊な事情の下で，裁判所は子の救済のために「死亡が
客観的に明らかになった」時を起算点としたが，父の死亡が客観
的に明らかになるとはどういう意味か，明確ではない。たとえば，
Fという偽名で働いていたAの死亡はFとして関わっていた者
には知られていたが，Aの関係者にはまったく知られていなか
ったというような場合は，どうであろうか。

（3）　立法論的には，父の生死にかかわらず，法定代理人とし
ての母は子の出生から10年，これに加えて子が成年に達してか
ら3年，あるいは子が父を知ってから3年といった形で，子の父
子関係確立の権利（出自を知る権利）を保障しつつ，既成の父子関
係の存否という事実を尊重するために，時間的な制限をおくこと
も考えられる。

認知請求権の放棄 　嫡出でない子をもつことを社会的不名誉と考え，また婚姻家庭への影響をおそれる父親から，嫡出でない子またはその母に相当の金銭を支払う代わりに，認知の請求をあきらめさせようとすることがある。しかし，判例によれば，認知請求権の放棄は許されず，このような約束は無効である（最判昭37・4・10民集16巻4号693頁）。学説も多くはこれを支持するが，扶養や相続の利益に相当するものを事前に得ることを条件に有効と考えるもの，あるいは，十分な対価を得て自己決定として父子関係確立の権利を放棄した以上，認知を請求するのは権利の濫用であるという考えもある。確かに，扶養請求権にしても相続権にしても金銭的なものが認知の効果の中心ではあるが，それだけではない。認知によって法律上の親子関係が認められることで自己のアイデンティティが確立され，精神的なものが満たされることも否定できない。放棄契約をしたときの事情のみならず，認知請求時の事情なども考慮して，認知請求権の放棄は無効であるとの主張を例外的に権利濫用として排斥することで調整すべきではなかろうか。

　逆に，子が未成年の場合には子の承諾が要らないこともあって，母と父の間で任意認知をしないこと（認知権の放棄）を内容とする契約がされることも考えられる。この約束にもかかわらず父が任意認知をした場合は，これを無効とし，あるいは取り消しうるものとすることはできない。立法論的には，子が未成年の間にも子の承諾を必要とし，子（法定代理人）が承諾しない場合には，家庭裁判所の調停において調整させることも検討すべきである。

母の認知 　民法は父と同じく母の認知を予定するところから，かつては常に母の認知が必要と考えられていた。そのため，産んだことは明らかでも認知がな

いかぎり，法律上の親子関係は生じないとされた。大審院は，母が子の出生届をしたときは，その届出に認知の効力を認めることで，あるいは，認知がなくても直系尊属としての扶養義務を認めて事案の解決を図った。しかし，分娩という客観的な事実がありながら認知を必要とすることを，学説は強く批判していた。

　最高裁はこれを変更し，母子関係は分娩の事実により当然に発生し，原則として認知は不要であるとした（最判昭37・4・27民集16巻7号1247頁）。したがって，母の死後何年経っていようとも，検察官を相手方として，母子関係存在確認の訴えをすることができる（最判昭49・3・29家月26巻8号47頁）。母の認知が問題になるのは，棄児（出生届をしないまま遺棄され父母不明の者。戸57条〜59条参照）のように分娩の事実が証明できない場合であると考えられる。

*Column*⑪　匿名出産と Babyklappe

　望まない子，育てることができない子を妊娠した者が中絶したり，産み捨てたり，殺害することを避けるために，生母を明らかにしない形で出生の届出をすることができてもよいのではないか。ヨーロッパでは中世以来，育てられない子を修道院などに捨てること（養育付託）が慣行として行われていたが，日本でも同様の事情はあったであろう。身分関係の国家的把握に熱心な近代国家では認めがたい慣行ではあろうが，フランスではこれを法律上認めている（匿名出産 accouchement sous X）。ドイツでも2000年にハンブルクの子箱（Babyklappe）のことが話題になった。キリスト教会，病院，民間施設などに設置された箱（中は清潔安全なベッド）に赤ちゃんを入れて扉を閉めると設置者にそれが伝わり，すばやく対応できるようになっている。血縁主義的親子観の強いドイツでは匿名出産には否定的であるが，一部にはこれを認めようとする動きもある。2013年8月に成立した内密出産法は，母の名を秘匿したまま出生登録することを認めるとともに，子の出

自を知る権利との調整を図る制度を導入した（2014年5月1日施行）。フランスでも，2002年に子の出自を知る権利を支援する公的組織が設けられている。日本でも，ドイツをモデルに，こうのとりのゆりかご（赤ちゃんポストと呼ばれている）および内密出産の仕組みを導入した（熊本市の）病院の試みが注目されている。

| 認知の効力 | 認知は，出生の時に遡ってその効力を生ずる（784条）。子は，出生時から認知者 |

との間に親子関係があったことになり，たとえば，認知の時までの扶養料について，父の負担すべきであった部分につき支払請求（不当利得の返還）が認められることになる。相続の開始後に死後認知によって相続人になった者が遺産の分割を請求しようとしても，他の相続人がすでに分割を済ませている場合がある。このときは，再分割するのも問題があるので，被認知者は，自己の相続分に相当する価額の支払のみを請求することができる（910条）。

◆認知と国籍　胎児認知があれば，出生と同時に父子関係が発生する。日本人男性が外国人女性の胎児を認知した場合には，出生による日本国籍の取得（国籍2条1号）が認められる。子が母の夫の嫡出子と推定されるときは，胎児認知の届出は受理されないが，戸籍実務上，外国人母の離婚後に胎児認知の届出がされた場合には，届出の時期を問わず，届出を受理する取扱いになっている（大7年3月20日民364号法務局長回答，昭57年12月18日民二7608号民事局長回答）。この場合，子の出生後に外国人母の夫の嫡出推定を排除する裁判等が確定したときは，届書の受付の日に届出の効力が生じる。母が現に婚姻中であるため胎児認知ができなかった場合も，嫡出推定がなければ日本人父による胎児認知がされたであろうと認めるべき特段の事情があるときは（出生後に遅滞なく嫡出推定を排除する裁判が行われ，その後速やかに父が認知の届出をしたときなど），生来的に日本国籍を取得することができるものとされている（最判平9・10・17民集51巻9号3925頁，最判平15・6・12家月56巻1号107頁）。

生後認知の場合は，準正子にかぎり届出により日本国籍の取得を認めていたところ（国籍旧3条1項），このような国籍取得に関する区別は，憲法14条に違反するとされ（最大判平20・6・4民集62巻6号1367頁），これをうけて国籍法が改正され（2009年1月1日施行），認知された20歳（2022年4月から18歳）未満の子は，法務大臣に届け出ることによって，日本国籍を取得することができるものとされた（国籍3条1項）。2022年改正民法では，認知が事実に反する場合について，認知の無効の訴えの提訴権者・出訴期間を限定したが，虚偽認知による不当な国籍取得を排除するため，認知された子の国籍の取得に関する国籍法3条の規定は，認知について反対の事実があるときは適用しないものとした（同条3項）。

| 準正嫡出子 | （1）　出生時は嫡出でない子であるが，父母の婚姻によって嫡出子となる子を準 |

正嫡出子という。父の認知を受けていた子が父母の婚姻によって準正される**婚姻準正**と，父母の婚姻後に認知を受けた子が嫡出子となる**認知準正**がある（789条）。婚姻外で出生した子が両親の婚姻によって嫡出子となることは子にとって望ましいことであるし，父母の婚姻を促進することにもなることが期待されている。

（2）　婚姻準正の場合は，子は，父母の婚姻の時から嫡出子としての身分を取得する。認知準正の場合は，かつては認知の時から嫡出子となると考えられていたが，現在は，父母の婚姻時まで遡って嫡出子の身分を取得すると考えられている。

③　人工生殖による子

| 人工授精子と体外受精子 | 人工授精とは，妊娠を成立させるために男性の精子を女性の生殖器官内に注入する医療行為であり，夫の精子を用いる配 |

偶者間人工授精（AIH）と提供者（ドナー）の精子を用いる非配偶

者間人工授精（AID）がある（AIDによる子は日本では1949〔昭24〕年誕生）。これに対して，精子と卵子の受精を試験管（シャーレ）の中で行わせ，受精卵の分割を待って女性の子宮または卵管内に胚を移植して妊娠を成立させ，分娩させるのが体外受精である。1978（昭53）年にイギリスにおいて最初の体外受精子が誕生して以来，わが国（1983〔昭58〕年）を含め世界で相当数の体外受精子が生まれている。体外受精の多くは夫婦間で実施され（妻の卵子が用いられ妻が出産する。精子も夫のものが多い），この場合の親子関係は，AIHまたはAIDと同様に考えることができる。しかし，次第に精子・卵子・受精卵（胚）の提供を受けた体外受精が普及し，問題が複雑になってきている。

　夫が死亡した後に妻が亡夫の保存精子を用いて出産したり，生物学上の父母が死亡した後に，残存していた胚が代理母に移植されて子が生まれたりすることもあり，相続問題など法的な混乱が危惧される。生殖補助医療技術の適用についての法的規制が検討されており，2020（令2）年には，「生殖補助医療の提供等及びこれにより出生した子の親子関係に関する民法の特例に関する法律」（生殖補助医療法）が制定されている。

◆精子・卵子・胚の提供等による生殖補助医療制度の整備に関する報告書　2003（平15）年4月，厚生労働省厚生科学審議会生殖補助医療部会は，次のような医療規制の方向を示した。
①不妊症のために子をもつことができない法律上の夫婦にかぎる。
②代理懐胎（代理母・借り腹）は禁止する。
③精子提供者は満55歳未満の成人，卵子提供者は子のいる35歳未満の成人。同一人の提供は妊娠した子の数が10人まで。精子・卵子の保存期間は2年，胚は10年とし，提供者が死亡したときは廃棄する。
④精子・卵子・胚の提供に対する金銭等対価の授受は禁止。提供の

ために必要な実費および医療費は提供を受ける者の負担。

⑤提供者は匿名とする。兄弟姉妹等からの提供も当分認めない。

⑥15歳以上の子は提供者の氏名，住所等の開示を請求することができる。カウンセリングの機会を保障する。婚姻適齢者は相手と近親婚とならないことの確認を求めることができる。個人情報は80年保存。

⑦夫婦および提供者に対する事前の説明，カウンセリングを保障し，書面での同意を得る。

Case 3-5 ――――――――――――――――――――――――――――――――

① Aは，夫Bの同意を得て人工授精（精子提供者不明）を受け，Cを出産した。しかし，出産の半年前にABは離婚していた。

② Fは，夫Eが死亡して半年後に，不妊治療のために病院で保存していたEの精子を用いて妊娠し，その10ヵ月後Gを出産した。

③ Kは，内縁の夫Lの同意を得て人工授精（精子提供者はLの弟O）でMを出産した。LがMを胎児認知した場合，認知は有効か。

④ Rは性同一性障害者の性別変更特例法に基づき，女性から男性に性別を変更する審判を受けた後にS女と婚姻した。1年後，Sは，Rの弟Tから精子の提供を受けて妊娠し，Uが出生した。

⑤ V男はW女と同棲していたが，WがXを出産した後，男性から女性に性別を変更する審判を受けた。VからXを認知する届出またはXからVに対する認知の訴えをすることが認められるか。

――――――――――――――――――――――――――――――――――――

出生する子の父子関係 | （1） AIHの場合は，通常の婚姻から生まれた子と同様に，推定を受ける嫡出子となる。ただし，血縁主義をとる学説の場合には推定の及ばない嫡出子と解する余地がある。たとえば，人工授精の施術の前後に妻が他の男性と関係をもち，生まれた子と夫との間に血液型の背馳がみられるような場合も考えられるからである。不妊治療を受けていた夫婦が凍結保存していた受精卵を，妻が夫と別居後に，

夫の同意なく使用して妊娠した場合，出産した子も，嫡出推定を受けるとして，親子関係不存在確認の訴えを却下した事例がある（奈良家判平29・12・15判例集未登載，大阪家判令元・11・28判例集未登載）。

Case 3-5 ②の場合，Eの死亡により婚姻は解消しているので，AIHに対してEが同意していた場合であっても，実体的に夫婦間の人工授精とはいえず，GをEF間の嫡出子として届け出ることは認められない。亡Eに対する認知請求は，死後認知の出訴期間内であれば認められるという見解（高松高判平16・7・16家月56巻11号41頁）もあるが（婚姻解消時に存在していなかった子なので準正は成立しない。亡夫に対する相続権も有しない），最高裁（最判平18・9・4民集60巻7号2563頁）は，特別の立法がない現状では，死後懐胎子と死亡した父との間の法律上の親子関係の形成は認められないとした（⇒ 第7章 *3 Column ⑲*）。

（2）　夫が同意したAIDの場合は，夫の嫡出子と推定され，同意した夫の否認権を排除する考え方が従来一般的であったが，2020年生殖補助医療法はこれについて明文で規定を置いた（同法10条）。また2022年改正法により嫡出否認の権利が認められた妻および子についても，この場合は否認が認められないものとされている。夫の同意がない場合は，772条の解釈に従う。裁判例では，夫の同意がない場合には夫からの嫡出否認を認容したものがある（大阪地判平10・12・18家月51巻9号71頁）。

Case 3-5 ①の場合，夫Bが同意していたので，出生前に離婚していても，CはABの嫡出子となる。仮にAが他の男性Dと再婚した後にCが生まれた場合は，2022年改正法の下では，AD間の嫡出子と推定される（772条3項）。

（3）　Case 3-5 ④の場合，妻が夫以外の男性の精子を受けて妊

娠しているので，これも一種の AID である。性同一性障害者性別特例法は，「生殖腺の機能を永続的に欠く状態にあること」などの厳しい要件の下で，性別の取扱いの変更を認めている（⇒第1章3②*Column* ④）。そして性別取扱いの変更の審判を受けた者は，民法その他の法令の規定の適用については，法律に別段の定めがある場合を除き，その性別につき他の性別に変わったものとみなされている（同法4条1項）。したがって，Uとの身分関係の形成についても，RはSの民法上の夫としての取扱いを受ける。これについて法務省は，子をもうけることは不可能であることが戸籍上，客観的に明らかであるから，子は母の嫡出でない子であるとの立場をとっていた。しかし，最高裁判所も，他人の子を自己（夫婦）の子として出生届をした事例において，血縁の事実に反する戸籍上の親子関係の存続を容認している（最判平18・7・7民集60巻6号2307頁）。法律上の夫婦として生活する RS 間に出生したUを嫡出でない子として届出させる（嫡出子の身分を取得させるために養子縁組する）ことは，RS のみならずUに対する人格権の侵害ともなろう。夫婦が，父の欄を空欄とされた子の戸籍の訂正の許可を求めた事案において，最高裁判所は，男性への性別の取扱いの変更審判を受けた者は，夫として婚姻することができるのみならず，その妻が子を懐胎したときは，民法772条の規定により子は夫の子と推定されるものとして，戸籍の訂正を許可した（最決平25・12・10民集67巻9号1847頁）。これを受けて法務省も，同様の子に対する戸籍訂正を認める措置をとっている。

（4）Case 3-5 ⑤の場合，性別変更前に妊娠・出産された子にかかる認知は，認められるべきものであろう。性別変更前に凍結保存していた精子を用いて性別変更後に妊娠・出産された子については，出生時に「父」はいないので，認知を認容することは困

難である（東京高判令4・8・19判例集未登載）。

提供者の法的地位 提供者は生理的には父（母）であるが，
夫（分娩した女性）を父（母）とする反
面，子と提供者との間に法律上の親子関係を発生させるべきでは
ないと考えられている（提供者についての情報を求める権利は認め
るべきである。ドイツの精子提供者登録法が参考になる）。たとえば，
同意を欠いていたことを理由として人工授精子が夫の嫡出子であ
ることを否認されたとしても，同意がなかった事実を知らない生
理上の父に対して認知請求をすることは認めるべきではない。提
供者の意思に反して配偶者のない女性に対して人工授精が行われ
たときも，同様である。逆に，提供者についても，自己の提供し
た精子等がどのように利用され，子が出生したのかどうか，出生
した子の情報を請求することを認めるかどうかは別として，身分
関係の成否に関与させるべきではない。生理的事実に基づく扶養
の権利義務のみの発生も認められない。

内縁への適用は
認められるか 内縁の夫婦間について，内縁の夫の精子
または第三者からの精子の提供を受けて
の人工授精・体外受精を認めるべきか，
見解が分かれるところである。子の育つ環境として婚姻であって
も内縁であっても変わりがないという見解も有力であり，嫡出で
ない子の差別撤廃の流れを受けて，医療現場ではこれを認める方
向にある。安定した事実婚カップルにも生殖補助医療を認める立
法例もある（フランス，オーストリアなど）。

　内縁への適用を認めた場合，婚姻夫婦間の精子提供による人工
授精子が夫の子としての身分を与えられるのと同様に，生まれた
子には内縁の夫の子としての地位を認めるべきことになろう。そ
のためには，胎児認知を行わせるか，同意書をもって事前の認知

と擬制し，反対の事実があることを理由とする認知無効の訴え
（786条）を排除する必要がある（生殖補助医療法の改正）。内縁か
ら出生した子についての法的規制が十分でないわが国では，直ち
にこの方向に進めるには問題が多い。前掲の厚生労働省の2003
年報告書では，生殖補助医療は，まずは法律上の夫婦間に適用を
限ろうとしている。Case 3-5 ③のLによるMの胎児認知は事実
に反するものであるが，KLOによる認知無効の訴えは認めるべ
きでない。M自身からのOに対する認知請求も，異論はありうる
が，排除すべきであろう。

代理母契約の問題　　妻に代わって夫の子を産む契約（代理母
契約）は，法的にどのような効力を有す
るであろうか。アメリカ・ニュージャージー州でのいわゆるベビ
ーM事件では，依頼者（夫）の精子による人工授精で出産した代
理母が子の引渡しを拒否したために，契約の有効性と子の監護権
の帰属が争われた。同州最高裁は，代理母契約自体は公序に反す
るもので無効としたが，依頼者（父）と出産した母の養育環境を
比較して父を監護者に定めた。代理母契約は子どもの売買になら
ないのか，代償をともなう養子縁組の禁止に違反しないのか，ベ
ビーM事件とは逆に，双方が子の引取りを拒否するときはどう
するのかなど，問題が多い。

　体外受精技術の実用化後は，依頼者夫婦の受精卵（胚）を他の
女性の子宮に移植し，分娩させる方法（子宮貸し）が一般化し，
女性を出産の単なる道具におとしめるものだという批判がさらに
強まった。ビジネスとして代理母を引き受けることや，あっせん
を禁止する国が増えているが，無償かつ任意の引受けであれば代
理出産を認める国もある。厚生労働省の報告書ではこれを禁止し
ようとしている（同報告書では人工授精によるものを代理母，受精

卵の移植によるものを借り腹，両者をあわせて代理懐胎と称している）
が，禁止に反して国内で，または外国で，代理母に対して夫の精子による人工授精あるいは体外受精・胚移植が行われたとすると，生まれた子の親子関係が問題となる。生物学上の父は夫であるとして，法律的にも夫を父とすることができるかどうかは，誰が母となるか（代理母の夫との関係）で異なりうる。

代理母の母子関係　　妻の卵子を体外受精させた後，受精卵（胚）を別の女性に移植する代理母の場合，母子関係の決定がまず問題である。「卵の母」と「子宮（分娩）の母」が異なる場合について遺伝的つながりを優先する考え方もあるが，胎内での出産までの密接な関係と出産後の母子関係の安定を考慮して，母子関係は分娩の事実によって発生するという見解が一般的であり，卵子提供者でなく分娩した女性が法律上の母とされる（ドイツ，スイス，オーストリア，ニュージーランドなどは明文規定をおく。わが国の生殖補助医療法9条も出産した女性を母と定める）。

したがって，夫は子を認知することにより，法律上の父となる（代理母に夫があるときは代理母の夫からの嫡出否認の手続が必要となる）。妻は，親権者である代理母（または父）の代諾により，その子と養子縁組をすることができるにとどまる。人工授精における精子提供者は子と法律関係を成立させないという原則があるにしても，この場合は，通常の精子提供者とは異なり，夫は父となることを予定しているから，夫を父とすることはできる。

代理母から子を受け取った依頼者夫婦が自分たちの嫡出子として出生届をしたとすると，どうなるであろうか。分娩したのが代理母である以上，夫婦の子であるというのは虚偽の出生届にあたる（夫の認知の効力は認められる）。現実には，出生届がなされれ

ば，これを当事者が争うことは考えにくいが，第三者が代理母の事実をもとに親子関係を争う可能性が残る。子の利益保護の観点からは，虚偽出生届出による長期間の実態的親子関係を保護する方向で考えるべきである（依頼者の妻が50歳を超えていた場合は戸籍事務上直ちには受理されなかったので問題が生じた。大阪高決平17・5・20判時1919号107頁は受理すべきでないとした〔最決平17・11・24判例集不登載は特別抗告を棄却〕）。

東京高決平18・9・29判時1957号20頁は，アメリカでの代理懐胎子につき依頼者夫婦がした出生届の受理を命じたが，最決平19・3・23民集61巻2号619頁はこれを破棄し，懐胎，出産していない女性との間には，その女性が卵子を提供した場合であっても，母子関係の成立を認めることはできないとした。

卵子提供・胚提供の場合の親子関係　他の女性から卵子の提供を受けて夫または第三者の精子によって受精させた後，妻の子宮に移植した場合も（貰い卵，受精卵養子），分娩を基準として妻が母とされる。いわゆる余剰胚（夫婦が自己の胚移植のために〔夫婦の精子・卵子を用いたものに限定すべきである〕得た胚で，夫婦が使用しないことを決定したもの〔当該夫婦が子を得るという目的を達成した場合にかぎるべきである〕）の利用により，出産した場合も同様である。提供者と出生した子との間に親子関係を発生させないことは，AIDの場合と同じである。

3 養　子

① 養子制度の目的

　養子制度の目的は，家の継承者を得ること（家のための養子法）から，実子のない親に子がある喜びを与え，家庭を安定させ，将来の扶養者を得ること（親のための養子法）へ，そして実親のない子に親に代わる養育者を与えること（子のための養子法）へと変遷してきた。欧米では中世に養子制度が廃れ，近代になって要保護児童のための養子制度として復活した（たとえば，1926 年の英国法）ため，未成年養子のみを認めているところが少なくない。

　わが国では，養子制度は近代に至るまで途絶えることなく，重要な役割を果たし続けてきた。一方では血縁を重視するといわれる日本社会であるが，血縁によらない擬制的な親子関係が機能していたことに留意すべきである。明治民法では，法定推定家督相続人である男子のいる者は，娘婿とする場合を除いて，男子を養子とすることができなかったし（旧 839 条），養親は遺言で縁組の意思を表示することもできたこと（旧 848 条）など，基本的に家のための養子法から親のための養子法への移行期のものであった。しかし，戦後の民法改正によって家制度から来る制約は廃止され，親のための養子法の色彩を残しながらも，未成年養子に対する家庭裁判所の許可制度（798 条）を設けるなど，子のための養子法の段階に達したといえる。

　もっとも，養子縁組は年間 6〜7 万件程度あるが，その多くは成年養子であり（1982 年調査では 3 分の 2，2010 年調査では約 4 割），とくに，昔からのいわゆる婿養子タイプが多い。未成年養子の場

合も，親の再婚にともなって縁組をする連れ子養子タイプが多い。いずれも婚姻に付随する縁組であって，純粋に親のない子を養育するための養子縁組は少ない。1987（昭62）年の法改正で新設された**特別養子**制度は，実親の監護を受けることができない子，あるいは実親の監護が極めて不適切な状態にある子どもの保護に目的をしぼり，子のための養子法を実現しようとしたものである。

2016（平28）年12月には，民間機関による縁組あっせんを規制する法律が制定されている（あっせん機関の届出制から許可制への変更，個人情報保護，報酬規制等を定めた。2022〔令4〕年4月1日の時点で許可を受けた事業者は23）。

② 普 通 養 子

養子縁組は，養親となる者と養子となる者との間の契約であり，縁組の意思を戸籍事務管掌者に届け出ることによって成立する。婚姻と同じく**届出主義**がとられている（縁組の形式的要件）のは，国民の身分関係を国家が正確に把握し戸籍に位置付けるためである。社会的に親子関係としてふさわしくない者の間の縁組は認められないし（縁組障害），当事者間に，真に親子としての関係を結ぶ意思（養子縁組の意思）がなければならない（縁組の実質的要件）。

Case 3-6 ────────────────────────────────

① Aは妻Bとの離婚後にAの姪であるC（22歳）を養子にしたが，AとCとの間には性関係があり，養子縁組後は，事実上夫婦同様の関係になっている。AB間の子Dは，ACの養子縁組は無効であることの確認を求めて訴えを提起した。

② Eは妻Fと別居中に，Gとの間に生まれたHを認知した上で，Gの承諾を得て，EF両名の名義でHを養子とする届出をした。

③ Kは，L女の婚外子であるが，MN夫婦の子として出生の届出が

なされ，後に MN 夫婦の代諾によって PQ 夫婦の養子となった。30 年後に，K に対して，PQ 夫婦の子 R から養子縁組の無効確認の訴えが提起された。

**養親となることが
できる者**

（1）　養親となる者は，20 歳以上でなければならない（792 条）。未成年者が子をもつことを民法は想定していないわけではないが（833 条参照），人為的親子関係の形成のために必要な一定の成熟を求めたものである。18 歳成年制の施行（2022〔令 4〕年 4 月）前は「成年」が要件であったので，婚姻により「成年擬制」された者を含み得たが，現行法上は 18 歳で婚姻しても 20 歳に達するまでは，配偶者の子でも養子とすることができない。

（2）　親族を養子にすることについての制約はなく，Case 3-6 ①の場合のように甥・姪のみならず，弟妹・孫を養子にすることもできる。ただし，養子となる者は，養親となる者の尊属または年長者であってはならない（793 条）。養親の方が 1 日でも早く生まれていればよいと考えられているが，立法のあり方としては問題である。養子となる者との年齢差の上限規制もない。

（3）　成年被後見人が縁組をするには，縁組の意味（性質および効果）を理解することができる能力（縁組能力＝意思能力）があれば，成年後見人の同意を要しない（799 条・738 条）。ただし，後見人が被後見人（未成年被後見人および成年被後見人）を養子にするときは，家庭裁判所の許可が必要である（794 条）。後見人の任務終了後も，管理の計算が終わらない間は，同様である。後見人が不当な後見事務の執行を隠蔽するために縁組をすることを防ぐ意味がある（大阪高決平 19・9・20 高民集 60 巻 3 号 1 頁参照）。

(1) 1987（昭62）年に改正されるまでは，夫婦の一方が他の一方の子を養子とする場合を除き，配偶者のある者は，その配偶者とともにしなければ養子縁組をすることができず（夫婦共同縁組の原則，旧795条），夫婦の一方が当事者となっていない縁組や，夫婦の一方について無効または取消しの原因がある縁組は，全体として無効または取り消しうる縁組となると解されていた。しかし学説の批判もあり，共同性を緩和して，特段の事情があるときは，問題のない他方の配偶者については縁組の成立を認めるに至った（最判昭48・4・12民集27巻3号500頁，最判昭53・7・17民集32巻5号980頁）。

(2) 現行法では，配偶者のある者が養子となるときまたは配偶者のある者が成年者を養子とするときは，扶養・相続・氏などの面で利害関係を有する配偶者の同意を得て，単独で縁組をすることができる（795条・796条）。ただし，未成年者を養子とする場合においても，配偶者の嫡出である子を養子とする場合は，単独で縁組をすることができる（795条ただし書前段）。配偶者の嫡出でない未成年の子を養子とするときは，共同である。

旧法では，夫婦の一方がその意思を表示することができないときは，他の一方が双方の名義で縁組をすることができるものとされていた（1987年改正前796条）。形式的には共同で，実質的には単独で縁組をすることを認めていたわけである。現行法では，配偶者がその意思を表示することができないときは，単独で縁組をすることができる（795条ただし書後段）。しかし，Case 3-6 ②においては別居中であるということだけではその意思を表示することができないとはいえず，Eが夫婦名義でしたHとの養子縁組届出は，Fの縁組意思を欠いているので，夫婦共同縁組としては，原則として無効である。ただし，FがEH間のみの養子縁組を是

認する場合は，これを有効とすることはできるであろう。

代諾縁組　養子となる者が15歳未満のときは，養子となる者の法定代理人（親権者・未成年後見人・児童福祉施設長・児童相談所長）が子に代わって，縁組の承諾をする（797条1項）。代諾縁組といわれるもので，身分行為は代理に親しまないという原則に対する例外である。養子縁組を当事者の契約と構成する以上，乳幼児の縁組を成立させるためには，これに代わって手続をする者が必要となるからである。父母が離婚して一方が親権者，他方が子の監護をすべき者となっているときは，監護者の同意が必要であり（2011〔平23〕年改正により，養子となる者の父母で親権を停止されているものがあるときも，同様とされた），同意のない縁組は取り消すことができる（797条2項・806条の3）。Case 3-6 ②では，嫡出でない子Hの母Gが親権者として（819条4項），代諾していることには問題がない。

　Case 3-6 ③では，戸籍上の父母であるMN夫婦の代諾によって，縁組が行われている。大審院の判例は，縁組の要式性と強行法規性を理由として，実親でない戸籍上の父母の代諾による縁組を無効とした。しかし，学説から批判を受け，最高裁は，戸籍上の父母による代諾は一種の無権代理であり，代理権を有しない者が代理人として行った行為は，本人が追認しないかぎり効力を有しない（113条以下）ので，縁組は無効ではあるが，養子が15歳に達した後に追認すれば，はじめから有効となるとした（最判昭27・10・3民集6巻9号753頁）。

家庭裁判所の許可　(1)　未成年者を養子とするには，家庭裁判所の許可を得なければならない（798条本文）。未成年者自らが縁組をする場合に親権者が反対しているときでも，許可を与えることはできる（たとえば，放任ないし

虐待に近い状態にあるときに親族や里親との養子縁組を本人が望むとき）。養子縁組が子のためになるかどうかを家庭裁判所が後見的に判断して，不当な養子縁組を排除するためであり，子のための**養子法**の核心をなす。もっとも，許可基準が消極的な子の福祉実現にとどまっていることに対しては，批判も強い。司法統計によると，家庭裁判所での縁組許可事件（794条の許可を含む）の新受件数は，当初4万件を超えたが，現在では700件程度である（2021〔令3〕年の新受件数697，既済726，認容515）。

（2）　自己または配偶者の直系卑属を養子とする場合は，子の福祉が害されるおそれがないから，**家庭裁判所の許可は不要**とされている（798条ただし書）。しかし，常にそういえるか疑問もあり，学説はこの例外規定を批判している。Case 3-6 ②では，HはEに認知された子であり，家庭裁判所の関与はない。なお，死亡配偶者の直系卑属を養子とする場合は，許可が必要である。

縁組意思

（1）　養子縁組が有効であるためには，当事者間に縁組意思の合致がなければならない。婚姻意思の場合と同様に，縁組の届出をする意思（形式的縁組意思）だけでは足りず，社会観念上，真に親子関係を形成する意思（実質的縁組意思）があることを必要とする**実質的意思説**が通説である（⇒婚姻意思に関する第2章 1 ① 婚姻意思の存在）。

明治民法時代には，兵役のがれのための兵隊養子，人身売買の仮装としての芸娼妓養子，推定家督相続人である娘を他家に嫁がせるために一時的に養子をする仮養子などが無効となった（802条1号）。もっとも，わが国の養子縁組は，相続，扶養，氏の変更など多様な目的で行われているため，縁組意思の存否の判断は微妙である。現行民法の下でも，越境入学のための縁組がみられたし，節税のための税金養子は，税法改正でうまみが薄れた現在

でも行われ，必ずしも無効な縁組ともいい切れない（最判平29・1・31民集71巻1号48頁は，もっぱら相続税の節税のために養子縁組をする場合であっても，直ちに縁組意思がないとすることはできないとした）。Case 3-6 ①では，近親婚に相当する男女関係を隠すために養子縁組を便宜的に利用しているので，縁組意思を欠き，無効であると考えられる。同性カップル（⇒第1章1①*Column ①*）による便宜的縁組も同様に，実質的縁組意思は認められない。

　(2) 縁組意思は，届出受理時にも存在しなければならない。ただし，養子縁組届が受理された当時，当事者が意識を失っていたとしても，受理前に翻意するなど特段の事情がないかぎり，縁組は有効に成立する（最判昭45・11・24民集24巻12号1931頁）。

縁組の届出

養子縁組は，戸籍法の定めるところによりこれを届け出ることによって成立する（799条・739条）。この届出は，創設的届出である。届出の方式・要件などは婚姻の場合に準じる。家庭裁判所の許可が必要なときは，許可審判書の謄本を添付しなければならない（戸38条2項）。

Case 3-7 —————

　AB夫婦は，生後間もないCを引き取り，自分たちの嫡出子として届出をして，実子として育てた。しかし，CがABの意に沿わない結婚をしたことからAB夫婦とCとの仲は悪化し，Aの死後，Bは，ABとCとの間には親子関係がないことの確認を求める訴えを提起した。

虚偽の嫡出子出生届
と養子縁組

生後間もない他人の子を引き取り，自分の子として育てるために，嫡出子として出生届をすることがある（藁の上からの養子と呼ばれる）。このような虚偽の嫡出子出生届によって実親子関係が発生するわけではないが，届出をした者には，その子と親子

関係を結ぶ意思があり，現実に親子として生活してきたのであるから，養子縁組の成立を認めることはできないのであろうか。これについて判例は，縁組は要式行為であり，これは強行規定であるから，出生の届出をもって縁組の届出とすることはできないとしている（最判昭25・12・28民集4巻13号701頁，最判昭50・4・8民集29巻4号401頁，最判平9・3・11家月49巻10号55頁）。

　安易な転換は，養子縁組に関する法的規制，とくに子の保護を目的とする家庭裁判所の許可要件（798条）の潜脱を招くことにもなるし，親側が子との関係を拒否しているなどすでに破綻した親子関係を養子縁組に転換しても意味がない場合もある。そのため，学説では，判例を支持するものも有力である。他方，無効行為の転換法理などによって，出生届に縁組届の効力を認めるべきであるとするものも少なくない（無効行為の転換とは，無効な法律行為が他の法律行為の要件を充足している場合に，他の法律行為として有効とすること。方式を欠く秘密証書遺言の自筆証書遺言への転換がその例，971条）。また，戸籍上の父母・親族からの恣意的な親子関係不存在確認請求を権利濫用として排斥した例がある（最判平18・7・7民集60巻6号2307頁）。

　当初の虚偽出生届につき実父母が承諾し，子自身も親子関係の存在を信頼しており，その維持を真摯に望む場合は，不存在確認請求は理由がないものとして戸籍上の表見的実父母関係を維持すべきである。戸籍上の親子双方が親子関係不存在確認（戸籍訂正）を希望する場合，または養親側が解消を希望する場合において，離縁事由（814条）に相当する事情が存在するときにかぎり，不存在確認を認めるべきである。Case 3-7の場合は，C自身がABとの親子関係継続を真に望んでいるか，疑わしい。他方，親の意に沿わない結婚や遺産の要求は，それだけでは親子関係解消

（離縁相当）の原因にはならない。Bとしては，遺産分割した上
で，Cとの合意で親子関係の訂正を図るべきである。

養子縁組の効力 (1) 養子は，縁組の日から，養親の嫡
出子としての身分を取得する（809条）。
未成年の養子は，養親の親権に服する（818条2項）。相続権，扶
養義務などについては，嫡出実親子間におけると同様である。た
だし，実務上，養親の扶養義務は実親の扶養義務に優先すると解
されている。

(2) 養子と養親およびその血族との間には，縁組の日から，
血族間におけるのと同一の親族関係が生ずる（727条）。縁組時に
すでに存在している養子の子は，養親との間に親族関係を有しな
い（代襲相続において違いが生じる。⇒第8章2）。

(3) 養子は，養親の氏を称する。ただし，婚姻によって氏を
改めた者が養子となった場合は，婚姻中は婚氏を称する（810条。
⇒第1章3①養子縁組・離縁）。

縁組の無効 縁組は，①人違いその他の事由により当
事者間に縁組をする意思がないとき，ま
たは②当事者が縁組の届出をしないときにかぎり，無効である
（802条）。①では，いわゆる仮装縁組が問題となる（芸娼妓養子な
ど）。また近時は，認知症高齢者に縁組を行うに足りる意思能力
がなかったとして，縁組意思を欠き無効とする事例がみられる。
②の場合は，縁組の無効というよりは，縁組は不成立である。

縁組の無効は，当然かつ絶対の無効である。無効確認の訴え
（人訴2条3号）によることはもちろん，他の訴えの前提問題とし
てこれを主張することもできる。

縁組の取消し (1) 縁組の取消しは，次の場合にかぎら
れる（803条）。①養親が20歳未満の者

である場合（804条），②養子が尊属または年長者である場合（805条），③後見人・被後見人間の無許可縁組（806条），④無許可の未成年養子縁組（807条），⑤詐欺・強迫による縁組（808条・747条），⑥配偶者の同意を欠く縁組および代諾縁組の場合における監護者の同意を欠く縁組（806条の2・806条の3）である。

　（2）　縁組の取消しは，訴えによらなければならない（人訴2条3号）。ただし，当事者間に合意があれば，家庭裁判所の審判によることができる（家事277条）。縁組の取消しにより，将来に向かって養親子関係が終了する（808条1項・748条1項）。祭祀財産の承継，復氏など，離縁に準ずる（808条2項）。

Case 3-8

①　AはBと婚姻後，AB共同でBの婚外子C（12歳）を養子にした。しかし，AとCとの関係は良好とはいえず，AはBとの婚姻関係は続けたいが，Cとは離縁をしたい。ACの離縁は可能か。

②　EF夫婦はGH夫婦の子K（14歳）を養子としたが，Kは高校2年生になってからEFに激しい暴力を加えるようになった。EFはKと離縁したいが，GH夫婦は縁組後に離婚しており，どちらもKを引き取るつもりがない。離縁の手続はどうすればよいか。

③　MN夫婦は，養子Oが7年前に死亡した後，疎遠になっているOの子P（30歳）との親族関係を断ち，MNの家にいるPの弟Q（22歳）を養子にして財産を継がせたいのだが，これは可能か。

協議離縁　　　養子縁組は，離縁によって解消される。養親と養子との間で意思の合致があるときは，戸籍法の定めるところにより届出をすることで離縁（協議離縁）をすることができる（811条1項・812条・739条）。養子が15歳未満であるときは，養親と養子の離縁後にその法定代理人となるべき者（実親ら）との協議による（811条2項）。養子が15

歳以上の未成年者のときは，養子本人が離縁の協議をすることになるが，離縁後に法定代理人となるべき父母がいない場合（未成年後見人を選任する必要がある），または離婚している場合（父母のいずれかを親権者に指定しないかぎり夫婦共同親権）には，養子のセーフガードが不十分である。離縁後の法定代理人が事後に決まるようなことを避けるためには，養子縁組時と同様に，家庭裁判所の許可を得るものとすべきである。Case 3-8 ②の場合，Kは 15 歳以上であるので離縁の手続の相手方となることができる。離縁後の親権者は，父母の協議または家庭裁判所の審判で（811条 2 項・3 項類推），その一方に定めることができる。

夫婦共同縁組の離縁　これについては 1987（昭 62）年改正の前には明文の規定がなかったため，夫婦共同離縁説，個別離縁説，夫婦養親の場合（共同）と夫婦養子の場合（個別）を区別する説など，見解が分かれていた。戸籍実務的には，配偶者とともに養子をした者が離縁をするには，養子の年齢にかかわらず，養父母が婚姻中は，配偶者と共同で離縁すべきものとされていた（昭 25 年 8 月 15 日民甲 2201 号回答）。

　現行法は，養親が夫婦である場合において未成年者と離縁をするには，夫婦の一方が事理弁識能力を失っている，行方不明である等の事由によってその意思を表示することができないときを除き（届書にその事由を記載するが，実体的に意思表示ができるか否か審査されない），夫婦がともにしなければならないものとする（811 条の 2）。単独離縁を認めると，未成年者についての共同縁組の抜け道となるおそれがあるからである。ただし夫婦が共同で養子をした場合にかぎらず，未成年者を単身で養子にした者が婚姻した後に，その配偶者と養子との縁組が行われたときでも，養親夫婦は，養子が未成年の間は共同で離縁をしなければならない。

Case 3-8 ①の場合，養子Cが未成年の間に離縁するとすれば，AC間だけではなく，実親である養親Bとも離縁をしなければならないことになる。これはBおよびCにとって酷であるから，AとしてはCが成年となるのを待って単独で離縁をすべきであろう。

死後離縁

養子縁組の当事者の一方が死亡した後に生存している方が離縁をしようとするときは，恣意的離縁を防止するために，家庭裁判所の許可（家事162条・別表第一62項）を得なければならないものとされている（811条6項）。1987（昭62）年の改正前は，養親の死亡後に養子が離縁をしようとするときの規定であったが，現行法では，縁組当事者の対等性の観点から養子が死亡した後に養親からする死後離縁も認めた。死後離縁は当事者の一方からの届出で成立するので，離縁というよりは姻族関係終了の意思表示（728条2項）に類した法定血族関係の解消を目的とする意思表示を本質とする。そのため，家庭裁判所の許可を前提とする親族関係終了の意思表示の制度に改めるべきであるという批判があったが，1987年改正法は，死後離縁の制度を維持した（離縁許可の新受件数は，1949〔昭24〕年1814件，1985〔昭60〕年1618件，2005〔平17〕年2758件，2021〔令3〕年2132件）。

死後離縁によってとくに影響を受けるのは養子の直系卑属であり，扶養・相続の利害が大きい。Case 3-8 ③の場合，MNはOとの死後離縁によってPQとの法定血族2親等の関係を終了させ，改めてQを養子にしようとしている。実質的には，Pの代襲相続権（887条2項）を奪うための死後離縁ということができるが，Pとの間に離縁原因に相当するような事情が存在する場合であればともかく，Pと疎遠になっているというだけではOとの離縁

を認める理由にはならない（死後離縁を許可した例として，福岡高決平11・9・3家月52巻2号150頁，大阪高決令3・3・30判時2519号49頁）。Qを養子にしてその相続権を増加させること自体は，これとは別に可能である。

協議離縁の無効と取消し　民法は協議離縁の無効に関する規定をもたないが，当事者の離縁意思の合致を欠くとき，または代諾権のない者が代諾した離縁は，無効であると考えられている（旧人訴24条は離縁無効をあげていなかったが人訴2条3号は明定）。また，詐欺・強迫による離縁は，詐欺を発見し，または強迫を免れた時から6ヵ月以内にかぎり，その取消しを裁判所に請求することができる（812条・747条・808条1項後段）。取消しの効果は遡及し，離縁がなかったことになる。

Case 3-9
　AB夫婦は，農業と祭祀の承継を目的として，会社勤めの独身男性Cと養子縁組をした。数年後に，ABとCの間に感情の行き違いが生じ，激しく言い争うようになり，双方から嫌がらせが繰り返されるようになった。ABは，将来に不安を覚え離縁の請求をした。

裁判離縁　協議離縁が成立しない場合でも，調停離縁・審判離縁の途があり（家事244条・257条・284条），一定の事由があれば，裁判上の離縁が認められる。裁判上の離縁原因は，①他の一方から悪意で遺棄されたとき，②他の一方の生死が3年以上明らかでないとき（1987年改正前は，養子の生死が3年以上明らかでないときのみ），③その他縁組を継続し難い重大な事由があるときである（814条1項）。離婚原因（770条）の場合と同様に破綻主義を採用しているが，悪意の遺棄および生死不明については，裁判所の裁量による請求棄却の規定

がある（814条2項）。縁組を継続し難い重大な事由とは，縁組関係の回復・維持の著しく困難な事情があって，縁組目的の達成が期待できない場合であり，養親子としての精神的・物質的つながりが回復不能な程度に壊れてしまった場合に離縁を認めるものである（東京地判平16・8・23判タ1177号262頁）。

有責当事者の離縁請求 養親子関係が破綻するについてもっぱらまたは主として責任のある者からの請求については，判例は，消極的な態度をとっている（最判昭39・8・4民集18巻7号1309頁，最判昭40・5・21家月17巻6号247頁）。学説には消極的破綻主義を支持するものが多いが，積極的破綻主義の立場から判例に批判的なものも有力であり，また縁組の目的を重視して判断すべきであるとする目的的破綻主義も有力である。これは未成年養子については子の利益を重視して養親からの離縁は制限するが，成年養子については扶養・財産承継などの目的でされることが多いので，その目的達成ができなくなるときは養親からの離縁も緩やかに認めるものである。

有責配偶者からの離婚請求についての判例変更（⇒第2章 3 ④）の影響が離縁にどのような形であらわれるかは明確ではないが，離縁請求が信義誠実の原則に反するか否かによって，その可否が判断されるべきである。Case3-9の場合，養子縁組の破綻は双方の和合に向けた努力の欠如がもたらしたものであり，いずれか一方が有責当事者であるとはいい切れないので，離縁は認めざるをえない（最判昭60・12・20家月38巻5号53頁参照）。

離縁の効力 （1）離縁によって，養子，その配偶者，直系卑属およびその配偶者と養親およびその血族との親族関係は終了する（729条）。養親の配偶者との間の親族関係についても，同様である。

(2)　養子は，離縁によって縁組前の氏に復し（816条），原則として縁組前の戸籍に入る（戸19条1項）。ただし，縁組後に出生した養子の子の氏は，当然には変わらない。復氏した親と同じ氏を称するためには，子の氏の変更手続（791条）をとらなければならない（氏については⇒第1章3①養子縁組・離縁）。

　(3)　離縁によって，祭祀財産の承継者の決定を必要とする場合がある。これについては，離婚の場合に準ずる（817条・769条）。

　(4)　離縁については，離婚における財産分与（768条）に相当するものを認める規定はない。

事実上の養子

　(1)　当事者間に縁組意思の合致があり，親子として生活しているが，法定の縁組手続をしていないために法律上の養親子関係が認められない場合を，事実上の養子と呼んでいる。内縁養子，内縁縁組，あるいは縁組予約と呼ばれることもある。縁組意思の存在は前提となるが，他に縁組の実質的要件をどの程度満たしていればよいかについて，学説では，全面的必要説，全面的不要説，与えられる効果との関連において考えるべきであるとする相対的必要説などに分かれている。事実上，親子関係に類した共同生活関係があれば，少なくとも，相互の扶養に対する期待権などを保護すべきである。

　(2)　縁組の予約があった場合でも，一方の当事者が縁組届の提出を拒むときは，他方はこれを強制することはできない。ただし，不当破棄の場合は，破棄された当事者から不当破棄者に対して，これによって被る損害の賠償を請求することができる。

　当事者の一方の死亡による解消の場合は，他方当事者に相続権は認められないが，借家権の相続との関係では，いわゆる援用理論により事実上の養子の居住権が保護されている（最判昭37・12・25民集16巻12号2455頁）。相続人がいないときは，賃借人

である事実上の養親の権利義務を承継する権利が法律上認められている（借地借家 36 条）。また，特別縁故者として，内縁養親の相続財産の分与を受けることができる（958 条の 3）。事実上の養子は，社会立法上，法律上の養子と同じ扱いをされることがある（ただし失権条項においてである）。

③ 特別養子

特別養子制度の歩み　　子のための養子制度の充実を図るために，すでに昭和 30 年代の法制審議会における親族法改正の議論の中で養子法改正も検討されていたが，実親との断絶効果や戸籍上の特例を内容とする特別養子構想については反対も強く，留保された。ところが，1973（昭 48）年に，宮城県石巻市の産婦人科医師が子どもを望む夫婦に 100 人以上の新生児を実子としてあっせんしてきたことが明るみに出た。医師は，妊娠中絶を希望する女性と家族を説得して，子捨て，子殺しを防ぐためにやむをえない手段であったこと，産んでから養子として引き取る場合には，戸籍上の出生記録が残るため当事者が応じないことなどを理由としてあげ，養子法の不備を指摘した。この赤ちゃんあっせん事件は改めて養子法改正の必要性を意識させ，また，欧米諸国においても子の利益の観点から養子法の改正（完全養子制度の導入）が相次いだこともあり，1982（昭 57）年に養子法改正作業が再開され，1987（昭 62）年改正法で特別養子制度が新設された（1988 年 1 月 1 日施行）。

　制度創設当初は申立てが殺到したが（1988 年の申立ては 3201 件，1989 年は 1287 件），家庭裁判所は，実親との断絶を重視して特別養子の成立に慎重な姿勢をとり，要保護性の著しい子に限定する傾向がみられた。そのため成立件数は 300 件程度にとどまってい

表3-2　特別養子縁組事件審判件数の推移（司法統計年報家事編）

	既済総数	認容	却下	取下げ	その他
1988 年	1,747	730	155	861	1
1989 年	1,904	1,205	139	560	0
2021 年	814 (0)	683 (0)	25 (0)	103 (0)	3

※　（　）は離縁に関する処分の内数

たが，最近は社会的養護を必要とする児童について児童相談所や民間団体による養子縁組あっせん活動が活発化していることが，件数増加につながっている（⇒表 3-2）。2019（令元）年には，養子となる者の上限年齢を引き上げ，成立審判手続を 2 段階化するなどの改正がなされた（2020〔令 2〕年 4 月 1 日施行）。

Case 3-10

　AB 夫婦は，父母が行方不明となって児童福祉施設に長く措置されていた C（現在 17 歳）と D（同 14 歳）の兄弟を里子として 2 年間育ててきた。AB の長男 E（同 20 歳）も CD を弟として仲良くしていた。AB は CD を特別養子にしたいと考えている。

特別養子の年齢制限

　特別養子となる子は，2019（令元）年改正前は，原則として縁組の申立時において 6 歳未満の者とするが，里子，連れ子あるいは普通養子となっている場合のように，6 歳に達する前から養親となる者の監護養育を受けていた者は，8 歳に達するまでは特別養子縁組が認められていた（旧 817 条の 5）。しかし，乳幼児に限らず，虐待を受けて児童養護施設にいる子など，より年長の児童についても特別養子縁組の可能性を認めるべきであるという意見があり，改正法では，原則として 15 歳未満の者まで特別養子とすることが認めら

れ，15歳に達する前から引き続き養親となる者に監護されている場合において，15歳に達するまでに特別養子縁組の請求がされなかったことについてやむを得ない事由があるときは，18歳に達するまでは特別養子となることができるものとされた。やむを得ない事由としては，例えば，特別養子縁組への同意を躊躇していた実親が，子が15歳を過ぎてから縁組に同意した場合，または行方不明もしくは死亡した場合，子が15歳となる直前に養親となる者が監護を始めたが，特別養子縁組の請求をする決心がついた時点では15歳に達していた場合（安易な請求の遅延・引延ばしは認められない），15歳に達した後に幼児期の実親による虐待を起因とする心理的不安状態が発現し，実親との関係を終了させることが子の福祉に適うと思われる場合，子が15歳に達した後に事実婚の里親が婚姻して特別養子縁組の請求をする場合などが考えられる。なお，15歳に達した子の特別養子縁組の成立には，子の同意が必要である（817条の5）。

　特別養子縁組制度創設当初は普通養子から特別養子への転換のための申立てが半数を占めていたが，最近では里親による申立てが多い。Case 3-10 の場合，C は，里子になった時点ですでに15歳に達していた可能性があり，仮に請求が認められても，手続中に18歳に達すると，特別養子縁組の成立は認められない。他方，D は年齢要件を満たす。AB としては，D のみを特別養子とするか，CD の兄弟関係を考えて，2人を普通養子にするか悩むところである。欧米における完全養子では，15歳未満あるいは未成年者（18歳未満）すべてを対象とする。旧来の藁の上からの養子をイメージすれば乳幼児養子に偏りがちであるが，「親（家庭）のない子に親（家庭）を」の理念からすれば，年齢制限の引上げには意義がある。

養親となることができる者

（1）　配偶者のない者は養親となることができず，夫婦が共同で養親となるものとされている。ただし，夫婦の一方が他の一方の嫡出である実子または特別養子の養親となる場合は，このかぎりでない（817条の3）。幼児の養育には夫婦が揃って親となることが望ましいこと，とくに，特別養子の場合には養親のみが法的に親となるので，戸籍表示上からも両親が存在することがふさわしいということである。

（2）　養親となる者は，原則として25歳以上（縁組成立時）でなければならない。ただし，養親となる夫婦の一方が25歳に達しているときは，他の一方は20歳に達していれば足りる（817条の4）。15歳で出産した母が18歳で22歳の男と婚姻した場合，その配偶者と共同で子を特別養子にするためには，数年間待たなければならない。養親の年齢の上限はとくに定められていないが，養親子関係にふさわしい年齢の差も考慮すべきである。

父母の同意

特別養子縁組には，子の父母の同意が必要である（養父母を含む）。ただし，父母がその意思を表示することができない場合，または父母による虐待，悪意の遺棄その他養子となる者の利益を著しく害する事由がある場合は，同意を要しない（817条の6）。父母との親族関係の終了を了解する意味もあるので，親権者であるかどうかは関係がない。親権喪失の審判（834条）を受けている場合でも，当然に同意を不要とするものではない。同意を不要とする「養子となる者の利益を著しく害する事由」の判断は，父母の不同意の理由を踏まえて慎重にすべきであるが，客観的にも主観的にもまったく子の養育環境が整っておらず，行政・児童相談所等の子育て支援を考慮しても監護適性を回復し難い場合には，同意不要とするの

もやむを得ない。父母の同意を得ないで特別養子縁組を成立させる審判をするときは，父母の陳述は，審判の期日において，裁判官が聴く（家事 164 条の 2 第 6 項）。

父母の同意は，子の出生前にはすることができないが，出生直後であっても有効である（ドイツ法ではとくに生母の不安定な心情に配慮して生後 8 週間内の同意を無効とする）。認知をしていない父は，同意権を有しない。ただし，子の母から出生時の事情等を聴く際に，血縁上の父が判明すれば，父が認知し，養育する可能性がないかについても考慮しておく必要がある（血縁上の父の手続保障が問題となった事例として，最判平 7・7・14 民集 49 巻 7 号 2674 頁）。

特別養子縁組の審判が確定するまでは，同意は撤回することが可能である。審判告知後に同意を撤回したときは，審判の取消しを求めて即時抗告することができる（家事 164 条 14 項 1 号）。ただし，現実の監護の意思・能力を欠き，撤回が恣意的であると思われるときは，同意を不要として特別養子縁組を成立させてもよい（東京高決平元・3・27 家月 41 巻 9 号 110 頁）。

このように審判確定まで親の同意の撤回が可能なことに対しては，親の意思の偏重であって子の福祉に反するという批判が強く，2019（令元）年の改正により，養子となるべき者の出生の日から 2 か月を経過した後において，家庭裁判所調査官による事実の調査を経た上で家庭裁判所に書面を提出するか，あるいは審問の期日においてした同意は，2 週間を経過した後は，撤回することができないものとした（家事 164 条の 2 第 5 項）。

家庭裁判所の審判　（1）　特別養子縁組は，養親となる者の申立てに基づき，家庭裁判所の審判により成立する（817 条の 2）。家庭裁判所が特別養子縁組を成立させるのは，父母による養子となる者の監護が著しく困難または不適

当であることその他特別の事情がある場合において，子の利益の
ため特に必要があると認めるときである（817条の7）。2019（令
元）年改正により，審判は特別養子適格の確認の審判と特別養子縁
組成立の審判の二段階に分けられた（家事164条）。第1段階の適
格確認審判の手続では，実親による養育状況，実親の同意の有無
等が審理され，特別養子縁組に適格であるとの裁判所の判断が確
定した子につき，第2段階で，その子と養親となる者との適合性
（マッチング）等，子の利益のための特別の必要性が判断される。
養親となるべき者は，2段階の審判を同時に申し立てることにな
るが（家事164条の2第3項），第1段階の審判の申立ては児童相
談所長もすることができる（児福33条の6の2）。2021（令3）年
の新受件数は134で認容130となっている（事例として名古屋家
審令3・2・26家判39号68頁）。この場合，第1段階の審判が確定
した後，6か月が経過するまでに，養親となるべき者は，第2段
階の審判の申立てをしなければならない（家事164条2項）。児童
相談所長は，養親となるべき者が申し立てた第1段階の審判手続
に参加することもできる（児福33条の6の3）。

　子の利益のための特別の必要性（要保護性）は，孤児・棄児・
婚外子については認められやすいが，普通養子からの転換事例，
連れ子を特別養子とする場合，親族による特別養子の場合などに
ついては，家庭裁判所は消極的である。当初公表された審判例は
親がいない子や婚外子の事例が多かったが，要保護要件を厳格に
解釈しすぎると，特別養子となった子の生まれに対する否定的な
評価を生み出してしまう。

　代理出産により出生した子について，卵子および精子を提供し
た夫婦との特別養子縁組を認めた事例がある（神戸家姫路支審平
20・12・26家月61巻10号72頁）。また，性同一性障害による性

別変更後に婚姻した夫の妻が出産した子をその夫婦が特別養子とする事例があったが（神戸家審平24・3・2家月65巻6号112頁），婚姻中に出生した子として夫婦の生来嫡出子であると認められたことから（⇒2③出生する子の父子関係），そのような縁組の必要性はなくなった。他方，男性から女性に性別を変更した後に婚姻した妻は実子をもつことができず，夫婦による特別養子縁組の必要性が残る。

（2）特別養子縁組成立の審判にあたっては，養親となる者が養子となる者を6ヵ月以上の期間監護した状況を考慮しなければならない（817条の8）。これは，試験養育期間ともいわれるが，適切な養親子関係の成立が期待されるかどうかを，実際の生活を踏まえて判断するためである。普通養子や里子を特別養子にする場合は，その間の養育状況で判断される。もっとも，特別養子が認められなかった場合には，子の監護環境が再度変更されることになるので，子の監護を付託する前に養親の適性は十分に判断しておく必要があるし，縁組成立の前後を通じて児童相談所等によるサポートが十分に与えられるべきである。

（3）家庭裁判所は，第1段階の特別養子適格の確認の審判をする場合には，養子となるべき者（15歳以上のとき），養子となるべき者の父母のほか，養子となるべき者に対し親権を行う者で父母以外のもの（親権者の職務代行者，児童福祉施設長，児童相談所長），養子となるべき者の未成年後見人，養子となるべき者の父母に対し親権を行う者および養子となるべき者の父母の後見人の陳述を聴かなければならない（家事164条の2第6項）。養子となる者の利益保護と証拠資料の収集のためである（父母の同意なしに審判をする場合を除き，家庭裁判所調査官による調査等で足りる）。第2段階の特別養子縁組の成立の審判をする場合には，養

子となるべき者の父母，父母に対し親権を行う者，父母の後見人の陳述聴取は不要である（同164条6項）。

Case 3-11 ———————————————————————————————

　Aは，妻Wとの間に子ができないので，かつて関係をもったGとの間の子Cを認知したうえで養子にしようとした。しかし，Cはすでに特別養子としてGのもとを離れていた。AはCを探しだし，認知することができるか。

_____

特別養子縁組の効力　特別養子は，普通養子と同じく，縁組の日から，養親の嫡出子たる身分を取得する（809条）。また，養親の血族との間にも血族間におけると同一の親族関係が発生する。他方，普通養子縁組と異なり，特別養子と実親およびその血族との親族関係は終了する。ただし，夫婦の一方が他の一方の嫡出子である実子または特別養子（連れ子）を特別養子としたときは，当該他の一方との親族関係は終了しない（817条の9）。実親子関係の終了は，養親子関係の法的・事実的安定と子の精神的安定を目的とする。ただし，自然血縁関係までもなかったことにするものではないので，近親婚の制限は残されている（734条2項・735条）。日本人夫婦が外国人の子を特別養子にした場合，当然には日本国籍を取得しないので，帰化の手続が必要である（国籍8条2号）。

　縁組時に発生していない父子関係は，縁組により発生を阻止されることになる（多数説）。Case 3-11の場合，もはや父Aの方から任意認知はできない。仮に，特別養子縁組が離縁されることがあるとして，その時点で父の死亡から3年が経過していた場合，父に対する死後認知が認められるかは問題である。特別養子縁組継続中は，認知の出訴期間は進行を停止すると考えるべきであろ

うか。

　特別養子の戸籍は，縁組の効果として実親との法律関係が終了することから，普通養子とは異なった記載方法がとられる。

①まず従前の本籍地に養親の氏で新戸籍（特別養子本人の単独戸籍）を編製した上で，その戸籍から除籍して養親の戸籍に入籍させる。ただし，普通養子からの転換の場合など養子が養親の戸籍に在るときは，その戸籍の末尾に養子を記載し，従前の記載を消除するにとどまる（戸20条の3）。

②養子が外国人の場合を除き，養親の戸籍の身分事項欄には縁組事項を記載しない。養子の身分事項欄に縁組事項を記載する（「民法817条の2による裁判確定」と縁組の成立を間接的に示す。コンピュータシステムによる記録事項証明書では「民法817条の2」という項目が目立つかたちになり，特別養子の戸籍への配慮意識が後退している）。

③父母欄に養父母の名前を書く（父母欄の他に養父母欄を設けない）。続柄は「養子（女）」（普通養子縁組の場合）ではなく，実子（嫡出子）と同じく父母間の「長男（女）」「二男（女）」と書く（養方に弟妹がいれば弟妹と父母との続柄を訂正する）。

以上の戸籍処理により，ある人が特別養子であることが戸籍を一瞥しただけで容易に判明することを防ぎつつ，必要に応じて養子と実親の戸籍の連絡がつけられるようにしている。

　特別養子については，協議離縁や通常の裁判離縁はなく，特別な場合にかぎり，家庭裁判所の審判による離縁が認められる。すなわち，家庭裁判所は，養親による虐待，悪意の遺棄その他養子の利益を著しく害する事由があり，かつ，実父母が相当の監護をすることができる場

合において，養子の利益のためとくに必要があると認めるときは，養子，実父母または検察官の請求により，特別養子縁組の当事者を離縁させることができる（817条の10）。特別養子が成長して養育・監護の必要性がなくなったときは，特別養子縁組の離縁をすることはできないものと考えられる。制度創設から35年が経過したが，特別養子の離縁の例はごくわずかである（2002〔平14〕年に1件，2005〔平17〕年に2件，2009〔平21〕年に1件，2010〔平22〕年に1件認容されているが，離縁が認められた事情は不明）。

離縁の効力　　　（1）　特別養子と養親との間の親子関係および養親の親族との間の親族関係は終了する（729条）。ただし，近親婚の禁止は残る（736条）。

（2）　特別養子であった者と実親およびその血族との間には，離縁の日から，特別養子縁組によって終了した親族関係と同一の親族関係が生じる（817条の11）。ただし，認知を受けていた嫡出でない子が特別養子となり，その離縁前に父母が婚姻していた場合は，離縁によって，父母の嫡出子としての身分を取得する。

離縁の届出により，養子が復氏する場合は，実方戸籍に復籍し，実方戸籍がすでに除かれている場合または新戸籍編製の申出があった場合は，新戸籍を編製する。離縁事項は，養子が外国人の場合を除き，養子の身分事項欄にのみ記載される。

*Column*⑫　自己の出自を知る権利 ～～～～～～～～～～～～～～～～～
　欧米の養子縁組は実親との関係を法的にも事実上も切断することにより養子の福祉を実現するという考えに立っていたが，近時，身元（ルーツ）を知りたいという養子の欲求が強まり，人格権としての出自を知る権利が問題となった。欧米の養子縁組は，実親との関係を断つクローズド・アドプションから，実親の情報を得て交流も可能とするオープン・アドプションへと転換するようになっている。わが国の特別養子縁組では，養子と実親の戸籍上の

つながりはあるが，縁組後の実親の戸籍の変動を追えない場合がある。自己の出自を知る権利の保障は，今では第三者による精子・卵子・胚提供によって出生した子，さらには母が匿名で出産した子（特定人にだけ身元を明かす内密出産を含む）の場合にも問題とされるようになり，関係書類の公的永年保管，子と実母等関係当事者の利害の調整と支援の手続など権利の具体化・実効化が課題とされる。

第4章 親　権

　　成年に達しない子は，完全な行為能力を有しないので，その能力を補う者が必要となる。民法は，この役割を子の親に与え，親権と呼ぶ。親権は財産管理権と身上監護権に分けられるが，近時は親権の義務性が強調されている。児童虐待を理由とする親権の制限や親以外の者による監護権限の行使も問題となっている。本章では，親権者と親権の内容について学ぼう。

1 親権の意義

子のための親権法

　　未成年者（18歳未満）は，父母の親権に服する（818条1項）。親権という言葉は，親の権利ないし権限・権威という言葉を想起させることから，親の側に視点をおいて構成された法律関係のようであるが，現在では，子のための親子法という親子法全体を通じる原理に従い，子のための親権法が求められている。そのため，親の権利というよりも，親の義務であるというとらえ方がされており，親権と称するよりも親義務と表現すべきである，ということもいわれる。諸外国でも，かつては親の権威・権力関係を意味する言葉が用いられていたが，現在では，親の権利，親の責任，さらには親の配慮という言葉に変わっている。もっとも，親権者には，他の者の介入を排して（子育ての自律），子の身上監護および財産管理に関して決定する権限が含まれているから，親の権利という表現は，な

お有意義である。

　親権の義務性を強調していくならば，親でない者による子の保護の制度である未成年後見と内容的に接近することになるので，親権と未成年後見を統一的な制度として，子の保護者に対する公的コントロールを強化すべきであるという考え方（親権後見統一論）もみられる。

*Column*⑬　子どもの権利条約

　国連の「児童の権利に関する宣言」から30年，そして国際児童年10周年にあたる1989年11月に国連総会で「児童の権利に関する条約」（子どもの権利条約）が採択され，日本は，1994（平6）年4月に批准した（5月発効。国連加盟国中158番目）。この条約は，子どもの最善の利益の尊重を謳い（同条約3条），差別の禁止（2条），親を知り親に養育される権利（7条），アイデンティティの保全（8条），子どもの意見表明権（12条），プライバシー権（16条），親の第一義的養育責任と国の援助義務（18条），虐待・放任・搾取からの保護（19条），家庭環境を奪われた子どもの保護（20条），養子縁組の手続・国際養子のあり方（21条），障害児の権利（23条），教育への権利（28条），性的搾取・虐待からの保護（34条）などを規定している。この条約は，子どもを権利の客体とする見方から，子どもを権利の主体とする考え方への転換を促すものであり，子どもの権利の具体的な保障を各国に求めている。なによりも子どもの最善の利益が尊重されるべきであることは，親権法を含む親子法全体の指導原理として，世界的な承認を受けたといえる。2016（平28）年改正で，児童福祉法にも児童の福祉を保障するための原理を示すものとして明記された（同法1条）。

2 親 権 者

共同親権の原則 (1) 婚姻中の父母は，共同して親権を行使するのが原則である（818条3項本文）。父母双方との間に密接な関係を維持していくのが子の最善の利益にかなうし，父母双方ともに子の養育について同等の責任を負うべきであるからである。親権行使の内容について父母の意見が異なる場合にどうするかが問題となるが，かつてのように父に優先的権利を与えるのではなく，父母の協議に委ねられている。

(2) 協議を重ねても父母の意見が一致しないときについて，現行法は明確な規定をおいていない（ドイツ民法1628条では父母の一方の申立てにより，決定権限を一方に与える）。共同親権者の一方が共同名義でした行為は，他の一方の意思に反したときでも相手方が悪意でないかぎり，有効であるとされているため（825条），事実上，一方的な親権行使を他方が追認する形で，ことが済んでしまうことも少なくないであろう。しかし，子どもの人生において継続的な影響をもたらすような重要事項（たとえば宗教的教育や職業選択・営業許可の場合）については，親権行使への司法的介入ないし援助として，家庭裁判所が父母の一方に親権行使を認める旨の審判ができるものと解すべきである（819条5項類推適用）。また，親権行使をめぐって父母間に不和が生じたときは，夫婦間の協力扶助に関する処分（家事別表第二1項）の一環として，親権行使を一方に委ねる審判も考えられる。

(3) 婚姻中であっても，父母の一方が親権を行うことができないときは，他の一方が行う（818条3項ただし書）。父母の一方

の親権喪失，辞任，成年後見の開始など法律上の原因がある場合のほか，病気等で意思を表示することができないとき，服役中あるいは海外渡航中（電話・電子メール・ウェブ会議システムなどにより交信可能である場合は除く）など，事実上親権を行使できない場合も含まれる。

(4) 父母が長期間別居しているような場合（破綻別居），家庭裁判所は，父母の一方に子の監護を行う権限を付与することができるものと解される（766条の類推適用）。夫婦の一方に，単独での親権行使を命じることもできるのではなかろうか。

| 単独親権の場合 | 父母が婚姻していないときは，父母の一方が親権者となる。生活を別にする父母が共同で親権を行使することは困難だと思われるからである。

(1) 協議離婚するときには，父母の協議により親権者を定めるべきであるが（819条1項），協議が調わない場合，または不可能な場合は，家庭裁判所の審判で定める（同条5項）。裁判離婚の場合は，裁判所が親権者を定める（同条2項）。調停離婚，審判離婚の場合は，調停において，または審判において定める。ただし，子の出生前に離婚していた場合は，母が親権者となる（同条3項）。離婚の際には，監護者を親権者とは別に定めることも可能である（766条）。離婚後も父母による共同親権を可能とすべきかについて検討されている。⇒第2章4 ②子の親権・監護。

(2) 嫡出でない子については，原則として，母が親権者となる（819条4項）。胎児認知がされている場合でも同様である。婚外子の場合は離婚後と同様に，父母の一方のみと生活をしているのが通常であると考えられるが，出生後の母子関係の安定を重視するものである。もっとも，近時の外国法では，離婚後の子のみならず，婚姻外の子についても，父母が共同で監護の責任を負う

共同監護の立法例が増えており，わが国でも，その可能性を認めるべきか検討されている。

Case 4-1

　A女（17歳）は，同級生のB男（17歳）の子Cを出産し，Bは，Cを自己の子として認知した。高校卒業後，A・Bは婚姻した。この場合，生後すぐのCの監護・教育および財産管理の権限を有する者は誰か。AとBの婚姻後はどうか。

親でない者による
親権行使

　親権者が未成年である場合は，未成年の親に対して親権を行う者または未成年後見人が，その親に代わって，親権を行う（833条・867条）。Case 4-1の場合は，Cのための親権は母Aに代わってAの父母が行うことになる。しかし，ABの婚姻によってCは準正嫡出子となるので（789条1項），自動的にABの共同親権に服することになる。

　児童福祉施設に入所している児童については，児童に親権を行う者または未成年後見人がいないときは，親権を行う者または未成年後見人があるに至るまでの間，児童福祉施設の長が親権を行う（児福47条1項）。また，一時保護中の児童または里親・ファミリーホーム委託中の児童に対しては，同様に児童相談所長が親権を行うものとされている（児福33条の2第1項・47条2項）。

Case 4-2

　Aは離婚した前夫Bとの子C（10歳）とD（2歳）を連れてEと婚姻し，親権者Aの代諾により，EはC・Dを養子にした。この場合，C・Dの親権者はどうなるか。

(1) 養子は，養親の親権に服する（818条2項）。実親との親族関係が終了する特別養子縁組の場合はもちろん，実親との親族関係が残る普通養子縁組の場合でも，通常は，養子は養親との共同生活に入り，実親とは生活の本拠を異にすることになるので，子の監護・教育，財産管理は養親が責任をもつべきであるからである。もっとも，祖父母が節税目的で孫を養子にするような場合，実際上は，縁組後も父母が養子の監護を行うことがある。子の利益の観点からは望ましくないことであるが，養子法における司法的関与の不十分さ（798条ただし書参照）に由来するものである。

(2) 養親が養子の実親の配偶者であるとき（連れ子養子の場合など）は，実親との共同生活は維持されるので，父母共同親権の原則（818条3項）に従い，実親と養親の共同親権となるものと考えられている。

Case 4-2のCおよびDについては，AとEの共同親権となる。その後に養親と実親が離婚した場合には，養親の単独親権になるという説（818条2項優先）もあるが，いったん共同親権となった以上，機械的に養親を優先させるのではなく，子の利益を基準に判断すべきであるから，通常の離婚にともなう親権者の定めと同様に考えるべきである。

(3) 養親の一方が死亡したときは，他方が単独親権者となる。養親双方が死亡したときは，親権を行う者がないので（838条1号），未成年後見が開始するというのが通説であるが（東京高決昭56・9・2家月34巻11号24頁），未成年後見は親権制度の補充的性格を有するものであることから，死後離縁の手続が行われた後はもちろん，死後離縁が行われる前であっても，実親の親権回復（親権者の変更）を認めるべきであるという説も有力である。

◆親権者である養親の死亡と未成年後見の開始　　単独親権者である養親が死亡したときは，常に未成年後見が開始し，実親への親権者変更の余地はないとするのが通説である。しかし，たとえば，祖父母が孫を養子にした場合において，養父母が死亡したとき，実親がいれば，実親は後見人ではなく，親権者となることを望むのではないであろうか。養子縁組の継続中は，実親の親権は回復しないで，実親の一方を後見人に選任するという通説は，極めて理論的である。しかし，離婚後の単独親権者が死亡した後，他方の親から親権の変更の申立てがあった場合には，これを認めることができるというのが，現在の通説・実務である。養親が死亡した場合にも，子の利益を規準とするならば，実親の親権が当然に復活すると考えるべきではなかろうが，親権の変更手続を認める余地はあろう。

離縁の場合　　養子が未成年者の間に離縁したときは，実父母の親権に服する。養子が 15 歳未満の場合において，養子の父母が離婚しているときは，その一方を離縁後の親権者と定め，その者が離縁の手続に関与することになる（811 条・815 条）。養子が 15 歳以上の未成年者であるときは，婚姻関係にない父母の共同親権として復活することになる。この場合は，父母の一方を親権者と定めなければならない（819 条 1項・5 項類推適用）。

Case 4-3 ────────────────────────────────

　Case 4-2 において，B から A に対して，C・D の親権者変更の申立てがなされた後に，A が E と婚姻し，E が C・D を養子にしたとすると，B の申立ては認められるか。

────────────────────────────────

親権者の変更　　出生前に父母が離婚した子については，子の出生後に父母の協議で，父を親権者とすることができる（819 条 3 項）。婚姻外で出生した子を父が認知した場合も，父母の協議で，父を親権者と定めることができる

（同条 4 項）。協議が不調・不能のときは，家庭裁判所に協議に代わる審判を求めることができる（同条 5 項）。その他，子の利益のため必要があるときは，子の親族の請求に基づき，家庭裁判所は，親権者を他の一方に変更することができる（同条 6 項）。ただし，Case 4-3 のように，子が実親の一方と養親との共同親権に服する場合には，他の一方の実親への親権者変更は認められない（下級審には認容例もあるが，最決平 26・4・14 民集 68 巻 4 号 279 頁は否定している。ただし，同決定は親権者変更を認めた確定審判に基づく戸籍の届出は受理すべきものとした）。

　子どもにとっては監護環境の継続性が重要であるから，親権者の変更については慎重でなければならないが，協議離婚後の親権者決定が父母の協議に委ねられていることや，監護意思がない母が法定親権者となっている場合など，親権者の決定過程に問題があるときは，家庭裁判所は，親権者変更手続を柔軟に運用すべきである。親権者変更の判断要素としては，親権者変更の目的，父母双方の監護意思および監護能力，子自身の希望・年齢，親権者決定の経緯と事情の変化などがあげられる。単独親権者が子を虐待している場合など，監護の状況が著しく不適当であるにもかかわらず，他方の親が関わることを嫌って親権者の変更を望まないときは，親権喪失の審判（834 条）あるいは親権停止の審判（834 条の 2）を考慮すべきである（⇒ *4*）。

　親権者変更の審判においては，15 歳以上の子の陳述を聴かなければならないが（家事 169 条 2 項），子自身が親権者の変更を望む場合でも，子本人は親権者の変更を申し立てることはできない。

　　◆単独親権者の死亡と未成年後見の開始　　単独親権者が死亡した場合には，838 条 1 号により当然に後見が開始するという後見開始説，他方の親がいれば親権が当然に復活するという説，後見人が就

職する前であれば親権者変更を可能とする制限的親権回復説，後見人の就職後であっても親権変更が可能であるとする無制限親権回復説があり，かつては後見開始説が通説であったが，近時の学説や家裁実務では無制限親権回復説をとるものが多い。

3 親権の内容

身上監護権　親権を行う者は，子の利益のために子を監護・教育する権利と義務を負う（820条）。その具体的な内容として，民法では，子の人格尊重義務（821条），居所指定権（822条），職業許可権（823条）を定めている。

　（1）　2022（令4）年改正により，親権者の懲戒権の規定（旧822条）が削除され，子の養育に関する基本理念として，子の人格の尊重義務が設けられた。親権を行う者は，第820条の規定による監護および教育をするに当たっては，子の人格を尊重するとともに，その年齢および発達の程度に配慮しなければならず，かつ，体罰その他の子の心身の健全な発達に有害な影響を及ぼす言動をしてはならないというものである（821条）。親権はあくまで子の利益のために認められるものであるのに，従来の懲戒権の規定が躾と称して行きすぎた心身への不当な暴力の正当化に使われることがあったことから，体罰よりも範囲を拡げて子の健全な発達に対する有害な言動を否定した。

　（2）　居所指定権については，乳幼児から少年である間は，通常親権者と同居して共同生活をしているので，あまり問題とはならない。子が親権者と同居しておらず第三者のもとにいる場合において，それが不当なものであるときは，子に対する親権行使の

妨害として，子の引渡しを請求することができる（民事訴訟手続）。もっとも，児童虐待の場合のように，親権者が親権を濫用するがゆえに，親権者から一時的に分離され，児童福祉施設や里親等に保護されているときは，親権者からの子の引渡しの要求は，認めるべきではない。また，親権者同士，あるいは離婚後のように親権者と非親権者である父母の間での子の奪い合いについては，家庭裁判所での子の監護に関する処分として引渡しを求めることができる（家事審判手続）。また，人身保護法の適用も問題となることがある（⇒第2章4 ② 子の引渡し）。

身分上の行為の代理　　親権者は，一定の場合には，身分上の行為の代理権を行使する。たとえば，認知の訴え（787条），15歳未満の子についての養子縁組（代諾縁組，797条），氏の変更（791条3項）の請求などがそうである。これらは子ども自身の身分・人格権に関わるものであり，本来自己決定に根ざすべきものであって，例外的に親権者の代理が許されているのは，子の利益のために早期の認知・養子縁組や氏名変更が必要な場合があるからである。なお，児童相談所長または児童福祉施設長が親権を行う場合において，養子縁組の承諾をするには，都道府県知事の許可を得なければならない（児福33条の2第1項・33条の8第2項・47条1項2項）。

財産管理権　　（1）　親権者は，子の財産を管理し，その財産に関する法律行為についてその子を代表する。ただし，その子の行為を目的とする債務を生じる場合には，本人の同意を得なければならない（824条）。財産の管理には，保存・利用のみならず，必要な範囲での処分を含む。「代表する」とあるのは，本質的には代理の意味である。また，ただし書に関しては，現在では労働基準法上，親権者は，未成年者に

代わって労働契約を締結してはならないし，未成年者の賃金を代わって受け取ってはならないものとされている（労基58条・59条）。

（2）　親権者は，その事務を行うにつき，自己のためにすると同一の注意をしなければならない（827条）。未成年後見人は善管注意義務を負う（869条・644条）のに対して，親であるということから，親権者は責任が緩和されている。

（3）　子が成年に達したときは，親権者は，遅滞なく管理の計算をする義務がある。ただし，その子の養育および財産の管理の費用は，その子の財産の収益と相殺したものとみなされる（828条）。この親権者の収益権については，批判がある。

（4）　第三者が子に与えた財産の管理については，これを親権者である父または母の管理に服させるかどうかは，その第三者の意思による。父母ともに管理権を有しない場合において，第三者が管理者を指定していないときは，子らの請求に基づき，家庭裁判所が管理者を選任する（830条）。

Case 4-4

①　Aは，死亡した夫Bの遺産を子C（15歳）と各2分の1相続したが，再婚相手のDに頼まれ，Aを債務者としてE銀行から1000万円を借り受け，Cの代理人としてC名義の不動産に抵当権を設定した。この代理行為は，有効か。借入金を全額Dに贈与した場合と半額をCの養育費にあてる意図であった場合とで，違いがあるか。

②　AがCを代理して，C名義で借入れをし，C所有の不動産に抵当権を設定した場合はどうか。Aが借入金をDのために費消する意図を有していることを，E銀行の担当者が知っていた場合はどうか。

利益相反行為とは何か

（1）　親権者は，その法定代理権を行使するに際し，自己に利益となり，子に不

利益となるようなことをしてはならない（利益相反行為の禁止）。親権者と子の利益が相反する法律行為については，親権者は，その子のために特別代理人を選任することを家庭裁判所に請求しなければならない。また，親権者が数人の子に対して親権を行う場合において，その1人と他の子との利益が相反する行為については，その一方のために，特別代理人の選任を求めなければならない（826条）。一般の代理権におけるいわゆる自己契約・双方代理の禁止（108条）に類似した代理権制限であるが，その要件において異なり，対象となる法律行為に違いがある。すなわち，利益相反行為の場合は，単独行為または第三者との契約に関する代理も射程範囲に含めているし，子の行為に対する同意権の行使も対象となる。また，法定代理人の不利益において，未成年者の利益を図ることは，問題とならない。

利益相反行為となるかどうかの判断は，その行為の外形を基準とする。つまり，客観的にみて，親権者にとっては利益となり，子にとって不利益になるものであるかどうかである。これを外形説（形式的判断説）といい，その行為を行うについての親権者の意図あるいは行為の実質的な効果は判断の基準としないというのが判例である（最判昭37・10・2民集16巻10号2059頁）。

◆利益相反の判断基準　外形説（形式的判断説）に対しては，子の保護のための親権理論として不適切であるという批判があり，具体的な事情に照らして，親権者が利益を受ける一方で，子の利益を実質的に侵害するような行為は利益相反行為とすべきであるという見解（実質的判断説）も有力に主張されている。外形説では未成年者の利益が害されるおそれがあると批判される一方，実質的判断説では，第三者に損害を与え，取引の安全を害するおそれがある。

(2)　親権者と子との間の法律行為は，親権者がその財産を子に贈与するような場合を除き，多くの場合は利益相反行為となる。

第三者との法律行為でも，たとえば，親権者の債務につき子が連帯債務者や保証人となる場合，親権者の債務を弁済するために子の財産を処分する場合などもそうである（Case 4-4 ①）。子の養育費を調達するために，親権者が債務者となり，その債務についての担保として子の財産を供する場合であっても，利益相反行為となる（前掲最判昭 37・10・2）。親権者が代理人として，子の財産を再婚した配偶者に対して贈与することも利益相反行為となる。判例は，後見人が内縁の夫に被後見人の財産を無償譲渡することを利益相反行為にあたるとしているので（最判昭 45・5・22 民集 24 巻 5 号 402 頁），親権者についても同様に考えられる。

　他方，外形説によれば，たとえば，親権者が子を代理して第三者から金銭を借り受け，その金銭を自身のために費消した場合は，利益相反行為とはならない（Case 4-4 ②）。また，第三者の債務のために，親権者が子を代理して子の不動産に抵当権を設定することも，利益相反行為とはならない。

　Web **親権者の法定代理権濫用行為の効果** ❖❖❖❖❖❖❖❖❖❖❖❖❖❖❖
　　親権者が子を代理して子の所有する不動産を第三者の債務の担保に供する行為は，利益相反行為にはあたらない。しかし，判例は，それが子の利益を無視して自己または第三者の利益を図ることのみを目的としてなされるなど，親権者に子を代理する権限を授与した法の趣旨に著しく反すると認められる特段の事情があり，法定代理権の濫用にあたる場合には，相手方がその濫用の事実を知り，または知りうるときにかぎり，民法 93 条ただし書の類推適用によって，その行為の効果は子に及ばないものと解していた（最判平 4・12・10 民集 46 巻 9 号 2727 頁）。2017 年改正により，このような代理権濫用行為を無権代理行為とみなす旨の規定が設けられた（107 条）。

❖❖❖❖❖❖❖❖❖❖❖❖❖❖❖❖❖❖❖❖❖❖❖❖❖❖❖❖❖❖❖❖❖❖❖❖❖

Case 4-5

　Ａは，５年前に離婚した前夫Ｂとの間の子Ｃ（10歳）とＤ（８歳）を引き取り，親権者として養育していた。ＢはＥと再婚し，ＢＥ間にはＦ（３歳）が生まれているが，３ヵ月前にＢが急死したため，その遺産相続のために，Ａは，ＥおよびＦと協議をすることになった。ＡとＥだけで，Ｃ，ＤおよびＦの相続分も含めて遺産分割協議をしてもよいか。

相続と利益相反行為

　(1)　親権者とその親権に服する未成年者との間で，あるいは未成年者相互の間で利益相反の関係が生じうる場合として，遺産分割協議が問題となる。被相続人の配偶者と子が共同相続人の関係にあるというのは，通常起こりうることである（Case 4-5 のＥとＦ）。また，被相続人と前配偶者との間の複数の子が生存配偶者との間で共同相続人となる場合（Case 4-5 のＣとＤ），被相続人の複数の嫡出でない子が共同相続人になる場合あるいは複数の代襲相続人がある場合など（最判昭49・7・22家月27巻2号69頁），親権者は相続人ではないとしても，親権に服する子の間で利益相反の関係が生じうる。したがって，そのうちの１人については親権者が代理することができるが，他の者については，特別代理人の選任を必要とする（最判昭35・2・25民集14巻2号279頁）。

　(2)　相続放棄について，大審院は，相続放棄は相手方がない単独行為であるとの一事で利益相反性を否定していたが，最高裁は，利益相反行為となりうることを認めた。もっとも，後見人の事案であるが，後見人が複数の被後見人を代理して行った相続放棄について，後見人自身の相続放棄が被後見人についての相続放棄以前に行われた場合は，利益相反行為にはならないとしている（最判昭53・2・24民集32巻1号98頁）。学説にはこれを批判して，

相続放棄を常に利益相反行為とする見解もある。

利益相反行為の効力　　利益相反行為にあたる行為を親権者が法定代理人として行ったときは，無権代理行為となる（最判昭46・4・20家月24巻2号106頁）。したがって，子が成年に達した後に追認しないかぎり，無効である。

　親権者の一方についてのみ利益相反の関係にある場合については，利益相反関係にない他方親権者が単独で代理するという説（818条3項ただし書参照），特別代理人が単独で代理するという説，利益相反関係にある一方親権者について特別代理人の選任を求め，利益相反の関係にない他方親権者とその特別代理人が共同して，代理行為をすべきであるという説がある。**他方親権者単独説**については，利益相反関係にある親権者の影響を排除することができるか疑問があり，実質的に子の利益が十分に保護されないおそれがある。また特別代理人単独説には，他方親権者の親権行使を制限する理由がないという批判があり，共同代理説が通説である（前掲最判昭35・2・25）。

　◆特別代理人の選任　　特別代理人は，親権者に代わって子を保護するためのものであるから，子の財産状態・家族関係などを十分に知り，子の利益のために働くことができる者が選ばれなければならない。家庭裁判所が独自に適任者を探すことは困難であるとはいえ，申立人である親権者があげる候補者が漫然と選任され，当該親権者の身代わり的な存在となってはならない。また，特別代理人自身が未成年者と利益相反の関係にある場合は，826条1項の類推適用により，特別代理人は，選任の審判によって付与された権限を行使することができない（最判昭57・11・18民集36巻11号2274頁）。

4 親権の喪失・停止・終了

Case 4-6

　親権者である母Ａは，生活のために亡夫Ｂの友人で妻子ある男性Ｃの妾（愛人）となって，ＡＢ間の子Ｄ（6歳）とＡＣ間の子Ｅ（1歳）を養育してきた。ＡとＣとの関係を快く思わない亡夫の父Ｆは，Ａの親権喪失の申立てをした。この申立ては認められるか。

親権喪失制度　　　親権は子の保護のために親に与えられた権限であるから，その目的に合致しない形での親権の行使があった場合や，親権者として子の監護をするにふさわしくない事情がある場合には，子の保護のために，その者から親権者としての地位を奪うことも必要となる。そのため民法では，父または母による虐待または悪意の遺棄があるときその他父または母による親権の行使が著しく困難または不適当であることにより子の利益を著しく害するときは，家庭裁判所は，子，その親族，未成年後見人，未成年後見監督人または検察官の請求により，その父または母について**親権喪失**の審判をすることができるものとしている（2011〔平23〕年改正によって，喪失の要件を「親権を濫用し，又は著しく不行跡であるとき」から変更し，申立権者を拡張した。2021〔令3〕年の親権喪失新受件数104，認容48，却下20，取下げ70）。ただし，2年以内にその原因が消滅する見込みがあるときは，この限りでない（834条）。たとえば，医療ネグレクトの場合のように，子の利益への危険が一時的なものと思われるときは，2011年改正で新設された親権停止の適用が考えら

れる。また，財産管理権の行使が困難または不適当であることにより子の利益を害するときは（2011年改正によって，要件を「管理が失当であったことによってその子の財産を危うくしたとき」から変更した），**管理権喪失**の審判をすることができる（835条）。

　親権喪失の制度は旧法にも存在したが，当時は，たとえば，父の死亡後に例外的に母が親権者となったような場合に，母の親権行使を快く思わない父方親族から，母の素行を理由として親権喪失の請求がなされるようなことがあった。しかし，裁判所は，親権の剥奪は，あくまで子の利益を判断の基準とする方向を示すようになっていた。Case 4-6 のような事案において，大審院は，妾となること自体は否定されるべきことではあるが，親権の喪失を宣告するに際しては，単に親権者にそのような行為があったという事実のみをもっては足りず，諸般の事情を考慮して親権の喪失を必要とする著しい不行跡か否かを判断すべきであると判示した。この事件は，子ども（源義経ら）の助命のために夫の敵である平清盛の愛人となった常盤御前の故事が裁判の中で引用されたこともあって，今様常盤御前判決と呼ばれている（大判昭4・2・13 新聞 2954 号 5 頁）。2011 年改正の 834 条に親権喪失の具体的要件として「子の利益」が明記されたことの意義は大きい。

児童虐待と親権の制限　現在では，子どもの監護状況が極度に不適切な場合（児童虐待）に，親権喪失が問題となる事例が増加している（長崎家佐世保支審平 12・2・23 家月 52 巻 8 号 55 頁参照）。親権者に対して親族などが救済の手を差し伸べることができない場合は，児童相談所の積極的な養育援助と介入が期待されている。そのために，親権喪失の請求は，児童福祉法上，児童相談所長もこれをすることができることになっている（児福 33 条の 6）。緊急時の対応として，親権者が宗教上の

理由から未成年者の手術に同意することを拒否している場合に，児童相談所長が申し立てた親権喪失宣告申立事件を本案として，親権者の職務執行停止・職務代行者選任申立てが認容された事例がある（名古屋家審平 18・7・25 家月 59 巻 4 号 127 頁）。

親権の停止　これまでも，親権喪失の原因が消滅すれば親権喪失を取り消すことができたが（836 条），親権喪失は最終手段であるかのように受け止められていたこともあり，虐待相談件数の顕著な増加にもかかわらず，親権喪失の申立件数は多くなかった。そこで，親権者による児童虐待に対し，より柔軟に対応することができるように，2011（平 23）年に民法が改正され，親権停止の制度が導入された（2021〔令 3〕年の新受件数 255，認容 107，却下 41，取下げ 100。ネグレクトの事例が多い）。父または母による親権の行使が困難または不適当であることにより子の利益を害するときは，子らの請求により，家庭裁判所は，原因が消滅するまでに要すると見込まれる期間，子の心身の状態および生活の状況その他一切の事情を考慮して，2 年を超えない範囲内で，親権を停止することができるというものである（834 条の 2）。この一時制限の間に児童相談所等による親権停止者の指導等を通じて，親子再統合の可能性を探ることが意図されている。子自身の申立てにより，母と養父の親権停止 2 年を認容した事例が公表されている（宮崎家審平 25・3・29 家月 65 巻 6 号 115 頁）。

Column ⑭　子どもに対する虐待 ••••••••••••••••••••••••••••
　　親権者など子どもの監護の責任を負う者による子どもの虐待が社会的・法的問題となっている。全国 225 ヵ所の児童相談所における児童虐待の相談件数は，2021（令 3）年度は 207,660 件に達している（図 **4-1**。子どもの前で親が配偶者に暴力を振るう面前 DV

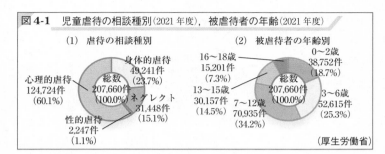

図 4-1 児童虐待の相談種別(2021年度)，被虐待者の年齢(2021年度)

(1) 虐待の相談種別

身体的虐待 49,241件(23.7%)
心理的虐待 124,724件(60.1%)
総数 207,660件(100.0%)
ネグレクト 31,448件(15.1%)
性的虐待 2,247件(1.1%)

(2) 被虐待者の年齢別

16～18歳 15,201件(7.3%)
0～2歳 38,752件(18.7%)
13～15歳 30,157件(14.5%)
総数 207,660件(100.0%)
3～6歳 52,615件(25.3%)
7～12歳 70,935件(34.2%)

(厚生労働省)

を含む心理的虐待についての警察からの通告が増加している）。虐待を受けたと思われる児童を発見した者には児童相談所等への通告義務があり（児童虐待6条，児福25条），児童相談所は，子の一時保護（原則2ヵ月以内。親権者等の意に反して2ヵ月を超えて一時保護を行おうとするときごとに，家庭裁判所の承認が必要〔2017〔平29〕年改正〕）の措置（児福33条），親の同意を得ての児童福祉施設等への収容の措置など（児福27条）をとることになっている。

　保護措置について親の同意を得ることができなかった場合は，児童相談所長は，家庭裁判所に対して，児童福祉施設等への子どもの収容あるいは里親への委託の措置などについての承認を求めることができる（児福28条）。この場合，家庭裁判所は，家庭環境の調整のため，都道府県に対し，保護者に対する指導措置をとるよう勧告することができ（勧告した旨を保護者に通知する），承認の申立てが却下され，在宅での養育が続くときも，家庭裁判所の勧告の下で，引き続き保護者指導が行われる（2017年改正）。

　2000（平12）年5月に制定された児童虐待の防止等に関する法律では，児童福祉法28条審判（2021年の認容件数は初回〔2年〕335，更新155）により措置された児童について，児童虐待を行った保護者と児童との面会または通信を制限することができるものとしたが（児童虐待12条），2004（平16）年の児童福祉法改正で，施設長とならび里親の監護に関する一定の権限を明確にした。そして2011（平23）年の改正では，施設長・里親等が児童の福祉のためにとる必要な措置を親権者または未成年後見人は不当に妨げてはならないことが明確に規定され（児福47条4項），児童等の

生命または身体の安全を確保するため緊急の必要があると認める
ときは、親権を行う者または未成年後見人の意に反しても、必要
な措置をとることができることになった（同条5項）。児童福祉
法28条審判による強制入所等の保護では不十分なときは、親権
の停止・喪失の途を考えざるをえない（児福33条の7）。しかし、
児童相談所長は、親権者との決定的な対立をおそれるためか、親
権喪失の請求にまで至ることは少ない（前掲長崎家佐世保支審平
12・2・23、名古屋家岡崎支審平16・12・9家月57巻12号82頁）。
児童虐待の件数が増加する中で1人でも多くの子どもに継続的な
家庭での養育環境を保障するため、2019（令元）年の特別養子縁
組制度の改正において、審判手続への児童相談所長の関与が定め
られている（児福33条の6の2、33条の6の3）。

　児童虐待は発見が困難で、子が死亡したり、重大な傷害を受け
たりした後にはじめて明らかとなることも少なくない。刑事法上
の問題ともなるが、虐待した親等につき、保護責任者遺棄（刑
218条、3月以上5年以下の懲役）、遺棄等致死傷（刑219条）、重過
失致死（刑211条、5年以下の懲役もしくは禁錮または100万円以下
の罰金）、傷害・傷害致死（刑204条・205条）となることが多く、
殺人罪で処罰されることは比較的少ない。性的虐待に対しては、
監護者わいせつ・性交等罪が設けられている（刑179条）。

親権喪失等の取消し　　親権喪失、親権停止または管理権喪失の
原因が消滅したときは、家庭裁判所は、
本人またはその親族の請求によって、親権喪失、親権停止または
管理権喪失の審判を取り消すことができる（836条）。児童相談所
長も、これらの請求をすることができる（児福33条の7）。

親権・管理権の辞任　　親権者は、やむをえない事由があるとき
は、家庭裁判所の許可（家事別表第一69
項）を得て、親権または財産管理権を辞することができる（未成
年後見人の選任請求につき⇒第5章1②）。また、その事由が消滅

したときは，家庭裁判所の許可を得て，親権または管理権を回復することができる（837条）。親権・管理権の辞任の件数は少ない（辞任・回復を合わせて 2021 年の新受件数 19，認容 8，取下げ 10）。

| 親権の終了 | 子の成年到達または死亡により，親権は当然に終了（絶対的終了）する（818条1 |

子の成年到達または死亡により，親権は当然に終了（絶対的終了）する（818条1項・828条）。また，親権者の死亡・親権喪失により，当該親の親権は終了（相対的終了）する。親権を行った者は，財産の管理計算義務（828条），応急処分（善処）義務・通知義務を負う（831条・654条・655条）。

第5章 後見・保佐・補助

認知症高齢者や知的障害者ら判断能力の十分でない者を保護するための制度が後見・保佐・補助の制度である（成年後見）。また，親権者のいない未成年者のための後見（未成年後見）は親権と密接な関係があるが，これについても本章で学ぶことにする。

1 制限行為能力者のための保護制度

① 後見とは何か

<u>未成年後見と成年後見</u>　　後見とは，成年者が通常備えているべき判断能力を欠く者のために開始されるもので，法定代理人としての後見人を本人に付け，本人に代わって法律行為を行わせることで本人の利益を保護するための制度である。後見には，親権（財産管理権）を行う者がいない未成年者のために開始される未成年後見（838条1号）と，事理弁識能力（精神的判断能力）を欠く者（主に成年者）のために家庭裁判所の審判によって開始される成年後見（同条2号）の2種類のものがある。

　未成年後見は明治民法時代から存在するが，親権者となるべき父母がともに死亡し，または父母の一方が生存していても，親権を行うことができない場合（親権喪失・停止・辞任，後見開始，行方不明等），もしくは子の財産管理権を喪失している場合に開始

されることから，親権の延長上にある制度である。他方，成年後見ということばが一般に使われるようになったのは1990年代になってからである。従前は禁治産後見と呼ばれていたものにあたるが，2000（平12）年4月から施行された成年後見法（民法および関係法の改正，任意後見契約法，後見登記法の制定など）によって，明治民法以来の精神障害者等の保護制度である禁治産宣告・準禁治産宣告制度に代わり，後見・保佐・補助の法定後見3類型に任意後見を加えた新しい成年後見制度が導入された。成年後見は，障害をもつ人も地域の一員として通常の生活をすることができる社会を作ろうというノーマライゼーションの理念を基礎とする。2014（平26）年2月に障害者権利条約がわが国について発効したことから，さらなる成年後見制度の見直しが求められている。

後見の機関　後見の機関には，後見の事務を主に執行する後見人と，後見人の事務を監督し，必要な場合には後見事務の遂行を後見人に代わって行う**後見監督人**があるほか，家庭裁判所も重要な監督権能を有しており，実質的には後見の機関の1つといえる。

　後見人は，一方では，本人の代理人として法律行為を行い，他方では，本人の行った行為を取り消すことで，本人を不利益な法律行為から保護する役割を担っている。後見監督人は明治民法では必置機関であったが（旧911条），現行法では必要がある場合に選任するものとされている（849条）。

② 未成年後見

Case 5-1

　Aは，弟B夫婦が交通事故で死亡した後，甥N（15歳）を引き取り生活の面倒をみている。Aは，交通事故の加害者Sに対して，Nに代

わって損害賠償請求をすることができるか。

未成年後見人の指定と選任

（1）　未成年者に対して最後に親権を行う者は，遺言で，未成年後見人を指定することができる。親権者が管理権を喪失したときも，同様である（839条）。親権者に代わるものという未成年後見の特徴を示すものである。指定後見人がいないときは，家庭裁判所は，未成年被後見人またはその親族その他の利害関係人の請求によって，未成年後見人を選任する（840条1項）。父または母の親権・管理権の辞任，親権喪失，親権停止，管理権喪失の場合に必要であれば，父または母は未成年後見人の選任を家庭裁判所に請求しなければならない（841条）。児童相談所長も，親権を行う者のない児童の福祉のため必要があるときは，家庭裁判所に対し未成年後見人の選任を請求する義務を負っている（児福33条の8第1項）。職権による第一の未成年後見人の選任はないこともあり（未成年後見人がある場合に，職権で更に未成年後見人を選任することはできる。840条2項〔2011年改正〕），後見人を選任しないまま父母に代わる親族が事実上世話をしている場合も多い。

（2）　未成年後見人には親族（祖父母，伯叔父母など）がなることが多いと思われるが（Case 5-1のA），児童福祉施設の長や職員が個人として後見人に就職することも考えられる（利益相反行為には注意が必要）。成年後見改正法において法人も後見人となりうることが明らかとされたことから（843条4項），逆に未成年後見については法人は認められていないと考えられていたが，2011（平23）年改正によって，法人による未成年後見が認められた（たとえば，児童福祉施設を設置する法人）。

（3）　2011（平23）年改正前は，未成年後見人は，1人でなけ

ればならないものとされていた（旧842条）。父母による共同親権とは異なり，複数の後見人がある場合には，意見の不一致のために被後見人の保護が図れないことを危惧したものである。たとえば，養父母の死亡により実父母の親権が回復するのではなく，後見が開始すると考える場合は（⇒第4章2），実父母からの申立てにより後見人に選任されるのは，父母のいずれか一方でなければならなかったが，改正法では共同後見が可能となった（840条2項）。

（4）未成年後見人の選任基準として，未成年被後見人の年齢，心身の状態，生活および財産状況，未成年後見人となる者の職業，経歴，未成年被後見人との利害関係の有無，法人についてはその事業の種類，内容，その法人およびその代表者と未成年被後見人との利害関係の有無，未成年被後見人の意見その他一切の事情を考慮すべきことが定められた（840条3項）。親族以外の第三者による未成年後見など，個別の必要性に応じた柔軟かつ適切な単独の，あるいは複数の未成年後見人の選任が期待される。

未成年後見監督人　未成年後見監督人は，最後に親権を行う者が遺言で指定するか（848条），未成年被後見人，その親族もしくは未成年後見人の請求により，または職権で，家庭裁判所が選任する（849条）。複数の者を後見監督人に選任することも法人を選任することもできる（852条・840条3項・857条の2）。親族の1人が後見人となり，他の者が後見監督人となる場合，あるいは児童福祉施設長が後見人となり，第三者委員や弁護士などが後見監督人となる場合などが考えられる。

未成年後見人の職務・権限　（1）未成年後見人は，未成年者の身上監護につき，親権者と同一の権利義務を有する（857条）。監護・教育（820条），子の人格尊重等（821条），居所指定（822条），職業許可（823条）

などである。**財産管理・法定代理権**についても親権者と同様の権限を有するが（859条），親権者とは異なり，善良なる管理者としての注意義務（善管注意義務）を負い（869条・644条），後見監督人および家庭裁判所による監督を受ける（863条）。未成年後見人が親族であっても，後見事務は公的性格を有するものであり，刑法上の親族相盗例（刑244条1項）は準用されない（最決平20・2・18刑集62巻2号37頁）。後見人と被後見人との間の利益相反行為（親権に関して⇒第4章3）については，後見監督人がある場合を除き，特別代理人の選任が必要である（860条・826条）。

(2) 未成年後見人が数人あるときは，共同してその権限を行使するものとされている（857条の2）。共同親権と同様の共同後見を原則としたものである。ただし，家庭裁判所は，職権で，数人の未成年後見人の一部の者について，財産に関する権限のみを行使すべきことを定めることができる（同条2項）。さらには，財産に関する権限について，各未成年後見人が単独でまたは数人の未成年後見人が事務を分掌して，その権限を行使すべきことを定めることができる（同条3項）。財産管理のみをこれに適した専門家等に担当させることなどが考えられる。なお，未成年後見人が数人あるときは，第三者の意思表示は，その一人に対してすれば足りる（同条5項）。

(3) 後見人には報酬を請求する権利はないと考えられているが，親族以外の第三者が後見人になる場合など，家庭裁判所は，後見人および被後見人の資力その他の事情を考慮して，被後見人の財産の中から，相当な報酬を後見人に与えることができる（862条）。後見監督人についても，同様である（852条）。

後見人の辞任・解任 後見は被後見人の保護を主たる目的とする私法上の職務であるが，要保護者に対

する支援制度として社会的公益的性格も有する。したがって，後見人の任務を安易に放棄させることはできないが，任務の遂行が困難な場合や任務の内容との関係でより適任の者が現れた場合などには，交代も必要となる。そこで民法は，後見人は，「正当な事由」があるときは（「やむを得ない事由」を要件とする親権辞任〔837条〕よりも緩和されている），家庭裁判所の許可（家事別表第一72項）を得て，任務を辞することができるものとする（844条）。また，後見人に不正な行為，著しい不行跡その他後見の任務に適しない事由があるときは，家庭裁判所は，後見監督人，被後見人，被後見人の親族もしくは検察官の請求により，または職権で，後見人を解任することができる（846条，家事別表第一73項）。

未成年後見の終了　　未成年後見は，①未成年者が成年に達したとき，②単独親権者死亡後に後見が開始したが，他の一方への親権変更が認められた場合など親権者が出現したとき，③未成年者が死亡したときに終了する（後見の絶対的終了）。後見人が死亡したとき，または後見人の資格ないし権限を失ったときは（辞任・解任・欠格），当該後見人による後見が終了する（後見の相対的終了）。ただし，後見人であった者またはその相続人は，急迫の事情があるときは，後見事務の引継ぎが終わるまでは，必要な処分をしなければならない（応急処分義務，874条・654条）。

後見人の任務が終了したときは，後見人またはその相続人は，2ヵ月以内に管理の計算（後見人の任務に就いた時から任務の終了までの間の，被後見人の財産について生じた収支の計算）をしなければならない（870条）。なお，後見の計算は，後見監督人があるときは，その立会いのもとで行わなければならない（871条）。

2 成年後見制度

① 成年後見法の再生

高齢社会を支える
成年後見

日本の社会の高齢化は加速度的に進行しており，2014（平26）年には4人に1人が65歳以上という，「超」高齢社会を迎えた。寝たきりの高齢者や認知症の人の介護の負担は家族に重くのしかかり，老老介護や高齢者に対する虐待（シルバー・ハラスメント）が問題となっている。家族介護から社会的介護への転換が不可欠となり，認知症高齢者のみならず，障害者福祉の観点からも，判断能力が十分でない者の保護を図る法制度が必要となっている（成年後見という名称であるが未成年者も対象となる。2021（令3）年の本人20歳未満の比率は男性0.3%，女性0.2%）。

たとえば，不動産・預貯金・年金など高齢者本人の財産をきちんと管理し，運用しなければならないし，リフォーム詐欺などの悪徳商法から高齢者を守る必要がある。その一方で，高齢者が家族・親族内の財産争いに巻き込まれることもある。社会福祉における「措置から契約へ」の流れを受けて，高齢者・障害者の施設等への入所をめぐる契約的な処理，認知症高齢入所者などの有する財産の適切な維持・管理なども深刻な問題となってきた。こうした状況に日本の旧後見法は十分に対応することができなかったことから，現代的な成年後見制度へと改革が行われた。

新制度の理念

(1) 成年後見制度は，本人が現に有する能力をできるだけ活用し，本人の意思（自己決定権）を尊重し，必要な範囲で，補充的に，かつ柔軟に運

用すべきものとされる。人の取引能力・財産管理能力の補充，権利擁護のための制度として，後見・保佐・補助の3つの法定類型をおき，制度の柔軟な運用をめざしている。

この法定後見制度に加えて，任意後見契約に関する法律が制定され，契約による任意後見関係の設定ができることになった（⇒ *3*）。さらには，自治体等がこれまで行ってきた財産保全・管理サービス，厚生労働省の地域福祉権利擁護事業（日常生活自立支援事業。自立生活支援サービスとして生活支援員を派遣する，あるいは日常的金銭管理や預貯金通帳の保管などを行う。社会福祉法上の福祉サービス利用援助事業）との連携などが必要である。

(2) 2016（平28）年4月に成立した成年後見制度利用促進法および利用促進基本計画（2017〜2021年度，第二期2022〜2026年度）では，成年後見制度の利用者がメリットを実感できる制度・運用への改善（不正防止の徹底と利用しやすさとの調和），権利擁護支援の地域連携ネットワーク，成年後見の担い手（市民後見人等）の育成・支援などが課題とされている。

◆成年後見と介護保険制度　2000（平12）年4月から成年後見法と同時に介護保険制度が導入され（⇒ *6*章 *2 Column* ⑰），2003年度からは身体障害者・知的障害者について支援費支給制度が開始され，社会福祉施設の利用が従来の行政による措置から，当事者の選択による利用契約へと仕組みが転換した。認知症高齢者や知的障害者，精神障害者等判断能力が不十分な人たちが契約関係にさらされることになる。介護保険制度では，要介護認定の申請をし（市町村の認定に不服があれば都道府県の介護保険審査会に審査請求をする），ケアマネージャーにケアプランの作成を依頼し，居宅介護・施設介護の利用，施設への入所などについて事業者と契約を締結・変更・解除し，保険料や利用者負担額の支払義務を負う。被保険者本人の意思能力が不十分でも，現実には家族や施設が事実上，適宜対応する

図表 **5-1**　平成 12・令和 4 年の成年後見関係事件（最高裁判所ウェブサイト）

（1）　後見・保佐・補助開始審判の各申立件数

	後見開始	保佐開始	補助開始	任意後見監督人選任
令和 4 年（1 月〜12 月）	27,988	8,200	2,652	879
平成 12 年度（4 月〜平13年3月）	7,451	884	621	51

（2）　申立ての動機（2022（令4）年の終局事件39,503件：1事件に複数の動機〔総数114,680〕）

預貯金等管理・解約	保険金受取	不動産の処分	相続手続	訴訟手続等	介護保険契約	身上保護	その他
36,279 (31.6%)	6,271 (5.5%)	13,626 (11.9%)	9,699 (8.5%)	2,191 (1.9%)	16,015 (14.0%)	27,762 (24.2%)	2,837 (2.5%)

という従来のやり方が踏襲されている部分もあるが，本人の権利擁護のためには，成年後見を開始し，成年後見人がこれらに対処するのが本来のあり方である。2022（令4）年の成年後見関係事件において介護保険契約（施設入所等のため）を主な動機とするものは16,015 件（主な動機総数 114,680 件中の 14.0%，終局事件総数 39,503 件中の 40.5%）になっている（⇒図 **5-1**(2)）。

2　成 年 後 見

Case 5-2

　Aの父Fは脳梗塞で倒れ，退院後も一人暮らしを続けていたが，認知症が進み，Aのこともわからなくなりつつある。Fには自宅，貸しアパート，現金・有価証券・預貯金等の資産がある。Aは，Fの自宅を売却した上でFをA宅に引き取り，生活の面倒をみながら，Fの財産を

管理しようと考えているが，Ｆは，自宅を離れるのを拒んでいる。

成年後見開始の
請求と審理

精神上の障害により事理弁識能力を欠く
常況にある者につき，家庭裁判所は，本
人，配偶者，4 親等内の親族（Case 5-2
では A），未成年後見人，未成年後見監督人，保佐人，保佐監督
人，補助人，補助監督人，検察官らの請求により（民法では「請
求」であるが，家事事件手続法では「申立て」となっている），後見
開始の審判を行い（7 条），成年後見人を選任する（843 条）。任意
後見契約が登記されている場合は，任意後見受任者，任意後見人，
任意後見監督人も請求することができる（任意後見 10 条 2 項）。

　本人に判断能力がなく後見開始が望まれるが，身寄りもいない
場合には，どうするか。本来は，公益の代表者である検察官によ
る請求が行われるべきものであるが，現実には期待することがで
きないので，福祉関係法で市町村長からの申立ての制度が導入さ
れた（老福 32 条，知的障害 27 条の 3，精神 51 条の 11 の 2）。した
がって，申立権のある親族が申立てをしない場合にも，高齢者
（65 歳以上の者），精神障害者，知的障害者らの福祉を図るため特
に必要があると認めるときは，市町村長は，後見開始の請求をす
ることができる。2022（令 4）年の市区町村長申立ては 9,229 件
あり（全体の 23.3％），本人（21.0％），子（20.8％）を上回り最も
多い。対象者は一人暮らしの高齢者，病院，老人ホーム等の施設
入所者などで，本人の親兄弟姉妹も高齢であったり，死亡してい
る場合，あるいは親族と疎遠となっているケースが多いようであ
る。

　本人の意思をできるかぎり尊重するため，後見等の開始の審判
手続においては，本人の陳述聴取の機会が保障されている（家事

120条・130条・139条)。もっとも，裁判官による直接の聴取が義務付けられているものではないので，本人が出頭できない場合など，家庭裁判所調査官の調査で行うこともある。

自己の財産を管理する判断能力を失っていることが明白で，明らかに必要がないと認められる場合を除き，本人の精神状況についての鑑定を行う（家事119条）。その結果，後見ではなく保佐開始が相当と判断された場合，家庭裁判所は，申立人に対して申立ての趣旨の変更を促して，保佐開始の審判をすべきである。制度発足当初と比べて，鑑定実施率の低下（2022年は4.9％），期間の短縮（1ヵ月以内が53.5％），費用の低額化（5万円以下が45.4％）が顕著である。

◆審判前の保全処分などの応急措置　　後見開始の審判の申立てから審判が出るまでには数ヵ月を要する（2022年の成年後見関係既済事件のうち1ヵ月以内に終局したものが約38.6％，2ヵ月以内が約71.9％，6ヵ月を超えるものは2.1％）。緊急に本人の財産を処分する必要がある場合，不当な契約などによって本人の財産が侵害されるおそれがある場合など，財産の管理または本人の監護のため必要があるときは，申立人は，家庭裁判所に対して，審判前の保全処分を申し立てることができる（保佐・補助申立てについても同様）。たとえば，本人の財産の管理者を選任し，または事件の関係者に対して，本人の財産の管理もしくは本人の監護に関する事項の指示をすることができる（家事126条1項・134条1項・143条1項）。また，本人の財産の保全のためとくに必要があるときは，家庭裁判所は，後見開始の審判が効力を生じるまでの間，本人の財産上の行為について，財産の管理者の後見等を受けるべきことを命じることができる（後見命令等，家事126条2項・134条2項・143条2項）。

成年後見人の選任　　（1）　旧制度では配偶者が当然に後見人となるものとされていたが（旧840条。保佐人につき旧847条），現行制度では，家庭裁判所が職権で成年

後見人を選任するものとされ，適任者を後見人に選任することができるようにした（843条）。未成年者，家庭裁判所で免ぜられた法定代理人等（親権喪失者，解任された後見人等），破産者，被後見人に対して訴訟をしている者または訴訟をした者，その配偶者と直系血族，行方不明者は後見人となることができないが（後見人欠格，847条），たとえば，本人が入所している病院あるいは施設の関係者などは，後見人になることが許されないものではない。家庭裁判所としては，成年被後見人の心身の状態，生活および財産の状況，成年後見人となる者の職業および経歴，成年被後見人との利害関係の有無，成年被後見人の意見その他一切の事情を考慮して，成年後見人を選任する（843条4項）。

　(2)　旧制度では，後見人は1人でなければならなかったが，現行制度では，複数の成年後見人を選任することもできる（859条の2）。複数の親族（配偶者と子，兄弟姉妹）ですべてを共同して，あるいは分掌して事務を行う場合，親族と専門家（弁護士，司法書士，社会福祉士など）の組合せで行う場合，さらには複数の専門家（財産管理事務は法律専門家，身上保護事務は福祉専門家）により後見事務を分掌する場合などが考えられる（2000年度は子ら親族が90％以上を占めるが，2022〔令4〕年では親族以外の第三者による後見等の比率が全体の約80.9％）。

　(3)　法人を成年後見人とすることも認められるので（843条4項），個人では対応が困難な事例や，若年の知的障害者など長期にわたり成年後見の必要がある場合等に，社会福祉協議会，社会福祉法人，成年後見センター・リーガルサポート（司法書士・司法書士法人からなる公益社団法人）などが選任されている。また，市民後見人の養成のための各自治体での取組みが進められている。

表5-2　成年後見人等と本人との関係

(2022（令4）年の総数 39,564 件中)

配偶者	親	子	兄弟姉妹	他の親族	弁護士	司法書士	社会福祉士
570	511	4,037	1,127	1,315	8,682	11,764	5,849
社会福祉協議会	税理士	行政書士	精神保健福祉士	社会保険労務士	市民後見人	その他法人	その他個人
1,432	58	1,427	57	107	271	2,259	98

成年後見監督人

家庭裁判所は，必要があると認めるときは，成年被後見人，その親族もしくは成年後見人の請求により，または職権で，成年後見監督人を選任することができる（849条）。法人を選任することも，複数を選任することも認められる（852条・843条4項・859条の2）。親族や市民，入居施設の長や職員が成年後見人となる場合など，不正防止だけでなく，後見人への助言・支援など成年後見監督人の重要性が増している。

成年後見人の職務・財産管理権限

（1）成年後見人の基本的な任務は，被後見人の財産上の利益を保護することにあり，そのために必要な財産管理権および法律行為の代理権を有する（859条1項）。財産管理の適正を期するために，後見人は，就職した当初に被後見人の財産を調査し，原則として調査に着手してから1ヵ月以内に財産目録を作成する義務を負う（853条1項）。未成年後見人にも同じ義務はあるが，とくに成年後見人の場合は，認知症高齢者などが保有する相当額の財産を管理することもあるので，目録作成には重要な意義がある。そのため，後見監督人があるときは，財産調査・目録調製に立ち会うべきものとされている（同条2項）。ただし，現金，不

動産権利証，預貯金通帳，貴金属類などを銀行の貸し金庫に保管している場合などは，後見監督人の立会いを求めるべきであるが，調査すべてに後見監督人が立ち会うのは困難であろうから，通知をして立会いの機会を与えたときは，本条の趣旨に反しないかぎりで，立会いなしで済ませることがあっても，内容的に不正なものでなければ，無効とする必要はない。

（2）　2016（平28）年の改正により，郵便物等の管理（転送・開封）に関する権限が明記された（860条の2・860条の3）。

（3）　成年後見人の不正防止，財産管理の簡便・透明化のために，2012（平24）年から後見制度支援信託が活用されている（2022年12月末までの累計利用者は29,098人〔若干の未成年後見を含む〕）。信託契約の締結・変更・解約等の手続には，家庭裁判所の指示書が必要である。2018（平30）年頃からは，同様に家庭裁判所が関与する後見制度支援預貯金制度が導入されている（2022年12月末の信託・預貯金の累計額は1兆2007億円を超える）。

身上保護・身上配慮　（1）　財産管理だけではなく，被後見人の身上保護に関する事務も重要である。生活するうえで必要な衣食住の調達・確保，日常的な病気による診療契約や入院，特別養護老人ホームなど施設への入退所，施設での生活状況の監視・改善等に関する事項などを処理しなければならない。成年後見人は，成年被後見人の生活，療養看護および財産管理に関する事務を行うにあたっては，本人の意思を尊重し，また，その心身の状態および生活状況に配慮しなければならない（858条）ので（身上配慮義務），経済合理性のみではなく，成年被後見人の現実のあるいは想定される意思をできるかぎり汲み取り，その意思決定を支援するように努めなければならない。本人の居住用不動産（被後見人が生活の本拠として現に居住の用に供しており，

または居住の用に供する予定がある不動産）の処分等については，その影響の重大さを考慮して，とくに家庭裁判所の許可を要するものとされている（859条の3）。Case 5-2 では，貸しアパートを処分することは成年後見人の判断に任せられるが，Fの自宅を処分するためには，家庭裁判所の許可が必要となる。

　(2)　被後見人の身体に対する強制をともなうもの，生命の危険があるもの，身体への侵襲を内容とするもの（手術，施設への入所強制など）は，成年後見人の職務の範囲には入らないと考えられている。尊厳死（延命治療の拒否）や臓器移植の同意等も一身専属的事項であり，成年後見人の権限には含まれない。いわゆる死後事務の一部（被後見人の債務の弁済や火葬・埋葬の契約など）については 2016（平 28）年の改正で明記されたが（873条の2），その他で応急処分義務を超えるものは，成年後見人の職務外の事項である（戸 87条 2項により，死亡の届出をすることはできる）。

成年被後見人の能力　(1)　成年被後見人のした法律行為は，取り消すことができる。ただし，日用品の購入等日常生活に関する行為は，取消しの対象から除外されている（9条）。日常生活に関する行為の範囲は，夫婦の連帯責任の対象となる日常家事債務（761条）よりも狭いものと考えられる。

　(2)　旧法での禁治産・準禁治産にともなう資格制限に対しては批判が強く，制度改正に際して見直しが進められたが，成年被後見人および被保佐人には，なお多数の欠格条項が残されていた。たとえば，公務員，専門的資格を必要とする職業（弁護士，司法書士，行政書士，公認会計士，税理士，弁理士，医師，歯科医師，薬剤師，社会福祉士，教員など），免許や登録を要する営業（風俗営業，古物営業，警備業，一般労働者派遣業，薬局など），株式会社の取締役や監査役などである。成年被後見人（のみ）の選挙権を剝

奪していた公選法については，憲法15条1項および3項，43条1項ならびに44条ただし書に違反し無効であるとされ（東京地判平25・3・14判時2178号3頁），選挙権の回復等のための法改正がなされた。そして，2019（令元）年6月には，欠格条項を一括して廃止する法改正が成立し，心身の故障により業務（事業，職務）を適正に執行することができない者といった個別的かつ実質的な審査を行う規定に整備された（会社331条の2参照）。

成年後見人の報酬と後見費用　成年後見人は報酬請求権を有しないが，成年後見人の職務の多様化を受けて親族以外の第三者，専門家，法人など多様な受け皿が考えられるようになったことから，家庭裁判所は，後見人への報酬支払についても十分な配慮をすべきである。後見人および被後見人の資力その他の事情によって，被後見人の財産の中から相当な報酬を後見人に与え（862条），必要な費用を支弁させる（861条2項）が，資力のない者のためには費用支援のみならず，成年後見人の報酬についても支援制度の拡充が望まれる。

後見の登記　後見開始の審判がなされた場合，法務局に設けられた後見登記簿に登記し（後見登記等ファイルに記録する），本人等の請求により，登記事項証明書あるいは登記がされていないことの証明書が発行される。旧制度では戸籍簿における「禁治産宣告」の記載が不当なプライバシーの侵害につながるとして問題とされていたことから，これを改めるとともに，取引の安全のために公的な記録・証明の制度が求められたからである。旧法下での禁治産者および心神耗弱を原因とする準禁治産者についても現行法の成年被後見人・被保佐人として後見登記をすることができ，この登記が登記官から市区町村長に通知されると，戸籍が再製される（後見登記附則2条）。

成年後見は，成年被後見人の死亡により終了する。また，成年被後見人が事理弁識能力を欠く常況でなくなった場合には，家庭裁判所は，本人，配偶者，4親等内の親族，後見人，後見監督人または検察官の請求により，後見開始の審判を取り消さなければならない（10条）。これにより後見は絶対的に終了する。後見人の死亡，辞任，解任，欠格による後見の相対的終了，新たな後見人の選任の必要性，応急処分義務（874条・654条），後見終了時の計算義務（870条）などは，未成年後見と同じである。

③ 保　佐

Case 5-3

A（90歳）は物忘れがひどくなり，毎日のように銀行で預金を下ろしているが，本人は自覚していない。旧知の銀行員からそのことを知らされたAの長男Bは，Aについて保佐開始の申立てをした。鑑定によれば，Aの判断能力の低下は成年後見の開始を相当とするということであった。家庭裁判所は，後見開始の審判をすることはできるか。

保佐の開始 保佐は，保佐開始の審判によって始まる（876条）。審判の請求権者は，本人，配偶者，4親等内の親族，後見人，後見監督人，補助人，補助監督人，検察官（11条），任意後見受任者等（任意後見10条2項），市町村長（老福32条など）である。保佐制度は，旧準禁治産制度を改善したものであり，精神上の障害により事理を弁識する能力が著しく不十分な者を対象とする（11条）。ただし，旧制度の対象とされていた浪費者は，保佐の対象からは除かれている。かつては家産の浪費というとらえ方がされることもあり，他の家族の生

活の資を失わせないために，浪費者を準禁治産者としていた面もあるが，新法では，個人の財産処分の自由が強調されている。もちろん，浪費が精神上の障害による判断能力の著しい減退を原因とするときは，保佐開始の対象となる。

　Case 5-3 のように本人の判断能力の低下が申立人の見込みよりもひどくて成年後見に該当すると認められる場合は，家庭裁判所は，職権で後見を開始することはできないので，申立人にその旨を通知し，これに応じて申立人は，成年後見開始申立てに変更またはこれを追加することが望まれる。逆に，保佐の申立てをしたところ，補助に該当するという判断がされた場合は，補助の申立てに変更し，本人の同意を得なければならない。なお，本人の拒否により判断能力について鑑定（家事 133 条）を行うことができず，保佐を開始する要件が認められないとした事例がある（東京家審平 15・9・4 家月 56 巻 4 号 145 頁）。

| 保佐人の権利義務 |

　（1）　保佐人は，被保佐人が借財または保証をすること，不動産その他重要財産に関する取引，相続の承認・放棄または遺産分割，新築・増改築など，一定の重要な取引等を行う際に，同意を与える権利（同意権）を有する（13 条 1 項）。ただし，本人，配偶者，保佐人または保佐監督人等の請求があるときは，家庭裁判所は，保佐人の同意を必要とする事項を拡大することができる（同条 2 項）。

　必要な同意を得ないで被保佐人がした行為は，被保佐人および保佐人から取り消すことができる（13 条 4 項）。ただし，保佐人の同意を要する行為につき，被保佐人の利益を害するおそれがないにもかかわらず，保佐人が同意をしないときは，家庭裁判所は，被保佐人の請求により，保佐人の同意に代わる許可を与えることができる（同条 3 項）。

また，保佐人には特定の法律行為についての代理権を付与することができる（876条の4第1項）。ただし，本人の申立てまたは同意が必要である（同条2項）。代理権の対象となる特定の法律行為は，同意権の対象となる事項に限定されない。保佐人の代理権は，保佐人の取消権および家庭裁判所による保佐人の同意に代わる許可制度とあわせて，新制度で導入されたものである。

　(2)　保佐人は，被保佐人の意思を尊重し，その心身の状態および生活の状況に配慮しなければならない（**身上配慮義務**）。善管注意義務，保佐人が数人あるときの権限行使の方法，居住用不動産処分等についての家庭裁判所の許可，保佐監督人の選任とその権限などについては，後見に準ずる（876条の3・876条の5）。

保佐の終了　保佐開始の原因が消滅したときは，家庭裁判所は，本人，配偶者，4親等内の親族，未成年後見人，未成年後見監督人，保佐人，保佐監督人または検察官の請求により，保佐開始の審判を取り消さなければならない（14条）。被保佐人の死亡による終了，終了後の義務等については，後見と同じである（876条の5第3項）。

④　補　　助

Case 5-4

　A（88歳）は年齢のせいで物忘れがひどくなったと感じ，財産を整理して，老人ホームに入居したいと考え，家庭裁判所に補助開始の申立てをした。Aには身寄りがないので，信頼できる市の福祉関係者に財産管理その他今後必要となる一切の手続を任せたいと思っている。

補助の開始　補助は，補助開始の審判によって開始する（876条の6）。対象となるのは，精神

上の障害により，事理を弁識する能力が不十分な者で（15条1項），主に軽度の認知症高齢者，知的障害・精神障害で判断能力が不十分な者などである。補助開始の審判の請求ができるのは，本人，配偶者，4親等内の親族，後見人，後見監督人，保佐人，保佐監督人，検察官（15条1項），任意後見受任者等（任意後見10条2項），市町村長（老福32条など）であるが，本人の同意がなければ補助開始の審判をすることはできない（15条2項）。

補助制度は，鑑定を必要とせず医師の診断書等で足りる（家事138条）など，手続上の負担軽減が図られていること，保護の対象を特定行為に限定できるので，必要な範囲での利用（年金・福祉サービスの受給，介護保険給付，料金支払など）に限定することができること，本人の意思が尊重されていること（代理権の授与等についても本人の請求または同意を要する）が特徴である。Case 5-4 では，本人の申立てであるので問題はない。

| 補助人の権利義務 |

（1）補助人は，特定の法律行為についての同意権または代理権を付与される（17条1項・876条の9）。代理権の範囲に制限はないが，財産管理一切という決め方では不十分である。所有不動産の売却，老人ホームの入所契約，介護保険の手続，預貯金管理，年金管理など，対象となる法律行為の種類を定める程度のことは必要であろう。

同意権は，保佐人における要同意事項の範囲内で，その一部のものにかぎられる。補助人が不当に同意しない場合は，家庭裁判所は，補助人の同意に代わる許可を与えることができる（17条3項）。同意ないし同意に代わる許可を得ないで被補助人がした法律行為は，取り消すことができる（同条4項）。

（2）補助人は，補助の事務を行うにあたっては，被補助人の意思を尊重し，かつ，その心身の状態および生活の状況に配慮し

なければならない（身上配慮義務）。その他，善管注意義務，補助人が数人あるときの権限行使の方法，居住用不動産処分等についての家庭裁判所の許可，補助監督人の選任とその権限などについては，後見および保佐の場合に準ずる（876条の8・876条の10）。

補助の終了

補助開始の原因が止んだときは，家庭裁判所は，本人，配偶者，4親等内の親族，未成年後見人，未成年後見監督人，補助人，補助監督人または検察官の請求により，補助開始の審判を取り消さなければならない（18条1項）。また，補助人の同意を要する旨の審判および補助人への代理権付与の審判をすべて取り消す場合は，家庭裁判所は，補助開始の審判を取り消さなければならない（同条3項）。被補助人の死亡による終了，終了後の義務等については，後見と同じである（876条の10第2項）。

3 任意後見制度

任意後見制度とは

任意後見契約は，家庭裁判所による任意後見監督人の選任を停止条件とする委任契約である。すなわち，委任者（任意被後見人として保護を受ける者）が，受任者（任意後見人となる者）に対し，自己が精神上の障害により事理を弁識する能力が不十分な状況に陥った場合における，自己の生活，療養看護および財産の管理に関する事務の全部または一部を委託し，その委託にかかる事務について代理権を付与する契約であって，家庭裁判所によって任意後見監督人が選任された時から，その効力を生ずるものをいう（任意後見2条1号）。契約は法務省令で定める様式の公正証書によるものとされている

が（同法3条），これは契約時において委任者が必要な能力を有していたことや委任者の真意に基づいて真正に成立したことの証明を容易にするためであり，また契約書が紛失したり改ざんされたりすることを防止する意味もある。公証人の嘱託により，任意後見契約は後見登記簿に登記される（後見登記5条，公証57条ノ3）。2022（令4）年の登記数は14,730件，2022（令4）年12月末日において現に任意後見契約が発効している者は2,739人である。

　任意後見契約が登記されている場合において，精神上の障害により本人の判断能力が不十分な状況にあるときは，家庭裁判所は，本人，配偶者，4親等内の親族または任意後見契約の受任者の請求により，任意後見監督人を選任する（任意後見4条1項）が，本人以外の者の請求による場合は，本人が意思を表示することができないときを除き，あらかじめ本人の同意を必要とする（同条3項）。

　◆任意後見人と通常の任意代理人の併存の可否　　委任契約は，委任者が意思能力を喪失した場合でも当然には終了しない（653条）。本人が判断能力を有している間は任意代理契約として，判断能力が不十分となった場合については任意後見契約として締結することができるのはもちろん，判断能力を失った後についても通常の任意代理を利用することは可能と考えられる。もっとも，本人保護のために厳密な要式契約を新設したことを考えるならば，任意後見契約が有効であるかぎりは，通常の任意代理との並立は望ましくない。

Case 5-5 ─────────────────────────────────────

　A女（85歳）は，認知症の症状が現れたことから，長女B夫婦がA宅に移り住み世話をしていた。Aの長男Cは，B夫婦によるAの財産費消を疑い，Aには判断能力の低下がみられるとして，補助開始の申立てをした。Aは，家庭裁判所調査官に対して，補助開始の申立てに賛成していないと述べている。また，申立て後に，Aは妹S（75歳）との間で任意後見契約を締結し，登記がされている。

| 任意後見と
法定後見との関係 | 成年後見は本人の意思の尊重を理念としているので，基本的には法定後見よりも任意後見のほうが優先すべきものと考え |

られる。したがって，任意後見契約が登記されている場合には，家庭裁判所は，本人の利益のためとくに必要があると認めるときにかぎり，後見開始の審判等をすることができる（任意後見10条1項）。たとえば，任意後見契約で予定された権限の範囲では十分な対応ができない場合，受任者が後見人となる資格を失った場合，受任者のほかに後見人を選任することが適切な場合などが考えられる。Case 5-5 の場合は，補助開始に対する A の同意がないと思われるうえ，S との任意後見契約が補助開始を妨害する目的で締結されたものでもなく，本人の利益のためとくに必要があると認めるべき事情もないので，補助開始は認められない。

　本人が成年被後見人，被保佐人または被補助人である場合において，当該本人にかかる後見等を継続することが本人の利益のためとくに必要であると認められるときは，任意後見監督人を選任しない（任意後見4条1項2号）。これに該当せずに任意後見監督人を選任する場合は，本人についての後見開始，保佐開始，補助開始の審判を取り消さなければならない（同法4条2項）。

| 任意後見人の職務 | 任意後見人は，任意後見契約において定められた本人の生活，療養看護および財 |

産の管理に関する事務の全部または一部について，付与された代理権を行使して，その事務を処理する。本人の意思を尊重し，かつ，その心身の状態および生活の状況に配慮しなければならないことは法定後見の場合と同じである（任意後見6条）。その他，善管注意義務等の委任契約一般の規定に従う。

　任意後見契約については日本公証人連合会が契約文例を作成し

ている。また，任意後見人が代理権を行うべき事務の範囲を特定
して記載することが必要であるが，法務省令で定める証書の様式
に従って，任意後見契約代理権目録から選択する方式がとれるよ
うにするなど，制度の普及に向けての手当てがされている。

任意後見監督人は，任意後見人の事務の
監督，任意後見人の事務に関する家庭裁
判所への定期的報告，急迫の事情がある場合の応急処分，任意後
見人またはその代表する者と本人との利益相反行為について本人
を代表することを職務とし，任意後見人に対して，事務の報告を
求め，またその状況を調査することができる。家庭裁判所は，必
要に応じて，任意後見監督人に対して，任意後見人の事務に関す
る報告を求め，状況調査やその他必要な処分を命じることができ
る（任意後見7条）。善管注意義務，任意後見監督人が数人あると
きの権限行使の方法など，法定後見の場合に準ずる（同条4項）。

任意後見受任者または任意後見人の配偶者，直系血族および兄
弟姉妹は，任意後見監督人となることができない（同法5条）。

任意後見人に不正な行為，著しい不行跡
その他その任務に適しない事由があると
きは，家庭裁判所は，任意後見監督人，本人，親族または検察官
の請求により，任意後見人を解任することができる（任意後見8
条）。また，本人または任意後見人は，正当な事由がある場合に
かぎり，家庭裁判所の許可を得て，任意後見契約を解除すること
ができる（同法9条2項）。ただし，任意後見監督人が選任される
前であれば，本人または任意後見受任者は，いつでも，公証人の
認証を受けた書面によって，任意後見契約を解除することができ
る（同条1項）。

Column⑮ 成年後見——諸外国の例 ━━━━━━━━━━━━━━

　フランスでは 1968 年民法改正により，禁治産・準禁治産制度から後見，保佐，司法的保護（応急的・暫定的措置）の 3 類型の法定後見に変更され，2005 年改正で司法的支援措置，2007 年改正で将来的保護委任制度（任意後見契約）を設けている。

　ドイツでは 1990 年民法改正で，行為能力剥奪制度および障害監護制度を廃止して一元的な世話人制度を導入し，2021 年改正（2023 年 1 月施行）では，被世話人の意思・希望の尊重，自己決定の支援を強化した。本人の必要がある場合に（必要性の原則，補充性の原則），世話裁判所が世話人を選任し職務内容を定める。任意代理・事前配慮代理が法的世話に優先する。医療同意，延命治療（拒否）に関する患者の事前指示書に関しても規定されている。親族を含む名誉職（無償）世話人が職業世話人に優先する。

　オーストリアでは 1983 年の成年者保護制度が 2017 年改正で刷新され（2018 年 7 月施行），事前配慮代理，任意成年者代理（新設），法定成年者代理（旧近親者代理，3 年間），裁判所選任成年者代理（法定後見，行為能力保持，限定的事務，3 年間）の 4 種類の代理制度で運用されている。

　スイスの 2008 年法（2013 年施行）でも，事前配慮委託，医療措置事前指示書，親族代理権および補佐制度（法定後見）により，本人の意思決定支援に重点を置いている。

　イギリスではコモン・ロー上，本人の意思能力がなくなると代理人の代理権が消滅してしまうとされていたため，持続的代理権授与法を設けて解決を図っていた。2005 年には意思決定能力法が制定され，任意後見と法定後見の整備が進められている。

　韓国でも，2011 年に成年後見改正法が成立し（2013 年 7 月 1 日施行），法定 3 類型（成年後見・限定後見・特定後見）と任意後見契約が制度化された。医療同意についても規定されている。

　これらの国においても，障害者権利条約との適合性の実現が近時の法改正の目的となっており，被保護者の行為能力を制限して代理人が代行決定する制度から，本人の能力を保持して，意思決定を支援する制度へと転換している。

━━━━━━━━━━━━━━━━━━━━━━━━━━━━━━━━━━━━

第6章 扶 養

> 夫婦間および親と未成熟な子の間には，互いの生活を保持しあう法的義務がある。また親族の中に自力で生活を営むことができない者があり，他方に生活に余裕がある者がいる場合，余裕がある者は窮乏している親族に生活の資を給与する義務を負う。本章では，親族関係に基づく扶養の権利・義務について学ぶことにしよう。

1 扶養の意義

扶養義務とは　一方に自力で生活することができない者があり，他方に他人の生活を支える余力のある者がいても，前者を支える義務を後者に課すためには，何らかの法的根拠が必要である。その法律上の根拠となるのが夫婦・親子・親族間の扶養の権利であり，扶養の義務である。

Case 6-1

　Ａには妻Ｗとの間に子Ｂ（大学院生で下宿中）とＣ（高校２年生）があるが，Ｆ女との婚外関係でＤが生まれ，認知をした。ＦからはＤの養育費として月６万円を請求されているが，Ａの給料では６万円の支払は苦しい。老親Ｇに月３万円，Ｂに月９万円を仕送りしているのを切り詰めるしかないが，Ｗは反対している。Ａは，ＢまたはＧへの送金を削減して，Ｆに月６万円を支払わなければならないか。

私的扶養義務には，2つの性質の異なったものがあると考えられている（扶養義務二分論）。未成熟子ないし未成年者と親との間，および夫婦相互間には，互いの生活を同等のものとして保持しあう義務があり，生活保持義務と称される。これに対して，生活保持の関係にある者を除く3親等内の親族間では，自己の相当な生活を保持した上で，余力があるかぎりで，要扶養者が生活を営むに足りる扶養をする義務を負う（877条）。これは生活扶助義務と称される（大阪高決昭49・6・19家月27巻4号61頁ほか）。

この区別については，法文上に明確な根拠が存在するものではなく，旧法時代に，スイス法の用語を参考にして中川善之助博士によって提唱されたものであるが，長年にわたり学説・実務において支持されてきた。旧法では，年長者・親に対する孝養が重視されていたため，夫婦間や幼い子に対する扶養よりも直系尊属に対する扶養が優先されていたが，扶養義務の本質が異なることを指摘して，実質的に夫婦間での，また未成熟子に対する親の扶養を優先させる意図がそこには存在していた。

夫婦間および親と未成熟子の間では，扶養することは身分関係の本質的要素と考えられ，扶養義務者は，自己の収入・資産により，扶養権利者に自己と同程度の生活を保障する義務を負うべきものである。生活保持義務は夫婦の間では，同居・協力・扶助義務（752条），婚姻費用分担義務（760条）として具体化されているが，未成熟子に対する扶養義務については特別な規定はおかれていない。Case 6-1 では，A の G・B に対する扶養義務は生活扶助義務と考えられるので，相応額を減額して（按分か，稼働能力のある B への扶養を削減するかが問題となる），D への扶養料（養育費）として F に支払わなければならない。生活保持義務と生活

扶助義務は，扶養の程度の差（量的問題）ではなく扶養義務の本質（質的問題）において異なるものと考えるのが一般的であり，この区別は，公的扶助と私的扶養の関係を考える際にも基盤となっている。

◆扶養義務二分論に対する批判　扶養義務二分論は通説であるが，これを批判する見解も有力である。批判説は，この区別は扶養の質的な差ではなく，両極の理念型をあらわすものであって，その間に身分関係等に応じて程度の異なる種々の扶養義務が存在するにすぎないという。とくに老親扶養の本質をめぐっては，これを生活保持義務と扶助義務の中間にあるものとする考えがある。一方，二分説を前提としつつ，老親扶養を生活保持義務とする見解もある。

私的扶養と公的扶助　憲法はすべての国民に健康で文化的な最低限度の生活を保障し（憲25条），憲法による生存権保障を具体化するために，種々の社会保障制度が設けられている。高齢者，障害者，子どもらのために年金制度や福祉制度が整備されてきているが，私たちの生活を支える最後のよりどころとなるべきものとして公的扶助の制度が重要である。戦前にも救貧保護の制度は不十分ながら存在していたが，現在の公的扶助は生存権に基づく国民の権利として新たに生活保護法により整備されてきたもので，親族間私的扶養を補っている。生活保護法は，自力では健康で文化的な生活水準を維持できない者について，民法上の私的扶養義務の履行をもってしても足りないときに機能すべきものとされ（生活保護4条2項），これを私的扶養優先の原則ないし公的扶助の補足性という。

◆「人間裁判」朝日訴訟　公的扶助を求める権利の本質をめぐって争われ，裁判史上に名を残すのが朝日訴訟である（最大判昭42・5・24民集21巻5号1043頁）。この裁判では，生活保護受給者である朝日氏が兄から月1500円の仕送りを受けられることになったこ

とから，生活扶助（日用品費として当時月額600円）が廃止された。原告の朝日氏は，仕送り額のうち1000円を日用品費として控除することを求めたが，保護水準は合理的な裁量によるものであるとして認められなかった。私的扶養があってもなくても，原告の生活に変化はないということである。日本の経済成長の結果，生活保護水準は当時とは比較にならないほど向上したが，人間に値する生活への権利があるという法意識をもたらした朝日訴訟の意義は失われることはない。

2 扶養義務者・扶養の内容

① 扶養義務者

夫婦と親子

旧法では，夫婦は互いに扶養する義務を負うことが明確に規定されていた（旧790条）。他方，夫または戸主たる妻が婚姻費用を負担する旨が規定されていた（旧798条）。これを現行法では，夫婦間の協力・扶助義務（752条）と婚姻費用分担義務（760条）の形で規定している。夫婦は生活保持の関係にあるが，別居中は，その原因や婚姻生活の状況によって義務が軽減されることもある（⇒第2章2）。

Case 6-2

A（大学3年生）は，中学生のときに両親が離婚して以来，母Mのもとで育てられた。父Fは再婚して子Bもいるが，離婚時の合意に従ってAが高校を卒業するまで月額7万円を支払った。Aの大学進学後，Mの申立てにより，家庭裁判所は進学費用100万円と20歳までの養育費（月額4万円）の支払をFに命じ，Fは工面して支払った。Aは，Fに対して，さらに大学卒業まで月額9万円と年2回の授業料分として各30万円の支払を求める審判の申立てをした。

子に対する扶養義務は，親権の帰属とは別個の問題であり，父母の一方が親権者であるかどうかとは，直接の関係はない。婚姻中は子の生活に要する費用も婚姻費用の中に含まれるし（760条），離婚後は，子の監護について必要な事項に含まれる監護費用にあたる（766条）。父母が当事者として子育てに要する費用を争うときには，養育費として請求することになる（離婚後の子の養育費については，⇒第2章4②養育費）。Case 6-1のAのように，嫡出でない子を認知した父は，親権者でなくても，親権者である母と同順位で，その資力に応じて，共同して扶養する生活保持の義務がある（広島高決昭37・12・12家月15巻4号48頁）。

　親と生活保持の関係にある未成熟子とは中学卒業時までという見解もあるが，高学歴化の中で，少なくとも高校卒業時までは生活保持関係に含まれると考えるべきであろう。しかし，Case 6-2のAのように大学生になれば，生活費の援助が行われることも多いとはいえ，せいぜい父母の生活扶助の義務と考えられる。場合によっては20歳をすぎても，自活していない以上，未成熟子として父母の扶養義務があると考えるのは（大阪高決平2・8・7家月43巻1号119頁参照），甘すぎるように思える。20歳をすぎれば父母の扶養義務はまったくなくなるというのも現実的ではないが，本人の自助努力が強く求められよう。

　なお，扶養については，権利者は子であるから，義務者である父母間で子の養育費について放棄する取り決めをしても，子に対しては効力を有しない。

直系血族・兄弟姉妹　直系血族および兄弟姉妹は，互いに扶養をする義務がある（877条1項）。ここでいう直系血族間の扶養には，生活保持義務である未成熟な子に対する親の扶養義務は含まれない，と考えられている。本条では，

いわゆる生活扶助義務にあたるものとして，成年の子と親との間での扶養関係，とくに現代では老親に対する子の側の扶養義務が問題となるし，祖父母と孫との間の扶養関係も考えられる。老親と子の関係は，一体的生活共同関係を本質とするとまではいえないがゆえに，生活扶助義務と考えるのが通説であるが，先にみたように批判もある。兄弟姉妹の扶養関係は，双方が家庭をもち，独立した家計を営んでいる場合でも存在する。

*Column*⑯　扶養と相続

　民法では，扶養の権利義務と相続関係は，別個の基準によって定められている。確かに，生活保持関係にある配偶者は常に相続人であり（890条），現にあるいはかつて生活保持関係にあった子が第1順位血族相続人である（887条）。生活扶助関係にある直系尊属は第2順位で，兄弟姉妹は第3順位である（889条）。しかし，現実に扶養したかどうかということと相続権の有無とは，基本的には関係がなく，相続資格は，抽象的な身分関係によって決まる。しかし最近では，扶養と相続を関係付ける考え方が強くなってきている。親を扶養した子だけを相続人とすべきという考えは，しばしば遺言に反映されるし，親の看護や財産の維持に貢献した者として寄与分（904条の2）に結びつくこともある。これにとどまらず，法定相続分についても扶養関係を考慮するべきではないか，という立法論もみられる。

　現実の遺産分割では，たとえば，父の遺産を長男に全部相続させる代わりに，長男に母を扶養することを約束させるような場合がある。こうした場合に，期待に反して長男による扶養が滞ったりしたときでも，遺産分割をやり直すことはできない（遺産分割については，⇒第9章8）。遺産分割の条件とした扶養給付の履行を請求することができるにとどまる。他方で，同様の条件で相続を放棄した他の子どもがあれば，その子に対して扶養の請求をすることも，なお可能である。

　家庭裁判所は，特別の事情があるときは，3 親等内の親族間においても扶養の義務を負わせることができる（877 条 2 項，家事別表第一 84 項）。特別事情の存否を判断基準とすることで，扶養関係を限定しようとしているが，他面では，3 親等内の血族のみならず姻族も含まれることから，広すぎるという批判もある。たとえば，両親が早くに亡くなり伯父夫婦が親代わりに面倒をみてくれた場合，子が成人し，伯父が老いた後には，逆に扶養をする義務が認められてもよい。しかし，伯父であるというだけで，扶養義務を認めるべきものではない。姻族に対する扶養としては，妻（夫）と夫（妻）の父母，夫と妻の連れ子，妻と夫の先妻との間の子，成人した子と父または母の配偶者（以上は姻族 1 親等），あるいは配偶者の兄弟姉妹，兄弟姉妹の配偶者（姻族 2 親等）に対する扶養などが問題となりうるが，法律上の扶養義務を課す場合は少ないであろう。むしろ，配偶者や兄弟姉妹の扶養義務の履行を事実上援助するという場合が考えられる。

　扶養は一定の親族関係に基づく法律関係であるから，内縁の夫であった者が内縁の妻であった者の子と弟を相手方とする扶養調停事件は，審判の対象とならない（東京高決昭 53・5・30 家月 31 巻 3 号 86 頁）。

② 扶養関係の発生・変更・消滅

　抽象的な扶養関係は一定の親族関係にある者の間に常に存在するが，具体的な扶養の権利・義務が発生するには，一方の者（要扶養者・扶養権利者）が要扶養状態にあり，他方の者（扶養義務者）が扶養可能状態にあることが必要である。**要扶養状態とは，**自己の収入・資産

等によって生活費（衣食住のほか医療費，教育費や適度な娯楽費も含む）をまかなうことができない状態をいう。自宅など容易に換価することが困難なものは，資産として考慮することはできないであろう。扶養可能状態とは，その者（および生活保持関係にある配偶者・未成熟子）の社会的地位にふさわしい生活をするのに必要な費用等を除いて，なお余力がある場合である。

　扶養義務のある者が数人いる場合には，旧法では**扶養義務者の順位**を，配偶者，直系卑属，直系尊属，戸主，同一家（戸籍）内の配偶者の直系尊属，兄弟姉妹と定め（旧955条），扶養義務者の資力ではすべての扶養権利者を扶養できないときについても，旧法では，**扶養権利者の順位**を直系尊属，直系卑属，配偶者，同一家（戸籍）内の配偶者の直系尊属，兄弟姉妹，その他の家族と定めていた（旧957条）。ここには家制度を基礎とし，妻子よりも親を優先する考え方がみられる。しかし，こうした形式的・画一的な規定では事情に応じた柔軟な対応をとることができないことから，現行法では，扶養義務者または扶養権利者が複数いる場合には，順序は当事者間の協議で決めることにし，協議ができない場合には，家庭裁判所の審判で定めるものとした（878条，家事別表第二9項）。もっとも，一般的に，生活保持関係にある者が生活扶助関係にある者よりも優先されるものと考えられている。

　◆扶養の審判と調停　　審判の申立ては，相手方（扶養義務者）の住所地の家庭裁判所に対してするのが原則であるが（家事182条3項），扶養を求める者（老親など）が自分の住所地の家庭裁判所に申し立てたときでも，事件処理のために必要と思われるときは，その家庭裁判所で処理することが許される（家事9条1項）。審判の申立ては，扶養義務者の方からすることもできる。

　実際上，扶養義務者が他の扶養義務者を相手方として申立てをすることも多いが，その際に要扶養者をまったく除外して手続を進め

表6-1　扶養に関する処分・扶養義務の設定（新受件数、司法統計年報家事編）

	1949 年	1955 年	1975 年	1995 年	2005 年	2015 年	2021 年
調　停	1,970	2,026	2,982	1,014	758	559	478
審　判	476	358	892	664	1,199	101（別一） 156（別二）	23（別一） 149（別二）

ることは，原則として許されない。この場合，家庭裁判所の調停によることもできる。調停の場合は，当事者の協議で家庭裁判所を選ぶことができるし（家事 245 条 1 項），3 親等内の親族を含めて扶養に関する合意が成立すれば，扶養契約による扶養義務が成立したものと考えることができる。家事事件手続法では，扶養義務の設定・取消しを扶養に関する処分（別表第二審判・調停事件）から分離して，別表第一審判事件とした。これらの調停・審判の申立ては，年間 700 件程度に減少している（⇒**表 6-1**）。

Case 6-3 ────────────────────────

　Ａが幼いころに母ＭとＡおよび妹Ｂを捨てて出奔した父Ｆが 25 年ぶりに帰り，Ａに対して同居し扶養するように言ってきた。Ａは，苦労して子どもを育てた末に病気で亡くなったＭのことを思うと，身勝手なＦを許せないのだが，Ａが妻Ｗおよび子Ｃと住んでいる家は，Ｆの名義である。ＡはＦと同居し，扶養をしなければならないか。

────────────────────────────

扶養の程度および方法　扶養の程度または方法についても，基本的には当事者の協議で定め，協議が調わないときは家庭裁判所が定める。その際，家庭裁判所は，扶養権利者の需要，扶養義務者の資力その他一切の事情を考慮する（879 条）。扶養の程度については，要扶養者の要求の程度と資産の活用可能性，従来の生活水準，扶養義務者の扶養能力などが考慮される。扶養能力の有無について判断する際には，とくに，扶

養義務者に他に扶養すべき者がある場合，あるいは同居して生活をともにしている者がいる場合，いずれを優先すべきかが問題となる。離婚した妻のもとで暮らす子に対する扶養と再婚の妻子とは同列に考えるべきであろうが，別居中の妻と内縁の妻とはどうであろうか（別居原因が妻にないときは妻優先とすべきである）。

　また，要扶養者の過失ないし要扶養状態を招いた責任をどのように考えるべきか。旧法では，兄弟姉妹間については，要扶養者が自らの過失によって要扶養状態を招いた場合は，戸主以外には扶養義務が生じないものとされていた（旧959条2項）。現行法のもとでも，浪費，遊興その他の過失により困窮した者については，扶養請求を認めなかった裁判例もみられるが，まったく否定することまではできないであろう。Case 6-3 では，妻子に苦労ばかりをかけた父Fとはいえ，Aに扶養の余力があるかぎり，Fに対して，家賃名目で支払う金銭のほか，最小限度の生活費を与えなければならない。ただし，自宅に引き取る形にするかどうかは，扶養義務者であるAの判断による（⇒次項引取扶養と給付扶養）。

引取扶養と給付扶養　　扶養の方法については，旧法では，扶養義務者の選択により扶養権利者を引き取って養うか（引取扶養），引き取らないで生活の資料（金銭・物品）を給付する（給付扶養）のを原則とし，正当事由があるときは，扶養権利者の請求により裁判所が扶養の方法を定めることができるものとされていた（旧961条）。現行法は具体的な扶養の方法を例示せず，基本的には当事者の協議に委ねているが，実際上は，金銭の支払が中心となっている。しかし，とくに老親扶養の場合には，引取扶養ないし同居扶養をめぐる争いが生じやすい。

　扶養義務者が同居による扶養を望まないときは，扶養権利者がこれを強制することはできない。子の1人が引き取り，他の子が

金銭を負担する方法に落ち着けばまだしも，子の間をたらい回しにされる老親の嘆きも聞かれる。介護保険の導入後，整備が進められている老人福祉施設などで自立生活を続けながら，その費用を子が負担する方法が現実的かもしれない。

*Column*⑰　公的介護保険 ●━◆━◆━◆━◆━◆━

　　金銭的な扶養の必要はないけれども，認知症あるいは寝たきり状態であるために，日常的に介護を必要とする高齢者が増えている。従来，子や配偶者など，家族による介護が行われてきたが，高齢者の介護問題に社会的に対応するために，2000（平12）年4月1日から，公的介護保険制度が始まった。65歳以上の第1号被保険者と40歳以上65歳未満の第2号被保険者に区分されているが，要介護（5段階）または要支援（2段階）の認定を受けた場合は，原則1割の自己負担で，一定限度額までの介護保険給付を受けることができる。居宅での介護（訪問看護，家事援助，入浴サービス，住宅改修，施設でのデイ・サービス，デイ・ケアなど）と入所施設での介護サービスが利用できる。老人の身辺介護，面倒見を引取扶養の内容として親族に義務付ける考え方は否定されているが，引取扶養に付随する通常の世話の延長線上に生じることが多いものだけに，扶養と介護は密接な関係にある。

━◆━◆━◆━◆━◆━◆━◆━◆━◆━◆━◆━◆━◆━◆━◆━

扶養関係の変更・消滅

扶養関係について定められた後に事情が変更したときは，家庭裁判所は，先の扶養に関する協議または審判を取り消し，または変更することができる（880条）。被扶養者の経済状況が好転した場合，逆に扶養の必要性が高まった場合，扶養義務者の資力が変化した場合，他に扶養権利者・扶養義務者が生じた場合などがそうである。

　扶養義務者が死亡した場合，遺産または相続人に対する扶養請求権の行使は認められない。扶養を受ける権利も，その人かぎりの権利（一身専属権）であり，相続されることはない（896条ただし書）。兄とその家族を弟が援助していた場合に，兄が死亡した

としても，弟は，当然に兄の妻子を扶養する義務を負うものではない。扶養義務の基礎となる親族関係が消滅した場合も，扶養義務は消滅する。

◆扶養料の算定　　当事者の協議あるいは家庭裁判所の審判に際して，具体的な扶養料の額をどのようにして算定するかが問題となる。個々に事情が異なるので，一律の算定方式をとることは困難であるが，ある程度，当事者の収入，年齢，職業，修学状況などに応じて客観的に決まるような算定方式があれば便利である。家庭裁判所の調停や審判では，次のような算定方式が用いられている。

①生活保護基準方式（生活保護基準を利用するもの）

②労研方式（㈶労働科学研究所が発表した消費単位当たりの最低生活費を基準として扶養義務者・権利者双方の収入を按分するもの）

③標準生計費方式（国および地方自治体レベルでの家計調査の結果を利用するもの）

④実費方式（扶養権利者・義務者の収入・支出などを認定した上で一切の事情を考慮して，具体的に扶養料額を決定するもの）

ただし，子の養育費・婚姻費用の簡易迅速な算定のために東京家裁・大阪家裁合同で算定表が作成され（2003〔平15〕年4月公表），家裁実務上広く用いられている（判タ1111号285頁）。2019（令元）年12月には，統計資料等を更新するなどして改良した新しい算定表が公表された。⇒第2章4②養育費

過去の扶養料の請求　　扶養義務者の中に扶養を行ってきた者と扶養をしてこなかった者がある場合，扶養をしてきた者は，本来は他の扶養義務者が負担すべきものを代わりに支払ったことになる。また，扶養義務者が扶養しないために，第三者が扶養料を給していた場合にも，立替扶養料の求償が問題となる。扶養は生活を維持するためのものであるから，扶養に関する権利義務は，時間とともに生まれて消える性質を有する（絶対的定期債務性）。そうすると，過去の扶養というのは意味がないように思えるが，過去の扶養料請求をまったく否定すると，

義務を怠った者が得をするという不当な結果となってしまう。しかし，扶養義務者の知らないうちに多額の扶養料が未払いになっていて一度に求償請求を受けるとすると，これまた困ったことになる。そこで通説・判例は，扶養料を負担してきた者が無理やり要扶養者を連れ去った場合，あるいは自己のみで費用負担をすることを約束した場合などを除き，原則として，他の扶養義務者に対して求償を請求することができるものとしている（最判昭26・2・13民集5巻3号47頁）。

　過去の扶養料請求の始期は，他の扶養義務者に対する請求の時と解されている。ただし，権利者の要扶養状態と義務者の扶養可能状態が発生すれば，扶養料負担の請求がなくても過去の扶養料を請求することができ，義務者が知らなかった場合は，それを一切の事情の中に含めて考えればよいという説もある。また，生活保持義務については請求を要件としないが，生活扶助義務については請求を要件とする見解もある。

扶養請求権の処分禁止　　扶養を受ける権利は，処分することができない。つまり，他人に譲渡したり，放棄したりすることはできない（881条）。人の生存に関わる基本的な権利であるからである。要扶養者の債権者も，標準的な世帯の必要生計費相当の金額については，扶養料請求権を差し押さえることは制限を受けている（民執152条）。したがって，扶養を受ける権利を受働債権とする相殺も認められない（民510条）。

PART 2 相 続 法

MAP

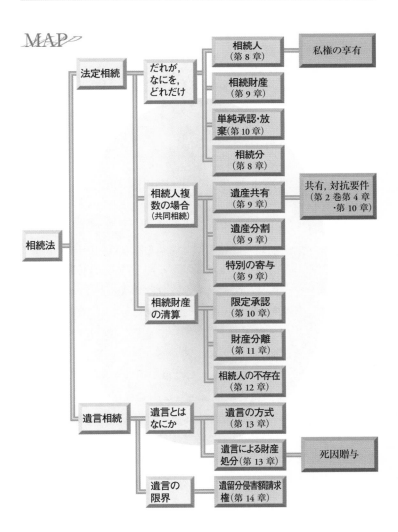

- 相続法
  - 法定相続
    - だれが，なにを，どれだけ
      - 相続人（第8章） → 私権の享有
      - 相続財産（第9章）
      - 単純承認・放棄（第10章）
      - 相続分（第8章）
    - 相続人複数の場合（共同相続）
      - 遺産共有（第9章） → 共有，対抗要件（第2巻第4章・第10章）
      - 遺産分割（第9章）
      - 特別の寄与（第9章）
    - 相続財産の清算
      - 限定承認（第10章）
      - 財産分離（第11章）
      - 相続人の不存在（第12章）
  - 遺言相続
    - 遺言とはなにか
      - 遺言の方式（第13章）
      - 遺言による財産処分（第13章） → 死因贈与
    - 遺言の限界
      - 遺留分侵害額請求権（第14章）

第7章　相続法の基礎

相続法というのは，死亡した人（被相続人）の有して
いた財産上の権利義務を一定の近親者（相続人）に承継
させる法的ルールやシステムをいう。本章では，総論と
して，相続制度の基本的観念，日本の相続法の歴史的変
遷過程，そして現行相続法の検討課題などについて明ら
かにする。

1 相続法の基本的体系と相続制度の変遷

相続についての
基本的観念

洋の東西を問わず，どこの国にも相続と
いう制度はあるが，基本的相続観につい
ては，大きく分けて次のようなものがあ

る。1つは，家族主義的ゲルマン的相続観である。これは，相続
は家族という集団・団体の存続や維持に必要な財産につき，その
団体の統率する財産の管理者の交替であるとみ，あくまで相続を
団体本位に捉える立場である。この相続観は，家族団体の財産
（家産）の承継を家長たる地位とともに引き継がせるという団体
主義的家族主義的な相続観をベースとする。したがって，この立
場によれば，とくに相続には，各家族集団内に財産を固定化させ
たり留保させるはたらきが期待された。これに対して，個人主義
的ローマ的相続観では，相続は死後の個人財産の承継であり，遺
族の生活保障や死後の扶養とみる見方が強調される。この立場で

は，人間は，自己および子孫の繁栄と発展のために労働し，生産し，蓄財する本能をもち，そのために私有財産制が認められているとみる。死後の財産の承継が貫徹されてはじめて，人は安心して生活し労働できる。したがって，個人主義的ローマ的相続観では，相続は生前に死者に扶養されていた者が死後も引き続き扶養されることを保障する制度であり，個人本位の相続観といえよう。

　現在の各国は，いずれもこの両者の基本的相続観を含み，独自の相続制度を展開している。相続法の発展は，つねに相続における個人の尊重と家族の保護とをいかに調和させるかという理念的対立を背景にする。イギリス・アメリカのように，個人の意思をあくまで尊重して遺言による死後処分の自由を貫徹するとともに，最低限度の家族の生活保障と死後扶養を確保する国もある。しかし，多くの国は，被相続人の遺言による財産処分の自由を認めるとともに，一定の家族の保護のために遺留分や最低保障部分を認め，被相続人の財産処分の自由に制約を設けるシステムをとっている。

法定相続主義と
遺言相続主義

　法制度としての相続には大きく分けて2つのタイプがある。1つが法定相続主義で，法律の規定に従い，一定の相続人や相続分をあらかじめ定めておいて，これによって相続させる建前をいう。もう1つは，遺言相続主義で，法律の規定によらず，被相続人の自由な意思によって表明された終意処分（遺言）に従って相続させる建前である。この両者の組合せは，国により時代により社会によってさまざまである。法定相続を中心とするが，遺言相続を合わせて認めるところや，遺言相続を中心とするが，遺言がなければ法定相続（無遺言相続）によるところもある。

　一般的な傾向でいえば，かつては，法定相続が重視されてきたが，死者の自由な意思による配慮を尊重する遺言相続もしだいに

強くなってきている。そして，どちらかといえば，遺言相続の建前は英米法圏の国々で採用され，ヨーロッパの大陸法諸国では法定相続の原則が重んじられてきた。

遺言相続は，遺言の自由を保障し，できるかぎり自分の所有財産は思いどおりに処分させようとするもので，わが民法でも，遺言による財産処分の自由は，私的自治の原則の一環として保障されている。イギリス，アメリカはもちろん，ドイツ，フランス，スイスなど大陸法諸国でも，法定相続は遺言相続がない場合に，被相続人の意思を推測して行われる相続であり，このことはわが国でも原理的には異ならない。しかし，日本の民法は基本的には法定相続主義を採用し，相続人を被相続人の子と代襲相続人（第1順位），直系尊属（第2順位），兄弟姉妹（第3順位）と配偶者にかぎり，その間の相続分を定めている。

日本の相続法の変遷 わが国では，身分上の地位と家産が独占的に長男に委ねられる長男単独相続制が，足利時代の中期以降に確立したといわれる。律令時代にすでに身分相続では長子単独相続制がとられていたが，遺産相続は共同分割的であった。農工商では必ずしも長子相続制でなかったようだが，鎌倉時代以降の封建制度の発展，江戸時代の武家法にいたって長子相続法制が支配的になった。

明治に入って，初めて相続に関する統一法典が登場する。1898（明31）年に制定公布された明治民法は，武家法の支柱となっていた儒教倫理，武士階級的家族制度を参考に親族・相続編を再編成し，相続では，長子的家督相続法の建前を採用した。明治民法では，すべての国民は出生とともに，必ずどこかの「家」へ家族として所属し，「家」には戸主がいて，戸主は家長として他の家族員を統率した。たとえば，戸主は家族の婚姻や養子縁組に対し

同意権をもち，他の家より嫁いだり養子として入ってくる者，私生子の入家の許可権，家族の居所指定権など，家族を支配統制する権利を有していた。戸主は前の戸主の財産を全部独占的に相続する代わりに，親や兄弟から扶養を受けられない家族を扶養しなければならなかった。

戸主の地位とともに家の財産（家産）を承継することを家督相続といい，戸主の統率下で家族は財産をもつことはほとんどなく，共同均分の遺産相続は珍しかった。家督相続の順位は，第1に男子，第2に嫡出子，第3に年長者を優先させる男尊女卑の思想で決められた（旧970条）。嫡出女子より庶男子が優先し，庶男子の中では年長者が優先した。また，家督相続は，死亡のほか，隠居，国籍喪失，女戸主の入夫婚姻の離婚によっても生じた（生前相続，旧964条）。生前の相続においては，隠居者等の全財産が隠居分等の留保財産を除き，すべて戸主に移転した。この家督相続制は財産を家長である戸主1人に集中させ，家族員の生活は戸主の財産で保障するという封建的家父長制的家族制度を基盤とするものだけに，時代の流れにそぐわなかった。

1919（大8）年の臨時法制審議会も，1927（昭2）年に相続法改正の要綱を公表し，現実の家族生活の実情に対応するよう企図していた。しかし，抜本的な改正は，敗戦後の1947（昭22）年の「日本国憲法の施行に伴う民法の応急的措置に関する法律」を待たざるをえなかった。現行相続法は，この応急措置法をほぼそのままとり入れ，家制度の継続維持のための家督相続制度を全面的に廃止し，諸子均分共同相続制を採用するとともに，配偶者の相続権を確立し，相続と祭祀財産の承継を分離することを柱として成立した。

その後1962（昭37）年に，失踪宣告（30条2項・31条），同時

死亡の推定規定（32条の2），代襲相続（887条2項3項・1044条），相続放棄（939条），相続人不存在の場合の特別縁故者への相続財産分与（958条の3）などの改正があった。

昭和55年の相続法とその後の改正

その後も，引き続き法制審議会民法部会の手で相続法全体の見直しが続けられた。戦後の1947（昭22）年の大幅な改正から30数年が経過し，家族関係の実態がだいぶ変化したところから時代に適合した相続法の改正が求められていた。つまり，核家族化・小家族化の進行，一夫婦あたりの子の数の減少（1947年当時は一夫婦あたり3人を超えていたが1980〔昭55〕年当時で2人を割る），女性の社会または家庭における役割の再評価，相続人間における公平等で，家族関係や相続に対する国民の意識の変化等を踏まえ，相続を家族の実態に合わせ，実質的に公平なものとするため，1980年の民法の一部改正が実施された。主な改正点は，配偶者の法定相続分の引上げ，寄与分制度の新設，兄弟姉妹の代襲相続権の制限，遺産分割基準の明確化，遺留分の改定であった。

2013（平25）年9月4日に，最高裁大法廷が民法900条4号ただし書の婚外子相続分差別規定を違憲と判断した結果，同年12月に，嫡出でない子の相続分を2分の1とする部分を削除して法定相続分を同等とする民法の一部改正が成立した。

また，2018（平30）年7月には，少子高齢化の進展に対応するため，配偶者居住権，居住用不動産が遺贈等された場合の特別受益持戻し免除の被相続人の意思表示の推定といった相続法の改正が行われた。

さらに，2021（令3）年4月に，所有者不明土地の発生予防と利用の円滑化を図るため，「民法等の一部を改正する法律」（2021年民法・不動産登記法改正）および「相続等により取得した土地所

有権の国庫への帰属に関する法律」（相続土地国庫帰属法）が成立した。

2 現行の相続システムの検討課題

相続における個人
主義と家族主義

遺言自由主義は，死後の財産の行方をもっぱら個人の意思により処分させようとする建前をいう。これに対して，法定相続主義は，法律の規定に従った遺産の承継をさせようとする考え方を指す。これまで，法定相続は家族主義的であって，遺言自由主義の方が個人主義を顕し，できるかぎり死者の残した意思表示に制約を設けないようにする配慮がなされてきた。しかし，学説では，遺言の自由や個人の意思の偏重の方が家族主義的な遺産承継機能を担っており，むしろ法定相続の方が平等で個人主義的な遺産承継の制度となっているとの有力な見方もある。遺留分制度についても，必ずしも相続人の生活保障や扶養と結び付いていないとの疑問も出され，個人の財産処分の自由と家族の保護とのバランスをどのようにとるべきかが改めて検討されなければならない。

法定相続の不公平の
是正

法定相続は，一定の者を相続人と定め形式的画一的に遺産の一定割合（法定相続分）を与えるシステムである。しかし，実際上は，被相続人と相続人との関わり，遺産の内容，種類，相続人側の事情などは千差万別であって，機械的画一的な遺産の分割は実質的な公平に反することが少なくない。遺産分割事件の不平・不満も法定相続の形式主義に対するもので，遺言，贈与等の

生前処分，寄与分，特別受益等の法制度を利用し，また，遺産分割の協議，調停，審判を活用して，画一的形式的な法定相続の不都合を是正して具体的に妥当な結果を実現しなければならない。

高齢社会における相続と扶養

扶養は一定の生存者間での要保護者に対する経済的援助であり，相続は死者の財産の承継である。扶養請求権者と相続権者は必ずしも一致しておらず，相続人は必ずしも要扶養状態にあるとは限らないなど，両者は完全に重なり合うものではない。しかし，現実には，生前被相続人から扶養されていた遺族にとって，遺産が生活保障の唯一の源泉であったり，被相続人としても遺された家族の生活を考えていたことは確かであろう。

日本は，2020（令2）年には65歳以上の高齢者が28.8％を占める本格的な高齢社会となり，2025年には30.5％，2050年には39.6％と，3人に1人以上が高齢者であるという世界一の高齢社会を迎える。2022（令4）年の平均寿命が男81.49歳，女87.6歳という世界一の長寿社会の中で，その子である相続人が遺産を手にするのは50〜60歳くらいとなり，相続人にとっての生活保障的な意味は減少していくかもしれない。むしろ，自己責任を強化し高齢になったときのことを考え，終身有料ケアホームでの入居生活費用を自ら蓄えておいたり，各地の自治体にみられるような高齢者の不動産遺贈を担保に公的援助をするシステムを活用するとか，また，老後の扶養や療養・看護に努めた相続人に遺産を多く遺したいと思うものも多くなってきている。その意味で，遺言，相続に関する契約，扶養と結合する贈与契約，信託等の法的手段が利用され，また，相続と扶養との関係がより強く結び付くことを検討してもよいのかもしれない。

遺産をめぐる争いが多くなってきている
が, その予防のためには, 被相続人によ
る具体的事情や生活への配慮をした遺言,
相続をめぐる契約等の活用が不可欠であろう。従来, わが国では
亡くなったことを想定して契約をしたり財産処分をするのは不吉
だとして嫌がる傾向にあった。しかし, 最近では自筆証書遺言,
公正証書遺言もかなり増えており, 骨肉の争いを予防し, 死後の
配偶者の生活保障や老後の生活の安定を考えて, 生前死後処分を
する例が多くなってきている。1980 (昭 55) 年には夫婦のみの世
帯の高齢者は 19.6% にすぎず, 子どもと同居する高齢者が 69%
であったのに対して, 2021 (令 3) 年には, 高齢者夫婦のみの世
帯は 32.0% と増加し, 子どもとの同居率は 36.2% と低下傾向に
ある。このような傾向の中で, 日本でも, 節税の観点も含めた世
代間の資産移転・ソフトランディングのための資産承継の総合的
対策を定めたエステイト・プランニングが必要となってこよう。

農業経営や自営業の
後継者保護　相続財産の分割にともなって相続財産を
組成する経営資産の分散・解体をもたら
すことがあり, 経営の収益性や経営基盤
の脆弱な中小個人経営や家族的農業経営にとっては打撃が大きい。
ドイツやフランス式一子相続法も相続と家族的自営経営の細分化
の防止を狙ったものだが, 中小の個人経営体では, 後継者への経
営資産の一括承継と他の相続人への公平な補償のもとに, 共同平
等相続と事業承継の円滑化とを調和する方策の検討が必要である。
なお, 2008 (平 20) 年 5 月に, 遺留分による制約を解決するため
の民法の特例や金融支援を盛り込んだ中小企業経営承継円滑化法
が成立した (⇒ *Column* ㉔)。

既に述べたように，2018 年 7 月には，少子高齢化の進展，家族の多様化，実質的な公平の確保，規律の明確化などの観点から相続制度を見直す改正民法が成立した。相続法の改正は，1980 年から約 40 年ぶりの見直しとなり，配偶者短期居住権，配偶者居住権（長期居住権）の創設，預貯金の仮払制度，一部分割など遺産分割の見直し，相続人以外の一定の親族による介護等の貢献に対する特別の寄与の制度，自筆証書遺言の方式緩和と保管制度の創設，遺留分制度の見直しなどが含まれている。

少子高齢化の進展への対応

2015（平 27）年 1 月に，婚外子相続分差別規定を廃止する民法の一部改正を受けて，法務省に法制審議会相続法部会が設置され，夫が死亡した後の妻の遺産相続の権利を保護する相続法制が検討された。2016（平 28）年 6 月には，相続法制の見直しに関する中間試案が公表され，2018（平 30）年 7 月には，配偶者の居住権保護，遺産分割における介護や家事育児の寄与の反映，遺言制度，遺留分などの相続法の見直しが行われた。

配偶者の相続法上の地位の配慮

国家は相続という一種の不労所得（一時的な無償の財産取得）に累進税率をかけて相続税による国庫収入の拡大と富の再分配を図る。このような人の死亡にともなう財産の移転にかけられる税金を相続税という。相続税は，相続，遺贈，死因贈与によって相続人が取得した財産に課税することで，相続による社会的不公正と富の偏在の固定化を是正する。1994（平 6）年 1 月に，相続税法が改正され，相続人の基礎控除は 5000 万円に加えて相続人 1 人あたり 1000 万円に引き上げられ，税率も最低 10％〜70％ の範囲で低い税率が適用される範囲が拡がった。また，配偶者の軽減特例についても，遺

相続と税金

産分割か遺贈により取得した遺産額の2分の1か1億6000万円の高い方の金額まで相続税が免除されることになった。2004（平16）年に贈与税法が改正されて，父母から住宅取得等のために金銭の贈与を受けたときは，贈与者が65歳未満でも相続時精算課税の選択ができ，非課税枠（特別控除額）が3500万円まで拡大された。2011（平23）年度税制改正大綱では，基礎控除額および税率構造の変更が打ち出され，2015（平27）年1月からの相続税の基礎控除は3000万円に加えて，相続人1人あたり600万円に減額されるとともに，最高税率が6億円超で55%に引き上げられることになった。また，2015（平27）年税制改正により，直系尊属が子や孫などに対して教育資金を一括して贈る場合1500万円まで非課税とする制度が創設された。さらに，2023（令5）年の税制改正により，生前贈与加算が3年から7年に延長になり，相続時積算課税贈与についても，2500万円以外に毎年110万円の非課税となり，相続税もかからないことになる。

3 相続の開始

相続の開始原因 　相続は，被相続人の死亡によって開始する（882条）。歴史的にみると，人の死亡以外の原因で相続が開始したことがあった（たとえば，受刑，僧籍編入，国籍喪失など）。しかし，現在では，相続の開始原因は被相続人の死亡のみであり，相続人がそれを知ると否とに関わりなくその法律的効果も生ずる。ここでいう死亡には，自然死亡と失踪宣告による擬制的な死亡がある。

　自然死亡の時期は，医学的に死亡が確認された瞬間であり，通

常は，戸籍簿に記載された死亡年月日時刻をもって死亡時期も確定される。戸籍への記載は，通常は死亡届に付けられた死亡診断書，事故死の場合は検死した医師の死体検案書などに基づいてなされる（戸86条）。

　また，水難，火災などの事故により死亡した蓋然性が高い場合には，調査にあたった官公署からの死亡報告に基づいて，戸籍簿に死亡の記載をなすことが認められている（戸89条）。これを「認定死亡」という。認定死亡の制度は，死体が発見されない場合でも，死亡の高度の蓋然性があるときには死亡宣告の手続をとらせる無駄を省くために認められたもので，あまりに拡大利用されるべきではない。

　不在者の生死が7年以上明らかでない場合，または戦地に臨んだ者もしくは沈没船舶の在船者等の生死が危難が止んだ後1年以上明らかでないとき，家庭裁判所は関係者の請求に基づき，失踪宣告を行う（30条）。失踪宣告がなされると，前者の普通失踪では失踪期間満了時，後者の特別失踪では危難終了時に死亡したものとみなされ（31条），相続が開始する。失踪宣告が家庭裁判所によって取り消された場合，宣告は効力を失い，原状回復がなされる（32条1項）。しかし，失踪宣告によって失踪者の財産を相続した者は「現に利益を受けている限度においてのみ」返還すればよく（同条2項），また失踪宣告後取消し前に事情を知らずになした行為の効力に影響を及ぼさない（同条1項ただし書）。

　　Column ⑱　死の概念と脳死 ・・・・・・・・・・・・・・・・・・・・・・
　　　これまで人の死は，脈拍の不可逆的停止，呼吸の不可逆的停止，瞳孔の散大という3つの兆候で判定するという心臓死を前提としていた（いわゆる三兆候説）。しかし，近年の医療技術の飛躍的発達により，脳の機能は不可逆的に停止しているにもかかわらず，

人工呼吸器等により心肺の活動は維持されている「脳死状態」が生まれている。そこで，臓器移植とからんで脳死をもって人の死と認めるべきだという脳死説も有力になってきた。もっとも，脳死とはいっても，植物状態にまで広げる大脳死説，脳幹の反射機能を重視する脳幹死説，全脳の器質死を意味する全脳梗塞説という厳格な立場まである。1997（平9）年には臓器移植法が成立し，脳死を移植の場合に限って認めたが，脳死判定にもドナーの承諾が要求され，本人の同意を前提とした脳死説となっている。脳死をもって法律上の死の概念とするかどうかでは，いまだ議論がまとまっていない。2009（平21）年改正により本人の意思が明らかでないときにも，また15歳未満の子どもからでも家族の承諾があれば臓器提供ができるようになった。2021（令3）年12月末までに，脳死での臓器提供は796例となった。

ところで，相続が開始した場合に相続人となるべき者を推定相続人という。推定相続人は，被相続人の死亡時に存在していなければならない。これを同時存在の原則という。そこで，被相続人と推定相続人とが航空機事故や船舶事故などの同一の危難により死亡し，その死亡の前後が判然としない場合に，多くの問題が生じた。そのため，1962（昭37）年の民法改正により，死亡した数人中のその1人が他の者の死亡後もなお生存していたかどうかが明らかでないときは，同時に死亡したものと推定することになった（32条の2）。その結果，推定を受けるかぎりで被相続人と推定相続人間では相続は開始しないことになった。

Column⑲　死後生殖の可否
　精子・卵子・胚の凍結保存技術が進み，凍結保存されている配偶子を使用して人工授精，体外受精をすることが許されるか，死後の人工生殖により生まれてきた子は，親を相続することができるのかどうかが問題になってきた。イギリス・オランダでは，死者の配偶子・胚の使用については，生前の有効な同意があれば認

められるとし，アメリカでも遺言や契約により死後の生殖を認める州もある。フランスでは，1994年生命倫理法で，ドイツでも1990年の胚保護法により，また2001年のオーストリア生殖医療法でも死後の人工授精，体外受精は認めていない。スウェーデンの改正体外受精法も，死者の配偶子・胚の使用を禁止している。死後の人工生殖を認めると，子の監護，扶養，親権，相続などの親子の法律関係が複雑になり，倫理的にも問題が生ずるとしている。日本でも，近年，夫の凍結精子を死後に妻に体外受精して子が生まれ死後認知の可否が争われたケースで，最高裁は，消極的な立場をとった（最判平18・9・4民集60巻7号2563頁）。いずれにしても，亡父の相続権については，推定相続人と被相続人は相続開始時に存在していなければならないという同時存在の原則に抵触するため認められない。厚生労働省の生殖補助医療部会報告書でも，提供者の死亡が確認されたときは提供された精子・卵子・胚は廃棄するとし，死後生殖を認めないとしている。生まれてきた子の立場を考えても，法整備が急務である。

相続開始の場所　相続は，被相続人の住所において開始する（883条）。この規定での相続開始地は，相続事件についての裁判管轄権を定める意義があるとともに（民訴5条14号，家事191条・家事209条等），相続財産の価額評価のための標準地ともなる。被相続人が数個の住所を有するときは，主たる住所地，もしくは，主たる財産の所在地をもって相続開始地とするものとされている。

第8章 相続人と相続分

被相続人の財産上の権利義務の承継のルールを定める相続法の最も中核的な部分は，そうした権利義務を誰に，どのような割合で承継させるかという点にある。そこで，本章では，現行相続法の定める相続人の範囲と順位，承継される割合の定め方，相続の欠格・廃除，相続回復請求権についてみてみることにする。

1 相続人の範囲と順位

相続人の種類　死んだ人（被相続人）の財産を包括的に承継する者を相続人という。相続人には配偶相続人と血族相続人の別がある。配偶相続人は，被相続人との婚姻により取得した配偶者たる地位に基づいて相続権を有する者を指す。これに対して，血族相続人は被相続人との一定範囲の血族であることで相続権をもつ。

　配偶者は相続人の中では特別扱いとなり，つねに第1順位の相続人となる（890条）。血族相続人は，第1順位に，子とその代襲相続人，再代襲相続人（887条），第2順位に直系尊属（889条1項1号），第3順位に，兄弟姉妹とその代襲相続人（同条1項1号・2項）という順位がある。子または代襲相続人という先順位の相続人がいるときは，後順位の直系尊属や兄弟姉妹が相続人となることはない。第1順位の子（代襲相続人）がいないときに，

第2順位の直系尊属が相続人となり，兄弟姉妹（代襲相続人）は直系尊属がいない場合にはじめて相続人となりうる。

血族相続人（1）
──第1順位の子

第1順位の血族相続人は，子である（887条1項）。孫以下の直系卑属は，1962（昭37）年の民法の一部改正により，子を代襲してのみ相続することになった。1947（昭22）年民法では第1順位の相続人を「直系卑属」と規定していたため，孫は祖父母に対する固有の相続権をもつのか（本位相続），子を代襲してのみ相続できるのか（代襲相続）で解釈上争いがあった。代襲相続であれば，孫は子の相続分を受け継ぐ株分けとなるが，もし，本位相続なら孫は均分の頭割りで相続することになり，結果は大きく違う。結果的に，1962年の改正で孫の固有の本位相続権は否定されることになった。

　子が数人あれば同順位で相続する。子は，法律上の親子関係が存在すれば，実子でも養子でもよく，男女の別，既婚未婚を問わない。子には特別養子も含まれるが，実方とは断絶するため実方の相続はできない（817条の9）。また，被相続人の先妻の子でも後妻の子でもよく，嫡出子か，嫡出でない子かも問わない。父母が離婚しても再婚していても，被相続人の法律上の子であれば相続人となる。かつて，嫡出子と嫡出でない子とが相続人となる場合，嫡出でない子の法定相続分は嫡出子の2分の1とされていた（900条4号ただし書〔旧規定〕）が，現在は同等である。

Column⑳ 嫡出でない子の相続分差別 ••••••••••••••••••••••
　これまで，嫡出子と嫡出でない子が相続人となる場合，嫡出でない子の法定相続分は嫡出子の2分の1とされていた（民法900条4号ただし書〔旧規定〕）。しかし，最高裁大法廷平成25年9月4日決定（民集67巻6号1320頁）において，違憲判断が下され，

2013（平25）年12月の民法改正により，嫡出でない子の法定相続分は嫡出子と同等になった。

　従来，最高裁は，嫡出でない子の相続分差別の規定は，法律婚の尊重と嫡出でない子の保護の調整を図ったもので，合理的根拠があり，この立法理由との関係で著しく不合理であり，立法府に与えられた合理的な裁量判断の限界を超えたものということはできないとして，合憲と判断してきた（最大決平7・7・5民集49巻7号1789頁，最判平12・1・27判時1707号121頁，最判平15・3・28家月55巻9号51頁，最判平15・3・31家月55巻9号53頁，最判平16・10・14判時1884号40頁，最決平21・9・30家月61巻12号55頁）。しかし，2013（平25）年9月4日，最高裁大法廷は，裁判官14名の全員一致で，嫡出でない子の出生率の増加など家族の実態や国民の意識の変化，諸外国での動向や国際人権法の潮流，子の権利の尊重などの諸点から，嫡出でない子の法定相続分を差別する民法の規定は憲法14条の法の下の平等の原則に違反して違憲無効と判断した。

胎児の相続権

民法は，胎児は相続について「既に生まれたものとみなす」と規定し（886条1項），「胎児が死体で生まれたときは」はじめから相続人とならなかったものとして処理する（同条2項）。しかし，「既に生まれたものとみなす」ということの意味については，胎児が生きて生まれたことを停止条件として権利能力を認める停止条件説と，胎児中も権利能力を認めるが死産であれば遡って相続人でなかったように扱う解除条件説に分かれる。

　停止条件説では，胎児の間は相続能力はなく，生きて生まれたときに相続開始に遡って相続権を取得することになる。これに対して，解除条件説では胎児中も一応相続人として扱われ，死産のときに遡って相続人とならなかったものとされ，母を法定代理人として遺産の分割や管理に参加できるとする。胎児の利益保護の

観点から解除条件説が有力化しつつあるが，遺産分割はいったん行ってしまうともう1度やり直すことは厄介であり，生まれた子が2人であるとか死産だったりするケースもないわけではない。判例実務では，生きて生まれた場合に相続時に遡って権利を認め，遺産分割もそれまで待つという扱いになっている（大判大6・5・18民録23輯831頁，大判昭7・10・6民集11巻2023頁等）。

相続資格の重複　祖父母が孫を養子としたり，兄姉が弟妹を養子にした場合，また，養子縁組によって法定血族関係になっている者が婚姻した場合（事実上の婚養子）に，1人の相続人が1人の被相続人との関係で二重に相続権が生じうる場合がある。祖父母が孫を養子にしている場合，子が先に死亡して後で祖父母が死亡すると，孫は子としての相続資格（相続権）と代襲相続人としての相続資格（相続権）の両方をもつことになる。また，兄姉が弟妹を養子にして兄姉が先に死亡し親が後に死亡した場合には，子としての相続資格と兄姉の代襲相続人としての相続資格の2つをもつことになる。実子が養子と婚姻したり，実子の配偶者がその両親と養子縁組した場合に，実子が死亡すると，配偶者としての相続資格と兄弟としての相続資格が重複することになる。このように二重資格の相続人が生じた場合，二重の相続資格の併存を前提とし合算した相続分を主張しうるか。

　肯定説は，二重資格の相続人は合算した相続分を取得しうると解する。①相続資格の重複を民法はとくに制限していないこと，②自己の嫡出でない子を養子とする場合に2つの地位は両立しないが，養子であることと実孫であること，夫婦であり義兄弟姉妹関係にあることとは身分的に両立しうること，③二重の相続分を否定することは代襲相続の制度趣旨に反することを理由としており，多数説といえる。

これに対して否定説は，二重資格の相続人に合算した相続分を認めない立場である。この問題の解決は利益衡量を中心とすべきで，弟が兄の養子となった場合はそれまでの血族関係が断絶するのが進むべき方向で，配偶相続権と血族相続権は別建てが本来の姿であると説く。問題処理の簡明さで優れているが，一貫性に欠け，納得できる理由づけになっていない。

　先例では，孫が祖父母の養子となった場合，子としての相続分と孫としての相続分を合わせて取得する（昭26・9・18民事甲1881号民事局長回答・登記関係先例集（下）1660頁）とし，義兄弟姉妹間で婚姻した場合，配偶者としての相続分のみ取得する（昭23年8月9日民事甲2371号民事局長回答・登記関係先例集（上）850頁）として，取扱いを異にしているが，これを支持する立場もある。なお，節税対策で祖父が孫との間で結んだ養子縁組であっても，直ちに無効となるものでないとの裁判例がある（最判平29・1・31民集71巻1号48頁）。

　相続資格が重複する場合，一方としての資格で相続を放棄したり廃除したりすることが許されるか。放棄の全面的絶対的効果から否定する立場が強く，廃除についても「被相続人の意思」による相続権の剝奪という面から，否定する立場がある。

**血族相続人（2）
——第2順位の
直系尊属**

　第2順位の血族相続人は，父母や祖父母といった直系尊属である（889条1項1号）。直系尊属は，第1順位の子（その代襲相続人，再代襲相続人）がいないか，欠格や廃除により相続権がない場合，全員が相続放棄をした場合にはじめて相続ができる。日本は，ドイツ，フランス，イギリスなどと異なって，被相続人の両親のほか，祖父母，曽祖父母をも含めて直系尊属全体を兄弟姉妹に優先させる立法をした。被相続人が養子であるときは，実

方養方双方の直系尊属が相続人となる。直系尊属の中では親等が近い者が優先する（889条1項1号ただし書）。したがって、父母の一方または双方がいれば祖父母は相続できない。親等の同じ直系尊属が複数いるときは、共同相続人となる。継親子（たとえば、先妻の子と後妻の関係）は血族でなく、1親等の姻族であるから、死亡した継子（たとえば配偶者の連れ子）の財産を継父母は相続できない。離婚したり再婚した父母は、実子に対し法定相続権をもつ。

**血族相続人（3）
——第3順位の
兄弟姉妹**

第3順位の血族相続人は、被相続人の兄弟姉妹である（889条1項2号）。ただ、兄弟姉妹には、父母双方を共通にする全血の兄弟姉妹と父または母の一方のみを共通にする半血の兄弟姉妹がある。全血の兄弟姉妹と半血の兄弟姉妹が相続人となるとき、後者は前者の相続分の2分の1になる（900条4号ただし書）。兄弟姉妹は最後の順位であり、遺留分も認められず、被相続人の意思で相続権を容易に剝奪できる。

配偶相続人

被相続人の生存配偶者はつねに相続人となる（890条）。したがって、血族相続人があるときは、配偶者はそれらの者と共同で相続する。明治民法の家督相続では、配偶者である妻が家督相続人となれるのは、第3順位の選定家督相続人としてで、家女でない妻は兄弟姉妹より被選定資格が劣るなど、極めて劣弱な地位にあった（旧982条）。また、遺産相続でも、直系卑属がいない場合に、第2順位の遺産相続人となるにとどまった（旧996条1項1号）。したがって、子や孫がいれば妻は相続できなかった。1947（昭22）年の民法改正により、家督相続が廃止されて、遺産相続一本となり、配偶者相続権の確立をみて、はじめて相続法における生存配偶者の地位が確保されるにいたった。

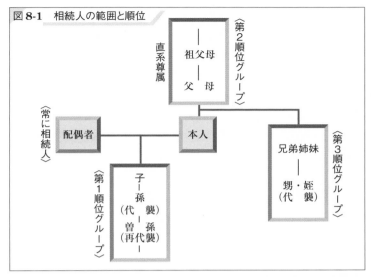

図8-1　相続人の範囲と順位

〈第2順位グループ〉

直系尊属

祖父母
｜
父　母

〈常に相続人〉

配偶者　　本人

〈第3順位グループ〉

兄弟姉妹
｜
甥・姪
（代　襲）

〈第1順位グループ〉

子
｜孫（代　襲）
｜曽孫（再代襲）

　さらに，先に述べたように，1980（昭55）年の民法の改正により，核家族化，家族規模の縮小化という家族構造の変化に対応して，妻の相続分が大幅に引き上げられ，その地位が改善された。配偶者相続権の根拠は，①相続財産上に生存配偶者が有する潜在的持分の顕在化もしくは清算取得，②生存配偶者の生活保障であり，死後の経済的独立と扶養の糧を確保することにある。

Case 8-1

　内縁の妻ＡはＢと20年以上の期間にわたって事実上の夫婦として生活してきた。Ｂには先に死亡した法律上の妻との間に子Ｃがいる。ＡとＢはいずれ正式に婚姻するつもりであったが，婚姻届を出さないままＢが死亡した。Ａは768条の財産分与の類推適用という形で相続人であるＣに対してＢの財産の分配を主張している。

内縁の配偶者 　判例・多数説は，相続権帰属の明確化，準婚事実の立証の困難，相続における形式的画一的処理の要請，届出による婚姻統制の無意味化の防止などの理由で，内縁配偶者の相続権を否定する。生存内縁配偶者の救済の必要性，公平な財産関係の清算，手続的合理性（紛争の一括処理）などから内縁配偶者に財産分与の類推適用を認める立場も有力だが，戸籍の届出をしない内縁の死亡解消に相続と異質な法理をもちこむべきでないという立場も有力である（たとえば，最決平 12・3・10 民集 54 巻 3 号 1040 頁は，内縁夫婦について，離別による内縁解消の場合に財産分与の規定を類推適用することは，準婚的法律関係の保護に適するものとしてその合理性は認められるが，死別による内縁解消のときに，財産分与の法理で遺産清算の途を開くことは，相続による財産承継の構造の中に異質の契機をもちこむことになり，また，死亡した内縁配偶者の扶養義務が遺産の負担となって相続人に承継される余地もないとして否定した）。

　したがって，Case 8-1 では，A は B の相続人とはならないし，民法 768 条の類推適用による財産の分与も認められない。ただし，財産法上の一般法理（雇用，組合，不当利得等）の活用により保護される可能性はある。

2 代襲相続

代襲相続の意義 　相続人となるべき子が被相続人である親よりも先に死亡している場合，先死した子の子（被相続人の孫）は代わって相続人になれるか。民法は，被相続人の死亡以前に，相続人となるべき子，兄弟姉妹が死亡ま

たは，相続廃除や欠格により相続権を失っている場合，その者の
直系卑属（兄弟姉妹の場合は甥姪に限る）が，その者に代わってそ
の者の受けるはずであった相続分を受け取るものとした（887条
2項・889条2項）。これを代襲相続という。代襲される者を被代
襲者，代襲する者を代襲者と呼ぶ。

　代襲相続の制度は，相続権を喪失した者が相続していれば得た
であろう直系卑属の期待利益の保護という公平の原理と，遺産を血
縁の流れに沿って上から下へ受け継がせることを目的としている。

代襲相続の要件　　　　（1）　代襲相続が生ずるのは，被代襲者
　　　　　　　　　　　　が相続権を失った場合に限られ，子が相
続放棄をした場合は含まない。1962（昭37）年の改正で，単に
「相続開始前」となっていたのを「相続の開始以前」に改めた。
同時死亡の推定規定の新設（平成16年改正前の32条ノ2）に対応
して相続開始と同時に死亡した者も被代襲者に含めるためである。
したがって，親と子が遭難して同時死亡の推定をうけるとき，子
が親を相続できなくても，孫が子を代襲して親（祖父母）を相続
できる。また，相続放棄が代襲原因に含まれるかで疑義があった
のを，1962年の改正で放棄は任意処分に近いので含まれないも
のとした（887条および939条参照）。

　（2）　被代襲者は，被相続人の子および兄弟姉妹で，直系尊属，
配偶者に代襲相続権は認められない。

　配偶者の代襲相続権に関してはさまざまな議論があった。夫に
先立たれた農家の長男の妻に夫を代襲して，夫の親を相続する権
利を認めるべきではないか。長男の妻が夫死亡後も婚家にとどま
り，農業に従事し亡夫の親の面倒をみて一家を支えてきたような
場合，夫に代わって妻に代襲相続権を与えてもよいとの声もつよ
い。しかし，配偶者は必ずしも，婚家にとどまり家業を盛り立て

るとはかぎらないし，このような代襲相続を認める立法例が他に
ないこともあって，1980（昭55）年の改正では見送られた。した
がって，長男の妻に財産を譲りたいときは，生前にあらかじめ財
産分けをする契約をしておくか，遺言で贈与するほかない。なお，
相続人以外の親族の特別寄与料制度が新設された（1050条）。
（⇒9章 *8* ③(6)）

　(3)　代襲相続人は，被相続人の子の子，兄弟姉妹の子（887条
2項・889条2項）であり，被相続人の孫の子には再代襲が認めら
れている。つまり，被相続人の子に代襲原因があれば，孫が代襲
相続人となり，孫に代襲原因が発生すれば，曽孫が代襲相続人と
なる（887条3項）。再代襲は子の代襲原因と孫の代襲原因のいず
れが先に発生したかどうかを問わずに認められる。1980年の改
正で，兄弟姉妹の再代襲は認められないことになった（889条2
項参照）。兄弟姉妹の直系卑属への再代襲を無限に認めると，血
族相続人の範囲が無限に拡大し「笑う相続人」を生むという批判
に応えたものだった。

　(4)　被相続人の子の子が代襲相続人になりうるためには，そ
の子が被相続人の直系卑属でなければならない（887条2項ただ
し書）。通常，子の子は孫であり，被相続人の直系卑属でもある
が，例外として，被相続人の子が養子でその養子に縁組前の子が
ある場合がある。1962（昭37）年の改正により，「被相続人の直
系卑属でない者」は代襲相続人になりえないとして，養子の縁組
前の子を代襲相続から排除した。

　養子縁組前に生まれた養子の子，いわゆる連れ子は代襲相続が
可能かどうかで従来争いがあった。血族相続主義の立場からは，
被相続人の直系卑属でない者には代襲相続を認めないと考えるこ
ともできる。他方，代襲相続の基本観念である公平の観念や相続

人の子の期待利益の保護を強調すれば，代襲者は被代襲者の子であればよく，被相続人の孫である必要はないという考え方も十分成り立ちえた。しかし，1962（昭37年）法は明文でもって縁組前の子を代襲相続から除外した。

　ところで，養子縁組前の養子の子で，被相続人の実子の子（養親の直系卑属）にあたる者まで，887条2項ただし書は排除することになるのか。代襲相続は，被代襲者について代襲原因が生じた場合に，代襲者が被代襲者に代わりこの者の地位において被相続人を相続することであり，代襲者は被代襲者を通じて被相続人と直系卑属の関係にあることを要するとする少数説もある。しかし，多数説は，縁組前の子でも被相続人の直系卑属である者は887条2項ただし書の「被相続人の直系卑属でない者」にあたらないとしてこの場合の代襲相続を認める。

代襲相続の効果　　代襲相続の効果は，代襲者が被代襲者の相続順位に上がって被代襲者の受けるべき相続分を受け取ること（株分け）である。そして，数人の代襲相続人相互の相続分は平等である（901条・900条4号）。特定の財産を特定の相続人に「相続させる」旨の遺言については，遺産分割効果説を前提として，代襲相続も認めるべきだとする積極説と，民法994条1項の趣旨に照らして，代襲相続を認めるべきでないとする消極説の間で対立がある。最高裁は，相続させる旨の遺言は，当該推定相続人の代襲者その他の者に遺産を相続させる旨の意思を有していたとみるべき特段の事情がないかぎり，その効力を生ずることはないと判示した（最判平23・2・22　家月63巻7号84頁）。

3 相 続 分

相続分の意義　相続分という場合には3つの意味で使われることがある。まず第1に，共同相続に際して，各共同相続人が被相続人の権利義務を承継する一定割合を指す場合である。つまり，相続財産に対する分数的な割合での相続分で，民法899条に定められた相続分，法定相続分をいう場合である。第2に，遺産に対する分数的割合で計算した相続人の取得すべき相続財産の価額，各共同相続人が具体的に受け取るべき財産の額を指す場合もある。民法903条での相続分はその意味で，具体的相続分という。第3に，相続分は遺産分割前の相続人の地位を指すこともあり，民法905条の相続分の取戻しはこの趣旨である。

相続分の決定　相続分は，まず被相続人の意思，つまり遺言によって定めることができる。被相続人は遺言によって相続分を指定または第三者に指定を委託することができる（902条）。これを指定相続分という。遺言による相続分の指定がないときは，法律に定められた法定相続分の割合によって相続分が定められる（900条）。このように指定相続分は法定相続分に優先するが，被相続人が一部の相続人の相続分を指定している場合には，他の共同相続人の相続分は，法定相続分による（902条2項）。

ところで，このように法律上，各相続人の相続分は指定相続分あるいは法定相続分によって決定されることとされているが，これらの相続分が，必ずしも各共同相続人が最終的に取得する相続財産の価額に反映されるわけではない。相続財産は，共同相続人

間の遺産分割の手続を通じて，各相続人に最終的に帰属することになるが，民法はこの遺産分割の手続において，被相続人から特別受益を受けた相続人や被相続人の財産形成に特別の寄与のあった相続人の遺産取得額を減額したり増額したりすることで，共同相続人間の公平を図る制度を設けている（詳しくは⇒第9章8）。したがって，各共同相続人の最終的な相続分に基づく遺産の取得額はこうした遺産分割手続を経た後に決定されるものであり，このような意味での相続分を具体的相続分という。具体的相続分を中心に考えれば，先の指定相続分や法定相続分は一応の相続分ということになる（具体的相続分の計算につき，⇒第9章8）。

　なお，こうした具体的相続分の性質を，指定相続分や法定相続分と同列の観念的権利とみるか（相続分説），単に遺産分割の過程で設定される一種の分割基準とみるか（遺産分割分説）について争いがあるが，最高裁は，具体的相続分はそれ自体実体法上の権利関係であるということはできないとして，その確認の利益を否定しており，遺産分割分説に立つことを明らかにしている（最判平12・2・24民集54巻2号523頁）。

指定相続分

相続分の指定は，通常「全財産の2分の1を長男に」というように，遺産に対する分数的割合で行われることが少なくない。しかし，現実には「長男にA土地建物を」という遺言がなされ，特定遺贈とみるか，相続分の指定か，遺産分割方法の指定（908条）かで問題となることがある（この点につき，詳しくは⇒第13章4「相続させる」旨の遺言）。このように一見相続分の指定がなされているようにみえるときであっても，それが相続分の指定でない場合もあり，直ちに相続分の指定と断定するのではなく，遺言解釈の問題として吟味することが必要である。

相続債務については，その負担割合を遺言で指定することは許されないと解されている。もし，無資力ないし弁済能力のない者が指定されたとすると，相続債権者が不測の損害を被ることになりかねないからである。したがって，相続債務自体について指定があった場合だけでなく，相続財産に対して一定の割合での相続分の指定があった場合も，その指定の効力は相続債務には及ばず，相続人は法定相続分に従って責任を負う。もっとも，指定相続分に応じた債務の承継は，相続債権者等第三者に主張できないが，相続債権者から指定相続分に応じた履行請求は可能であり（最判平 21・3・24 民集 63 巻 3 号 427 頁），2018 年改正で明文化された。すなわち，被相続人が相続開始の時において有した債務の債権者は，相続分の指定がなされた場合であっても，各共同相続人に対し，法定相続分に応じて権利行使ができる。ただし，その債権者が共同相続人に対して指定相続分に応じた債務承継を承認した場合はこの限りでない（902 条の 2）。

また，被相続人が共同相続人の 1 人または数人だけの相続分を指定したり，第三者に指定させたりした場合には，その他の共同相続人の相続分は法定相続に従う（902 条 2 項）。

法定相続分　遺言による相続分の指定がない場合，各相続人の相続分は民法の規定（900 条・901 条）に従う。法定相続分は共同相続する相続人の種類によって異なる（表 8-1）が，同順位の共同相続人が複数いる場合には相続分は原則として均等であり，単独相続の場合は単独相続人が相続順位にかかわらず相続財産全部を取得する。

（1）　子と配偶者が共同相続人である場合は，配偶者の相続分は 2 分の 1，子の相続分は 2 分の 1 である。たとえば，配偶者と子 2 人が相続人である場合には，配偶者の相続分は 2 分の 1，子

表8-1

共同相続人	法定相続分			
配偶者と子	配偶者	1/2	子	1/2
配偶者と直系尊属	配偶者	2/3	直系尊属	1/3
配偶者と兄弟姉妹	配偶者	3/4	兄弟姉妹	1/4

は各自4分の1ずつとなる。

　(2)　直系尊属と配偶者が共同相続人である場合は，配偶者の相続分は3分の2，直系尊属の相続分は3分の1である。直系尊属が複数ある場合は3分の1の相続分を均分する。

　(3)　兄弟姉妹と配偶者が共同相続人である場合は，配偶者の相続分は4分の3，兄弟姉妹の相続分は4分の1である。兄弟姉妹が複数ある場合は4分の1の相続分を均分する。

　ただし，上に述べた同順位の共同相続人間の均分相続の例外として，父母の一方のみを同じくする半血の兄弟姉妹は，父母双方を同じくする全血の兄弟姉妹の相続分の2分の1となる（900条4号ただし書）。

4 相続欠格

相続資格の剝奪　　相続は，死亡した者の財産が一定範囲の近親者である相続人に引き継がれるという制度であり，少なくとも，相続制度が家族的共同生活を基礎にその維持強化を図るという役割をもつことは否定できない。また，死亡した被相続人が自分の財産を近親者に残したいと考えていたであろう，という被相続人の意思の推測も相続制度の根拠の1つといえよう。

そうだとすれば，これらの法定の順位に従って相続する近親者に，相続に関する不正や非行があって，明らかに被相続人としても相続人に相続させたくない事情があるとか，著しい非行により家族的共同生活や人間関係を破壊ないし脅かしたときには，そのような相続人から相続権（相続資格）を剥奪する制度が考えられてよい。民法は相続人に著しい非行・不正があった場合に，その相続人の相続権を法律上当然に剥奪するという相続欠格制度（891条），被相続人の申立てまたは遺言により家庭裁判所での審判を通して相続権を奪う相続人廃除制度（892条）を設けた。

相続欠格の本質　　わが民法では，欠格事由として大別して，被相続人または先順位・同順位の相続人の生命侵害に関する非行，被相続人の相続に関する遺言行為への違法な干渉について規定をおく。相続欠格制度が相続人の被相続人に対する著しい非行への民事制裁として，相続権の当然喪失という不利益を与える面はあるとしても，その本質をどう理解すべきかで対立がある。1つは，相続人と被相続人とのつながり，すなわち，相続的協同関係を重視し，相続欠格はこのような相続的協同関係を破壊する非行への制裁とみる。これに対して，相続による財産の取得，相続財産移転秩序を重視し，相続欠格は，相続による財産取得秩序を乱し，違法に利得する行為への制裁とみる立場がある。現行の相続欠格制度は，生命侵害と遺言妨害という2種の事由で構成され，一元的に説明することは困難であろう。

欠格事由　　（1）　故意に被相続人または相続について先順位もしくは同順位の相続人を殺害もしくは殺害しようとして刑に処せられた者（891条1号）。このような場合に相続を許すことは，相続制度の基礎を揺るがし，倫理的にも公平の観念からも到底容認しえない。殺害は被相続人自

身の場合と先順位・同順位の相続人の場合がある。およそ殺意を
もって人を殺すに足りる行為をすればよく，既遂・未遂は問わな
い。殺人予備罪も含むが，過失致死罪や殺意のない傷害致死罪は
含まない（大判大 11・9・25 民集 1 巻 534 頁等）。被相続人である
父親を殺害して少年法 20 条 2 項ただし書により少年院送致の保
護処分となった長男に対して，殺人罪の違法性，責任および処罰
に関する阻却事由があるものと認められず，「刑に処せられた」
場合に相当するとして，民法 891 条 1 号の類推適用により相続欠
格を認めた事例がある（東京地判令 4・11・15 LEX/DB 25593737,
（控訴審）東京高判令 5・7・18 LEX/DB 25595618）。

　(2)　被相続人の殺害されたことを知りながら告発せず，また
は告訴しなかった者（891 条 2 号）。ただし，相続人に是非の弁別
能力がない場合，または殺害者が自己の配偶者もしくは直系血族
であったときは欠格とならない。制度趣旨からいって，告発・告
訴を期待できない者について制裁を科すことは妥当ではない。今
日では，犯罪があれば原則として，告訴・告発をまたずとも警察
当局が当然に捜査に着手する建前になっており，この規定はでき
るかぎり狭く解すべきだと批判されている。

　(3)　詐欺・強迫によって被相続人が相続に関する遺言をし，
これを撤回し，取り消し，または変更することを妨げた者（891
条 3 号）。この事由は，相続人が被相続人の遺言の自由を違法に
妨害した場合の制裁規定であり，遺言の自由を保障する趣旨であ
る。したがって，相続人が被相続人の遺言の自由を妨害し，相続
法上有利な地位を得ようとする財産取得秩序の破壊への制裁とい
う意味がある。この場合，被相続人を欺罔して錯誤に陥らせ，ま
たは畏怖を生じさせる故意だけでなく，遺言妨害により自己が相
続法上有利な地位に立とうとする目的意思（二重の故意）が必要

かどうかで争いがある。

　(4)　詐欺・強迫により，被相続人をして相続に関する遺言を
させ，撤回させ，取り消させ，または変更させた者（891条4号）。
この場合も，同様に，詐欺・強迫の故意のほかに，相続法上有利
な地位に立とうとする故意が必要かどうか。方式違反で無効な遺
言を詐欺・強迫によって補完させた場合，遺言者が無効な遺言の
実現を望んでいた場合，本号の適用はないものと解される。

　(5)　相続に関する被相続人の遺言書を偽造・変造・破棄・隠
匿した者（891条5号）。同号も，遺言に関して著しく不当な干渉
行為をした相続人に対して相続権剥奪という罰を加えることで，
遺言の自由を確保し，相続による財産取得秩序を破る違法な利得
を防止しようとした。ここでいう「偽造」とは被相続人名義で相
続人が遺言書を勝手に作成することをいい，また「変造」とは被
相続人により有効に作成された遺言書に無断で加除訂正そのほか
の変更を加えることをいう（最判昭56・4・3民集35巻3号431
頁）。また，「破棄」は被相続人名義で有効に成立した遺言書を毀
滅したり効力を消滅させることを指し，「隠匿」とは遺言書の発
見を不可能または著しく困難にする行為をいう。相続人が被相続
人の遺言書を破棄または隠匿した行為が相続に関して不当な利益
を目的とするものでなかったときは，5号所定の相続欠格者にあ
たらない（最判平9・1・28民集51巻1号184頁）。

欠格の効果　相続欠格に該当する事由があれば，その
者は法律上当然に被相続人との関係で相
続資格を失う。民法は，当然発生主義をとるので，被相続人，他
の相続人，受遺者などの利害関係人の主張などなんらの手続も要
しない。欠格の効果は，相対的であって，特定の被相続人との関
係で相続資格を喪失する。たとえば子を殺した者は子との関係で

は欠格者だが，父母や兄弟姉妹に対する相続では欠格者ではない。ただし，父を殺して欠格者になった者は，母の相続についても配偶者として同順位にある父を殺したため相続権はなくなる。

　被相続人の一方的意思表示により欠格の効果を消滅させる「欠格の宥恕」が認められるかどうか。公益性の強い民事制裁であるからと欠格の宥恕に否定的な立場もあるが，被相続人の財産処分の自由を保障する観点から肯定する立場が強く，これを認めた判例もある（広島家呉支審平22・10・5家月63巻5号62頁）。

5 推定相続人の廃除

廃除制度の意義　相続欠格は，相続人の著しい非行を理由にその者から法律上当然に相続資格を剥奪する制度であるのに対して，相続人の廃除制度は，相続人としての資格を奪うほどの非行・不正がなくても，被相続人からみて推定相続人に自分の財産を相続させるのが適切さを欠くような場合に，被相続人の意思により相続資格を奪う制度である。そのため，廃除では，相続欠格ほどに相続権剥奪事由は重大かつ深刻であることを要しない。相続的協同関係を破壊し，被相続人からみて相続人に相続させたくないと思うのにも合理的理由があるときは，被相続人の請求（遺言）により，家庭裁判所の調停・審判を経て，遺留分を有する推定相続人の相続権を奪う制度といってよい（892条）。

Case 8-2
　A夫妻の娘Bは幼少から非行を重ね，やがて家出し，バーやキャバレーを転々とした挙げ句，知り合った暴力団員と婚姻した。Bは，A

夫妻が結婚に反対であることを知りながら，父の名で披露宴の招待状を出すなどした。A夫妻は娘Bを推定相続人から廃除することができるだろうか。

廃除事由　遺留分を有する推定相続人が，被相続人に対して虐待をしたり，重大な侮辱を加えたり，またその他の著しい非行があったときは，被相続人は，その推定相続人の廃除を家庭裁判所に請求することができる（892条）。被相続人が遺言で廃除の意思を表示したときは，遺言執行者が廃除の請求を行うことになる（893条）。被相続人は，いつでも推定相続人の廃除の取消しを家庭裁判所に請求できる（894条）。それでは廃除原因である「虐待」「重大な侮辱」「著しい非行」とは具体的にどのようなものを指すのだろうか。

（1）　被相続人に対する虐待または重大な侮辱　　虐待とは，家族的共同生活関係の継続を不可能にするほど，被相続人の肉体または精神に苦痛を与える行為であり，侮辱とは，被相続人の名誉または自尊心を著しく傷つける行為をいう。幼い頃から非行を繰り返し，暴力団員との交際，元暴力団員との婚姻，親の反対にもかかわらずその名前で披露宴の招待状を出すなど一連の行為が重大な侮辱にあたるとされたケースがある。

したがって，Case 8-2において，Bは暴力団員と婚姻し，それを他に知られるような方法で公表することにより，両親の名誉を毀損したということができ，それによって家族的共同関係が破壊されたと認められる場合には，虐待または重大な侮辱にあたるとして廃除が認められる。

これに対して，かつて少年院に収容されたことはあるが，現在は真面目に働いている男性と娘が親の反対を押しきって結婚した

としても，社会的地位のある父親に対する重大な侮辱とはいえないとされた例もある。廃除事由の存否は，いわゆる相続的協同関係の破壊にいたっているかどうか客観的に判断されるべきで，被相続人の主観的な感情や恣意によるべきものではない。推定相続人の虐待，侮辱，非行が被相続人側の言動に誘発されたもので，責任の一端は被相続人側にある場合には廃除請求が認められない。たとえば，相続人である長男の力ずくの行動や侮辱と受け取られる言動が被相続人夫婦にも相応の責任があるものである場合には，廃除事由に該当しないとされた（東京高決平8・9・2家月49巻2号153頁）。

　(2)　その他著しい非行　　典型的な親不孝，放蕩息子のケースでは廃除が認められることが多い。たとえば，大学を中退し，親が何回就職先をみつけても長続きせず，何かにつけては金をせびる子どもの行為，高校2年で中退した後，家から現金や物品を勝手に持ち出し，無断で通信販売等を利用して高額の物品を購入し代金を支払わせ，消費者金融業者から多額の借金をし3年以上行方不明の子など，浪費や素行不良，ときには犯罪をおかして服役する，親の財産に手をつける等，精神的苦痛だけでなく，経済的社会的にも親が後始末で苦しめられているケースの多くが該当する。

　妻のもとを去って長年愛人と生活して妻を遺棄した場合も，円満な家族的協同関係を自ら破壊したもので「著しい非行」にあたるとされている。また，養親が10年近く入院や手術を繰り返していることを知りながら，外国から帰国して金銭をせびるだけで面倒も見ず，起こされた離縁訴訟もいたずらに遅延させた養子の行為も「著しい非行」に該当するとして廃除が認められている。死亡した被相続人である妻が，公正証書遺言において主張していた，夫婦間での不和に基づく離婚訴訟，刑事告訴，取締役の解任，

婚姻費用の不払い，病気を抱えた妻の放置などの一連の行為が虐待および重大な侮辱にあたるとして夫を推定相続人から廃除することを認めた原審（奈良家審令元・12・6家判31号60頁）につき，約44年間の婚姻期間のうち5年余りの間に生じたもので，配偶者としての遺産形成への寄与を考慮すれば，遺留分を否定するほどに重大なものとはいえず廃除事由に該当しないと否定した事例がある（大阪高決令2・2・27家判31号58頁）。

6 相続回復請求権

問題の所在　　家督相続を認めていた旧民法下では，戸主となるべき真正相続人が表見相続人からその地位を否定されて，相続権の侵害を受けた場合に，相続回復請求権によってその地位を回復すべく一種の形成判決を認める実益はあった。しかし，相続がたんなる財産の相続という構成になり，共同均分相続の原則をとった現行法下では，相続回復請求権も相続財産の回復を目的とする給付判決を求める権利といわざるをえない。もちろん，訴訟では原告の相続資格の有無も問題になるが，相続権の存否の確認は請求の前提問題であって，終局の目的ではない。判例も，遺産相続では古くから相続財産の回復請求は給付請求とみてきた（大判明44・7・10民録17輯468頁）。それでは，相続回復請求権は，相続人が被相続人から承継した所有物返還請求権や登記請求権など侵害に対する個別的請求権とどのような関係にたっているのだろうか。

これまでの学説の対立　　(1)　独立権利説　　この説は，相続回復請求権は，所有物返還請求権等の個別

的請求権と異なる特別の請求権とみる。相続回復請求権は，原告の相続資格を基礎とする請求権であり，包括承継人としての相続人の地位の確保に奉仕する制度であるとする。したがって相続回復請求権は，相続資格を争点とし，その目的が遺産占有の回復にある点で個別的請求権と異なる独自の包括的請求権であるという。

（2）集合権利説　集合権利説は，相続回復請求権は，相続財産を構成する個々の財産の回復請求権の集合であり，相続財産が包括的に承継されるため，相続回復請求権も便宜上１個の請求権として構成されると説く。この説は，相続によって取得した権利に基づいて真正相続人が表見相続人に対して回復を求めるものは，相続回復請求となり，相続財産の引渡請求権，登記手続請求権等も相続回復請求権に含まれるとする。ただ，相続回復請求訴訟では，真正相続人は自己が相続人であることのほか，当該財産が被相続人の占有に属していたことを立証すればよく，個々の物権的請求権以外に相続回復請求権を認める実益があるとする。

（3）個別的請求権説　相続回復請求権といった特別の請求権があると考える必要はなく，一般の請求権が民法884条の要件に該当するときに，その行使が期間的に制限されるとみるかぎりで相続回復請求権に関する同条は実益をもつにすぎないと説く。すなわち，相続回復請求権の短期の消滅時効は「相続に関する争いはなるべく長く尾を引かないようにする」ことに存在意義があり，相続関係の早期確定をねらったとみる。

（4）特殊訴権説　相続回復請求権をフランス法流に，相続財産の占有をめぐって争う当事者の包括承継資格の存否を決め手として争いを処理するための特殊な訴権とする立場もある。

Case 8-3 ─────────────────────────────────

被相続人Ａの相続人は妻Ｂ，子Ｃ・Ｄの３人であるが，Ｃは，Ａの

遺産である不動産について，相続を原因とする単独名義の所有権移転登記を経由した。BとDが各自の法定相続分に基づきCに対して更正登記手続を求めた場合，民法884条の相続回復請求権の5年間の消滅時効の適用を受けるのだろうか。

共同相続人間の
相続回復請求の可否

民法884条は，相続人の相続回復請求権が相続人またはその法定代理人が相続権の侵害を知った時から5年，相続開始時から20年で消滅時効にかかる旨規定している。そこで，遺産を1人占めにされたり，遺産分割から除外された共同相続人が自己の相続持分権に基づいて権利主張をする場合にも，同条の短期消滅時効の適用があるのだろうか。

最大判昭53・12・20

最高裁は，昭和53年12月20日の大法廷判決（民集32巻9号1674頁）において，この問題を検討し，共同相続人関係での適用を縮小する方向を打ち出した。すなわち，民法884条は，原則として共同相続人間においても，自己の本来の相続分を超える部分について真正共同相続人の相続権を侵害している相続人がいる場合には，その適用を否定すべき理由はない。しかし，「自ら相続人でないことを知りながら相続人であると称し，又はその者に相続権があると信ぜられるべき合理的な事由があるわけではないにもかかわらず自ら相続人であると称」する悪意有過失者は「実質において一般の物権侵害者ないし不法行為者であって，いわば相続回復請求制度の埒外にある者にほかならず」消滅時効の援用を認めるべき者にあたらない。同判決は，884条の消滅時効を援用する表見相続人に，相続資格がないことについての善意を要求した。その結果，判例の立場では，共同相続人間で同条の適用があるのは，極めて

例外的なケースということになる。

　したがって，Case 8-3 では，Cが遺産の不動産について，他の共同相続人の持分があることについて，善意無過失でないかぎり，B・Dの更正登記請求権は民法884条の消滅時効に服さないことになる。

判例の動向　その後の最高裁判例でも，対悪意有過失者不適用説が踏襲された。つまり，共同相続人のうちの1人が他の共同相続人のいることを知りながらその承諾なしに相続放棄の申述をしたうえ，自己の単独の相続登記をしたため，20年経過後に除外された他の共同相続人が更正登記を請求したケースで，民法884条の適用ありとした原判決を破棄差戻しとした事案（最判昭54・4・17判時929号67頁：ケース①），共同相続人のうちの1人が所在不明だったため，その者を除外して遺産を占有管理し，除外された1人から20年経過後に自己の持分の確認請求がされたケースでその請求を認めた原判決を維持し上告棄却をした事案（最判昭54・4・17判時929号71頁：ケース②）が同時に判示された。その後，旧法下での家督相続人の指定が無効であったときに，被指定者である表見相続人がその無効を知りえなかったことが客観的に無理からぬものであるときも884条の適用があるとし（最判昭54・7・10民集33巻5号457頁），同条の短期の消滅時効が適用されるケースが現れた。

　なお，共同相続人相互の間で一部の者が他の者を共同相続人でないものとしてその相続権を侵害している場合において，相続回復請求権の消滅時効を援用しようとする者は，真正共同相続人の相続権を侵害している共同相続人が，当該相続権侵害の開始時点において他の共同相続人がいることを知らず，かつ，これを知らなかったことに合理的理由があったことを立証しなければならな

い（最判平 11・7・19 民集 53 巻 6 号 1138 頁）。

学説の検討　学説では，前掲最大判昭 53・12・20 と同様に，原則的に共同相続人間の相続回復請求権にも 884 条の短期消滅時効の適用を認めるが，対悪意者に適用しない立場を支持し，事実上死文化したとみる立場がある。この立場は，善意無過失の表見相続人とは，「藁の上からの養子」など戸籍に現れない相続人が後で出現したような限られた場合にのみ問題になるという。

　これに対して，共同相続人間ではそもそも相続回復請求権は問題とならないという共同相続人不適用説も有力である。遺産分割では，共同相続人間には特別な人的関係があり，遺産の財産価値保存の点からも，占有から排除されている共同相続人の権利行使を急がせる必要はないこと，真正相続人から表見相続人に対して相続財産の返還や侵害排除を求める相続回復請求と，遺産の合目的的総合的配分である遺産分割請求とは場面が異なることを論拠とする。

相続回復請求権と
第三取得者の保護　表見相続人から事情を知らないで権利を取得した第三取得者，転得者の保護をどうするか。考え方としては，① 884 条の消滅時効援用権を第三取得者にも認める構成，② 162 条の取得時効を認める立場，③ 94 条 2 項の類推適用で保護する立場，④ 32条 1 項後段を類推適用する立場がある。①は表見相続人自身が援用権を厳しく制限されている以上，第三取得者はもっと厳格であろう。最高裁は近時，「相続財産である不動産について単独相続の登記を経由した甲が，甲の本来の相続持分を超える部分が他の共同相続人に属することを知っていたか，又は右部分を含めて甲が単独相続をしたと信ずるにつき合理的な事由がないために，他

の共同相続人に対して相続回復請求権の消滅時効を援用することができない場合には，甲から右不動産を譲り受けた第三者も右時効を援用することはできないというべきである」と判示し，第三者による消滅時効の援用を否定した（最判平7・12・5家月48巻7号52頁）。また，③については，真正相続人が表見相続人の作出について帰責性がある場合に善意無過失の第三者を保護するのであって，何らかの関与があるのは例外であろう。④ 32条1項後段の趣旨は，公の機関の宣告に対する信頼保護にあり，真正相続人の関与もないのに公信的効果を付与するのは疑問であろう。

第9章　相続の効力

相続人は，被相続人の死亡（相続開始）の時から，被相続人に属した一切の権利義務を当然かつ包括的に承継する。複数の相続人がいるときは遺産は共有状態になる。この暫定的浮動的遺産の共有状態は，共同相続人間で具体的に誰がどの財産を取得するかを決定する遺産分割の時点で，はじめて解消されることになる。本章では，具体的に相続人が承継する相続財産の範囲，相続と登記，遺産共有，遺産の管理，相続分の譲渡・取戻し，遺産分割などを取り上げ，相続開始から総合的な遺産配分までの法的プロセスを探ることにする。

1 相続の一般的効果

1 当然包括承継の原則と一身専属権

当然包括承継の原則

相続人は，相続開始の時から，被相続人の財産に属した一切の権利義務を承継する（896条本文）。死亡当時，被相続人に帰属していた権利義務は個別的に相続人に承継されるのではなく，包括的に承継される。被相続人の有していた財産的権利義務は個別的な事情と関わりなく，総体として相続人に引き継がれる。しかも，相続人は相続開始の瞬間から当然にその財産的権利義務を承継する。被相続人の死亡と相続による権利義務の取得は同時であり，時間的ズレは生じない。相続人側になんらかの特別な行為は必要ないし，相続人がそのことを知っているかどうか，現実に遺産の占有を開始した

かどうかも問わない。その意味で，相続は法律上当然かつ包括承継だといわれる。たとえば，被相続人が有していた売買契約の売主としての地位，貸金の請求をする貸主の地位も相続人側の同意の必要もなく，当然かつ包括的に引き継がれる。

民法では，被相続人の財産に属した一切の権利義務が原則的に相続されるとする。ただし，個別的に死亡を法律関係の消滅原因としている場合がある。たとえば，本人または代理人の死亡による代理権の消滅（111条），贈与者・受贈者の死亡による定期贈与の失効（552条），使用借主の死亡による使用借権の消滅（597条3項），委任者・受任者の死亡による委任の終了（653条1号）などはその例である。

このほかにも相続では，当然包括承継の原則の例外として「被相続人の一身に専属したもの」は相続人に承継されないと規定する（896条ただし書）。つまり，子育てだとか労働の提供，絵を描くとか講演をする債務のようなその人個人と結び付きが強く，他人が代わってすることが性質上なじまない純粋に個人的な権利義務は，人の死亡とともに法的運命を共にして消滅するという扱いにした。

具体的には夫婦の同居・協力・扶助義務（752条）や親権（820条）などの非代替的債務は，相続人に相続させることが政策的にみて不適切であると考えられ，**一身専属権**として相続性が否定される。また，扶養請求権は，扶養の権利者と義務者との間の身分関係を前提とするもので，扶養必要状態と扶養可能状態とのバランスで決定されるために，相続の対象とはならない。したがって，一身専属権という概念そのものから，相続性の有無が出てくるというより，権利の種類，性質などからみて，相続的承継原理に服させ，相続財産の範囲に入れることが妥当かどうかの価値判断が

重要だということになろう。

なお，財産分与請求権は，調停が申し立てられ，審判中に義務者が死亡した場合には，相続の対象になるとする裁判例がある（大阪高決平23・11・15家月65巻4号40頁）。

② 相続財産の範囲

具体的にはどのような権利義務が相続財産の範囲に入るのかをみてみよう。

損害賠償請求権　不法行為や債務不履行を理由とする損害賠償請求権は，純然たる金銭債権であり相続の対象になる。しかし，生命侵害の場合は，財産的損害と非財産的損害の損害賠償請求権とで必ずしも同列には論じられない面がある。逸失利益など財産的損害賠償請求権の相続性については，相続性を肯定するのが通説・判例であった（大判大15・2・16民集5巻150頁）。これを相続構成という。相続構成は，生命侵害の場合に死者本人に生じた逸失利益の損害賠償請求権が本人の死亡により相続人に承継されるものとする。相続構成に対しては，逆相続の不合理性が指摘される。つまり，両親が子を相続する場合，両親の死亡後の子の稼ぎをあてにして算出された逸失利益を両親が相続するのは不合理ではなかろうか。遺族の中で本当に保護されるべき者は，被相続人によって扶養されていた家族であり，相続人ということだけで遺産が転がり込んでくるのは，笑う相続人を増やすことにしかならないとの批判もある。

これに対して，ドイツでとられているように，扶養構成は，遺族が自己の固有の逸失扶養利益の喪失に基づき損害賠償請求権を有するものとする。これについては，扶養構成では，遺族の要扶養状態が続く期間内で，かつ扶養利益の侵害の限度でしか損害賠

償請求権が認められないこと，相続構成だと権利者の範囲が明確で，損害額の算定も単純で立証責任の負担も軽くなるのに対して，扶養構成だと要扶養状態と期間を主張立証しなければならないという難点がある。

　相続構成は，低額にすぎた損害賠償額全体を上げる役割は果たしたかもしれないが，慰謝料額も上がり，賃金水準も上昇したことから，扶養構成とそれほど差がなくなってきた。死前に死アリ，死後に死アリという論理的矛盾を冒してまで，相続構成でいかなければならないのか検討の余地はあろう。

生命侵害による慰謝料請求権

　生命侵害を理由とする本人の慰謝料請求権は相続されるのか。戦前の判例は，原則的に慰謝料請求権を一身専属権と見つつ，ただ例外的に被害者が請求の意思を表示した場合には金銭債権に転化し，相続されると解した。そのため，被害者が「残念残念」と叫んで死んだ（大判昭8・5・17新聞3561号13頁），「向こうが悪い，向こうが悪い。止める余裕があるのに止めなかったのだ」（大判昭12・8・6判決全集4輯15号10頁）といった場合には慰謝料請求の意思表示があるとして，相続性を認めたのに対して，船の転覆事件で，水中から手を出して「助けてくれ」と叫んだのは慰謝料請求の意思表示にあたらないとした（東京控判昭8・5・26新聞3586号5頁）。

　このような慰謝料請求権の相続性の問題を請求の意思表示の有無で判断する考え方に対しては，あまりにも技巧的にすぎる，請求の意思表示によると侵害が軽い場合に慰謝料を請求しうるのに，重体，即死の場合に不均衡を生ずるとの批判があり，慰謝料は請求の意思表示の有無にかかわらず，免除放棄など特別の事情がないかぎり当然相続されるとする学説が有力化してきた。

このような傾向の中で，最高裁は，従来の意思表示説を改め当然相続説を採用し，生命侵害を理由とする慰謝料請求権は損害発生と同時に慰謝料請求権を本人が取得し，請求権を放棄したという特別な事情がないかぎり，当然に相続人が相続すると判示した（最判昭 42・11・1 民集 21 巻 9 号 2249 頁）。

学説では，受傷後死亡までの本人の慰謝料請求権は，受傷が軽い場合と重傷や即死の場合に不均衡を生ずる，また慰謝料にはもともと償い的機能があるなどとして，判例を肯定する立場もある。しかし，むしろ，死亡の瞬間に死亡を理由とする慰謝料請求権が本人に発生し，同時に相続人に承継されるという理論的無理を冒さず，民法 711 条の遺族固有の慰謝料請求権で対応すべきではないかとの否定説も有力である。

ゴルフクラブ会員権の相続性　最高裁判例には，会員が死亡したときに資格を失う旨の規則があるから，ゴルフクラブの会員たる地位は一身専属的なもので相続の対象になりえないと判示するものもあった（最判昭 53・6・16 判時 897 号 62 頁）。

しかしながら，別の事件で，最高裁は，預託金会員制ゴルフクラブの会則等に正会員が死亡した場合における地位の帰趨に関する定めがなくとも，正会員としての地位の譲渡に関する定めがあるなどの事情に照らすと，正会員が死亡しその相続人が地位の承継を希望する場合，譲渡されたときに譲受人が踏むべき手続に従って，相続人が理事会に対して被相続人の正会員としての地位の承継について承認を求め，理事会がこれを承認するならば，相続人が上の地位を確定的に取得することができると判示した（最判平 9・3・25 民集 51 巻 3 号 1609 頁）。

学説では，預託金返還請求権は相続されるが，他の会員に迷惑

になる者の入会をチェックするなど理事会の承認を要件とする規則を無意味なものにするとして相続に否定的な立場もある。しかし預託金会員制ゴルフクラブの会員権の場合，親睦団体的な性質をもっておらず，その人個人と会員たる地位の結び付きは薄いこと，ゴルフ会員権は自由譲渡性があり，かなり高額な市場価格が形成され財産的価値も高いこと，死亡による会員資格喪失規定のみから，ただちに相続性を全面的に否定することにはならないこと，譲渡と相続とで均衡を著しく失することから肯定説が多い。

恩給・年金の相続性

普通恩給や国民年金の老齢年金を受給していた者が事故により死亡した場合，不法行為に基づく損害賠償請求にあたり，逸失利益となるか，相続の対象となるか。判例では，早くから普通恩給・退職年金の受給利益の喪失を逸失利益と認め，その相続性についても肯定してきた（最判昭 41・4・7 民集 20 巻 4 号 499 頁，最判昭 50・10・21 判時 799 号 39 頁，最判昭 59・10・9 判時 1140 号 78 頁）。公務員の恩給や退職年金は，「公務員本人及びその収入に依存する家族に対する生活保障のみならず損失補償の性格を有する」として逸失利益性，相続性を認めている。また，「退職年金を受給していた者が不法行為によって死亡した場合には，相続人は，加害者に対し，退職年金の受給者が生存していればその平均余命期間に受給することができた退職年金の現在額を同人の損害として，その賠償を求めることができる」として退職年金受給権の逸失利益性と相続性を認めた（最判平 5・3・24 民集 47 巻 4 号 3039 頁）。これに対して，遺族厚生年金については，受給権者自身の生計維持を目的としており，その社会保障的性格から逸失利益性を否定する判例（最判平 12・11・14 民集 54 巻 9 号 2683 頁）も存在する。

学説では，年金・恩給も定期的に発生する所得として逸失利益

性および相続性を肯定する説，公的年金は本人と遺族の生活保障のためのもので遺族には遺族年金を支給するのが年金保険法の趣旨である以上，相続人たる遺族は老齢年金等を逸失利益として請求できないとする否定説に分かれている。

所得税等に係る過納金の還付請求権

被相続人が生前提起し相続人が承継していた所得税更正処分等の取消訴訟での取消判決が確定した場合には，被相続人が納付していた所得税等に係る過納金の還付請求権は相続財産を構成するとした裁判例がある（最判平 22・10・15 民集 64 巻 7 号 1764 頁）。

公営住宅の使用権と相続性

公営住宅の使用関係は，公営住宅法およびこれに基づく条例が特別法として民法，借地借家法に優先して適用されるが，公営住宅法および条例に定めがないかぎり，原則として一般法である民法，借地借家法の適用がある（最判昭 59・12・13 民集 38 巻 12 号 1411 頁）。そこで，公営住宅の使用名義人が死亡した場合に，同居する親族は当該使用権を承継することができるか。公営住宅法および条例にとくに明文の規定はおかれていない。

最高裁は，公営住宅法は，住宅に困窮する低額所得者に対して低廉な家賃で住宅を賃貸することにより，国民生活の安定と社会福祉の増進に寄与する目的で，入居者の収入等資格を制限し，明渡しを請求できることから，入居者が死亡した場合に相続人は使用権を相続により当然承継すると解する余地はないと判示した（最判平 2・10・18 民集 44 巻 7 号 1021 頁）。

低所得者に対する良質で低廉な住宅供給を目指し，入居の機会の公平の確保を目的とする公営住宅の使用権は，あくまでも，民法の定める相続による承継のシステムになじまない。一身専属性

というより，公営住宅の使用権は，公営住宅法および条例に基づく公法上の使用許可であって，その趣旨が重視されるべきであろう。

Case 9-1 ———————————————————————————————

　Aは妻Bとの間に子Cをもうけたが，Bの死亡により婚姻関係は終了した。その後AはA所有の住宅においてDと事実上の夫婦として共同生活をするようになった。Aの死亡後，相続人Cが，同住宅に引き続き居住していたDに対し，建物を明け渡すよう求めた。Cの請求は認められるだろうか。また，住宅が借家であった場合はどうだろうか。

───────────────────────────────────────

住宅の相続性　　　（1）　持ち家のケース　　判例は，Case 9-1のような事案において，紛争の経緯，両者の建物の使用状況，必要度に照らし，相続人の請求は権利濫用であるとした（最判昭 39・10・13 民集 18 巻 8 号 1578 頁）。

　学説では，判例同様の権利濫用説，相続人と内縁配偶者は準親族共助の精神で解決されるべきとする準親族共同説，死後も 752条・760 条による家屋の無償使用権に基づき居住できるとする無償使用権説，社会法的な立場から生存権的居住権をもつとする居住権説などが主張されている。権利濫用説では，一時的な内縁配偶者の居住保護は図れても，安定的な居住関係は保障されず，無償使用権説も生前の共同生活での対内的な財産的効果が死亡後もなぜ存続するのか説明ができない。準親族共同説も道徳的な助け合いの精神の強調にはなっても，そこからただちに法的権利までは出てこない。居住権説も，憲法 25 条の生存権から居住権という概念を構成しても，期間や内容が明らかでない。したがって，内縁配偶者に夫の持家の取得・維持に財産的な寄与貢献があった場合に，共有，組合等の法理により，また財産分与の類推適用な

どで，持分権を認めるべきではなかろうか。

（2）　借家のケース　　不動産賃借権は，実質的には厚い保護を受ける財産権であり，借地権価格，借家権価格が形成されるなど財産的価値は高く，当然のこととして相続性が認められてきた。しかし，借家権の相続を認めると，被相続人と相続人が同居している場合にはとくに問題を生じないが，現に居住する内縁の配偶者や事実上の養子は相続権を有しないため，借家名義人の死亡により，生活の本拠を奪われかねないという深刻な問題をはらむ。そこで，判例では，家主からの家屋明渡請求に対して，借家権が相続されることを前提としたうえで，内縁配偶者は相続人が承継した賃借権を援用して家主からの明渡請求に対抗できるとする援用理論をとった（最判昭 42・2・21 民集 21 巻 1 号 155 頁）。なお，援用理論では，相続人からの明渡請求に対しては，権利濫用法理で対抗することになる。

学説では，相続性を肯定したうえで相続人の賃借権を援用して居住を継続できるとする援用説，占有補助者としての資格で居住できるとする占有補助者説，賃貸人は明らかに内縁夫婦の共同賃借を承認しており，共同賃借人としての地位を取得しているとする共同賃借人説，離婚に際しての財産分与を活用する説，相続性を否定したうえで，賃借権は家団ないし家族共同体に帰属し，名義人は代表者にすぎないから，新たな代表者に引き継がれると解する家団論，家族共同体説，生存権保障や社会法の原理から合法的な居住の事実と要保護性により内縁配偶者は固有の居住権をもつとする居住権説などが主張されている。

私見では，共同賃借人としての地位で保護すべきと考える。すなわち，居住家屋賃借権につき，相続性を否定したうえで，内縁配偶者も日常家事債務の範囲では連帯して賃料支払義務を負う以

上（761条），賃貸人による長期間の共同居住の承認により共同賃借人として契約当事者に組み入れる黙示の合意を認定できるケースが多いのではなかろうか。

占有権の相続性 所有権，地上権，抵当権などの物権は財産権であり，相続財産となることで異論はない。しかし，同じ物権でも目的物に対する現実的支配である占有権については，占有者の死亡によって占有権は消滅し，現実的物支配をともなう占有権の場合に相続は起こりえないとの考え方もあった。しかし，占有権の相続による承継を認めないと，被相続人（占有権者）の死亡後，その相続人が占有を開始するまでの間に現れた占有侵害者に対し，占有回収の訴え（200条）を提起できないとか，占有が断絶したことにより，取得時効の完成が後れるという不都合が生ずる。そこで，**占有権の相続性**について，判例・通説は，「占有権も承継され，被相続人が死亡して相続が開始するときは，特別の事情のないかぎり，従前その占有に属したものは，当然相続人の占有に移ると解すべきである」として（最判昭44・10・30民集23巻10号1881頁）これを認めている。

占有権を相続した場合には，相続人は，原則として被相続人の占有の性質，態様なども承継する。しかしながら，被相続人が悪意の占有者であったのに対し，相続人は善意の占有者であるような場合には，民法187条1項の適用があるのかどうかも問題となってくる。最高裁は，「相続人は必ずしも被相続人の占有についての善意悪意の地位をそのまま承継するものではなく，その選択に従い自己の占有のみを主張し又は被相続人の占有に自己の占有を併せて主張することができる」として（最判昭37・5・18民集16巻5号1073頁），187条1項の適用を肯定している。

そして，被相続人が他主占有者であった場合にも，相続人に所

有の意思がある（自主占有）とみられる場合には，当該相続人は，被相続人の死亡後民法185条にいう「新たな権原」により自主占有を開始したことになる（最判昭46・11・30民集25巻8号1437頁）。また，共同相続人の1人が，単独に相続したものと信じて疑わず，相続開始とともに相続財産を現実に占有し，その管理，使用を専行してその収益を独占し，公租公課も自己の名でその負担において納付してきており，これについて他の相続人がなんら関心をもたず，もとより異議を述べた事実もなかったような場合には，当該相続人はその相続のときから自主占有を取得したといえる（最判昭47・9・8民集26巻7号1348頁）。さらに，他主占有者の相続人が独自の占有に基づく取得時効の成立を主張する場合において，その占有が所有の意思に基づくものであるといいうるためには，占有者である当該相続人において，その事実的支配が外形的客観的にみて独自の所有の意思に基づくものと解される事情を自ら証明すべきであるとされている（最判平8・11・12民集50巻10号2591頁）。

死亡退職金・生命
保険金の相続性

死亡退職金は，死亡に際して勤務先から支給される退職金（退職手当）であり，賃金の後払的性格と同時に，功労報償的性格も有している。賃金の側面や死亡を理由とする給付という側面からは，被相続人の財産として相続財産を構成するといえなくもない。しかしながら，死亡した労働者が国家公務員である場合には，国家公務員退職手当法などの法令により受給権者が定められており，私企業に勤務していた場合には，労働協約や就業規則等により受給権者の範囲や順位が定められていることが多い。そこで，死亡退職金の受給権者の範囲が民法の定める相続人の範囲や順位と異なる定め方をしている場合には，死亡退職金の受給権

は相続財産に属さず，受給権者たる遺族が自己固有の権利として取得するものだと解されている（最判昭55・11・27民集34巻6号815頁）。また，退職金支給規程をもたない財団法人が，その理事長の死亡に際して，法人として死亡退職金を支給することを決め，その配偶者に支払った場合，相続人の代表として支給されたものではなく，配偶者個人に支給されたものと解した判例がある（最判昭62・3・3家月39巻10号61頁）。

　生命保険金は，生命保険契約の契約者が死亡した場合に，保険会社が受取人として指定された者に対して支払う金員であり，保険契約の効果として受取人が取得するものである。したがって，生命保険金請求権は，保険金受取人に特定の者が氏名を挙げて指定されていれば，相続財産を構成することはなく，受取人が原始取得したその固有財産であることに問題はない（大判昭11・5・13民集15巻877頁，最決平16・10・29民集58巻7号1979頁）。保険金受取人の指定がなく，単に相続人に支払うとされていた場合も，特段の事情がないかぎり，保険契約の効力発生と同時に，契約者の相続人たる者全員の固有財産となり，遺産から離脱したものと解される（最判昭48・6・29民集27巻6号737頁）（⇒ *Column* ㉗）。

　受取人として指定された者が被保険者より先に死亡した場合には，契約者は受取人を変更することができ（保険43条），受取人の相続人全員が受取人となる（同46条）。この相続人は，被保険者死亡当時生存するものでなければならず，相続人固有の権利として取得するものであるため，取得割合は民法427条の債権債務平等原則により均分とされる（最判平5・9・7民集47巻7号4740頁）。これに対して，相続人を受取人と記載する場合は，相続人が取得する保険金額の割合は427条の別段の意思表示があるとし

て，相続分の割合によるとする（最判平 6・7・18 民集 48 巻 5 号 1233 頁）。また，保険金受取人が被保険者本人（被相続人）とされている場合は，被相続人に保険金請求権が発生し，相続によって相続人に承継されることになる。

　なお，死亡退職金や生命保険金は原則として相続財産に属さないが，例外的に共同相続人間の実質的な公平を確保するために，特別受益として扱うことがある（⇒ **8** ③ 具体的相続分の確定）。

Column ㉑　生命保険金の取扱い ●→●→●→●→●→●→●→●→●→●→●→●→●→●→

　生命保険は，保険契約者が保険料を支払うのに対し，保険会社が保険契約者または第三者の死亡を保険事故として，一定の保険金を支払う契約である。しかしながら，人の死亡を契機として金銭が支払われる点で，相続と類似する面もある。また，生命保険は契約内容によってはかなり高額の保険金が支払われるため，これが相続財産に含まれるかどうかは，相続人だけの関心事というわけではない。とくに生命保険金の受取人が相続人と指定されていた場合には，被相続人が生命保険金を相続財産に含める趣旨であった可能性もあるため，問題が生ずる。

　しかし，相続は被相続人の死亡の時点において，被相続人に帰属する財産権を相続人に移転する制度であり，死亡の時点において発生していない財産権については相続の対象とはならない。したがって，被保険者の死亡によって初めて発生する生命保険金請求権を相続財産に含めることは困難である。また，生命保険金は指定された保険金受取人に対し，保険会社が保険契約に基づき，その効果として保険金を支払うもので，かつ，支払われる保険金は保険料の対価ではないという契約の構造（第三者のためにする契約）になっている。そうであれば，生命保険金は死亡した被保険者から承継取得するものではなく，指定された受取人が原始的に取得するものと考えられる。

　このような理由から，通説・判例は，生命保険金を受取人固有の財産権とし，相続財産に含まれないものと解している（最判昭 40・2・2 民集 19 巻 1 号 1 頁，最判平 14・11・5 民集 56 巻 8 号 2069 頁）。

しかし，生命保険金の金額，遺産総額との比率，同居の有無，介護，生活実態等から他の共同相続人との間の不公平が著しいときは，特別受益として持戻しの対象となりうる（前掲最決平 16・10・29）。

保証債務の相続性　　一般の保証債務は，個人的信頼関係に基礎をおくものでも，内容的には財産的権利であり，人的担保として債権の回収を確実にするものでもある以上，相続性は肯定される。しかしながら，継続的取引から生ずる債務を包括的に保証する信用保証（根保証）については，責任限度額および期間の定めのないときは，その責任の及ぶ範囲が広範で不確実なために，当事者その人と終始するものであって，保証人の死亡後に生じた債務について相続人はこの保証債務を承継負担しない（最判昭 37・11・9 民集 16 巻 11 号 2270 頁）。2004（平16）年の民法改正で，貸金債務の根保証契約につき，保証人が死亡した場合も元本確定事由とされ（465 条の 4 第 3 号），包括根保証に関する上記判例法理を明文化するとともに，その趣旨を限定根保証にも及ぼそうとするものである。

また，身元保証についても，個人的信頼関係の要素が強く，保証内容が不確定で，保証人が予想外の重い負担を背負う可能性も高いため，保証人の責任を制限する法律があり（身元保証に関する法律），判例も相続性を否定している（大判昭 18・9・10 民集 22巻 948 頁）。もっとも，身元保証契約に基づく損害賠償債務が相続開始当時すでに発生している場合には，一般の金銭債務と同様に相続されることになる。

主たる債務を相続した保証人が相続開始後に行った保証債務の弁済は，原則として，主たる債務者による承認として消滅時効の中断の効力を有する（最判平 25・9・13 民集 67 巻 6 号 1356 頁）。

Case 9-2

① Aの子であるYが，Aから預かった実印を無断で使用して，Aの所有する不動産をXに譲渡し，登記も済ませた。その後，Aが死亡し，Y（無権代理人）がA（本人）を単独で相続した場合に，YはAの立場で自分のした無権代理行為の効果の帰属を拒否できるか。

② ①の事案において，相続人としてYの他に妻Bがおり，YとBがAを共同相続した場合に，Yがした無権代理行為の追認は有効か。

③ Aの子であるYが不動産を所有していたが，AがYの実印を無断で使用して，Xに譲渡してしまい，登記も済ませた。その後，Aが死亡して，Y（本人）がA（無権代理人）を単独で相続した場合に，YはAのした無権代理行為の効果の帰属を拒否できるか。

無権代理人相続型
（Case9-2 ①）

無権代理人が本人を単独で相続した無権代理人相続型で，最高裁は「無権代理人が本人を相続し本人と代理人との資格が同一人に帰するにいたった場合においては，本人が自ら法律行為をしたのと同様な法律上の地位を生じたものと解するのが相当であ〔る〕」と判示し，資格融合説にたって，無権代理行為が当然に有効になるとする当然有効説をとった（最判昭40・6・18民集19巻4号986頁）。

これに対して，無権代理人が本人を共同相続した場合（Case 9-2 ②）における無権代理人共同相続型で，最高裁は信義則をベースに，他の共同相続人全員の追認がないかぎり，無権代理行為は無権代理人の相続分に相当する部分についても当然に有効となるものではないと判示した（最判平5・1・21民集47巻1号265頁）。

**本人相続型
（Case9-2 ③）**

本人が無権代理人を相続した場合について，最高裁は，無権代理行為の追認を拒絶しても何ら信義則に反しないから，被相続人の無権代理行為は一般に本人の相続により当然に有効となるものではないと判示した（最判昭 37・4・20 民集 16 巻 4 号 955 頁）。ついで，無権代理人の責任が相続されるかどうかにつき，117 条による無権代理人の債務が相続の対象となることは明らかであって，本人は相続により無権代理人の上記債務を承継するのであり，本人として無権代理行為の追認を拒絶できる地位にあったからといって上記債務を免れることはできないと判示した（最判昭 48・7・3 民集 27 巻 7 号 751 頁）。また，本人が無権代理行為の追認を相続前に拒絶している場合，その後に無権代理人が本人を相続したとしても，無権代理行為は有効にならない（最判平 10・7・17 民集 52 巻 5 号 1296 頁）。つまり，本人相続型では，両資格の併存を前提としたうえで，信義則上の制約を別にすれば，本人としての追認ないし追認拒絶は自由であるが，相続した無権代理人の資格では，相手方の選択に従って履行ないし損害賠償責任を負うと解している。

Case 9-3

　妻 B が夫 A を無権代理して A 所有の土地を Y に売却して死亡したので，AB 間の子 X らがまず無権代理人 B を A（本人）とともに共同相続し，その後本人 A が死亡したため，本人をも相続した場合に，X らは B の無権代理行為を前提に土地の返還を求めることができるか。

双方相続型

双方相続型には，第三者がまず無権代理人の死亡により，その地位を本人とともに共同相続し，その後引き続き本人を相続して双方を相続するタ

イプ（無権代理人相続先行双方相続型）と，第三者がまず本人を相続して，その後に無権代理人を相続するタイプ（本人相続先行双方相続型）がある。

Case 9-3 の事案において，最高裁は，「無権代理人を本人とともに相続した者がその後更に本人を相続した場合においては，当該相続人は本人の資格で無権代理行為の追認を拒絶する余地はなく，本人が自ら法律行為をしたと同様の法律上の地位ないし効果を生ずるものと解するのが相当である。このことは信義則の見地から見ても是認すべきものである」と判示した（最判昭 63・3・1家月 41 巻 10 号 104 頁）。

本人を相続した後，無権代理人を相続する本人相続先行双方相続型では，判例法理でいくと，本人相続型で処理することになろう。しかし，双方相続型で，無権代理人と本人の相続の先後という偶然の事情で結論が異なるのは妥当でないとの批判がある。

学説の動向 かつて，無権代理人相続型では，相続が人格の承継であるから，無権代理人と本人とは法律上同一人となる（人格承継説），欠けていた代理権が事後的に追完された（代理権追完説），本人と無権代理人の両資格が同一人に融合したとする（資格融合説）等の論拠づけで，先になされた無権代理行為は当然に有効になるとする立場（当然有効説）が有力であった。しかし，①当然有効説をとったとされる判例のほとんどは家督相続を認めていた旧法下の事件であったり，事実上単独相続がなされたケースであって，共同相続を原則とする現行法のもとで妥当するかどうか疑わしい。無権代理人が本人を共同相続した場合，当然有効とすると，他の共同相続人が追認拒絶をする余地がなくなり，その利益が不当に奪われる結果となる。②また，資格融合的な構成で当然有効とすると，相続という偶然

の事情で，無権代理人として責任を負わなくていい場合にも（113条2項）全部有効となるのは適切でない。また，相手方の取消権や無権代理人に対する履行または損害賠償請求権の選択の余地をもつ利益（117条1項）を奪うことも妥当でない。③表見代理と同様に，代理法理の枠内で柔軟に事態の処理をはかり，両資格の併存を認めたうえで，資格の使い分けが信義則に反する場合のみチェックすればよいとの学説が強くなり，最高裁も，共同相続人全員が追認しないかぎり，無権代理行為は当然には有効とならないとの判断をした（最判平5・1・21民集47巻1号265頁）。この判決では，無権代理人の相続分に相当する部分についても，無権代理による連帯保証契約は有効にならないとして請求を棄却した。

　これに対して，本人相続型では，資格併存説にたち，本人としての資格で追認を拒絶することは信義則に反しないとして，判例を支持する立場が多い。相続人たる本人は，無権代理人の責任（相手方の選択により履行または損害賠償の責任）を承継し，特定物の給付義務は免れるが，金銭や不特定物の給付義務は免れないと解される。

　無権代理人相続型，本人相続型で資格融合，資格併存と別の法理で処理することは論理的整合性を欠く。したがって，分析的立場から，本人としての地位，無権代理人としての地位，相手方の地位が併存することを前提として，具体的利益状況に応じて信義則により（本人の無権代理行為への関与，矛盾行為禁止等の事情により），妥当な結論を探ればよいのではないか。一応，相続により資格併存状態になるとみて，無権代理人共同相続型であれば，他の共同相続人の利益を考慮して追認拒絶は原則的に信義則に反せず，無権代理人が遺産分割で当該目的物を取得したとか，他の共

同相続人が相続放棄をして単独相続するなどの特段の事情があれば，追認拒絶が信義則違反となる余地がある。無権代理人相続先行双方相続型でも基本は同じである。これに対して，本人相続型，本人相続先行双方相続型では，本人の資格と無権代理人の資格が併存し，本人資格で追認を拒絶することは信義則に反しないから，本人としての資格で追認することも追認を拒絶することもできる。ただ，無権代理人としての責任を承継するから，金銭債務，不特定物の給付義務は負担することになる。

2 相続と登記

相続と登記

2018（平28）年の相続法改正以前には，相続と登記をめぐって以下のような判例法理が形成されていた。すなわち，共同相続人のうちの1人が無断で遺産を構成する不動産につき単独で相続登記をして第三者にこれを譲渡したときは，他の共同相続人は登記なくして自己の共有持分を第三者に対して対抗することができる（最判昭38・2・22民集17巻1号235頁）。遺言で指定された相続分と異なる法定相続分で登記された場合に，法定相続分より多い相続分の指定を受けた他の相続人は，第三者に対して指定相続分を登記なくして対抗できる（最判平5・7・19家月46巻5号23頁）。特定の相続不動産を特定の相続人に「相続させる」旨の遺言（特定財産承継遺言）によって不動産を取得した受益相続人は，登記なくして第三者に権利取得を対抗できる（最判平14・6・10家月55巻1号77頁）。相続放棄によって相続持分の変動が起こった場合も，放棄者は登記なくして第三者に対抗できるとしていた（最判昭42・

1・20 民集 21 巻 1 号 16 頁）。これに対して，遺産分割協議によって法定相続分と異なる権利を取得した相続人は，登記なくして第三者に対抗できないとされていた（最判昭 46・1・26 民集 25 巻 1 号 90 頁）。また，遺贈と登記との関係についても，不動産の二重譲渡と同様に，民法 177 条が適用され，登記なくして第三者に対抗できないとしていた（最判昭 39・3・6 民集 18 巻 3 号 437 頁）。

　以上のように，相続と登記の問題では，対抗要件である登記を備えていない相続人と，登記を信頼した第三者または共同相続状態にあるとの外観を信じた第三者のいずれを保護すべきかの問題とされており，相続人の保護に傾くと「無権利の法理」が適用され，第三者保護を重視すると「対抗問題」での処理がなされるなど，必ずしも理論的にも実務的にも一貫した処理がなされてこなかった。そこで，2018 年の改正法では，相続による権利承継では，遺産の分割によるものかどうかにかかわらず，法定相続分を超える部分については，登記，登録その他の対抗要件を備えなければ，第三者に対抗することができないと規定した（899 条の 2 第 1 項）。

　なお，2021（令 3）年の不動産登記法の改正により，相続登記申請の義務化が図られた。すなわち，所有者不明土地等の対策の一環として，相続により不動産の所有権を取得した相続人に対し，自己のために相続の開始があったことを知り，かつ，当該所有権の取得したことを知った日から 3 年以内に登記申請をすることを義務付けるとともに（不登法 76 条の 2 第 1 項），正当な理由なくその申請を怠ったときは，10 万円以下の過料に処せられることになった（不登法 164 条 1 項）。

3 祭祀財産の承継

祭祀財産と相続

現行民法は，家制度や家督相続制度を廃止し，家系図，位牌，仏壇，お墓などの祭祀財産の承継は，相続から切り離して，別個の承継手続を定め，祖先の祭祀を主宰すべき者に承継させることにした（897条）。つまり，仏壇，位牌などの祖先祭祀用の財産は，その性質上，共同分割相続になじまず，もし共同均分相続を認めると，散逸や紛争の種になりかねないこと，このような特殊財産を一般の財産と同様に扱うことは，従来からの国民感情や習俗にも反し，家制度を廃止した後も伝統的慣習的行事として存続させる必要があった。

祭祀財産承継の原則

民法は，祭祀財産の承継者の決定については，祭祀財産の特殊性とこれに対する国民感情を考慮して，次のようなルールをたてた。つまり，系譜，祭具，墳墓の所有権は，慣習に従って祖先の祭祀を主宰すべき者がこれを承継する。ただし，被相続人の指定に従って祖先祭祀を主宰すべき者があるときは，その者が承継する（897条1項）。慣習が明らかでないときは，家庭裁判所が祭祀主宰者を定める（同条2項）。第1に，祭祀財産は被相続人の指定（意思）に従い，第2に，慣習によって，第3に，そのいずれによっても祭祀主宰者が決定できないとき，家庭裁判所が一切の事情を考慮して審判で決することになる。

祭祀主宰者の決定基準

家庭裁判所が祭祀承継者を決定する場合に，①候補者と被相続人との身分関係や生活関係，②祭具との場所的地理的関係，③候補者の祭祀主宰の意思と能力，④祭祀財産取得の目的と管理の実情，⑤関係者の意

向などを総合的に判断することになる。今日の祖先祭祀は，個人化，私事化が進み，制度というより，死者に対する追慕や慰霊にあるのだから，身分関係や続柄でなく，被相続人との緊密な生活関係や愛情信頼関係により，祭祀財産の管理にふさわしい者が選ばれる必要があろう。たとえば，被相続人の成年後見人をしてきた親しい妹，会社を継いだ長男ではなく，祭祀執行状況等から妻を祭祀承継者に指定したケースもある。

4 遺骨・遺体の相続性

遺骨・遺体の所有権　判例・多数説は，遺骨や遺骸も有体物であるから所有権の客体たりうるとする。しかし，一般の財貨の所有権とは異なり，あくまでも遺骨や遺骸に対する所有権は，性質上埋葬・管理・祭祀・供養という目的の範囲でしか認められないとする（大判大 10・7・25 民録 27 輯 1408頁，大判昭 2・5・27 民集 6 巻 307 頁等）。

Case 9-4

　Ａが死亡したため，妻であるＢがその葬儀を行い，Ａの遺骨は「家の墓」に埋葬された。その後Ｂは別に新しい墓を購入して，そこにＡの遺骨を移そうとしたが，Ａの母や兄弟たちが反対している。この場合，Ａの遺骨の所有権は誰に帰属するのであろうか。

遺骨・遺体の相続性　遺骨・遺体の帰属をめぐっては，以下の3説に分かれる。第 1 説は，相続人帰属説である。これは，遺骨や遺体についても所有権の客体となり，相続人が相続により取得すると解する。第 2 説が喪主帰属説で，

慣習や条理上喪主となるべき者に当然に帰属すると解する。この説は，被相続人の遺骸ないしこれを火葬した焼骨の所有権は，相続財産を構成するものではなく，被相続人との身分関係がもっとも近い者の中で，その喪主となった者に当然帰属すると考えるべきだとする（東京地判昭62・4・22判タ654号187頁）。第3説は祭祀主宰者承継説であり，民法897条の祭祀財産の承継規定に準じて処理されるべきことを説く（最判平元・7・18家月41巻10号128頁，名古屋高決平26・6・26家判5号120頁）。この説は，埋葬・祭祀の目的である遺体や遺骨が埋葬道具・施設である墳墓に収容されるわけで，これらがバラバラに扱われることは適切でないこと，同条の趣旨からすれば，慣行上の喪主は葬儀に必要な範囲内で遺骨・遺骸の管理処分権をもつにとどまり，最終的には祭祀財産に準じて処理されるべきことを理由とする。今日，核家族化が一般化し，伝統的祖先祭祀から変容がみられ，価値観・宗教観の対立も激しくなっていることなどから，祭祀主宰者に取得させるべきではなかろうか。また，葬送の多様化から，分骨，散骨なども認めてよい場合もあろう。

◆葬儀費用の負担と香典　　人が死亡すれば通常葬儀が行われるわけであるが，被相続人の葬儀費用を誰が負担すべきかについては，裁判例・学説ともに分かれている。相続人間で分割して負担すべきものとするもの（東京高決昭30・9・5家月7巻11号57頁），相続財産の負担とするもの（東京地判昭59・7・12判時1150号205頁），喪主の負担とするもの（東京地判昭61・1・28判タ623号148頁）などがある。
　これとは逆に，死亡によって生ずる収入としての香典もある。法律的にみると，香典とは葬儀費用等の遺族の負担の軽減や慰藉のために喪主に対してなされる個人的贈与をいう。香典は葬儀費用に充当されるのが一般的であるが，余剰が出ても相続財産とはならず，喪主に帰属すると解するのが通説である。葬儀費用にはまず香典を

充て，不足分を相続財産の負担とし，それでもなお足りない場合には，喪主の負担とするのが社会的常識に合致しているといえよう。

5　遺 産 共 有

遺産共有の法的性質

民法は，相続人が数人あるときは，相続財産はその共有に属すると規定している（898条）。また，各共同相続人はその相続分に応じて被相続人の権利義務を承継すると定める（899条）。相続人は，相続開始の瞬間から，被相続人に属した一切の財産上の権利義務を包括的に承継することになるが（896条本文），複数の相続人がある場合には，遺産分割前は暫定的に共同相続人による「共有」状態におかれる。そして，遺産が具体的に分割される前には，各共同相続人が相続分の割合で抽象的包括的に共有状態で遺産を共同承継していると定めている。それでは，ここでいう遺産共有とは，民法249条以下の物権編にいう「共有」を意味するのか，それとも遺産分割を目的とする「合有」をさしているのか。

共有説・合有説

もともと民法の起草者は，898条にいう遺産「共有」は249条以下の共有と異なるところがないとみていた。これを共有説という。共有説では，各共同相続人は，遺産を構成する個々の財産上に物権的な共有持分を有し，この共有は個人的共有であるから，遺産分割前であっても各自は自由に持分権を処分することができると説く。また，被相続人に属した可分の債権債務についても，各共同相続人間で法定相続分に従い当然に分割帰属すると解する。

これに対して，合有説は，各共同相続人は，遺産全体に対して

抽象的な割合的持分を有し，遺産全体に対する持分としての相続分の譲渡はできるが，遺産を構成する個々の財産上に物権的持分を有するものではないとする。したがって，各共同相続人は，個々の財産に対する持分を自由に処分することは許されないし，債権債務も共同相続人全体に不可分的に帰属し相続分に応じて分割帰属するものではないと説く。単なる個人的共有とせず，一種の財団的一体的処理をするのは，多様な内容の遺産を散逸させたり解体せずに遺産分割のための目的財産としてできるかぎりその一体性を保持しようとする政策的配慮が背景にある。

判例の立場　立法者および判例は，徹底した共有説の立場をとってきた。たとえば，相続財産の共有は，民法改正の前後を通じ，249条以下に規定する「共有」とその性質を異にするものではないとする。また，遺産分割に関しては，256条以下の規定が適用され，現物分割が原則であり，分割によって著しく価格を毀損するおそれがあるときは，競売を命じて価格分割を行うことになると判示している（最判昭30・5・31民集9巻6号793頁）。

　確かに戦前はドイツ法の影響を受けて合有説は学説上有力であった。旧民法1012条では，遺産分割の遡及効を認め，被相続人からの直接の権利承継を擬制していた。その結果，遺産分割前の個々の財産上の持分譲渡も無効とされ，合有的取扱いで首尾一貫していた。ところが，戦後の民法の改正により，遺産分割の遡及効の例外を認める909条ただし書の規定が設けられ，結局は遺産分割前の個々の財産の持分処分も遡及効により影響されず有効とされることになってしまった。

　もっとも，共有説をとる判例でも，共同相続人間での遺産共有の解消方法は，遺産分割が遺産の総合的合理的分割を目的とする

ものであり，相続人間で遺産分割前に個々の財産を共有物分割請求することは許されないとしている（最判昭62・9・4家月40巻1号161頁）。遺産分割は，共有物分割の特則であるし，多種多様な目的物から成る遺産が遺産分割を経ずして解消されることは好ましいことではない。遺産を構成する個々の財産の持分を譲り受けた第三者は，遺産分割ではなく，特定財産につき他の共同相続人と共有関係にたち共有物分割訴訟により共有関係の解消を求められるとする（最判昭50・11・7民集29巻10号1525頁，最判昭53・7・13判時908号41頁）。第三者に売却処分等された財産は遺産分割の対象から逸出してしまうこと，共有物分割と遺産分割は，その対象，基準，手続等が異なり，同一手続では処理できないこと，第三者を遺産分割という特殊な関係にある手続に関与させることは適切ではないことなどから，共有物分割手続説がとられている。しかし，遺産分割手続で行うことの方が整合的であるとする遺産分割手続説も有力である。なお，遺産共有と通常の共有が併存する場合，共有者が遺産共有持分と他の共有持分との共有関係解消を求める方法は，民法258条の共有物分割訴訟であり，共有物分割の判決によって遺産共有持分権者に分与された財産は遺産分割の対象となり，この共有関係の解消は民法907条の遺産分割による（最判平25・11・29民集67巻8号1736頁）。

遺産共有と通常共有の併存する場合の特則　2021（令3）年の改正により，遺産共有と通常共有が併存する場合において，相続開始時から10年が経過したときは，遺産共有関係の解消も地方裁判所等の共有物分割訴訟において行うことができるものとする（民法258条の2第2項本文）。共有物分割をする際の遺産共有持分の解消は，具体的相続分ではなく法定相続分または指定相続分が基準となる（898条2項）。ただし，

被告である相続人が遺産共有の解消を共有物分割において実施することに異議申出をしたときはできない（258条の2第2項ただし書）。異議申出は，遺産分割請求がなされ，相続人が共有物分割訴訟の請求があった通知を受けた日から2か月以内にしなければならない（258条の2第3項）。

不明相続人（共有者）の不動産の持分取得・譲渡

2021（令3）年の改正により，相続により不動産が遺産共有状態となったが，相続人の中に所在等が不明な者がいるケースでも，所在等の不明な相続人（共有者）との不動産の共有関係を解消するため，その持分の取得・譲渡を可能にする制度が導入された。すなわち，共有者は，相続開始時から10年を経過したときに限り（262条の2第3項），裁判所の決定を得て，所在等不明共有者の不動産の持分を，その価額に相当する額の金銭を供託したうえで取得することができる（262条の2第4項，非訟87条5項）。また，共有者は，裁判所の決定を得て，所在等不明共有者以外の共有者全員により，所在等不明共有者の不動産の持分を含む不動産の全体を，所在等不明共有者の持分の価額に相当する額の金銭を供託したうえで，譲渡することができる（262条の3，非訟87条5項）。「供託」は非訟事件手続法に規定がある。

Case 9-5

遺産である不動産を共同相続人全員の合意で売却し，その代金を受領した共同相続人の1人Aが他の共同相続人Bに引き渡さない場合，BはAに対して売却代金の引渡しを求めることができるのであろうか。

可分債権の承継

判例は，相続人が数人いる場合に，相続財産中に金銭その他の可分債権があるときはその債権は法律上当然に分割され，各共同相続人が相続分に

応じてこれを承継するという共有説・当然分割説にたつ（最判昭29・4・8民集8巻4号819頁）。

民法898条での遺産の共有は，249条以下の共有と同じであると解する共有説の立場からは，金銭債権などの可分債権については，相続開始と同時に相続人は法定相続分に従った債権額を当然に分割取得することになる。銀行預金についても同様に解する。共有説・当然分割（分割債権）説は，遺産分割が長期化してまとまらないときにも，各相続人が金銭債権などを取得できるメリットがある。しかし，他方，可分債権が相続開始と同時に遺産から逸出することで，遺産分割による合理的な配分に支障がでたり，債務者としても，個別に支払を求められても法定相続分に応じた額かどうか判定が困難などの問題もある。そこで，遺産分割前の遺産を一種の特別財産として合有と解し一体性を保持しておきたいとする合有説の立場からは，可分債権も相続されると相続人全員に帰属し，取立ては相続人全員でしなければならないとする合有説，428条を類推して不可分債権として扱う不可分債権説も主張されていた。

最高裁は，共同相続した賃貸不動産の賃料債権は，遺産とは別個の財産で，各共同相続人の相続分に応じた分割帰属をすると判示した（最判平17・9・8民集59巻7号1931頁）。しかしながら，共同相続人間で別途預金口座で管理するなど，遺産分割の対象にするという合意が認められる場合は，総合的分割の対象とすべきであろう。

Case 9-6 ─────────────────────────────

Aが遺産として6000万円の銀行預金を残した。Aの相続人は子BとCであるが，Bは遺産分割協議前に銀行に対して自己の持分である預金の2分の1の払戻しを請求できるか。また，Aの遺産が現金であ

った場合はどうか。

預金債権・現金
　最高裁は，相続財産中の可分債権（貯金）につき，相続開始と同時に当然分割帰属することを前提に，共同相続人の1人がその相続分を超えて債権を行使した場合，他の共同相続人の財産の侵害となるから，不法行為に基づく損害賠償または不当利得の返還請求ができると判示した（最判平16・4・20家月56巻10号48頁）。しかし，近時，最高裁は共同相続された普通預金債権，通常貯金債権，定期預金債権，定期積金債権は，相続開始と同時に相続分に応じて分割されるものではなく，遺産分割の対象となると判示するに至った（最大決平28・12・19民集70巻8号2121頁，最判平29・4・6判時2337号34頁）。

　なお最高裁は，郵便貯金法では，定額郵便貯金に一定の据置期間を設けて分割払戻しをしないなど制限を置いており，預金者の死亡により法定相続分に従い当然分割されるものではないと判示した（最判平22・10・8民集64巻7号1719頁）。また，共同相続された株式（最判昭45・1・22民集24巻1号1頁）や投資信託受益権・個人向け国債（最判平26・2・25民集68巻2号173頁），投資信託受益権の満期元本償還金等（最判平26・12・12判時2251号35頁）は，権利の性質および内容から，相続開始と同時に当然に相続分に応じて分割されることはない。また，現金は，被相続人の死亡により他の動産・不動産とともに相続人らの共有となり，相続人らは総財産の上に法定相続分に応じた持分権を取得するだけであって，債権のように相続分で分割された額を当然承継するものではないから，遺産分割までの間，金銭を保管する他の相続人に対して自己の相続分に相当する金銭の支払を求めることはでき

ないとした（最判平 4・4・10 家月 44 巻 8 号 16 頁，原審東京高判昭 63・12・21 判時 1307 号 114 頁）。

債務の相続　　金銭債務などの可分債務は，相続の開始 とともに各共同相続人に法定相続分の割 合に応じて分割承継されることになるのか。判例は，可分債務は 相続開始と同時に共同相続人に法定相続分に応じて当然分割帰属 するとの立場をとる（大決昭 5・12・4 民集 9 巻 1118 頁）。

　もっとも，相続債権者からは，法定相続分に応じた相続債務の 履行請求もできるし，指定相続分の効力を承認して，指定相続分 に応じた債務の履行請求も選択してできる（最判平 21・3・24 民 集 63 巻 3 号 427 頁）。

　遺産共有につき物権法上の共有と解する立場からは，金銭債務 のような可分債務は民法 427 条の分割債権関係として共同相続人 間で当然に相続分に応じた分割帰属をするとみる。分割債務説は， 相続は遺族の生活保障的意味もあり，消極財産たる債務について できるかぎり相続人の負担を軽くする方向で扱うべきこと，相続 人が複数ある場合に，不分割とすると債権の担保力が強くなって 債権者に有利になりすぎること，特別受益や寄与分，遺産分割の 有無など第三者は内部事情がわからないため，法定相続分で分割 される方が第三者に不測の損害を与えないこと等を論拠とする。

　これに対して，全体としての相続財産への共有は成立するが 個々の財産への共有が成立するのではないとする合有説の立場か らは，可分債務も合有と解して全員で支払責任を負うとする合有 積極説，死亡という偶然の事情で可分債務が多数当事者に分割帰 属することを許すと，債権者は無資力者などの存在により不測の 不利益を被ることから，性質上の不可分債務として相続人に対し て全部の履行を請求でき，1 人が支払ったときは他の相続人とは

求償関係が生ずるとする不可分債務説，家族共同体の生活維持のために負った消費者債務については性質上可分でも合有的に取り扱い，そうでない非消費者債務については相続人の分割承継とすべきと解する消費者債務不可分説などがある。

　結局，債務の相続については，債務の種類・性質，相続人や債権者の利害状況を検討しながら妥当な処理をはかるべきであろう。たとえば，連帯債務について，判例は，連帯債務者の1人が死亡したときに，その相続人らは被相続人の債務が分割されたものを承継し，各自がその承継した範囲において本来の債務者とともに連帯債務者となると解する（最判昭34・6・19民集13巻6号757頁）。相続人は，連帯債務を承継して他の連帯債務者と連帯して全額の支払義務を負うのか（連帯債務承継説），それとも法律上当然に分割された相続分に応じた分割債務を連帯して負うのか（分割承継説）。相続が財産上の地位の包括的承継であること，連帯債務の本来的効力は全部義務性にあるがそれが変形させられること，連帯債務の債権担保力が弱くなってしまうこと，相続人の分割債務と他の連帯債務者とが不等額連帯の関係に立って複雑になることから，連帯債務承継説が妥当ではなかろうか。

議論の実益　　909条ただし書についても，合有説の立場からは，本来遺産分割前の持分の処分は許されないが，取引の安全のために第三者を保護する規定をおいたと説明している。これに対して，共有説の立場からは，909条ただし書の規定は当然の規定であり注意的に規定したにすぎないと説く。結局，遺産分割により各共同相続人が個々の遺産上の財産を単独で取得することが確定するまでの暫定的浮動的な共同所有の状態をどのように性格づけるかという問題に帰着しよう。共有とはいっても，単なる個人的共有と同視することはできない。

また，共同相続人の合有と解しても，特別な財団的な構成で一貫できるわけでもない。したがって，相続の開始から遺産分割までの間に相続人と遺産について取引した第三者と他の共同相続人との利益衡量，相続人と相続債権者等の利益調整をしながら，もっともふさわしい特殊な共同所有形態の把握をするほかないと思われる。

なお，最高裁は，広義の再転相続の際の遺産分割について次のように判示した。甲が死亡してその相続が開始し，次いで，甲の遺産分割が未了の間に甲の相続人である乙が死亡してその相続が開始した場合，乙は甲の相続の開始と同時に甲の遺産につき相続分に応じた共有持分権を取得しており，これは乙の遺産を構成するものであるから，これを乙の共同相続人に分属させるには，遺産分割手続を経る必要があり，共同相続人の中に乙から特別受益にあたる贈与を受けた者があるときは，その持戻しをして各共同相続人の具体的相続分を算定しなければならない（最決平17・10・11民集59巻8号2243頁）。

6 遺産の管理

共同相続人による管理　2021（令3）年の改正により，共有者は，善良な管理者の注意をもって共有物の使用をしなければならないことされ（249条3項），特段の例外規定もないことから，遺産共有の場合でも，相続の承認をした相続人は，遺産を使用する際に善良な管理者の注意義務を負うことになる。しかし，改正後も，相続人は，相続の承認または放棄するまでの熟慮期間中は，自己の財産におけるのと同一の注意をもって

相続財産を管理する義務でよい（918条）。この場面での遺産共有持分を有する者が相続財産に属するものを使用する際には，自己の財産におけるのと同一の注意でよいことになる。また，相続を放棄した者は，その放棄の時に相続財産を現に占有しているときは，相続人または相続財産の清算人に対して当該財産を引き渡すまでの間，自己の財産におけるのと同一の注意をもって，その財産を保存しなければならない（940条1項）。限定承認者による管理についても，自己の財産におけるのと同一の注意義務とされる（926条1項）。ところが，単純承認から遺産分割が終了するまでの間の財産管理については，明文の規定が存しないため，物権法の通常の共有に関する規定を適用せざるをえないが，遺産であることを考慮して解釈されなければならない。この場合に，遺産について共有説をとるか合有説をとるかで大きな差異はなく，説明のための道具概念としての意味しかないだろう。

　各相続人は，相続財産全部について持分に応じて使用，収益することができる（249条1項）。保存行為も各自単独でできる（252条5項）。家屋の修理，税金の納付などがその例だが，登記の抹消請求，相続した建物の保存登記なども保存行為に含まれる。

　管理行為とは，利用・改良行為などを指す。2021年の改正で，共有物の管理の範囲の拡大・明確化が図られた。たとえば，共有物に変更を加える行為であっても，形状または効用の著しい変更を伴うもの（共有物の変更・処分）には，他の共有者の同意がなければできないが（251条1項），これを伴わないもの（軽微変更）については，持分の価格の過半数で決定することができる（252条1項）。借地借家法の適用のある賃借権の設定は基本的に共有者全員の同意がなければできないが，短期の賃借権等の設定は，持分の過半数で決定することができる（252条4項）。共有物を使

用する共有者がある場合でも，持分の過半数で管理に関する事項を決定することができる（252条1項後段）。管理に関する事項の決定が，共有者間の決定に基づいて共有物を使用する共有者に特別の影響を及ぼすべきときは，その共有者の承諾を得なければならない（252条3項）。また，共有物の管理者の選任・解任について，共有者の持分の過半数で決定することができる。管理者は，共有者が共有物の管理に関する事項を決定した場合には，これに従って職務を行わなければならない（252条1項・252条の2）。また，遺産共有状態にある共有物に共有に関する規定を適用するときは，法定相続分または指定相続分により算定した持分を基準とすることも明記された（898条2項）。

配偶者短期居住権　配偶者は，被相続人の財産に属した建物に相続開始時に無償で居住していた場合には，遺産分割により居住建物の帰属が確定した日，または相続の開始の時から6ヵ月を経過する日のいずれか遅い日まで，居住建物取得者（居住建物の所有権を相続または遺贈で取得した者）に対して，居住建物を無償で使用する権利（配偶者短期居住権）を有する（1037条1項）。居住建物取得者は，配偶者の居住建物の使用を妨害してはならないが（1037条2項），一定期間経過後はいつでも配偶者短期居住権の消滅の申入れをすることができる（1037条3項）。配偶者短期居住権において，配偶者は，使用貸借の借主と類似しており（593条），用法遵守義務・善管注意義務を負い，従前の用法に従い，善良な管理者の注意をもって居住建物を使用しなければならない（1038条1項）。譲渡の禁止や第三者への無断での使用も禁止されている（1041条，1038条2項）。配偶者短期居住権については，配偶者居住権（⇒ *8* ④ 配偶者居住権）と異なり，使用貸借類似の権利であり，相続期間が比較的短期間

であるため，対抗要件制度が存在していない。

相続財産の保存　2021（令3）年の改正で，相続が開始すれば，相続の段階にかかわらず，いつでも，家庭裁判所は，利害関係人または検察官の請求により，相続財産管理人の選任その他の相続財産の保存に必要な処分をすることができるとの包括的な規定が設けられた（897条の2）。その結果，これまで，共同相続人が相続の単純承認をしたが遺産分割未了の場合に相続財産の管理を行う者がいないケース，相続人があることが明らかでない場合で，相続財産の管理を行う者がいないケースなどもカバーできることになった。また，相続の段階が異なるものとなった場合にも，相続財産の管理を継続的に実施することが民法上，明確化された。

　さらに，2021年の民法改正により，土地・建物の効率的かつ適切な管理を実現し，所有者が特定できないケースに対応するため，所有者不明土地・建物についての管理に特化した管理人による管理を可能とする所有者不明土地・建物管理制度が創設された（264条の2〜264条の8）。また，所有者による管理が適切に行われず，荒廃・老朽化等によって危険を生じさせている管理不全状態にある土地・建物についての管理を可能とする管理不全土地・建物管理制度（264条の9〜264条の14）も導入された。すなわち，利害関係人（264条の2第1項・264条の8第1項）または国の行政機関の長等（所有者不明土地特措法42条2項）の請求により，裁判所は，所有者または所在を知ることができない土地・共有持分を対象に，所有者不明土地管理人・所有者不明建物管理人による管理を命ずる処分をすることができる。管理命令の効力は，所有者不明土地・建物のほか，土地・建物にある動産，管理人が得た金銭等の財産（売得代金等），建物の場合はその敷地利用権（賃

借権等）にも及ぶが，その他の財産には及ばない（264条の2第1項～3項・264条の8第1項～3項）。対象財産の管理処分権は管理人に専属し，管理人が原告または被告となる。管理人は，保存・利用・改良行為を行うほか，裁判所の許可を得て，対象財産の処分（売却・建物の取り壊しなど）をすることもできる。管理人は，所有者に対し善管注意義務を負う。また，数人の共有者の共有持分に係る管理人は，共有者全員のために誠実公平義務を負う（264条の3～264条の5）。管理人は，所有者不明土地等から，裁判所が定める額の費用の前払い，報酬を受ける（費用・報酬は所有者負担）（264条の7・264条の8第5号）。管理不全土地または建物の管理について，利害関係人からの請求により，裁判所は，管理不全土地・建物管理命令を行い，管理人を通じて適切な管理を行い，管理不全状態を解消することを可能にした（264条の9～264条の14）。

Column㉒ 信託と相続 •••••••••••••••••••••••••••••••••••••

相続は，死者の財産を近親者など一定の者に承継・移転させる制度であって，死後に効力を生ずるところから，死後行為と呼ばれる。

これに対して，信託は，委託者が受託者に財産権を移転し，受益者のために一定目的に沿って財産を管理処分する制度であり，生前行為でも死後行為（遺言信託）でも設定できる。信託制度は，英米法に起源を有し，少子高齢化が進む現代社会の多様なニーズに柔軟かつ弾力的に応えうる財産管理制度として，最近では世間の耳目を引いている。2006（平18）年12月に，新しい信託法が成立した。そして，この信託法の改正により，財産の管理，扶養，財産承継の手段としての新たな信託類型・信託形態が導入され，不動産を中心とする資産の流動化，個人資産の管理移転の実効化が図られた。

たとえば，委託者の死亡時に受益権を取得する信託，いわゆる「遺言代用型信託」も許され，この信託の利用により，遺贈の趣

旨を抽象的に定め，具体的な内容は受託者の裁量判断に委ねることも事実上可能となった。また，事業遂行が困難であったり，ただちに子どもに事業承継ができない自営業者が，いったんは第三者に事業用資産を移転して信託的に保有させ，自分や家族のために事業をさせた後，子どもが成長して事業承継が可能になったら，信託を終了させて，残余財産たる事業用資産を子どもに帰属させるということもできるようになった。さらには，後継ぎ遺贈型の信託，つまり，夫が遺言で信託を設定し，第1次受益者を妻，妻が死亡した後の第2次受益者を子と定めて，受益権を連続して世代間の複数の受益者に帰属させる信託も可能になった。しかし，このような受益者連続型信託，遺言代用型信託は，遺留分や特別受益などを回避する手段として利用される可能性もあり，相続制度や税法との調整も必要となってこよう。

7　相続分の譲渡・取戻し

Case 9-7

Ａの相続が開始してから3ヵ月が経過しているにもかかわらず，共同相続人間の遺産分割協議が調わずにいるが，共同相続人の1人であるＢは，自己の相続分から自己の経営する会社の事業資金を捻出したいと考えている。Ｂは，遺産分割協議前に自己の相続分を第三者に譲渡して金員を得ることができるのであろうか。

相続分の譲渡

　　（1）　相続分譲渡制度の意義　　被相続人が死亡して相続が開始してから実際の遺産分割まではかなりの時間がかかることが多い。しかし，相当な時間が経過しているにもかかわらず，なかなか遺産分割の協議が調わないときには，共同相続人の中には相続分を処分して金銭

を得たいとか，相続による経済的利益を享受したいと考える者も
ありうる。そこで，民法は，相続人は遺産分割前に自己の相続分
を第三者に譲渡することができるとの規定をおいた（905条1項）。
このような相続分の譲渡制度は，本来，合目的的で総合的な遺産
分割の理念からは決して好ましいこととはいえない。しかし他方
で，遺産分割が行われるまでの相続人の側の不利益を考慮して，
とくに包括的な相続分の第三者への譲渡を認めた。なお，共同相
続人のうち自己の相続分の全部を譲渡した者は，遺産確認の訴え
の当事者適格を有しない（最判平26・2・14民集68巻2号113頁）。

(2) 遺産分割における当事者適格　　民法905条でいう相続
分とは，積極財産だけでなく消極財産をも含めた相続財産全体に
対する相続分を意味するので，実質的には遺産全体に対し相続人
が有する包括的持分や法律上の地位の譲渡を指している。したが
って，ここでの相続分の譲受人は相続人と同様の法律上の地位に
たち，遺産の管理のみならず遺産分割の手続にも参加することが
できると解する立場もある。これに対して，相続分の譲渡人は，
相続分の譲渡により遺産分割手続への参加資格を失うとする説も
あり，下級審判例は分かれている。

(3) 相続債務・相続分の一部譲渡の可否　　ところで，自己
の相続分を譲渡した相続人は，相続分の譲渡によって，相続債務
を免れるかについては争いがある。多数説は，相続分の譲渡をし
ても，相続債権者の保護の見地から相続債務は免れず，重畳的に
債務を引き受けることとなると解している。したがって，多数説
では，債権者は譲渡人である相続人に対しても譲受人に対しても
負担相当分の債務の履行を請求することができることになる。

また，相続分の一部譲渡が認められるかどうかでも対立がある。
積極説は，本条での相続分譲渡は，遺産全体に対する包括的な相

続法上の地位の譲渡であるため，これを細分化して金銭的割合的に第三者に譲渡することは可能であるとみる。これに対して，消極説は，包括的分数的な相続持分の譲渡であって，個人的共有持分の譲渡ではなく，相続関係をいたずらに複雑にすると否定的である。学説では，積極説が多数を占めている。

（4）相続分譲渡の対抗要件　　本条の相続分の譲渡の方式についてはとくに定めがない。したがって，譲渡は口頭でも書面でもなしうると解されている。しかし，相続分の譲渡に対抗要件を必要とする説と不要とする説では対立があり，譲渡から1ヵ月という短期間で取戻権が行使でき，共同相続人は相続分譲渡の有無を注意すべきであるため，判例でも対抗要件は不要と解している。

相続分の取戻し

（1）相続分取戻制度の意義　　遺産分割前に第三者に譲渡された相続分について，共同相続人は譲受人に対し，その価額および費用を償還して相続分を取り戻すことができる（905条1項）。これを相続分の取戻しという。相続分の譲渡がなされると，共同相続人以外の第三者が相続財産の管理や分割に介入することになり，遺産をめぐってかなり深刻な争いや利害対立が起こる可能性が出てくる。民法は，このような事態を未然に防止するために，共同相続人が第三者に対して譲渡された相続分の取戻しをすることを認めた。

（2）相続分取戻権の法的性質および権利行使方法　　相続分の取戻権は，共同相続人から相続分の譲受人に対する一方的意思表示で足りる形成権である。したがって，相手方の承諾も同意も何らかの行為も不要であり，取戻しの効果は直ちに生ずる。しかし，相続分の取戻しのためには，相続分の価額および費用を提供しなければならない。ここでの価額とは，取戻権行使時の相続分の時価と解されている。

取戻権は，1ヵ月の期間内に行使しなければならず（905条2項），起算点は譲渡時とされる。この1ヵ月の期間は除斥期間といわれる。

　(3)　取戻しの効果　　相続分の取戻権が行使されると，形成権であるために，当然に相手方は相続分を喪失し，相続債権者に負っていた債務も免れる。共同相続人全員が取戻権を行使したときは，償還した価額および費用の割合に応じて，相続分は共同相続人全員に帰属する。共同相続人の1人が取戻権を行使したときには，取り戻された相続分は取戻権を行使した共同相続人に帰属するとみるか，それとも共同相続人全員にその相続分の割合に応じて当然に帰属するとみるかで争いがある。

　なお，相続分の取戻権を行使するためには，遺産分割前に，第三者に対して共同相続人の中の1人がその相続分を無断で譲渡したことを要する。したがって，共同相続人の1人に相続分を譲渡した場合には取戻権の適用はない。また，特定の不動産について，共同相続人の1人が自己の共有持分権を第三者に譲渡した場合にも，包括的な相続分の譲渡ではないため，本条での相続分の譲渡にあたらず，したがって，相続分の取戻権の適用ないし類推適用もない（最判昭53・7・13判時908号41頁）。共同相続人が遺産分割前に遺産を構成する個々の財産上の共有持分を第三者に譲渡した場合には，遺産全体に対する包括的持分ではなく個人的共有持分の処分にあたり，取引の安全の観点からこれを取り戻すことを認めるべきではなかろう。

8 遺産分割

① 遺産分割の意義と役割

遺産分割の意義

被相続人が死亡して相続が開始すると，被相続人に属した財産はひとまず共同相続人全員の共有に属することになる（898条）。しかし，ここでの遺産共有状態というのは，あくまでも各共同相続人の単独所有に移行するまでの過渡的暫定的な共同所有関係にすぎない。

そのため，このような浮動的暫定的な遺産共有状態を解消して，遺産を具体的に各共同相続人に分属させる手続が必要となってくる。この分属の手続を遺産分割という。

遺産分割の理念

それでは，このような遺産分割はどのように行われるべきだろうか。遺産分割の理念として重要なのは，まず第1に，共同相続人間での実質的な平等と公平の実現である。遺産は法律が定めた法定相続分という形式的割合に従って画一的に分配するのではなく，遺産とこれを受け取る相続人との関係を考慮して，具体的に妥当な内容をもち，相続人間の実質的公平と平等を実現するように配分されなければならない。

第2に，遺産分割は当事者の自由な意思を尊重して合意により形成されるのが原則である。そして相続人全員の協議により合意に達したのであれば，その結果が法定相続分と異なっていても，相続人全員の自由な意思を優先させることになる。

第3に，遺産分割は遺産のもつ社会的経済的一体性と全体的価値を毀損することがないように配慮しなければならない。すなわち，所有者であった被相続人の財産が，それなりに社会的経済的

一体性と価値を有していた場合には，その一体性をできるだけ保持したまま後継者に引き継がれる方が望ましいことはいうまでもない。

第4に，遺産分割は，単なる計数的割合的配分ではなく，合目的的総合的分割でなければならない。つまり，相続人も個人としてさまざまな生活を営み，遺産に対しても多様な利害関係を形成し個人的感情や一定の期待を抱いている。そこで，遺産分割においても，単なる計数的割合的配分ではなく，このような事情を勘案した上で各相続人への合目的的総合的分割をめざさなければならない。

遺産分割の現実と問題点

遺産分割の手続は現行相続法の理念および現実の役割からみても，極めて重要であるにもかかわらず，民法の規定は必ずしも十分なものではない。しかも，バブル崩壊後の不動産の価格の変動は激しく，遺産分割をめぐる紛争は増加し，収拾までかなり長期化するケースが少なくない。

たとえば，全国の家庭裁判所で受け付けた遺産分割調停申立事件は，2001（平13）年に9109件であったのが，2021（令3）年には1万3565件と増え，遺産分割審判申立事件も，2021年には2255件とここ20年で高い水準を示している。

そのため遺産分割をめぐっては，分割の基準・対象と方法，遺産の範囲の確定，遺産の評価，当事者の確定，遺産分割の前提問題等について困難な問題が生じている。つまり，遺産分割に際してはどのような基準で遺産を配分したらよいか，その際いかなる財産が分割の対象となるのか，相続人間で具体的に遺産を公平かつ合目的的に配分し取得させるためにはどうしたらよいか。また遺産分割を実行するにあたって，被相続人の遺産を構成するのは

どれか，遺産の価額を評価するのはどの時点か，どのように評価すべきか，遺産分割の当事者となるのはいったい誰か等の問題である。

② 遺産分割の基準と手続

遺産分割の基準

民法906条は，遺産分割の際の基準として「遺産の分割は，遺産に属する物又は権利の種類及び性質，各相続人の年齢，職業，心身の状態及び生活の状況その他一切の事情を考慮してこれをする」と定めている（1980〔昭55〕年改正）。民法は相続人間で遺産分割が行われる際に，単に計数的な分割が行われるだけでなく，遺産の性質や種類，被相続人との関係，各相続人の事情などを考慮し，また遺産のもつ社会的経済的価値をできるかぎり毀損しないよう実情に即した合目的的総合的な分割がなされるべきことを企図し，本条でその指針を掲げた。

とくに，1980（昭55）年には本条に，「相続人の年齢，心身の状態及び生活の状況」という考慮事項が追加され，老齢の生活能力の乏しい配偶者，年少者，障害者，生活困窮者など要保護者の生活の維持や住居の確保のため特別の配慮がなされるべきことを明文化した。

遺産分割の具体的方法

遺産分割の具体的方法として，現物分割，債務負担による分割（代償分割），共有による分割，用益権設定による分割，換価分割などがある。

（1）現物分割　判例では「遺産の共有及び分割に関しては，共有に関する民法256条以下の規定が第一次的に適用せられ，遺産の分割は現物分割を原則とし，分割によって著しくその価格を損する虞があるときは，その競売を命じて価格分割を行うことに

なるのであって，民法 906 条は，その場合にとるべき方針を明らかにしたものに外ならない」（最判昭 30・5・31 民集 9 巻 6 号 793 頁）とする。

しかし，258 条の共有物分割は個々の共有物の分割であり，これと多種多様な財産より構成される遺産の総合分割と全く同じ平面では論じられない。したがって，むしろ遺産分割の方法に関しては 906 条が一次的に適用され，家庭裁判所の裁量でもって実情に即した柔軟な処理ができるように考えるべきであろう。遺産分割の実際でも現物分割，債務負担の方法による分割などが組み合わされることが少なくなく，現物分割を一応の原則とするにしてもあまり厳格に解する必要はないように思われる。ただし，相続人いずれにも債務負担の能力がないとして不動産を現物分割した例がある。

(2) 債務負担による分割（代償分割）　これは，特別の事情があるときに，共同相続人の 1 人または数人が他の共同相続人に対して，債務を負担させて現物分割に代えるという方法であり（家事 195 条），代償分割ともいわれる。この方法は，被相続人が農業，中小の商工業の経営者であり，遺産である農地，工場，商店などの営業用財産を一括して後継者に承継させたいとか，被相続人の生前から相続人の 1 人が長年の間居住利用してきた不動産について（たとえば，同族会社の株式を単独相続させた例として，東京高決平 26・3・20 判時 2244 号 21 頁），その相続人に居住の継続を認めてやりたいというような場合に行われる。なお，債務負担をさせる場合はその負担能力に応じて分割払いによることも認められる。債務負担の方法による分割は，当該相続人に金銭債務の負担能力，支払能力があることを前提としている（最決平 12・9・7 家月 54 巻 6 号 66 頁）。

（3）　共有による分割　　これは，遺産を形成する個々の財産を現物分割することなく，遺産の全部または一部を相続人の共有にする方法である。共有とする分割により遺産分割は完了し，以後は通常の共有として民法249条以下の規定の適用を受けることになる。この方法は，遺産が大きく複雑であるとか，漸進的段階的分割を行おうとする場合に利用されるが，かえって管理・処分が困難になる可能性もあり，また相続人間に感情的対立があるときには将来に禍根を残すことにもなりかねないので，必ずしも適切な方法とはいえない。

（4）　用益権の設定による分割　　遺産である所有権を交換価値と使用価値とに分け，それぞれを分割取得させる方法をいう。とくに明文の規定はないが，遺産を構成する不動産に賃借権や無償使用権を設定して利用を継続させることも許される。

（5）　換価分割　　これは，遺産を売却処分して金銭に換え，この金銭（換価金）を共同相続人間で分割する方法である。現物分割をすることができないとか，現物分割では著しく遺産の価値が減少するような場合，また生活の困窮のため早期に分割する必要に迫られている場合等にメリットがある。具体的な換価の方法には，民法258条2項での競売法による換価と家庭裁判所が命ずる換価（家事194条）とがある。しかし，実際には換価分割が行われる例は少ない。

（6）　一部分割　　遺産分割では，遺産の全部について一回的包括的解決をはかることが望ましいが，当事者が希望し，その必要性が認められるならば，遺産の一部を他から分離して確定的に分割することも許されるべきである。そこで，民法では，各共同相続人が遺産の一部について協議で分割することができるものとし（907条1項），共同相続人間で協議が調わないときは，遺産の

一部分割を家庭裁判所に求めることができるものとした（907条2項本文）。ただし，遺産の一部分割により他の共同相続人の利益を害するおそれがある場合に，一部分割は認められない（907条2項ただし書）。

　（7）　遺産分割前の預貯金債権の行使　　①保全処分　遺産分割の審判又は調停の申立があった場合，相続債務の弁済，生活費の支弁などのために必要があると認めるときは，預貯金債権の全部又は一部をその者に取得させることができるものとした（家事200条3項）。共同相続人の資金需要に柔軟に対応できるように，預貯金債権の仮分割につき家庭裁判所を関与させ保全処分の要件を緩和したものである。しかし，これは遺産分割の仮処分の手続となるため，家庭裁判所の判断が必要で煩瑣である。

　②遺産分割前の預貯金債権の単独行使　そこで，各共同相続人は，相続開始時の預貯金債権額の3分の1に払い戻しを求める相続人の法定相続分を乗じた額について，単独で権利行使ができるものとした（909条の2前段）。当該預貯金債権については，当該共同相続人が遺産の一部分割により取得したものとみなす（909条の2後段）。なお，上限額は，法務省令で金融機関ごとに150万円とされた。

　③　遺産分割の前提問題

遺産の範囲の確定　　　遺産を分割するにあたって，その前提として分割の対象となる遺産の範囲および分割の当事者である相続人の範囲等が明らかにされていなければならない。実際に，遺産の範囲に関しては，特定の財産や権利義務がそもそも被相続人に帰属していたのかどうか，あるいは当該財産が生前贈与，死因贈与，遺贈等により第三者や相続人に帰属

したのかどうかが争われることが少なくない。もし，特定の財産が遺産に属さないとすれば，当該財産を加えて遺産分割をすることは許されず，その意味で，遺産の範囲の確定は，遺産分割の前提問題の中でもとくに重要である。

ところで，ある財産が遺産に属するかどうかは，基本的には訴訟事項として通常裁判所で審理判断されなければならない。しかし，遺産の範囲につき争いがあるかぎり，通常の訴訟で結論がでるまでは，家庭裁判所は独自の立場から審理判断をすることさえも許されないのだろうか。従来は，家事審判手続は本質的に非訟事件手続であって，実体的な権利の存否の確定は民事訴訟によって行われるべきこと，審判には既判力がなく，審判による判断が後の訴訟で覆される可能性もあることなどから消極的な立場もあった。しかし現在では，判例・学説とも，積極的に解するにいたっている。すなわち，遺産分割に関する審判は，相続権，相続財産等の存在を前提としてなされるものであり，それらはいずれも実体法上の権利関係であるから，その存否を終局的に確定するには，訴訟事項として対審公開の判決手続によらなければならない。しかし，審判の前提事項については既判力を生ぜず，当事者は別途民事訴訟を提起することも妨げられないから，家庭裁判所は，遺産分割の審判手続において，前提事項の存否を審理判断したうえで分割の処分をすることが許される（最大決昭41・3・2民集20巻3号360頁）。

ただし，問題になるのは，遺産の範囲をめぐって遺産分割審判でなされた判断とその後の通常裁判所の判決とで判断を異にした場合である。この場合，本来遺産に加えられるべきものを遺産としないで分割したときは，原則として一部分割として処理し，残余の遺産については追加的に分割する。逆に，本来は遺産に属さ

ない財産を遺産として分割してしまったときは，原則として民法
911 条により共同相続人は，売主と同様にその相続分に応じて担
保責任を負うが，非遺産が重要部分を占めていたときは再分割を
するほかないであろう。

　遺産分割の対象になるのは，遺産分割時に存在する相続財産で
あり，相続開始後遺産分割前に対象財産が処分された場合には，
これを何らかの形で考慮しないと，共同相続人間で不公平な結果
ともなりかねない。そこで，2018 年改正により，遺産分割前に
遺産に属する財産が処分された場合でも，共同相続人は，その全
員の同意により，当該処分財産が遺産分割時に遺産として存在す
るものとみなすことができるとの規定をおいた（906 条の 2 第 1
項）。また，共同相続人の 1 人または数人により財産処分がなさ
れた場合には，その者の同意は要しないとされた（同条 2 項）。

相続人の範囲の確定　　遺産分割は共同相続人全員でなされなけ
　　　　　　　　　　　　　ればならず，一部の者を除いて分割をす
ることはできない。もし相続人である者を除外して分割をしたり，
逆に相続人でない者を加えて遺産の分割をしても，そのような遺
産分割は原則として無効になる。そこでまず，誰が相続人で誰が
分割の当事者となるのか，つまり相続人ないし分割当事者の範囲
が，遺産分割のための先決問題として確定されていなければなら
ない。

　相続人の範囲については，被相続人の一定範囲の血族ないし配
偶者が相続権をもつため，通常は戸籍の記載により判然としてい
る。しかし，ときには被相続人との身分関係の存否が争いになっ
ていたり，戸籍面に真実の身分関係が反映されていなかったりし
て相続人ないし分割の当事者たる地位が問題になることがある。
たとえば，戸籍上では婚姻関係にあっても婚姻の無効（742 条）

が争われていたり，逆に戸籍上では協議離婚届が出されていても，勝手に出されたもので離婚は無効だと主張されるような場合である。さらに，戸籍上は親子関係があって相続人とされていても，実際には虚偽の出生届に基づくものであるとか，養子縁組届が勝手に出されていたため真実の親子関係はないというような場合，反対に，嫡出でない子が父に認知請求をするときのように，戸籍上は他人となっているが，実際には親子関係があるという場合などもある（⇒第8章 1）。

このように，婚姻，離婚，養子縁組，離縁，認知，嫡出子の否認等の基本的な身分関係に関する争いについては，原則としては家事審判（家事277条1項）または人事訴訟の判決によって対世的に確定されなければならない。しかし，先に述べたように（⇒ ③ 遺産の範囲の確定），家庭裁判所は遺産分割の前提問題として，相続人たる地位についても判断をなしうるものと解される。

胎児や行方不明者がいる場合

次に，相続資格については明らかであるが，胎児や行方の知れない者があるときに分割の手続を具体的にどのように進めるべきかでも問題が出てくる。胎児が相続人となるべき場合（886条）については，胎児を除外して分割してよいとする積極説，胎児が出生するまでは分割できないとする消極説，協議や調停での分割は許されないが審判分割は可能である（907条2項参照）という折衷説の対立がある。積極説，折衷説は分割後出生した子については，民法910条の被認知者の価額による請求を認めればよいとするが，同条はやむをえぬ例外的事態のための規定であり，諸子共同均分相続と子の平等の理念に照らしてみても，同条を安易に類推適用するのは問題であろう。相続人が分割を必要とする緊急の事情があるときに，胎児の権利に配慮して審判による分割

を認めようとする折衷説も，死産であったり多胎であった場合に困難な問題があり，今のところ，胎児が生きて生まれるまで分割を待つという消極説が多数説だといってよい（⇒第8章 *1* 胎児の相続権）。

また，行方不明者についても説が分かれており，行方不明者に対して公告をするなど（家事規4条）しても出現しないときは，その者を除外して遺産分割の審判をなしうるとする積極説もある。しかし，多数説は，行方不明の相続人の生死不明が長期間にわたっているときは，失踪宣告（30条）によってその立場を確定させてから分割をすべきであるし，そうでないときは，家庭裁判所は利害関係人の請求により不在者財産管理人を選任して（25条1項，家事別表第一55項），管理人が権限外行為許可審判を得たうえで（28条，家事別表第一55項），他の共同相続人と管理人間で，遺産分割をすべきだとする。

具体的相続分の確定 （1）　特別受益の持戻し　ところで，共同相続人のうちで被相続人から遺贈により，また婚姻，養子縁組もしくは生計の資本としての生前贈与によって特別の利益を受けた者（特別受益者）がいる場合，この特別な利益を考慮しないで遺産を形式的画一的に分割するのでは不公平が生じる。そこで民法は，このような不公平が生じないように，特別受益者が受けた贈与や遺贈による利益をいったん遺産に引き戻して（みなし相続財産）法定相続分を計算し，そこからすでにもらっている特別受益を差し引いて具体的相続分を算出することにした（903条・904条）。これを「特別受益の持戻し」という。遺贈は目的のいかんを問わず特別受益となるが，贈与については一定の目的の贈与に限られている。

「婚姻，養子縁組のため」の贈与として典型的なのは，結納金，

持参金，支度金などであるが，これらも他の共同相続人に対する扱いと大差なく，とくに高額でなければ特別受益とされない。「生計の資本として」の贈与は，通常子が独立するに際して土地建物を提供したり，資金援助をする場合を指すが，必ずしもそれに限定されず，相続財産の前渡しとみられる贈与は広くこれに含まれるといってよい。たとえば，大学教育，専門教育の学資についても，原則的には「生計の資本として」の贈与とみなされる。

しかし，被相続人に相当な資産・資力がある場合には扶養に準ずるものとして特別受益とされないこともある。また，夫から妻への高価なダイヤの指輪の贈与も，被相続人である夫の当時の財産状態からみてとくに分不相応のものと認められないかぎり，生計の資本としての贈与にあたらない。生命保険金や死亡退職金についても，これを特別受益の対象とするかどうかで争いがあるが，近時は原則として，消極的に解する立場が強い。しかしながら，金額，趣旨，相続人と被相続人の関係，各相続人の生活実態等の諸般の事情からみて特別受益としないことがかえって共同相続人間の公平を著しく損なうという場合は，特別受益性は肯定される（生命保険金請求権ないし生命保険金は，民法 903 条 1 項の遺贈または贈与にあたらないとする最決平 16・10・29 民集 58 巻 7 号 1979 頁参照）。

特別受益の処理の仕方に関し，わが国では贈与財産を返還させずに，その価額を相続財産の価額に合算してその総額に基づいて各人の相続分を定め，贈与を受けた相続人から贈与の価額を差し引くという充当計算主義を採用した。したがって，特別受益として持ち戻すのは現物ではなく，一定の価額であり，特別受益の価額の算定時期をいつとするかで大きな差異が生じてくる。民法は，特別受益の価額は，受贈者の行為によって目的物が滅失し，また

はその価額に増減があった場合でも，相続開始当時なお原状のままであるものとして評価するとしている（904 条）。評価の時期を遺産分割時とする説も有力であるが，相続開始時説が通説であり，家裁実務もこれによっている。贈与された財産が金銭であるときは，贈与の時の金額を相続開始当時の貨幣価値に換算した価額をもって評価する（最判昭 51・3・18 民集 30 巻 2 号 111 頁）。

　特別受益の額が相続分の価額に等しいか超過するときは，特別受益者は相続分を受け取ることができない（903 条 2 項）。また，被相続人が持戻し免除の意思表示をしているときは原則としてこれに従う。配偶者の貢献を相続，とくに遺産分割の場面において考慮するために，婚姻期間が 20 年以上の夫婦間で，居住用の建物または敷地の遺贈または贈与がなされたときは，特別受益持戻し免除の意思表示があったものと推定することにした（903 条 4 項）。この規定の新設により，配偶者の相続法上の地位を強め，配偶者のこれまでの貢献に報いるとともに，老後の生活保障を手厚くすることを狙ったものである。

　遺留分減殺請求によって，特別受益にあたる贈与についてなされた持戻し免除の意思表示が減殺された場合，持戻し免除の意思表示は遺留分を侵害する限度で失効し，贈与財産の価額は，失効の限度で，遺留分権利者である相続人の相続分に加算され，当該贈与を受けた相続人の相続分から控除される（最決平 24・1・26 家月 64 巻 7 号 100 頁）。

　なお，特定の財産が民法 903 条 1 項にいう「特別受益財産」であることの確認を求めることの適否につき，最高裁は，確認の利益を欠く不適法な訴えであると解しており（最判平 7・3・7 民集 49 巻 3 号 893 頁），同様に，共同相続人間において具体的相続分につきその価額または割合の確認を求める訴えも確認の利益を欠

き不適法である（最判平 12・2・24 民集 54 巻 2 号 523 頁）。

　(2)　寄与分　　相続人の中で遺産の維持形成に多大の寄与貢献をした者がいる場合，これらの寄与相続人の貢献を遺産の分割にあたりどのように評価すべきか。わが国では農林漁業経営や自営業を営んでいる場合，妻や後継ぎである子が被相続人である夫や父の仕事を助け，実質的にその資産の維持・増加に貢献していることが少なくない。また，相続人である娘が病床にある被相続人の療養看護を長年にわたり献身的に行い，そのため遺産が維持できたというケースもある。

　1980（昭 55）年の民法の改正で寄与分の制度が新設され，この問題について一応の立法的解決がつけられた。つまり，「共同相続人中に，被相続人の事業に関する労務の提供又は財産上の給付，被相続人の療養看護その他の方法により被相続人の財産の維持又は増加について特別の寄与をした者があるときは」相続分を修正することによって，その相続人の取得額を増加させるものとした（904 条の 2）。この寄与分の制度は，形式的な法定相続分による遺産分割の不公平を回避し，共同相続人のうち労力や財産上の給付を提供した者の貢献に対して報い，相続人間の実質的公平を図るために設けられたものである。

　寄与分は遺産分割の際に，共同相続人間の協議によって定められるが（904 条の 2 第 1 項），協議が調わないとき，また協議をすることができないときは，寄与をした相続人の申立てに基づき，家庭裁判所が寄与の時期，方法および程度，相続財産の額その他一切の事情を考慮して審判により寄与分を定める（同条 2 項，家事別表第二 14 項）。この寄与分を定める処分の申立ては，遺産分割の申立てがあったときにすることができ（904 条の 2 第 4 項），必ず遺産分割審判と一括処理される（家事 192 条）。したがって，

遺産分割の申立てをせずに寄与分だけの申立てをすることは許されない。

　寄与分は，遺産分割に際して指定相続分・法定相続分を公平の見地から調整するものとされているため，これを主張できるのは相続人に限られる。したがって，内縁の妻，農家の嫁，事実上の養子等，非相続人の寄与貢献は，組合，雇用，共有，不当利得等，財産法の一般法理に従って請求をしなければならない。また，寄与は夫婦親子等の家族構成員として通常要求される範囲の寄与では足りず，これを超えた「特別の寄与」でなければならない。被相続人が経営していた会社に対して相続人が資金を援助した場合，会社への具体的な資金援助と被相続人の資産確保との間に具体的な関連性が認められれば，会社に対する援助は被相続人に対する寄与と認められる。

　これまでの審判例を類型化すると，寄与の態様として，家事従事型，金銭出資型，扶養型，療養看護型，財産管理型に大別できるが，実際には複合的なものが目立つ。これまでの寄与の評価方法としては遺産に対する割合（パーセント）で示すケースが多かったが，遺産である不動産を寄与者に取得させたり，金銭で評価する例も多くなってきている。

　遺贈がある場合，寄与分は相続財産から遺贈の額を控除した残額を超えることができない（904条の2第3項）。また，寄与分と遺留分との関係について，立法者は寄与分の方が遺留分に優先すると考えていた。しかし，学説では遺留分の方が優先すると解する立場もある。寄与分は共同相続人間の公平を図るものだから遺留分により当然に制限されるものではないが，遺留分にも配慮する必要があろう。

　特別受益の持戻しに関する民法903条と寄与分に関する904条

の2の適用に関しては，同時に適用する説，いずれかを優先的に適用する説があるが，同時適用説が多数説である。これによれば，まず①被相続人が相続開始時に有した財産の価額に生前贈与の価額を加え，寄与分を控除した価額を基礎として，②その価額に民法900条ないし902条による法定相続分を乗じて，③特別受益のある相続人については②で算出された価額から遺贈と生前贈与の価額を控除して，その残額を具体的相続分とする。また，④寄与相続人については，②で算出された価額に寄与分を加えた額で具体的相続分を計算する。

なお，共同相続人間において具体的相続分につきその価額または割合の確認を求めることの適否について，最高裁は，確認の利益を欠く不適法な訴えであると解している（最判平12・2・24民集54巻2号523頁）。

◆具体的相続分の計算　　被相続人Aには妻Bと子C・Dの3人の相続人がいる。Aの死亡時の遺産の総額は8000万円あるが，借金も3000万円あった。また，Aは生前，Cの住居建築のために当時1000万円（その後の地価上昇で相続開始時には1500万円）の土地を贈与しており，Dの婚姻時に，現金500万円を贈与していた。他方，DはAの介護をして，介護費用を賄うなど，Aに対し1000万円程度の寄与を行っている。

上記のような設例における具体的相続分の計算方法は次のようになる。

①〔相続開始時の相続財産の価額〕＋〔特別受益にあたる贈与の額〕−〔寄与分〕＝〔みなし相続財産〕

②〔みなし相続財産額〕×〔各自の法定相続分〕＝〔計算上の取り分〕

③〔計算上の取り分〕−〔特別受益の額〕＋〔寄与分〕＝〔具体的相続分額（実際の取り分）〕

具体的相続分の計算方法は以上のとおりであるが，計算にあたっ て注意すべき点が2つある。第1は，相続開始時の相続財産の価額 は，相続債務を控除しない積極財産を指すということである。相続 債務は原則として，各相続人が法定相続分に従って相続するから， これとは別に計算することになる（最終的には相続人が負担しなけれ ばならない）。したがって，上の事例では相続債務が3000万円ある が，相続開始時の相続財産額は8000万円として計算する。

　第2に，特別受益にあたる贈与の額は，相続開始時における財産 の額を基準とするということである（903条1項）。したがって，C に贈与された土地が，値上がりして相続開始時に1500万円になっ たとすると，Cが特別受益として持ち戻さなければならないのは， 1500万円ということになる。

　以上の点に留意して事例の計算上の取り分を計算すると，

① 〔8000万円〕+〔1500万円+500万円〕-〔1000万円〕
　 =〔9000万円〕

② Bの計算上の取り分 〔9000万円〕×〔1/2〕=〔4500万円〕
　 Cの計算上の取り分 〔9000万円〕×〔1/4〕=〔2250万円〕
　 Dの計算上の取り分　　　　　同上

③ Bの具体的相続分額（実際の取り分）〔4500万円〕±0=4500万円
　 Cの具体的相続分額（実際の取り分）〔2250万円〕-〔特別受益 1500万円〕=〔750万円〕
　 Dの具体的相続分額（実際の取り分）〔2250万円〕-〔特別受 益500万円〕+〔寄与分1000万円〕=〔2750万円〕

となる。

　さらに，B・C・Dが法定相続分に従って相続債務を負担したと すると，その負担額はBが1500万円（3000万円×1/2），C・Dがそ れぞれ750万円（3000万円×1/4）であるから，各人が実際に手に できる額は，Bが3000万円，Cが0円，Dが2000万円となる。

(3)　相続人以外の親族による貢献（特別の寄与料）　寄与分 は相続人のみに認められるものであるため，相続人以外の者が遺 産の維持増加に貢献しても遺産の配分に与れないのは不公平だと

の指摘があった。そこで，民法では，被相続人に対して無償で療養看護等の労務の提供をして遺産の維持増加に特別の寄与をした親族は，相続の開始後，相続人に対して，特別寄与料の支払を請求できるものとした（1050条1項）。特別寄与料の支払いについては，当事者間で協議が成立しないときは，特別寄与者は，家庭裁判所に対して協議に代わる処分を請求することができる。ただし，相続の開始および相続人になったことを知った時から6か月，または相続開始から1年が経過すると特別寄与料の支払を求めることはできない（1050条2項）。民法は，紛争の複雑化，長期化を回避し，法律関係の早期確定を狙い，短期の時効期間，除斥期間を定めた。家庭裁判所は，寄与の時期，方法および程度，相続財産の額その他の一切の事情を考慮して，特別寄与料の額を定める（4項）。相続人が数人ある場合には，特別寄与料の額に法定相続分や指定相続分を乗じた額を負担する（同5項）。特別寄与料は，民法904条の2の寄与分と異なり，相続債務であって相続人に対する金銭の支払を求めるものである。なお，月数回程度入院先等を訪れて，入退院等に立ち会ったり，手続に必要な書類を作成したりした程度にとどまり，専従的な療養看護等を行ったものでなく，「相続の開始及び相続人を知った時」から6か月の除斥期間を経過したとして，被相続人の弟からの特別寄与料の申立を却下した事例がある（静岡家審令3・7・26家判37号81頁）。

４ 遺産分割の手続と実行

指定分割および遺産
分割の禁止

被相続人は，遺言で分割方法を定め，またはこれを定めることを第三者に委託することができ（908条1項），遺言による分割方法の指定があればこれが優先することになる。遺言による

分割方法の指定というのは，本来的には前述のような現物分割，代償分割等の分割方法を具体的にどうするか定めることを意味する。しかし，実際には「土地建物は長男に，預金株式は妻に」というふうに，遺産中の特定財産を特定の相続人に取得させるというものが多く，それが分割方法の指定なのか，相続分の指定なのか，それとも遺贈であるのかが問題になる。

　下級審判例では，遺産分割方法の指定と解する説（法定相続分を超えるときは相続分の指定を含む）と遺贈説とで対立があった。しかし，最高裁が「相続させる」旨の遺言（特定財産承継遺言）につき，遺贈と解すべき特段の事情がないかぎり，「遺産分割方法の指定」と解すべきで，被相続人の死亡と同時に遺産は相続人に帰属するとする遺産分割効果説を採用した（最判平3・4・19民集45巻4号477頁）ので実務は統一された（⇒第13章 **4**「相続させる」旨の遺言（特定財産承継遺言））。

　結局は，被相続人が特定相続人に早期かつ確実に財産を取得させたいという意思であったか，それとも相続人間の協議によらず遺産分割の方法を自ら定める意思であったのかという被相続人の意思解釈の問題といえよう。なお，被相続人は，遺産分割の方法の指定を第三者に委託することができるが，この第三者に共同相続人が含まれるかにつき，一般には消極的に解されている。

　被相続人は，遺言で，相続開始の時から5年を超えない期間を定めて遺産の分割を禁止することができる（908条1項）。共同相続人は，5年以内の期間を定めて，遺産の全部または一部について，分割をしない契約をすることができる。ただし，その期間の終期は相続開始の時から10年を超えることはできない（908条2項）。遺産分割禁止の契約は5年以内であれば更新できるが，相続開始から10年を超えられない（908条3項）。家庭裁判所は，

特別の事由があるときは，5年以内の期間を定めて遺産分割を禁止でき，さらに5年以内であれば期間を更新できるが，相続開始の時から10年を超えることはできない（908条4項・5項）。

協議分割 被相続人が遺言で分割を禁止しないかぎり，共同相続人は，いつでもその協議で遺産の分割をすることができる（907条1項）。共同相続人のうちの1人が他の共同相続人に対して遺産分割の請求をしたときは，他の共同相続人はこれに応じて協議をしなければならない。分割の協議には共同相続人全員（包括受遺者や相続分譲受人を含む）が参加する必要があり，共同相続人の1人でも除外してなされた分割協議は無効である。分割協議は共同相続人全員が一堂に会して話し合い合意に達するケースが通常であろうが，協議書の原案につき持ち回り方式で全員の合意を得てもよい。ただし，遺産分割の内容が確定しており，その内容が各相続人に提示され合意がなされたことが必要である。また，共同相続人の1人が遠隔地に居住するなどして直接の協議に参加できないときは，他の者が作成した原案に明確な受諾の意思表示をする，いわば意思伝達の方式によることも許される。

遺産分割の協議は，遺産につき共同所有関係にたつ相続人の間で，実質的には相続分を相互に移転，交換，贈与することを内容とする特殊な分割契約である。共同相続人間で法定相続分に従わない分割がなされたからといって，全員の自由な意思による任意の合意がある限り，当該分割協議は無効であるとはいえない。また，分割協議の意思表示に錯誤（95条）や詐欺・強迫（96条）などの成立過程における瑕疵がある場合，これを理由として協議の取消しを主張することができる。

たとえば，遺産分割方法を明確に定める遺言の存在を知ってい

れば，母親（被相続人の妻）に単独で土地を取得させる遺産分割協議の意思表示をしなかったであろうという特段の事情があるときは，分割協議が錯誤取消しとなりうる（最判平5・12・16判時1489号114頁）。また，共同相続人間で成立した遺産分割協議についても，民法424条の詐害行為取消権行使の対象となりうる（最判平11・6・11民集53巻5号898頁）。しかし，いったん有効に成立した遺産分割協議を債務不履行を理由に解除（541条）できるかどうかについて，判例・学説の多くは，多数の共同相続人による分割協議の特殊性，法的安定性を理由に消極的に解している（最判平元・2・9民集43巻2号1頁）。一方，学説では，分割協議は権利移転的性格をもち，不履行をされた相続人の救済のため解除を認めるべきとする説も有力である。共同相続人の全員の合意で，すでに成立した遺産分割協議の一部または全部を解除してやり直すことは差し支えない（最判平2・9・27民集44巻6号995頁）。

長期間経過後の遺産分割の見直し　所有者不明等の問題に対応するための2021（令3）年の改正により，具体的相続分による遺産分割に時間的制約がなく，長期間遺産分割がなされず放置されることの問題点が指摘され，相続開始の時から10年を経過した後にする遺産分割は，具体的相続分（特別受益や寄与分を考慮した相続分）ではなく，法定相続分または指定相続分によるものとした。ただし，その例外として，①相続開始の時から10年を経過する前に，相続人が家庭裁判所に遺産分割の請求をしたとき，②相続開始の時から10年の期間満了前6か月以内に，遺産分割請求をすることができない「やむを得ない事由」があった場合において，当該事由消滅時から6か月経過前に，当該相続人が家庭裁判所に遺産分割請求をしたとき

は，引き続き具体的相続分による遺産分割請求ができる（904条の3）。なお，改正法の施行日（2023年4月1日）前に被相続人が死亡した場合の遺産分割についても，新法のルールが適用されるとしている（改正法附則3条）。ただし，経過措置により，少なくとも施行時から5年の猶予期間を設けることになった。①相続開始時から10年経過時または改正法施行時から5年経過時のいずれか遅い時までに，相続人が家庭裁判所に遺産分割請求をしたとき，②相続開始時からの10年の期間（相続開始時からの10年の期間満了後に改正法施行時から5年の期間が満了する場合には，改正法施行時からの5年の期間）満了前6か月以内に，遺産分割請求をすることができないやむを得ない事由が相続人にあった場合に，当該事由消滅時から6か月経過前に，当該相続人が家庭裁判所に遺産分割請求をしたときは，相続開始時から10年を経過していても具体的相続分により分割を求めることができるとしている。もっとも，10年経過による分割基準は，法定相続分となるが，分割方法や手続は遺産分割であって，共有物分割ではない。したがって，裁判手続は家庭裁判所の管轄であり，配偶者居住権の設定も可能である。また，10年が経過して，法定相続分等による分割を求めることができるにもかかわらず，相続人全員が具体的相続分による遺産分割をすることに合意した場合には，具体的相続分による分割も可能である。

調停分割・審判分割 （1）　遺産の分割について，共同相続人間で分割の協議が調わないとき，または協議をすることができないときは，各共同相続人はその分割を家庭裁判所に請求することができる（907条2項）。家庭裁判所での分割は，調停による分割と審判による分割がある。遺産分割に関する処分事件は，家事調停をすることができる事項についての家事

審判事件（家事別表第二12項）であるため，必ず調停から始めなければならないわけではないが，家庭裁判所の実務上は調停に付されるケースが多い。

　家庭裁判所では，調停主任である裁判官からなる調停委員会が，実情を調査し当事者の意向を尊重しながら合意の斡旋・調整・援助の活動をすることになる。首尾よく当事者間に遺産分割に関する合意が成立し，それが調書に記載されれば調停は成立して，調書の記載は確定した審判と同一の効力を有する（家事268条1項）。

　調停が不成立となったときは，調停申立時に審判の申立てがあったものとみなされ（家事289条1項），家庭裁判所は審判による分割をしなければならない。

　(2)　共同相続人間でどうしても協議が調わないとか，相続人の中に行方の知れない者や重病のため協議に参加できない者がいるときには，各共同相続人は家庭裁判所に遺産分割の審判を申し立てることができる（907条2項，家事別表第二12項）。遺産分割の申立てがなされた場合，財産管理の必要その他審判の効力を保全するため，家庭裁判所は遺産管理人の選任，遺産に属する不動産等の処分禁止の仮処分，預金債権等の取立て禁止の仮処分を命ずることができる。この審判前の保全処分には1980（昭55）年の改正で形成力および執行力があるものとされた（家事105条，家事200条2項）。

　遺産分割審判の申立てに際しては，共同相続人および利害関係人，特別受益の有無等を示し，遺産の目録を提出しなければならない（家事規102条）。家庭裁判所は前述のように，遺産の範囲や相続人の地位等の審判の前提問題について争いがあるときは，これを確定したうえで，民法906条の分割基準に従い遺産分割の審判を行う。分割方法についても，すでに述べたように，家庭裁判

所としては現物分割を原則としつつ，実情に即した妥当な分割方法を命じることができる。また，審判において事件の当事者に対し，金銭の支払，物の引渡し，登記義務の履行その他の給付を命じることができ（家事196条），それらの給付を命じる審判は，執行力のある債務名義と同一の効力を有する（家事75条）。

共同相続人および利害関係人は，遺産分割の審判ならびに遺産分割の申立てを却下する審判に対して告知のあった日から2週間以内に即時抗告を申し立てることができる（家事85条・86条，家事198条1項）。各相続人への審判の告知の日が異なる場合の遺産分割審判に対する即時抗告期間は，相続人ごとに各自が審判の告知を受けた日から進行する（最決平15・11・13民集57巻10号1531頁）。

なお，共同相続人間で遺産の共同所有関係を解消するための手続は，あくまでも遺産分割手続であって，共同相続不動産につき通常裁判所への共有物分割の訴えを提起することは許されない（最判昭62・9・4家月40巻1号161頁）。

配偶者居住権 配偶者の一方が死亡した場合に，他方配偶者はこれまでの居住建物に引き続き住むことを希望することが少なくない。とくに配偶者が高齢である場合に，住み慣れた居住建物から離れることは負担も大きく，高齢の配偶者については，居住環境の確保と生活の安定を保障することがなによりも必要である。そのため，民法では，欧米諸国の立法例も参考にしながら，配偶者の居住権を長期的に保護するための方策として「配偶者居住権」（1028〜1036条），配偶者の居住権を短期的に保護するための方策として「短期的居住権」（1037〜1041条）（⇒**6 配偶者短期居住権**）を新設することにした。

被相続人の配偶者が被相続人の遺産に属した建物に相続開始時

に居住していた場合に，その居住建物の配偶者居住権を遺産分割で取得したり，遺贈を受けたりしたときには，その全部について無償で使用収益する権利（配偶者居住権）を取得するものとした（1028条1項）。また，遺産分割の請求を受けた家庭裁判所は，①共同相続人間の合意が成立したり，②配偶者の申出があり，居住建物の所有者の不利益の程度を考慮しても，なお配偶者の生活を維持するため特に必要があると認めるときは，配偶者居住権について定めることができるとする（1029条）。配偶者居住権の存続期間は，配偶者の終身（生きている間）とするが，遺産分割協議や遺言で別段の定めがあればこれによる（1030条）。居住建物の所有者は，配偶者に対し，配偶者居住権の設定登記を備える義務を負う（1031条1項）。配偶者が配偶者居住権を第三者に対抗するためには登記が必要である（1031条2項）。

　配偶者居住権は，居住建物を無償で使用収益する権利であり（1028条1項柱書），配偶者は，用法遵守義務・善管注意義務を負う（1032条1項本文）。ただし，従前居住の用に供していなかった部分についても全体に配偶者居住権を取得できる（同項ただし書）。配偶者居住権は，一身専属権であり，配偶者の居住環境を保護するためのものであるため，第三者への譲渡は禁止されるし（1032条2項），無断で第三者に使用収益させたり，増改築も禁止される（1032条3項）。もし上記の義務に違反し，所有者が是正を催告しても是正されないときは，配偶者居住権を消滅させることができる（1032条4項）。配偶者居住権については，配偶者が使用収益に必要な第一次的修繕義務を負い，第二次的に所有者が修繕をすることもできるとする（1033条1項，2項）。居住建物の通常の必要費は配偶者が負担する（1034条1項）。なお，配偶者居住権を取得した上で，他の財産取得も可能である。

⑤ 遺産の評価

遺産評価の基準時 | 遺産の分割がなされるのは，相続開始からかなり時間が経過していることが多い。そのためその間に貨幣価値の変動，不動産の高騰などの経済的諸要因により遺産の価額に変動が生ずることは避けられない。そこで，遺産評価の基準時をどの時点に求めるかが極めて重要な問題となってくる。民法 909 条の分割の遡及効の規定，特別受益に関する 903 条・904 条が「相続開始の時」と定めていることなどから，相続開始時とする説もあるが，通説および最近の審判実務は遺産分割時説をとっている。

財産的価値に変動が生ずるときには，遺産分割時の時価でもって個々の遺産を評価するのでなければ，共同相続人間の公平を図ることはできない。また，具体的相続分の算定と遺産分割の作業とは次元を異にしており，903 条等の文言をもって遺産の評価の時期を相続開始時と解さなければならない必然性はないといえよう。

遺産の具体的評価方法 | 遺産評価の方法としては，鑑定や家庭裁判所調査官の調査によるのが一般的である。土地の評価は不動産鑑定士などの専門家による。しかし，相続人が鑑定費用を予納しないため，不動産鑑定士の資格を有する参与員の意見をきいて分割時の評価額を算定した事例もある。鑑定以外の簡易な評価方法として，固定資産税評価額，相続税評価額，地価公示価格，都道府県内地価調査価格などに一定倍率をかけることもある。

⑥　遺産分割の効力

分割の遡及効

遺産分割の効力については，**宣言主義**と
移転主義の別がある。宣言主義というの
は，各共同相続人が遺産分割によって取得した財産をあたかも直
接被相続人から承継したように扱い，遺産分割に遡及効を与える
立場である。これに対して移転主義は，相続の開始により遺産は
各共同相続人の共有状態になり，遺産分割により各共同相続人が
共有持分を移転・交換して各自の単独所有に移行するものとみる。
したがって，移転主義の立場では，遺産分割に遡及効を認めない。
909条は，「遺産の分割は，相続開始の時にさかのぼってその効
力を生ずる」として原則的には宣言主義をとって遡及効を認めた
が，「ただし，第三者の権利を害することができない」と規定し
て，取引の安全を保護するため分割の遡及効に制限を加えた。

そこで，民法909条ただし書をめぐって，遺産共有の性質に関
する共有説，合有説とで解釈が鋭く対立している。すなわち，共
有説では，909条ただし書は分割の遡及効を制限するもので，相
続人による遺産分割前の持分譲渡が有効であることを前提とした
規定とみることになる。これに対して，合有説では，909条本文
は遺産分割前の持分処分を禁止したものだが，ただし書は第三者
保護，取引の安全のためやむをえず例外的に付加されたものとみ
る。なお，被相続人の生存中に権限なく不動産を第三者に譲渡し
た共同相続人が遺産分割の結果，当該不動産を取得しないことと
なった場合については，本条ただし書の適用はない（最判昭54・
12・14家月32巻5号41頁）。

相続の開始後に新たに子と推定された者の価額支払請求

相続の開始後，嫡出否認権の行使により新たに被相続人がその父と定められた者が，相続人として遺産分割を請求する場合，他の共同相続人が既にその分割その他の処分をしていたときは，当該相続人の遺産分割請求は，価額のみによる支払請求により行う（778条の4）。

相続開始後の被認知者と分割請求

認知の効力は出生の時に遡るが，第三者の権利保護の見地から認知の遡及効は制限されている（784条）。したがって相続開始後に認知された嫡出でない子（被認知者）は，認知前に遺産分割が終了していたならば，他の共同相続人の権利を害することはできず，結局相続による権利を主張できないことにもなりかねない。そうかといってすでになされた遺産分割を無効としてすべてをやり直すことも，遺産分割をめぐる法律関係の不安定をもたらす。そこで，民法は，遺産分割後に認知された嫡出でない子に相続分に応じた価額のみによる支払請求権を与えることにして，相続開始後に認知された嫡出でない子の保護と遺産分割の安定性の要請の調和を図った（910条）。

離婚・離縁無効，親子関係存在確認等で遺産分割当時相続人たる地位になかったが，その後共同相続人たる地位を認められた者につき910条を類推適用する説も少なくないが，同条は，現物分割，代償分割，換価分割等分割方法も含め，被認知者から遺産に対する権利主張や選択の機会を奪うもので，できるだけ拡張することは控えるべきであろう。判例も，母の死亡による相続につき共同相続人である子の存在が遺産分割その他の処分後に明らかになったとしても，784条ただし書・910条は類推適用されないとしている（最判昭54・3・23民集33巻2号294頁）。

被認知者の価額請求の算定基準としては，積極財産から消極財産を控除した純遺産額に対する説と，積極財産に対する被認知者の相続分の割合額とみる説の対立がある。価額算定の基準は，価額支払時であり，価格の支払を求める分割審判にあってはこれと最も接着した審判時とされている。近時，最高裁は，民法910条に基づき価額の支払を請求する場合における遺産の価額算定の基準時は，価額の支払を請求した時であり，他の共同相続人の支払債務は，履行の請求を受けた時に遅滞に陥ると判示した（最判平28・2・26民集70巻2号195頁）。なお，被認知者の価額の支払請求は訴訟事項か審判事項かで対立があるが，審判事項説が有力である。

共同相続人の担保責任　各共同相続人は，他の共同相続人に対して，売主と同じくその相続分に応じた担保責任を負わなければならない（911条）。前述のように，わが民法は遺産分割の効力につき宣言主義を採用したが，実際には遺産分割の時に共同相続人間で共有持分の交換・移転が行われるのと等しい。そこで，分割により瑕疵のある財産を取得した共同相続人が他の共同相続人に売主としての担保責任を追及することにより，共同相続人間の不公平を是正することにした。売主の担保責任は，561条〜572条の契約不適合責任であり，具体的救済としては，①解除，②代金の減額，③損害賠償が考えられるが，①の遺産分割のやり直しについては消極説が強い。担保責任を負う場合，法定相続分を基準とするのではなく，相続人が遺産分割により現実に取得した財産額を基準とすると解されている。

　共同相続人のうちの一部の者が遺産分割によって債権を取得した場合，他の共同相続人はその相続分に応じて分割当時における債務者の資力を担保する（912条1項）。また，債権の弁済期が未

到来である場合および停止条件付債権である場合に，弁済時における債務者の資力を担保する（同条2項）。債権の売買では特約のない限り売主は債務者の資力を担保しないが（569条），遺産分割では共同相続人間の公平を図る趣旨で当然に担保責任を負わせた。担保責任を負う共同相続人の中に償還をする資力のない者があるときは，その償還できない部分は求償者および他の資力ある者がその相続分に応じて分担する（913条本文）。ただし，求償者に過失がある場合は他の共同相続人に対して分担を請求することができない（同条ただし書）。

このように，民法911条～913条は，遺産分割で取得した不動産に欠陥があったとか，債権が回収不能であるため共同相続人の一部が損害を被った場合，共同相続人全員で，各人の取得した財産額に応じて公平に分担させようとするものであるが，この担保責任の規定も遺言により排除したり制限することができる（914条）。

すでに見てきたように，現行の相続法は，被相続人の
プラスの財産もマイナスの財産も当然かつ包括的に承継
することを原則とした。しかし，相続人であるというだ
けで近親者が被相続人のマイナスの財産を引き受けなけ
ればならないのは酷であろう。そのため，相続債権者や
第三者の利益とも調整しながら，他方で，相続人に相続
財産を承継するかしないかを選択する自由も与えた。本
章では，法定単純承認，限定承認，相続放棄などについ
て検討する。

1 相続する自由・相続しない自由

① 相続における相続人の選択権の保障

**当然相続主義と
個人の意思の尊重**　　民法は，相続開始の瞬間から，被相続人
の財産に属した一切の権利義務が当然か
つ包括的に相続人に承継される建前を採
用した（896条）。これを当然包括承継の原則，当然相続主義という。
当然相続主義は，持ち主の死亡という出来事によって無主の財産
が発生する事態を回避し，財産関係の帰属を明確にするメリット
がある。しかし，他方で相続人が自己の意思に反して過大な債務
を負わされる危険性もないわけではない。

たとえば，戦前の家制度，家督相続制度のもとでは，相続は
「家」の維持発展のためのもので，相続人の側に相続するかしな
いかの選択権はなかった。そのため，「親の借金は子の借金」と

いわれて，否応なしに相続人はマイナスの財産をも引き継がなければならなかった。

　ところが，近代の個人を大切にしようとする社会では，相続人個人の意思と関わりなく被相続人の権利義務を無制限に引き継がせることは必ずしも適切とはいえない。個人の意思の尊重は，近代法の基本理念であり，相続における個人の選択の自由はできるかぎり尊重されなければならない。

相続債権者との調整　しかしながら，相続債権者の側からみると，債務者が死亡して，すべての債務が無に帰するということになるのでは，安心して取引することもままならない。そのため，たいていの国では一般の法律関係の安定性の見地から，相続の開始によって当然に相続が生ずるものとし，他方，相続の効果を受けるか拒絶するかどうかの選択権を相続人に認めることで，両者の困難な調整を図った。

　つまり，相続人に無制限に被相続人の権利義務の承継を強制せず，一定の熟慮期間内に，被相続人の権利義務を全面的に承継するか，それとも相続財産の限度で債務の負担をするか，さらには，全面的に相続的承継を拒絶して相続人にならない途を選ぶか，相続に関する選択の自由を与えた。

②　相続しない自由と条件付きの相続

　相続人には，借金も含めて，プラス・マイナスをじっくり計算してみて，相続する自由もあれば，条件付きで相続することも，相続しないという自由も保障されている。全面的な無条件の承諾を単純承認，プラスの財産がある場合にのみ条件的に引き受ける場合を限定承認，無条件の拒絶を相続放棄という。

2 相続の単純承認・限定承認

① 単 純 承 認

単純承認の意義　単純承認とは，被相続人の権利義務を無条件かつ無制限に相続人が承継することをいう（920条）。被相続人のプラスの財産もマイナスの財産も全部一緒に承認して引き継ぐことを指す。単純承認により，相続財産は独立性を失い，相続人の固有財産と融合する。

限定承認では，プラスの相続財産の限度でしか相続債務の弁済の責任を負わないが，単純承認では，無制限に相続債務に責任を負う。その結果，相続債権者は相続人の固有財産に対しても責任追及や，強制執行が可能になる。民法は，単純承認を原則とし，放棄や限定承認の場合だけ，家庭裁判所への申述という一定の方式を要求し，単純承認ではとくにその旨の意思表示を不要としている。

法定単純承認　相続人が，①相続財産の全部または一部を処分したとき，②相続開始を知った時から3ヵ月以内の熟慮期間内に，放棄または限定承認をしなかったとき，③限定承認または放棄をした後でも，相続財産を隠匿したり，秘かに費消したり，悪意で財産目録に記載しないなど背信的行為があったときは，単純承認とみなされる（921条）。これを法定単純承認という。このような場合には，単純承認の黙示の意思を推認できるともいえる。また，単純承認と矛盾衝突する行為を信頼した第三者を保護するためにも，相続人の側の放棄・限定承認の自由は制約されてもやむをえない。

ところで，選択前の遺産処分は常に法定単純承認に該当するだ

ろうか。相続財産の保存行為や短期賃貸借は差し支えない（921条1号ただし書）。また，軽微な慣習上の形見分けや身分相応の葬儀費用，仏壇や墓石の購入費（大阪高決平14・7・3家月55巻1号82頁）の支出などは処分にあたらない。たとえ，相続人が遺産の一部を処分しても，相続開始の事実を知らなかったときは単純承認を擬制することは許されない（最判昭42・4・27民集21巻3号741頁）。また，限定承認や放棄をした後でも，相続人が債権者の追及を逃れるために，相続財産を隠匿したり，相続債権者を害することを知りながら秘かに費消したり，詐害の意思で財産目録に記載しなかった場合には単純承認とみなされる。このような場合にまで，相続債権者の犠牲において相続人を保護する必要はない。

② 限 定 承 認

限定承認の意義 限定承認とは，相続によって得たプラスの財産の範囲内でのみ被相続人の債務および遺贈を弁済するという留保付きの相続の承認をいう（922条）。これは，相続人がプラス財産（積極財産）により利益を得る範囲内でマイナスの負担もするという条件付承認である。相続放棄が相続を全面的に拒否して，プラス財産，マイナス財産のいずれも拒絶し，完全に相続関係から離脱するのに対して，限定承認は，一応承認はするが，債務支払の限度はプラスの範囲でしか負わず，マイナスが出れば引き受けないというシステムである。

限定承認のメリット・デメリット 限定承認は，①債務超過が明らかでないとき，②相続人が家業を引き継ぎ再建の見込みがあるとき，③相続財産中に先祖伝来の家宝のようなものがあるときにメリットがあるといわれる。

つまり，①の場合，限定承認を一応しておけば，相続人は遺産の調査をした上で，債務超過のときは相続財産の限度で弁済し，もしプラスが出てくれば引き継げばよい。②の場合は，家業を引き継ぐ相続人は，時機を待てば再建の見込みがある以上，相続財産の限度で責任を負い家業を継続することが相続人・債権者双方の利益になることもある。③の場合も，家宝のような価値のある財産があるときは，家庭裁判所で選任された鑑定人の評価額を限定承認した者が弁済することで，競売に代えることが認められている（932条）。

　限定承認は，過大な債務の相続から相続人を保護する制度であるが，手続が面倒であること，相続人全員の同意が必要であることなどであまり利用されていない。

　限定承認をすると，相続財産は相続人の固有財産と分離され独立の財産として厳格な清算手続が始まる。死亡した被相続人と妻子など相続人間に生前の金銭の貸し借りがあれば，その債権債務を清算し（925条），そのうえで債権者に対して公告や催告をし，相続財産を競売して金銭の返還をするなどの手続をとる（927条以下）。また，限定承認は相続人全員が共同でしなければならないので（923条），1人でも反対があれば手続に入れないなどの難点がある。

限定承認の手続　（1）　相続人が限定承認をしようとするときは，原則として，被相続人が死亡して相続が開始したことを知った時から，3ヵ月以内に，財産目録を作成して，家庭裁判所に限定承認申述書を提出しなければならない（924条）。

　（2）　相続人が数人あるときは，限定承認は相続人全員が共同して行わなければならない（923条）。1人でも反対がいれば限定

承認はできない。

　(3)　3ヵ月の熟慮期間は，相続人各別に起算するが，限定承認の場合は相続人全員が申述することが要求されるので，一部の者が期間を徒過しているからといって他の者から限定承認の申述権を奪うのは妥当ではない。そこで，相続人中に1人でも熟慮期間内の者がいれば，他の者についても全員で限定承認ができると解される。

　(4)　限定承認により，相続財産と相続人の固有財産は分別され，遺産は一種の凍結状態で清算に入る。限定承認をした相続人は，原則として清算が結了するまで遺産の管理をしなければならない（926条）。相続人が数人ある（共同相続の）場合には，家庭裁判所は，相続人の中から，相続財産の清算人を選任しなければならない（936条1項）。相続財産の清算人は，相続人のため，これに代わって，相続財産の管理および債務の弁済に必要な一切の行為をする（同条2項）。2021（令3）年の改正により，職務内容が単なる財産管理だけでなく，相続債権の存否や額の確定，弁済等の清算も行うため，混乱を生じないように，相続財産の管理人から相続財産の清算人へと名称を改めた。

　(5)　限定承認をした者は，限定承認から5日以内に一切の相続債権者および受遺者に対して限定承認をしたこと，2ヵ月をくだらない期間を定めてその期間内に債権者の申出がないときは清算から除斥する旨付記して，債権の申出を促す公告をし，知れている債権者に対しては各別に債権の申出を催告しなければならない（927条）。なお，被相続人から不動産の死因贈与を受けた相続人が限定承認をした場合，死因贈与に基づく当該相続人への所有権移転登記が相続債権者による差押登記より先になされたとしても，信義則に照らして，限定承認をした者は当該不動産の所有権

を相続債権者に対抗することができない（最判平 10・2・13 民集
52 巻 1 号 38 頁）。

3 相続の放棄・事実上の放棄

① 相続の放棄

相続放棄の意義　すでに述べたように，相続人は，相続開始の時から被相続人の財産上の一切の権利義務を承継するのが原則である。しかし，被相続人に何らプラスの財産もなく，マイナスだらけのときは，相続するのは過大な債務のみとなって相続人に酷な結果ともなりかねない。そこで，民法は，相続人が相続を希望しない場合には，これを拒否する自由を認め，相続人の地位から離脱する余地を認めた。

相続の放棄制度は，相続人の意思を尊重して，相続しない自由を相続人に選択する権利を与えたものといってよい。このように相続放棄は，相続人が相続的承継を拒否し，はじめから相続人でなかった効果を生ぜしめる単独の意思表示である。**相続放棄は，限定承認とならんで，債務超過となった遺産から相続人を保護する制度として設けられたが，わが国では相続債務を回避するためだけに利用されるわけではない。むしろ，自営業者が中小の零細事業経営を維持し資産の細分化を防止しようと，農業用資産や店舗工場などの経営資産を一括後継者に相続させるとか，宅地建物に居住する相続人のために他の共同相続人が代償分割をうけるような場合に利用されている。**

相続放棄の方法　相続の放棄は，自己のために相続の開始があったことを知った時から 3 ヵ月以内

に家庭裁判所に申述をしなければならない（915条1項・938条）。相続放棄をしたいと思う相続人は，相続放棄申述申立書に必要事項を記載して，署名押印して家庭裁判所の窓口に提出する。

　このように放棄は申述によってなされ，受理によって成立する。受理審判では，形式的審査（申述者が相続人であること，熟慮期間内の申立てであること），申述が真意に基づくものであることの確認をするだけで，動機や理由は問わない。真意の確認については，家庭裁判所で書記官から本人に照会状が送付され，2〜3週間で審判がなされる。相続放棄の受理申立件数は，1990（平2）年は4万3280件であったが，1995（平7）年は6万2603件，2005（平17）年は14万9375件，2015（平27）年 は18万9381件，2021（令3）は25万993件と大幅に増えている。

相続放棄者による管理　相続の放棄をした者は，その放棄の時に相続財産に属する財産を現に占有しているときは，相続人または相続人がいることが明らかでない場合（952条1項・951条）に選任される相続財産の清算人に対して当該財産を引き渡すまでの間，自己の財産におけるのと同一の注意をもって，その財産を保存しなければならない（940条1項）。この場合，委任に関する受任者の報告，受任者の受け取り物の引渡し，費用等の償還請求等の規定が準用される（同条2項）。

相続放棄の効果　相続放棄をした者は，その者の相続に関してはじめから相続人にならなかったものとみなす（939条）。その結果，他の共同相続人は相続分が増加するとか，相続人でなかった者が相続することが起こる。相続を放棄した者ははじめから相続人とならなかったことになるから，その直系卑属は代襲相続をしない（887条2項参照）。放棄の効力は絶対的で何人に対しても登記なくして効力を生ずる（最判昭

42・1・20 民集 21 巻 1 号 16 頁）。

　債務を負っている相続人が被相続人の積極財産の相続を放棄した場合，債権者は民法 424 条の債権者取消権を行使しうるのだろうか。この問題について最高裁は，相続の放棄は，既得財産を積極的に減少させる行為というよりはむしろ消極的にその増加を妨げるにすぎないものとみるのが妥当であり，また，相続の放棄のような身分行為について詐害行為として取り消しうるものとすれば，相続人に対し相続の承認を強制することと同じ結果となり不当であることを根拠に，相続放棄は「財産権を目的としない法律行為」であるとして，債権者取消権の対象にならないとした（最判昭 49・9・20 民集 28 巻 6 号 1202 頁）。
　他方，相続債務者が一度相続を承認した後に共同相続人間の遺産分割協議において何も相続しなかった場合にはどうか。最高裁は，遺産分割協議は，共同相続人の共有となった相続財産についてその帰属を確定させるものであり，その性質上，「財産権を目的とする法律行為」であるとして，債権者取消権の対象になるとした（最判平 11・6・11 民集 53 巻 5 号 898 頁）。
　債権者取消権の適用の可否について，最高裁が相続放棄と遺産分割協議とで結論を異にしているのは，両者の性質の違いによるものである。相続放棄が相続財産を承継するか否かを決める身分行為であり，債権者の期待を裏切る面はあるものの，だからといって相続の承認を強制するのは妥当でないのに対し，遺産分割協議は，相続開始により共同相続人の共有となっている相続財産の帰属を確定させるという財産権を目的とする行為であり，あとは 424 条の適用要件が検討されることになる。

❖-❖

② 事実上の相続放棄

相続放棄制度は，機能的には債務超過からの保護だけでなく，

跡取りに相続財産を集中させるために利用されることも少なくない。しかし，家庭裁判所に放棄の申述書を提出して受理審判を得なければならないこと，熟慮期間が原則として3ヵ月にかぎられていることから，形式的には共同相続をしたことにして，後継者が遺産を一括取得し，他の共同相続人は事実上権利放棄をするという場合が多い。これを**事実上の相続放棄**という。

　不動産その他の財産の名義変更のために2通りの方法が使われている。①遺産分割協議書による場合は，遺産分割協議が成立したとするが，他の相続人は名目的な財産を取得したことにして，後継者がほとんどの財産を単独で取得する協議書を作成して不動産の相続登記をする。②相続分皆無証明書，特別受益証明書，相続分不存在申述書による場合は，他の相続人は「被相続人から生前贈与を受け具体的相続分はなく，当該不動産について権利がない」旨の証明書を添付して相続登記をする。かりに遺産分割協議書や特別受益証明書が事実に反しても，共同相続人の自由な意思で自発的になされた場合は有効と解されている。しかし，均分共同相続という現行相続法の基本理念を破る一種の脱法行為を認めることにならないか，他の相続人からの圧力や不当な干渉がはたらく可能性もあり，共同相続人間の権利関係を不明確にするとの批判もある。

4 相続における熟慮期間の起算点

Case 10-1

　父親の生前には全く交渉をもっていなかった子が，父の死後はじめて

父の連帯保証債務の存在を知ったとき，「自己のために相続の開始があったことを知った時」とは，いつの時点を指すのであろうか。父の死亡の時点であるのか，あるいは同人の連帯保証債務の存在を知った時であるのか。

知らぬ間の借金　　「自己のために相続の開始があったことを知った時」から３ヵ月以内しか相続放棄や限定承認はなしえない。この熟慮期間の起算点は，被相続人の死亡を知り自己が相続人になったことを認識すれば進行するのだろうか。

Case 10-1 のような事案において，原審（大阪高判昭56・10・22判時1042号104頁）は，「自己のために相続の開始があったことを知った時」とは，相続人が単に相続開始の原因となる事実を知り，自己が法律上相続人となることを覚知した時だけでなく，そのほかに自己が現実に積極消極財産を相続する立場にあることを認識した時，すなわち，相続すべき積極または消極財産の全部または一部の存在を認識した時とした。

最高裁も，熟慮期間は原則として相続人が相続開始の原因となった事実および自己が法律上の相続人となった事実を知った時から起算すべきものであるが，３ヵ月以内に相続放棄または限定承認をしなかったのが，「被相続人に相続財産が全く存在しないと信じたためであり，かつ，被相続人の生活歴，被相続人と相続人との間の交際状態その他諸般の状況からみて当該相続人に対し相続財産の有無の調査を期待することが著しく困難な事情があって，相続人において右のように信ずるについて相当の理由があると認められるときは」，熟慮期間は，「相続人が相続財産の全部又は一部の存在を認識した時又は通常これを認識しうべき時から起算す

べきもの」と判断した（最判昭 59・4・27 民集 38 巻 6 号 698 頁）。

　なお，法はこのような例外を規定しておらず，法解釈の域から立法論に踏み込んだもので，多数意見のように相続財産の認識および誤信の相当性という事情を基礎にすることは法的安定性を害するとの反対意見がある。

　また，伯父から多額の借金の相続をした父が承認も放棄もすることなく死亡し，その事情を知らない間に再転相続人になってしまった姪がいつまで放棄ができるか争われたケースで，最高裁は，民法 916 条にいう「自己のために相続の開始があったことを知った時」とは，伯父の死亡により父が承認または放棄をしなかった相続における相続人としての地位を自らが承継した事実を知った時，つまり，判決や承継執行文の送達を受けた時であると判示した（最判令元・8・9 民集 73 巻 3 号 293 頁）。

誤信の相当性の判断　　　上記最高裁判決の多数意見は，相続財産が全くないと誤信して放棄等の手続をとらなかった場合，その誤信に相当の理由があるかぎり，起算点を相続財産の認識時または認識可能時に繰り下げることを認めるという画期的なものであった。これに対しては，反対意見のように，相続関係の確定が相続人の主観的な認識に左右されて不安定になるとか，相続財産が全くない場合だけを例外的に扱うのは不合理だとの批判もある。しかし，金融業者などがこの熟慮期間の仕組みを利用して故意に熟慮期間徒過後に事情を知らない相続人に相続債務の取立てをするケースが増えていること，遺産状態を十分把握していない相続人に対して，あらかじめ限定承認や放棄の手続を求めることが酷な場合もあること，相続債権者は本来相続人の資力を当てにしているわけではなく，このように解しても相続債権者に特別な不利益を与えないこと，むしろ債権者は取引にあ

たり，物的・人的担保をとって債権回収を確実にする法的手段をとりえたことなどから，多数意見は妥当なものであろう。

相続人の遺産調査義務の遵守と債権者側からの早期かつ迅速な債権の申出を基礎に，裁判所は相続人の誤信に相当な理由があったかどうか，相当性の判断をすることになる。

なお，相続人が被相続人の死亡時に被相続人名義の不動産が存在することを認識していたとしても，その遺産は他の相続人が相続する等のために，自分が相続すべき遺産がないと信じ，かつそう信じたとしても無理からぬ事情がある場合には，当該相続人において，被相続人名義であった遺産が相続の対象となる遺産であるとの認識がなかったもの，すなわち，被相続人の積極財産および消極財産について自己のために相続の開始があったことを知らなかったものと解するのが相当であると緩やかに解したケースも出ており，注目される。韓国でも2002年の民法改正で，債務超過を重大な過失なく知らなかったときは，知った時から3ヵ月の熟慮期間が進行すると改められた（韓国民法1019条3項）。また，中華民国台湾でも，2009年の相続法改正により，相続人は被相続人の債務につき，相続によって取得した遺産を超過（超える）する弁済責任を負わないとした（中華民国民法1148条2項）。日本も，早急な民法改正が必要であろう。

相続土地国庫帰属制度の創設

2021（令3）年に，所有者不明土地の発生を抑制するため，相続または遺贈により土地の所有権を取得した相続人が，一定の要件の下で，土地を手放して国庫に帰属させる「相続土地国庫帰属法」が成立した。すなわち，「通常の管理又は処分をするに当たり過分の費用又は労力を要する土地」（同法5条1項5号）に該当しないことを国庫帰属の要件として定め（却下要件――建

物の存する土地，担保権または使用収益権の設定された土地，通路その他の他人の使用が予定される土地，特定有害物質で汚染された土地，所有権の存否・範囲等が争われている土地など，不承認要件――崖，通常の管理または処分を妨害する工作物等が存在するなど過分の費用や労力を要する土地など），法務大臣が要件審査をしたうえで（同法2条3項・5条1項），法務大臣の承認を受けた者が，土地の性質に応じた標準的な管理費用を考慮して算出した10年分の土地管理費用相当額の負担金（詳細は政令で規定）を納付することになる（同法10条1項）。そのようにして国庫に帰属した土地のうち，農業用利用土地，森林用の土地は，農林大臣が管理・処分し（同法12条1項），それ以外の土地は普通財産として財務大臣が管理・処分することになる（国有財産法6条）。

第11章 財 産 分 離

財産分離とは，限定承認や相続放棄がない場合に生じる相続財産と相続人固有財産との混同を避けるため，一定の申立権者の請求に基づいて相続財産を分離して管理清算する手続をいう。本章では，財産分離制度の趣旨，その内容，問題点などについて見てみることにする。

1 財産分離の意義と種類

財産分離制度の目的・趣旨

財産分離制度は，相続財産と相続人固有財産との混同を避けるため，相続開始後に，相続債権者・受遺者・相続人の債権者らのイニシアティブのもとに相続財産を分離して管理・清算しようとする手続をいう。

Case 11-1

　相続財産の総額が 1000 万円で，相続人の固有財産がマイナス 1500 万円の場合，相続財産と相続人固有財産を合わせると，相続債権者等は満足な弁済を受けられないおそれがある。また，逆に，相続財産の額が債務超過でマイナス 800 万円で，相続人の固有財産が 1000 万円のときに，相続人の債権者は相続という偶然の事情で思わぬ不利益を被ることになりかねない。この場合に，相続債権者・受遺者や相続人の債権者は，どのような法的手段がとれるか。

たとえば，相続財産が 1000 万円あっても，相続人の固有財産がマイナス 500 万円であるときには，相続開始後限定承認や放棄がなされないかぎり，相続財産と相続人固有財産の混同が生じ，相続人の財産は 500 万円しか残らないことになる。また逆に，相続財産がマイナス 800 万円だとすると，相続人の固有財産が 500 万円であっても，300 万円の債務超過になってしまう。

相続財産が債務超過の状態に近いときは，限定承認なり放棄なりで，相続人側には責任を免れる機会が保障されているのに対して，相続債権者らには，同様の安全弁や対抗手段が用意されていない。そこで，相続人と同じように，相続債権者・受遺者・相続人の債権者らも，相続財産と相続人固有財産の混同を阻止して，相続財産を分離清算することができるように財産分離制度が設けられた。

第一種財産分離　　第一種財産分離は，相続債権者または受遺者が相続財産と相続人固有財産の分離を請求するものである。申立ての相手方は相続人である。申立期間は，相続開始の時から 3 ヵ月以内か，またはその後でも相続財産が相続人の固有財産と混合しない間とされる（941 条 1 項）。財産分離の請求は，被相続人の住所地または相続開始地の家庭裁判所に対してなされ，財産分離の審判で決定が出される（家事別表第一 96 項，家事 202 条）。財産分離の請求があったときは，家庭裁判所は，相続財産の管理について必要な処分を命ずることができる（943 条 1 項）。ここでいう「管理について必要な処分」とは，相続財産の封印，目録の作成，供託，換価，管理人の選任などをいう。

財産分離が認められるために，相続人の固有財産の債務超過または財産分離の必要性を要件とするかどうかでは対立がある。学

説には，財産分離の請求がなされれば当然に財産分離を命じなければならないという絶対説もないわけではない。しかし，財産分離が相続人の財産管理に大きな影響を及ぼすことから，財産分離の必要があることを要件とする裁量説がむしろ多数説であり，これに従う下級審裁判例もみられる（東京高決昭59・6・20家月37巻4号45頁）。近時，最高裁は，相続人がその固有財産について債務超過の状態にありまたはそのような状態に陥るおそれがあることなどから，相続財産と相続人の固有財産が混同することによって相続債権者等がその債権の全部または一部の弁済をうけることが困難となるおそれがあると認められる場合，民法941条1項の規定に基づき，財産分離を命じることができると判示した（最判平29・11・28判時2359号10頁）。

家庭裁判所による財産分離の決定に対しては，相続人は即時抗告を提起できる（家事202条2項1号〔家審規117条1項〕）。財産分離を却下する決定に対しては，申立人のほか，他の相続債権者・受遺者も即時抗告を申し立てることができる（同条2項）。財産分離の審判が確定したときは，申立人は5日以内に，他の相続債権者・受遺者に対し，財産分離があったことおよび2ヵ月以上の一定期間内に配当加入の申出をすべきことを公告しなければならない（941条2項）。

第二種財産分離　相続人が限定承認をすることができる間または相続財産が相続人の固有財産と混合しない間は，相続人の債権者も財産分離の請求をすることができる（950条1項）。これを第二種財産分離という。この制度は，相続財産が債務超過であるにもかかわらず相続人自ら相続放棄や限定承認をしないときに，相続人固有の債権者の利益に配慮して，財産分離の申立てを認めたものである。制度としては，相続人の

限定承認を代位行使するに近いものであるが，実際には第二種財産分離はほとんど利用されていない。

第二種財産分離の請求は，申立権者および申立期間の点を除き，第一種財産分離と同様である。

2 財産分離の効果

第一種財産分離の効果　第一種財産分離の効果として，財産分離の申立人ならびに配当加入の申出をした相続債権者・受遺者は，相続人の固有債権者に優先して相続財産から弁済を受けることができる（942条）。財産分離があったときは，相続人の財産処分の自由は制約されるが，相続財産中の不動産については，財産分離の登記をしなければ第三者に対抗することはできない（945条）とし，取引の安全が図られている。

財産分離は，相続財産について相続債権者等に一種の包括的な先取特権を付与するようなもので，相続財産への物上代位は財産分離にも準用される（946条）。不動産については，登記がされると，その後の譲渡は相続債権者等には対抗できなくなるが，登記以前に譲渡された場合は，その代価について物上代位による優先権を主張できる。

配当加入期間満了前には，相続人は，相続債権者・受遺者に対して弁済を拒むことができる（947条1項）。財産分離の請求があったときは，相続人は，配当加入期間満了後に，相続財産をもって，財産分離の請求または配当加入の申出をした相続債権者・受遺者に，各々その債権額の割合に応じて弁済しなければならない（同条2項）。ただし，優先権をもつ債権者に対しては実体法の定

めに応じて優先弁済を行う（同条2項ただし書）。

　財産分離の請求をした者および配当加入の申出をした者は，相続財産で全部の弁済を受けられなかった場合に，その不足額について相続人の固有財産について権利を行使することができる（948条）。

　相続人は，その固有財産をもって相続債権者・受遺者に弁済をしたり相当の担保提供をして，財産分離の請求を防止したりその効力を消滅させることができる（949条）。これを財産分離の阻止ないし回避という。第一種財産分離の目的は，相続債権者・受遺者を保護することにあるので，相続人が固有財産で相続債権者らに弁済をしたり担保提供がなされれば，財産分離の必要はない。また，相続人としても，とくに相続財産の維持を望む場合には，自己の固有財産からの弁済を認めるかぎり，あえて財産分離の手続をとるまでもない。そこで，民法は，相続人の固有財産による弁済・担保提供によって財産分離を阻止，効力を消滅させることを認めた（949条）。

　ただし，相続人の債権者が自らの損害を証明して異議を述べた場合はこのかぎりではない（949条ただし書）。損害の証明とは，相続人が債務超過の状態にあるとか，当該弁済等により債務超過となることの立証である。しかし，実際に弁済等がなされたときはこの異議申立てはできないとされる。

第二種財産分離の効果　第二種財産分離の審判が確定したときは，相続財産と相続人の固有財産は分離され，相続財産は清算に付される。第二種財産分離については，限定承認（925条・927条～934条）および第一種財産分離（943条～945条・948条）が準用され（950条2項），基本的には第一種財産分離の効果と同一である。相違点は，相続人の被相続人に対する権

利義務の不消滅が擬制されること（925条），財産分離の申立ては公告のみならず知れている債権者に個別催告の義務を負うこと（927条2項，〔平成18法50号改正前の〕旧79条3項），配当加入債権者のみならず相続人に知れている債権者も配当を受けられること（929条）などである。

◆財産分離制度の問題点　　以上のように，財産分離制度は規定が複雑で実用性も低いために，最近では申立件数もごくわずかで年間数件程度しか活用されていない。しかも，破産法が相続財産の債務超過の場合に配当弁済手続として相続財産破産制度を設けており（平成16法75号による改正破産法222条以下参照），限定承認の制度もあるためほとんどこれらによっているとみられる。ただし，限定承認はあくまでも，相続人側が相続財産の債務超過から自らの身を守るための制度であり，また，相続財産破産制度も，相続財産が債務超過のケースでの破産処理手続にすぎないので，相続財産から相続人固有財産を分離する第一種財産分離制度にはそれなりの存在意義が認められよう。しかし，相続財産破産制度と第二種財産分離制度はほぼ同様の機能を担い，相続財産破産制度を，相続人の自己管理を認めるなど簡易化すれば，第二種財産分離制度は廃止してもよいとの有力説も説かれている。

第12章 相続人の不存在

被相続人が死亡したとき，相続財産を承継すべき相続人の存在が明らかでない場合がありうる。このような場合，相続人を捜索すると同時に相続財産を管理し，最終的に清算をしなければならない。こういった目的を実現しようとするのが相続人不存在の制度である。本章では，相続人不存在制度における手続，相続財産法人，特別縁故者への相続財産分与制度について取り上げる。

1 相続人不存在と相続財産法人

Case 12-1

相続財産を承継すべき相続人の存在が明らかでない場合，当該相続財産はいかに処理されるのであろうか。

相続人不存在の意義 相続人がいるかどうかは通常は戸籍により明らかである場合が多い。しかし，戸籍上の相続人がいない場合でも，なお相続人が存在しないかどうかを捜し出し，相続財産を管理・清算することは必要であろう。そこで，民法は，相続人の存在が明らかでないときは，相続人の捜索をしながら，同時に相続財産を管理・清算する手続を進めるものとした。つまり，相続財産を法人と扱い，そこに相続財産清算人をおき，相続人がでてくれば相続人に承継をさせ，他方，相続人がいないことが確定すると，特別縁故者への相続財産の分与

を経て，残余は国庫に帰属させることにした。これら一連の手続を講学上「相続人の不存在の制度」という。

　戸籍上相続人がいても全員が廃除されたり相続放棄した場合にも，相続人の不存在の手続は開始する。ただし，戸籍上の相続人が存在することははっきりしているが，その所在や行方が不明である場合は，「相続人のあることが明らかでないとき」に該当しない。したがって，この場合には不在者の財産管理制度（25条以下）や失踪宣告制度（30条以下）で財産関係は処理されることになる。また，遺言者に相続人は存在しないが相続財産全部の包括受遺者が存在する場合は，「相続人のあることが明らかでないとき」にあたらない（最判平9・9・12民集51巻8号3887頁）。

相続財産法人の成立　相続人があることが明らかでないとき，相続財産は法人となる（951条）。相続財産法人は，相続財産が無主のものとなることを回避し，相続財産清算人を付して円滑に管理・清算の手続を進めるためのフィクションと解されている。したがって，相続財産法人は，相続財産の清算のための一種の財団法人的性格を有している。法人の成立時期も，被相続人の死亡時，つまり相続開始時であり，法人の設立のための行為も必要とされない。しかし，実際上は法人の存在は家庭裁判所による相続財産清算人の選任によってはじめて顕在化する。

相続財産清算人　相続人の存在が明らかでないときは相続財産は法人とされるが，家庭裁判所は，利害関係人または検察官の請求により相続財産清算人を選任し，遅滞なく相続財産清算人の選任を公告しなければならない（952条，家事別表第一99項，家事208条・125条）。ここでいう利害関係人とは，相続債権者，受遺者，相続債務者，特別縁故者等，相

続財産の管理清算につき法律上の利害関係を有する者をいう。相続財産清算人は，相続財産法人を代表するが，不在者の財産管理に類似するため，民法27条ないし29条の規定が準用される（953条）。

　したがって，相続財産清算人は，相続財産の現状を調査し，財産目録を作成して家庭裁判所に提出し，財産状況を報告する義務などを負う。また，相続財産清算人は，103条の定める権限内の行為を行うことができ，これを超える行為については家庭裁判所の許可が必要とされる。そのほかは，委任に関する善管注意義務，受取物引渡義務，金銭消費の責任，費用償還請求権が準用される（家事194条8項）。

　相続財産清算人は，相続債権者または受遺者の請求があるときは，相続財産の状況を報告しなければならない（954条）。

相続財産清算人の選任・相続人の捜索の公告と相続財産の清算　家庭裁判所は，相続財産清算人を選任したときは，相続財産清算人の選任の旨とあわせて，6ヵ月以上の期間を定めて，相続人があるならば一定の期間内にその権利を主張すべき旨を公告しなければならない（952条2項）。この公告があったときは，相続財産清算人は，全ての相続債権者および受遺者に対し，2ヵ月以上の期間を定めて，その期間内にその請求の申出をすべき旨を公告しなければならない。その期間は，家庭裁判所が公告した相続人の権利主張期間内に満了するものでなければならない（957条1項）。この期間の満了後に清算が開始される。相続財産清算人は，公告において定められた期間内に申出のあった，またはすでに判明した相続債権者および受遺者に対して配当弁済しなければならない。これについてはほぼ限定承認に関する清算規定が準用される（957条2項・927条・928条～935条）。抵当権を有

する債権者は，相続開始時までに登記を備えていなければならない。したがって，相続債権者が抵当権の設定を受けていても，相続開始時までに仮登記などをしていないかぎり，相続財産法人に対して抵当権設定登記を求めることはできない（最判平11・1・21民集53巻1号128頁）。

このように，相続人の権利主張期間内に相続人として権利を主張する者がないときは，相続人ならびに相続財産清算人に知れなかった相続債権者および受遺者は，権利行使ができず（失権効），権利関係が確定する（958条）。ところで，2021（令3）年の改正により，権利確定期間が最短6ヵ月に短縮されるとともに，相続財産の清算手続の合理化が図られた。公告期間内に相続人であることの申出をしなかった者は，相続財産法人および国庫に対する関係で失権するので，特別縁故者に対する分与後の残余財産について相続権を主張することはできない（最判昭56・10・30民集35巻7号1243頁）。

相続人捜索のどの段階においても，相続人のあることが明らかになったときは，相続財産法人は存在しなかったものと扱われ（955条本文），相続財産の管理・清算手続は廃止される。相続人が判明した場合には，相続人が相続開始時に被相続人の権利義務を包括的に承継したことになるため，相続財産法人を擬制して，相続財産の清算を行わせる必要はない。そこで，相続財産法人は相続開始時に遡って消滅したものとみなされる。しかし，相続財産法人が遡及的に消滅するとしても，取引の安全や第三者保護の見地から，相続財産清算人が権限内において行った行為についてはその効力は影響を受けない（955条ただし書）。

相続財産清算人の代理権は，相続人が出現した時に当然に消滅するのではなく，相続人が相続を承認した時に消滅する（956条

1項)。相続人が承認したときは，相続財産清算人は遅滞なく相続人に対して清算の計算をしなければならない（同条2項）。相続財産清算人は，清算期間中に生じた一切の収支を計算し相続人に報告しなければならない。2021年の改正で，相続人不存在の清算手続で，相続財産清算人の選任の公告と相続人捜索の公告を統合して，ひとつの公告で同時に行うとともに，これと並行して，相続債権者等に対する請求の申出をすべき旨の公告を行うことを可能にした（952条2項・957条1項）。その結果，権利関係の確定に最低必要な期間を10ヵ月から合計6ヵ月へと短縮した。また，その職務の内容に照らして，相続人のあることが明らかでない場合における「相続財産管理人」から「相続財産清算人」に名称を改めた。

2 特別縁故者への相続財産分与

特別縁故者への分与制度の趣旨　特別縁故者への相続財産分与制度は，1962（昭37）年の民法の一部改正により新設された。現行民法は，相続人の範囲を配偶者および一定の血族と比較的狭く限定し，かつ遺言制度があまり利用されなかったために，遺産が国庫帰属となる例が少なくなかった。しかし，内縁の配偶者や事実上の養子など被相続人と生前特別の縁故があった者に遺産を取得させる機会を与えず，国庫にいきなり取得させることは被相続人の意思にも反しかねないし，国民感情にもそぐわない。そこで，民法は，被相続人の意思を推測し，遺贈を補充する趣旨で，被相続人と特別な縁故で結ばれた者に相続財産の一部または全部を分与する制度をおいた

（958 条の 2）。

Case 12-2 ─────────────────────────────────

　ＡはＢ方の家政婦として稼働していたが，Ｂに身寄りがいなかったため，Ｂが死亡するまでの 50 余年間同人の身のまわりの世話をし，Ｂが認知症にかかってからは献身的に介護もした。この場合，ＡはＢの特別縁故者として，同人の財産を取得することができるのであろうか。

特別縁故者の範囲　　民法は，「被相続人と生計を同じくしていた者」「被相続人の療養看護に努めた者」「その他被相続人と特別の縁故があった者」と規定しているが（958 条の 3 第 1 項），具体的にはどのような者が特別縁故者に該当するのだろうか。最終的には，分与の申立てがあった家庭裁判所が，個別的事情を考慮して分与を相当とするかどうかを後見的に判断することになる。その際，裁判所は抽象的な親族関係ではなく，実質的な縁故の濃淡を基準として判断するとされる。

　「被相続人と生計を同じくしていた者」としては，内縁の妻，事実上の養親子，伯父伯母，継親子などの例がある。

　「被相続人の療養看護に努めた者」としては，被相続人の疾病に対し献身的に療養看護を尽くした従兄弟の子，元従業員，看護師，元雇用主，成年後見人などがある。したがって，Case 12-2 のＡはＢの身のまわりの世話や介護をしてきたので，特別縁故者にあたる。

　「その他被相続人と特別の縁故があった者」としては，50 年以上にわたって親交があった元教え子，10 年以上にわたり生活を支えてきた元雇主，生前 37 年間にわたり代表者をして発展に努めてきた学校法人，老人ホーム，相続放棄をした子，親族である成年後見人などがある。そのほか，宗教法人，社会福祉法人，地

方公共団体，介護付き入所施設を運営する一般社団法人など法人も特別縁故者と認定された例がある。被相続人に対する4年半以上の療養看護や葬儀の主宰などの事実があっても，被相続人の資産を多額に不当利得をした者は特別縁故者と認めることは相当でないとしたケースもある（さいたま家川越支審平21・3・24家月62巻3号53頁）。また，内縁の妻でも，遺言書を偽造して相続財産を不法に奪取しようとした者に特別縁故者として分与することは相当でないとされた（東京高決平25・4・8判タ1416号114頁）。さらに，1年間被相続人に対して予防訪問介護サービスを提供し，死後火葬や埋葬をおこなった地方公共団体（市）を特別縁故者と認めなかった事例もある（札幌家滝川支審平27・9・11判タ1425号341頁）。

　ところで，被相続人の死亡後にその葬儀や供養を行う者は，生前の縁故がなくても認められるだろうか。いわゆる死後縁故の問題である。判例・学説では，肯定する立場と否定する立場とで対立がある。多数説は，特別縁故者への財産分与制度の趣旨や文言から，生前の縁故を前提にしており死後縁故は予定されていなかったこと，死後縁故を認めると祭祀相続の復活につながりかねないことから消極的に解している。しかし，本制度が死後縁故まで認めないものではなく，家督相続と結び付いた祭祀相続の復活の危険はないとの反論もある。

分与の相当性　　特別縁故者にあたると判断されても，家庭裁判所が分与を相当と判断しないかぎり，相続財産の分与はなされない。分与の相当性の判断基準について，民法では規定をおいていないが，通常，縁故関係の内容，濃淡，程度，縁故者の性別，年齢，職業，教育程度，遺産の種類，内容，所在など一切の事情が総合的に勘案されることになろう。

数人の分与申立人に対して，誰にどの財産をどの程度まで分与するかどうかも，家庭裁判所の合目的的な裁量によって判断されることになる。

分与の対象財産の範囲　特別縁故者に分与される財産は「清算後残存すべき相続財産」であるが，共有持分はその中に含まれるかどうか。民法 255 条が，共有者の 1 人が相続人なくして死亡したときその者の持分は他の共有者に帰属すると規定する。これに対して，特別縁故者の相続財産分与制度は，遺贈の補充，被相続人の意思の推測に基づくもので，とくに共有持分を除外していない。そこで，255 条を優先的に適用すべきだとする 255 条優先説と 958 条の 2 優先説とで対立があった。最高裁は，共有持分も分与の対象となり，分与がされないときにはじめて 255 条が適用されるとの 958 条の 2 優先適用説を採用することを明らかにした（最判平元・11・24 民集 43 巻 10 号 1220 頁）。

特別縁故者への分与手続　958 条の定める相続人捜索の公告期間満了後 3 ヵ月以内に，自ら特別縁故者たる主張をする者は，原則として相続開始地の家庭裁判所に対して，相続財産の分与の申立てを行わなければならない（家事別表第一 101 項）。数人から分与の申立てがあった場合には，審理手続，審判は併合して行う。家庭裁判所は，特別縁故者に該当するかどうか，分与が相当かどうか，一部分与か全部分与か，分与の内容，方法，程度などを決定する。分与の審判に対しては，申立人および相続財産清算人が即時抗告でき，分与申立てを却下する審判に対しては，申立人が即時抗告をすることができる（家事 206 条 2 項）。分与の審判が確定すると，その形成的効力により特別縁故者は相続財産を取得しまたは取得しうる地位につく。特別縁故者が分与の申立てをせずに死亡した場合には，

相続人がその地位を承継することはできない（名古屋高決平 8・7・12 家月 48 巻 11 号 64 頁）。分与申立て前の特別縁故者たる地位は抽象的な期待権にとどまり，具体的な権利性はもたず，家庭裁判所の合目的的な裁量により形成されるもので，不確定的であること，一身専属的なものであることが理由である。これに対して，分与申立て後に死亡した場合は，一種の期待権であり，具体的な権利として相続の対象になると解する立場が強い。

国庫への帰属　特別縁故者への分与の申立てが認められなかったり，認められても分与されなかった残余があるときは，相続財産は国庫に帰属し，相続財産法人は消滅する（959 条前段）。相続財産清算人は，その任務を終了し，遅滞なく清算の計算をしなければならない（同条後段・956 条 2 項）。

　国庫帰属の法的性質や時期をめぐっては争いがある。国庫帰属は，相続財産が清算手続を経て民法の規定に従い国庫に帰属するということであり，国庫が最終の相続人として相続財産を引き受けるわけではない。また，国庫帰属の時期については，特別縁故者に対する分与の申立期間満了時または分与の審判の確定時とする説（**審判確定時説**）も有力であったが，現在では，現実に国庫に引き継がれる時と解する**国庫引継時説**が多数説・判例といえる（最判昭 50・10・24 民集 29 巻 9 号 1483 頁）。したがって，特別縁故者に分与されなかった相続財産は，相続財産清算人がこれを国庫に引き継いだ時に国庫に帰属し，相続財産の全部の引継ぎが完了するまでは相続財産法人も消滅せず，相続財産清算人の代理権も引渡未了財産につき存続することになる。分与の審判が確定していても清算が完了していなかったり，現実に財産が国庫に引き継がれるまで長時間を要した場合には，相続財産全部の引継ぎが終わるまで，相続財産法人を存続させ，相続財産清算人の代理権も

維持させた方がよい。その意味で，国庫引継時説が妥当であろう。

第13章 遺言

近年，遺言をめぐる紛争が増加している。高齢社会の到来とともに相続をめぐる人々の意識が変わり，また，遺言の使われ方も変化してきている。本章では，自筆証書遺言と公正証書遺言に代表される遺言の作成方法とその効力について学ぼう。

1 遺言の意義

●遺言は人生最後の意思表示

広がる遺言の波紋 　遺言は，死者が残した最後の意思である。自分が死んだ後の家族の生活や財産のことについて，臨終の床で言い残すこともあれば，密かに書き残すこともある。飛行機事故で死を覚悟した乗客が，妻子に宛てて記した感謝の言葉や願いの言葉は，私たちの心を打つ。いじめの事実を告発する遺書を残して自殺する少年もいる。法制度としての遺言は，日常世界の遺言・遺書・遺言書のうち法的に意味のあるものをより分け，遺言者の最終意思の尊重を根拠に（遺言は終意処分とも呼ばれる），遺言者の死後に意思表示としての法律的効果を認めて実現を図る制度である。

わが国では，縁起が悪いという意識もあったためか，遺言を作成することはあまり多くはなかった。しかし，1970年頃からは高齢社会化とともに次第に増加し，最近では遺言ハウ・ツー本も

多くみられるし，遺言の件数も増えている。2021（令3）年の遺言書検認事件（新受件数）は19,576件，2022（令4）年の公正証書遺言は111,977件である（日本公証人連合会）。親の遺産は長男が相続するという家督相続意識も薄れ，相続人間での熾烈な遺産争いがみられることから，遺言ではっきりさせておきたいという被相続人や，内縁の妻に遺産を残したいと望む者，最後まで面倒をみてくれる子に相続させたい老親など，さまざまな事情がそこにはうかがわれる。

　遺言中心の相続法と理解するか，法定相続中心の相続法と理解するかは現実の遺言の使われ方によるところが大きい。その意味では，日本ではなお法定相続主義といえるであろう（⇒第7章2）。

遺言の要式性　遺言は要式行為である（960条）。遺言は，死後に効力が生じるだけに，遺言者の真の最終意思かどうか，疑問があっても本人の真意を確かめることはできない。また，遺言による財産処分，相続人の相続分の指定，遺産分割方法の指定，相続人の廃除，嫡出でない子の認知など，法定遺言事項（表13-1）とされているものは，相続人や関係人に重大な影響を及ぼし，紛争をもたらすおそれのあるものが多く，遺言の偽造・変造なども起こりやすい。そこで民法は，遺言者の意思を正確に残して無用な紛争と混乱を避けるために，遺言事項を法律によって定めるとともに，遺言に厳格な方式を定めたのである。自筆証書遺言，公正証書遺言，秘密証書遺言の普通方式3種類（967条）と，一般危急時遺言，伝染病隔離者遺言，在船者遺言，難船危急時遺言の特別方式4種類（976条以下），あわせて7種類のものがあり，いずれかの方式を踏まないかぎり，遺言としての効力を認めないものとし，遺言の訂正，撤回，開封，執行などについても厳格な方式を定めている。

◆要式性の意義　　要式性は遺言者には負担であるが，遺言者の真意を確保し，紛争と混乱を避けるためにはやむをえないであろう。もっとも，遺言書を作る習慣のないわが国では遺言の法律知識が乏しく，死を意識してあわてて作る遺言も多いので，内容が不明確で方式上も不備が生じやすい。法定の方式にこだわるあまり，遺言者の真意によるものであると判明していても，些細な方式違背を理由に遺言を無効にせざるをえないとすれば問題である。そのため判例および学説は，遺言の要式性の基本理念に反しないかぎり，方式の厳格性を緩和して解釈し，遺言者の真意の実現（遺言有利の原則 favor testamenti, benigna interpretatio）と具体的妥当性をめざしている。遺言内容の解釈においても，「相続させる」旨の遺言が独自の効力を認められ明文化されるなど（⇒ 4），同様の傾向がみられる。

相手方のない単独行為　　遺言は，相手方のない単独行為である。遺言書に名宛人が書いてあっても，法律上は意味がない。遺言認知を受ける者に宛てた書簡形式の遺言書や，「A に全財産を譲る」という遺言により遺産を譲られた A も，遺言の相手方ではなく，単に遺言の効果を受ける者にすぎない。

遺言は死後行為　　遺言者の意思表示が方式に従って行われることによって遺言は成立し，原則として，遺言者の死亡によって効力を生じる。遺言は，生前における財産処分（生前行為）の自由に対応する，死後における財産処分を主たる目的とする死後行為である（985 条）。遺言による財産の処分である遺贈は，無償処分である点で贈与（549 条）に似る。しかし，贈与は贈与者と受贈者との間で締結される契約であって，契約が成立すると同時に効力を生じる生前行為である。もっとも，贈与者の死亡によって効力を生じる点で遺贈と共通性をもつ贈与もあり（死因贈与），これは遺贈に関する規定に従うものとされている（554 条）。しかし，死因贈与もあくまで契約である点で単独行為である遺贈と異なるので，まったく同様には扱えない。

遺言の本人主義

遺言は，遺言者が自ら行うべきものであり，代理には親しまない。内容的には，遺贈をはじめ財産の処分が中心となるので，財産法上の行為能力を要求することも考えられるが，民法では，遺言者本人の最終意思を尊重するために，満15歳をもって遺言をすることができる能力（遺言能力）が備わるとしている（961条）。また，遺言者が成年被後見人，被保佐人または被補助人であっても，成年後見人らの同意は必要ではないので，同意がなかったことを理由に遺言を取り消すことはできない（962条）。ただし，遺言時に意思能力があることが前提であり（963条），近時，認知症高齢者の遺言能力をめぐる争い（遺言無効確認の訴え）も増加している（⇒ *3*）。

Case 13-1

AB夫婦は，「遺産の相続はABともに死亡した後に行うものとし，父Aが死亡したときは，まず母Bが全財産を相続する」旨の遺言をした。その際，Aが本文およびAB両名の氏名を書き，押印し，遺言を完成させた。AB夫婦には子Cがいる。この遺言は有効か。

共同遺言の禁止

遺言は，2人以上の者が同一の証書ですることができない（975条）。遺言は，他人の意思に左右されることなく行われなければならないし，後で気が変われば，自由に撤回することができるべきものであると考えられている（1022条）。2人以上の者が互いに関連付けられているものとして遺言をすることを認めるならば，各自の遺言の自由や遺言撤回の自由を制約することになる。

Case 13-1のような遺言も共同遺言として，全体が無効となるか，それとも，Bについては自書していない方式の違背があり無効であるから，Aの単独遺言として有効であろうか。判例は，共

同遺言の禁止に違反するもので無効としている（最判昭 56・9・11 民集 35 巻 6 号 1013 頁）。他方，夫名義の遺言書と妻名義の遺言書を合綴して契印をほどこしているが，容易に切り離すことができる自筆証書遺言について，禁止されている共同遺言にはあたらないとした事例がある（最判平 5・10・19 家月 46 巻 4 号 27 頁）。

遺言事項——できること，できないこと　遺言によってできる事項（表 13-1）には，遺言でしかできないこと（狭義の遺言事項）と遺言でも生前行為でもできること（広義の遺言事項）がある。相続財産の処分，遺産分割の方法および相続人の権利義務についての定めがその主なものであるが，未成年後見人・未成年後見監督人の指定のような特殊なものもある（旧法では遺言養子〔旧 848 条〕や家督相続人の指定・取消し〔旧 981 条〕も認められていた）。

　最近では，祭祀承継者の指定のほか，葬儀・埋葬の方法に関する指示がされることもある（遺言とは別の指示書の形をとることもある）。葬儀・埋葬については遺言事項ではないので，法律上の拘束力はない。ただし，葬儀は喪主（埋葬は祭祀承継者）の判断すべきことがらであり，喪主としては故人の遺志を尊重するのが慣習上の義務であろう。

Column㉓　リヴィング・ウィル（Living Will）と遺言 ✦✦✦✦✦
　リヴィング・ウィルというのは生前発効遺言と訳されることもあるが，末期状態や植物状態になった場合など自分の意思を表示することができない事態に備えて，無用な延命治療を避け，自然な尊厳のある死を迎えたいという意思を事前に示しておき，それに医師などを従わせる効力をもたせる文書をいう。アメリカでは尊厳死訴訟の代名詞となったカレン事件（1975 年）をきっかけとして各州において自然死法（尊厳死法）が制定され，リヴィング・ウィルが制度化された。

表13-1

狭義の遺言事項	①未成年後見人または未成年後見監督人の指定（839条・848条）
	②相続分の指定または指定の委託（902条）
	③遺産分割方法の指定または指定の委託と遺産分割の禁止（908条）
	④遺産分割における相続人相互間の担保責任の指定（914条）
	⑤遺贈（964条）
	⑥遺言執行者の指定または指定の委託（1006条）
	⑦受遺者等の遺留分侵害額負担方法の指定（1047条1項2号）
広義の遺言事項	⑧子の認知（781条2項）
	⑨相続人の廃除または廃除の取消し（893条・894条2項）
	⑩一般財団法人の設立（一般法人152条2項）
	⑪特別受益者の相続分に関する定め（903条）
	⑫祖先の祭祀を主宰すべき者の指定（897条－解釈上認められる）
	⑬信託の設定（信託3条2号）
	⑭保険金受取人の変更（保険44条・73条）

　日本ではこれに相当するものはない。未成年者については，親権者が治療の是非，内容を判断しているが，成年者については成年後見人も，このような判断に関与する権限はない。本人が自己の意思を表示していた場合でも，その意思に従うかどうかは，家族および医師の判断に任されている。臓器移植法によって臓器提供意思表示カードが導入されたが，遺族が反対した場合は，本人の意思は実現されないことになる（⇒第2巻 *Column①*）。

2 遺言の方式

① 自筆証書遺言

自筆証書遺言の特徴
　自筆証書遺言は，遺言の本文，日付および氏名を自書し，押印すれば完成する（968条1項）。文字を書くことさえできれば独力で作成することができ，費用もかからず，遺言の存在を相続人らに隠しておくこともできる。他方，紛失したり，遺言書が発見されないまま遺産分割が行われたりすることもあるし，方式違反で無効となるリスクもある。偽造・変造のおそれもあり，遺言の有効性をめぐって相続人間で紛争が生じやすいという欠点もある。2018（平30）年改正では，自筆証書遺言を利用しやすくするために，自書要件が一部緩和され，遺言書の公的保管制度が創設されている。

Case 13-2

　Aは病気のために手が震えてきちんとした字を書くことができないので，妻Wに後ろから手を握らせて，添え手をしてもらった状態で，一字一字書こうとする文字を声に出しながら，ようやく遺言書を書き上げた。そのため遺言書の字はかなり整ったものになった。

自分で書くこと（自書）
　自書が要件とされるのは，筆跡によって本人が書いたものであること，ひいては遺言がその者の真意に基づくものであると判断することができるからである。「自書」のためには，遺言者が文字を知っており，自らの意思に従って筆記する能力（知力・体力）がなければならない。遺言者が自分1人ではきちんとした文字が書けないため，他人に補助してもらって書いた場合はどうか。遺言者は他人から

図13-1　遺言の例（自筆証書遺言）

遺言書

一　別紙一の不動産及び別紙三の預金を妻梅子に遺贈する
二　別紙二の不動産を二男謙次郎に相続させる
三　長女奈津子には結婚の際に十分な支度をしたので，相続
　　させるものはない
四　長男一郎は，全の無心に来ては説教しようとする遺言者
　　に暴言を吐き，梅子にも暴力をふるい全治2週間の怪我
　　をさせたことがある。一郎には相続させない
五　友人下（大阪市○○区×××）に500万円を遺贈する
六　先祖の墓守は謙次郎に頼む
七　遺言執行者は，○○弁護士会の△△弁護士にお願いする
八　遺言執行者は，別紙三の株式及び国債を現金化すること
　　ができる。下への遺贈500万円を除く残金の額は，謙次
　　郎に相続させる
　　以上の通り遺言する

　　　　　　　　　　　　　　　　　　　甲野太郎　㊞

　　　　　令和5年1月15日

単に筆記を容易にするための支えを借りただけであり，添え手を
した他人の意思が介入した形跡のない場合には，自書の要件を満
たすと考えられるが，整然と書き上げられた Case 13-2 の場合，
妻 W の添え手は遺言者 A の補助として許される範囲を超えてお
り，自書とはいえない（最判昭 62・10・8 民集 41 巻 7 号 1471 頁）。

　タイプライターやワープロなどを用いて書いたものは自書と認
められないが，遺言者が既存の図面等の上に自筆の添え書きや指
示文言等を付言し（耕作図に線を引き相続人の名を書いて遺産の分
割方法を指定した），あるいは自筆書面との一体性を明らかにする
方法を講じることにより，自筆性は保たれるとした例がある（札
幌高決平 14・4・26 家月 54 巻 10 号 54 頁）。カーボン複写による自

筆証書遺言書も，自書として認められている（最判平5・10・19家月46巻4号27頁）。テープレコーダーへの録音やビデオテープ等への録画によって遺言しても，法律的には効力をもたない（韓国では録音による遺言が認められている）。

2018（平30）年改正により，自筆証書と一体のものとして不動産や預貯金などの財産の目録を添付する場合には，その目録については自書することを要しないとされた。ただし，遺言者は，財産目録の毎葉に署名・押印をしなければならない（968条2項）

Case 13-3

① Aは，遺言の日付を「70歳の誕生日に」とした。

② Bの遺言には，日付が「10月吉日」と書かれていた。

③ Cは，10月1日に遺言を書き上げ署名押印をしたが，疲れたのでそこで止めて，1週間後に「10月8日」と日付を加えた。

④ Dは妻Eへ，息子Fへ，娘Gへ，とそれぞれに相続させる遺産を明記した3枚の紙に署名・押印し，それを一緒に封筒に入れ，表面に「遺言書3通」と書き，裏面に日付と名だけを書いた。

日付を記載する　　遺言作成時における遺言能力の有無，複数遺言がある場合にその前後を確定する上で日付が不可欠である。暦上の特定の日を表示するものでなければならないが，客観的に特定できれば，「70歳の誕生日」（Case 13-3 ①）とか「定年退職の日」という記載でもよい。年月の後に「吉日」（Case 13-3 ②）と記載されている場合（吉日遺言），特定の日を指すものではないから，判例は，遺言は無効であるという（最判昭54・5・31民集33巻4号445頁）。学説も多くはこの判例を支持している。他方，正確な日付が遺言者の遺言能力の判定には関係がない場合，しかも遺言は1通しかないという場合も

あるから，必ずしも日まで特定できる必要はないという説もある。

　実際に遺言の全文を書いた日と遺言の日付が違っていても（Case 13-3 ③），特段の事情のないかぎり，日付が記載された日に成立した遺言として有効とされている（最判昭52・4・19家月29巻10号132頁）。ただし，本文記載からあまりにも後日であれば，その間に判断能力が低下し，内容を確認できないまま日付を入れてしまうということがなかったか，十分な確認が必要である。全文，日付，氏名の自書から27日後に押印して遺言を完成させた場合でも，日付が異なることを理由として直ちに無効となるものではない（最判令3・1・18判時2498号50頁）。

　遺言書数葉を入れて封をした封筒の裏面のみに日付が書かれている場合（Case 13-3 ④），中の書面と封筒とが遺言書として一体性をなすものと認められるときは，日付の記載要件を満たしているとした例がある（東京高判昭56・9・16判時1020号49頁）。

氏名を記載する　　署名は遺言者を特定するためのものであるから，戸籍上の氏名である必要はなく，婚姻前の氏でも通称でも，ペンネーム，芸名，雅号などでもよい。氏または名の一方のみでも遺言者が特定できるなら有効である。「をや治郎兵衛」〔親の治郎兵衛の意〕という表示でも適法とされた例がある（大判大4・7・3民録21輯1176頁）。

印を押す　　わが国では，正式の文書には自分の氏名を書いた後に印を押すのが通常である。確かに自分の意思で書いたということと，その文書の作成が完了したということを示すためである。重要な契約書などの場合，役所に登録した印鑑（実印）を用いることが少なくないが，遺言に用いる印は，実印である必要はない。拇印ないし指印でも認められる（最判平元・2・16民集43巻2号45頁）。いわゆる花押を書く

ことは押印の要件を満たさない（最判平 28・6・3 民集 70 巻 5 号 1263 頁）。遺言者の特別な事情を考慮して，帰化した白系ロシア人が英文で作成し，サインだけして印を押していない遺言も，有効とされている（最判昭 49・12・24 民集 28 巻 10 号 2152 頁）。

　一般の契約書などで文書が何枚にもわたっているような場合，綴じ合わせて綴目に押印することによって，連続した 1 つの文書であることを担保しようとするのが通例である。遺言の場合も数葉にわたることはあるが，全体として 1 通の遺言書として作成されたものであることが確認できるならば，契印がなくてもよいし，そのうちの 1 枚に，日付，署名，捺印がされていれば有効である（最判昭 36・6・22 民集 15 巻 6 号 1622 頁）。署名下に押印がなく 2 枚の用紙の契印のみが押印されていた遺言も有効とされている（東京地判平 28・3・25 判時 2315 号 93 頁）。遺言書を入れた封筒の封じ目の押印をもって自筆証書遺言の押印の要件に欠けるところはないとした事例もある（最判平 6・6・24 家月 47 巻 3 号 60 頁）。

遺言の加除訂正　遺言の加除訂正を認めず，一部でも変更するときは書き直させるとすると，遺言者にとっては極めて負担が大きいことになる。しかし，他人による遺言書の改ざんを防止するためには，遺言者自身による訂正であることが担保されていなければならない。そのために民法では，加除その他の変更は，遺言者が，その場所を指示し，これを変更した旨を付記してとくにこれに署名し，その変更の場所に印を押さなければ，効力がないとしている（968 条 3 項）。

　一般的な文書の訂正方法としては，訂正箇所または欄外付記の部分に印を押すことで済ませることが少なくないので，署名まで要求するこの遺言の訂正方法に従わないものも出てくる。その場合，訂正だけが無効でもとの字句による遺言を有効とするか，全

体として無効とするかは，訂正内容および全体に占める訂正部分の重みによって変わってこよう。単なる誤記の訂正にとどまるときは，この厳格な加除訂正の方式規定は適用されないとした例がある（最判昭56・12・18民集35巻9号1337頁）。

自筆証書遺言書の保管

2018（平30）年7月に「法務局における遺言書の保管等に関する法律」（遺言書保管法）が成立した（2020年7月10日施行）。同法制定の背景には，高齢化の進展にともない遺言をする者の増加が予期されるようになり，公的機関が自筆証書遺言に係る遺言書の保管・管理を行うことで，相続をめぐる紛争を防止する必要があると考えられるようになったことがある。遺言書の保管等を行うのは指定された法務局（遺言書保管所）であり（同法2条），対象は法務省令で定める様式に従って作成した無封の自筆証書遺言の遺言書に限られる（同法4条2項）。遺言者は，住所地・本籍地・所有不動産所在地を管轄する遺言書保管所に（同条3項），自ら出頭して申請する（同条6項）。遺言書保管所では，遺言書の原本を保管するとともに，画像情報等の遺言書情報の管理を行う（同法7条）。2023（令5）年7月までの累計保管件数は約57,000件となっている。

何人も，自己に関係する遺言書の保管の有無，記録されている事項を証明した書面（遺言書保管事実証明書）の交付を請求することができる（同法10条）。そして，相続人，受遺者および遺言執行者らは，相続開始後に，記録されている事項を証明した書面（遺言書情報証明書）の交付または関係遺言書の閲覧を請求することができる（同法9条1項・3項）。この場合，遺言書保管官は，速やかに，他の相続人らに遺言書を保管していることを通知する（同条5項）。保管されている遺言書については，偽造・変造のお

それがないことから，遺言書の検認を要しない（同法 11 条）。

②　公正証書遺言

公正証書遺言の特徴　公正証書遺言は，遺言者が遺言の内容を公証人（法務大臣が任命し監督する公務員で裁判官，検察官出身者が多い。全国で約 300 役場，約 500 名）に伝え，公証人がこれを筆記して遺言書（公正証書）を作成する方式のものである（969 条）。①自書できない者も利用することができるうえ，専門家が関与するので方式上の不備，遺言内容の不明，あるいは遺言者の遺言能力の有無をめぐって後に争いになるおそれが少ないこと，②遺言書の原本は公証役場に保管されるので（正本，謄本が遺言者，遺言執行者に渡される），遺言書の滅失・改ざんの心配がないこと，③公文書として信用性があり家庭裁判所での遺言書の検認（⇒ **5 遺言の検認・開封**）が不要であること（1004条 2 項），などのメリットがある。

　他方，公証人とのやり取りなど手続的には面倒であるし，時間もかかる上，遺言の対象財産の価額に応じて費用もかかる（たとえば，ある者に相続させ，または遺贈する財産の価額が 3000 万円を超え 5000 万円以下の場合，手数料が遺言加算 1.1 万円を含めて 4 万円，日当が 2 万円，4 時間以内で 1 万円，交通費など）。また，遺言の存在およびその内容を完全に秘密にしておくことはできないというデメリットもあるが，総体としては，メリットのほうが上回る。

遺言者による口授　遺言者の口授（じゅ）（969 条 2 号）とは，遺言者が遺言の内容を公証人に直接に口頭で伝えることである。規定上は，口授，公証人による筆記，遺言者・証人への読み聞かせまたは閲覧，遺言者および証人による承認・署名（遺言者が署名することができない場合は公証人の付記で代

えることができる）・押印，公証人の付記・署名・押印の順序が予定されているが（同条3号〜5号），実際には，予め作成された下書きないしメモに基づいて公証人が証書を作成しておいて，その後に遺言者による口授を受け，書面の内容と一致していることを確認して，読み聞かせをする場合，あるいは清書した証書を読み聞かせた後で，遺言者がそれを承認する形で口授する場合が少なくない。判例は，順序の変更があっても全体として方式を踏んでいるならば，遺言は有効とする（大判昭6・11・27民集10巻1125頁，最判昭43・12・20民集22巻13号3017頁）。

一字一句もらさず口授する必要はなく，たとえば，遺贈物件を特定できる程度に遺言の趣旨を口授していれば，詳細は覚書に委ねて口授を省略してもよい（大判大8・7・8民録25輯1287頁）。「遺言の趣旨はさきに交付し置きたる書面の通りなり」というものでも，有効とされている（大判昭9・7・10民集13巻1341頁）。

Case 13-4

遺言公正証書作成の際，公証人が口授を受けている間，証人の1人は7メートル離れた席にいて，傍観者的になんとなく聞いていた。

証人の立会い　公証人は，遺言者の遺言意思を公に認証する立場にあるが，さらに，証人2人以上の立会いが必要である（969条1号）。証人は，遺言者が本人であること，遺言者が自己の意思に基づいて口授をしたこと，公証人（書記に筆記させてもよい）による筆記が正確であることなどの確認をするのが任務である。したがって，遺言書作成中は終始2人以上の証人が立ち会っていなければならない。作成中に証人の1人が席を外した場合や，途中から立ち会ったというような場合は，遺言は無効であると解されている。また，Case 13-4のよう

な場合は，口授の内容と筆記されたものとを比較して，それが正確であるか確認することができないから，遺言は無効であるとされた例がある（広島地呉支判平元・8・31家月42巻5号97頁）。

**聴覚・言語機能障害の
ある者の公正証書遺言**

公正証書遺言については厳密な口頭主義が採られていたが，1999（平11）年改正により，障害者に配慮した方式へと改められた。すなわち，口がきけない者（発話が不明瞭である者も含まれる）が公正証書遺言をする場合には，公証人および証人の前で，遺言の趣旨を通訳人の通訳（手話・読話〔読唇〕・触読・指点字など）により申述するか，または自書（筆談）して，口授に代える（969条の2第1項）。また，遺言者または証人が耳の聞こえない者であるときは，公証人は，筆記した内容を通訳人の通訳により伝えて，読み聞かせに代えることができる（同条2項）。遺言者および証人への「読み聞かせ」に代えて，公証人が筆記した内容の「閲覧」による確認ができるようになったのも，この改正による配慮の一環である（969条3号）。遺言者が署名することができない場合には（東京高判平12・6・27判時1739号67頁は署名するにつき格別支障があったとは認め難いとして，公証人が代署した遺言を無効とした），公証人がその事由を付記して，署名に代えることができる（同条4号ただし書）。

③ 秘密証書遺言

秘密証書遺言の作成

遺言者が，遺言の証書に署名・押印して，それを封じ，証書に用いた印章で封印し，公証人1人および証人2人以上の前に封書を提出して，自己の遺言書である旨ならびに遺言書の筆者の氏名および住所を申述する。公証人は，その証書の提出された日付および遺言者の申述を封紙

に記載した後，遺言者および証人とともに署名・押印する（970条1項）。遺言者が口がきけないときは，通訳人の通訳により申述するか，封紙に自書して申述に代えることができ，公証人は，その方式によったことを封紙に記載する（972条）。

遺言の証書を自書する必要はないし，ワープロ書きでもかまわない。日付の記載もとくに必要ではない（公証人により封紙に記載される）。加除訂正については，自筆証書遺言に準じる（970条2項・968条3項）。遺言の内容を秘密にしながら，偽造・変造のおそれをなくしたい場合に適した方法である。ただし，公証人は遺言の内容を確認することができないので，方式違反で無効となるおそれもある。

◆秘密証書遺言の筆者とは　遺言者でない者が市販されている遺言書の書き方文例を参照して，遺言者と受遺者の名を書き換えたほかは文例のまま入力し，印字した上，遺言者が作成の日付の数字と氏名のみを自筆で記載した遺言書を収めた封書を公証人および証人の前に提出する際，遺言者自身が筆記したと述べ，ワープロ操作をした者の氏名・住所を述べなかったケースにおいて，最判平14・9・24家月55巻3号72頁は，ワープロを操作して遺言書の表題および本文を入力し印字した者が民法970条1項3号にいう「筆者」であるとして，遺言を無効とした。

自筆証書遺言への転換　たとえば，遺言者が，証書の押印の際に用いたものとは異なる印で封印した場合，または証人のなかに欠格者がいた場合などは，秘密証書遺言としては無効である。しかし，遺言者が遺言の全文，日付および氏名を自書し，押印していたときは，自筆証書による遺言としての効力を有する（971条）。無効行為の転換の一例である。

図13-2 遺言の方式の特徴比較

普通方式（通常時）	特別方式（通常でない時・所）
●自筆証書遺言 　（全文〔財産目録を除く〕自筆）	●危急時遺言（家裁の確認を要する） 　死亡危急時遺言・難船危急時遺言
●公正証書遺言 　（公証人による作成）	●隔絶地遺言 　（公証人に代わる警察官等の立会い）
●秘密証書遺言 　（公証人による封紙記載）	伝染病隔離時遺言・在船時遺言 ●在外者遺言〔領事が公証人の職務を行う〕

④ 特別方式の遺言

死亡危急者の遺言　疾病その他の事由によって死亡の危急に迫った者は，証人3人以上の立会いをもって，その1人に遺言の趣旨を口授して（口がきけない者については通訳人の通訳による），遺言をすることができる（危急時遺言）。この場合には，口授を受けた者が筆記して，遺言者および他の証人に読み聞かせ（耳が聞こえない者がある場合は通訳人の通訳による），または閲覧させ，各証人が筆記の正確なことを承認した後，署名し，印を押さなければならない（976条）。

日付の記載は，要件とはなっていない（最判昭47・3・17民集26巻2号249頁）。遺言者の署名・押印も不要である。ただし，遺言書は，遺言の日から20日以内に，家庭裁判所に請求して確認の審判を得なければならない（976条4項）。まさに死せんとする者のための特別に簡易な方式であるから，この方式による遺言は，その者が緊急事態を脱し，普通方式の遺言が可能になった時から6ヵ月間生存するときは，効力を生じない（983条）。他の特別方式の遺言についても，同様である。

船舶遭難の場合に船舶中で死亡の危急に
迫った者は，証人2人以上の立会いのも
とで，口頭で（口がきけない者は通訳人の通訳により）遺言をする
ことができる（979条）。一般の危急時遺言よりもさらに簡易な特
別危急時遺言であり，証人による遺言の趣旨の筆記は，遺言者の
面前ないしその場で行う必要はない。遺言者および証人に読み聞
かせることも必要ではない。ただし，遅滞なく，家庭裁判所の確
認を得なければならない。

隔絶地遺言 隔絶した場所にいる者のために特別に認
められた遺言方式として，2種類の隔絶
地遺言がある。その1は伝染病隔離者の遺言であって，伝染病の
ために隔離された者は，警察官1人および証人1人以上の立会い
のもとで遺言書を作ることができる（977条）。その2は在船者の
遺言であり，船舶中にある者は，船長または事務員1人および証
人2人以上の立会いをもって遺言書を作ることができる（978条）。
飛行機で移動中の者についても，同じように考えることができる。

在外日本人の遺言 外国に在る日本人が公正証書または秘密
証書によって遺言をしようとするときは，
公証人の職務は領事が行う。この場合，遺言者および証人の押印
は不要である（984条）。

◆遺言の証人と立会人　自筆証書遺言の場合を除き，遺言の方式
に応じて一定数の証人または立会人が必要とされている。「証人何
人以上の立会い」という表現も出てくるので，証人と立会人は紛ら
わしい。証人は，遺言書が遺言者本人の意思に基づいて作成された
こと，遺言書の内容は遺言者の真意に合致しており，違法な変更が
加えられていないことを保証することを任務とし，遺言者の選んだ
者がなることが多い。他方，立会人は，医師（973条），警察官
（977条），船長・事務員（978条）など，遺言者が遺言時にそれぞれ

の方式の前提となる遺言能力を具備していたこと，特別方式の認められる特別状況にあったことを職務上保証することができる者であって，遺言者によって選ばれるということはない。

　遺言の内容に利害関係を有し遺言者に影響を与える可能性のある者または証人・立会人としての役割を果たすことに困難がある者は，証人・立会人となることができない（証人・立会人欠格）。民法は，①未成年者，②推定相続人および受遺者ならびにこれらの配偶者および直系血族，③公証人の配偶者，4親等内の親族，書記および使用人を欠格者としている（974条）。そのほか，証人・立会人の職責を果たすことができないと思われる者を事実上の欠格者とすべきことが主張されている。判例は，目の見えない甥とその妻の立会いで公正証書遺言をした事案につき，遺言者の口授を耳で聞き，公証人の筆記を目で見て対比することが必要な場合を除き，目の見えない者も証人となる資格があるとしている（最判昭55・12・4民集34巻7号835頁）。遺言執行者や，遺言受益者から依頼されて遺言作成に関与した弁護士なども欠格者とすべきであるという見解もある。

　遺言の証人となることができない者が同席してなされた公正証書遺言も，遺言の内容が左右されたり，遺言者が自己の真意に基づいて遺言をすることを妨げられたりするなど特段の事情がないかぎり，無効とはならない（最判平13・3・27判時1745号92頁）。

3 遺言の効力

遺言の効力発生時期　法律行為としての遺言は，一定の方式に従って遺言がなされた時に成立するが，その効力が生じるのは，原則として，遺言者の死亡の時である（985条1項）。ただし，遺言に停止条件を付けた場合において，その条件が遺言者の死亡後に成就したときは，遺言は，条件が成就した時からその効力を生ずる（同条2項）。たとえば，長女が

婚姻して独立するときには，被相続人が所有する不動産を与える
という遺言がなされた場合，被相続人の死亡によって長女は停止
条件付きの権利を取得し，実際に長女が婚姻した時に停止条件が
成就して不動産の所有権を取得することになる。被相続人が死亡
する前に長女が婚姻していた場合は，遺言は無条件のものとなり，
原則どおり，被相続人の死亡の時に長女は不動産を取得する。

　遺言による認知（781条2項）の場合には，遺言者の死亡の時に
認知の効力が生じるが，遺言執行者が就職から10日以内に戸籍
上の届出（報告的届出）をすることになる（戸64条）。ただし，
認知に際し，成年である被認知者本人や被認知者が胎児であると
きの母などの承諾を要する場合（782条・783条）については問題
がある。承諾が得られないときは，遺言による認知は，効力を生
じないと考えるべきであろう。相続人の廃除やその取消しについ
ては，遺言にその意思が表示されていても，それだけで廃除等の
効果が生じるわけではない。遺言執行者の申立てによって家庭裁
判所が廃除または廃除の取消しの審判をした時に，その効果が生
じることになる。ただし，廃除または廃除の取消しの効力は，被
相続人の死亡の時にさかのぼる（893条・894条2項）。

Case 13-5 ─────────────────────────────

　Aは，終生にわたり扶養を受けることを前提としてBと養子縁組を
したうえで，所有不動産の大半をBに遺贈する遺言をした。しかし，
その後Bに対する不信の念が深まった結果，Bと協議離縁した。

────────────────────────────────────

| 遺言の撤回 |

（1）　遺言者は，いつでも遺言の方式に
従って，遺言の全部または一部を撤回
（旧規定の文言では「取消」とされていたが，実質的には撤回を意味
するものと解されていたことから，2004〔平16〕年改正で「撤回」と

された）することができる（1022条）。前の遺言と後の遺言の方式は，同じである必要はない。「いつでも」というのは，遺言が効力を生じる時すなわち遺言者死亡の時までということである。撤回の自由は，遺言者の最終意思を尊重するという遺言制度の目的から当然に認められるべきものであり，遺言者は，遺言の撤回権を放棄することができない（1026条）。

　（2）　前の遺言内容と後の遺言内容とが抵触するときは，抵触する部分について前遺言を撤回したものとみなされる（1023条1項）。たとえば，Aは前遺言でX不動産をBに遺贈したが，後遺言ではX不動産をCに遺贈したとすると，Bへの遺贈は撤回されたことになる。遺言後に遺言者がした生前処分その他の法律行為と遺言が抵触するときも，遺言は撤回されたものとみなされる（同条2項）。たとえば，遺言者は友人に100万円を与える旨の遺言をしたが，後に遺贈に代えて生前に50万円をその友人に贈与することとし，彼もそれ以上金銭の要求をしない旨を約束した場合，前の遺言は撤回されたものと考えられる。

　Case 13-5 は遺言と抵触する生前行為の一例であるが，最高裁は，協議離縁は先の遺言でした遺贈と両立させない趣旨のもとにされたというべきであり，離縁によって先の遺言（遺贈）は撤回されたものとする（最判昭56・11・13民集35巻8号1251頁）。先行する遺言による処分と矛盾する事後行為は，財産法上の行為に限られないということである。たとえば，遺言受益者を妻Wとした場合に，遺言後に離婚した場合は，原則として，その部分は撤回されたものと解すべきである。

　（3）　故意による遺言書または遺贈の目的物の破棄も，遺言の撤回とみなされる（1024条）。遺言者が自筆証書である遺言書の文面全体に故意に赤色ボールペンで斜線を引く行為が遺言書の破

棄に該当するとした事例がある（最判平27・11・20民集69巻7号2021頁）。

撤回された遺言の復活　遺言を撤回する行為が撤回され，またはその他の事由により効力が生じなくなるに至った場合は，詐欺・強迫を理由に撤回行為が取り消された場合を除き，もとの遺言は，その効力を回復しないのを原則とする（1025条）。もとの遺言を復活させないのが遺言者の真意にかなう場合が多いし，復活を望むのであれば，あらためて遺言をすればよいからである。しかし，判例では，遺言者が遺言を撤回する遺言（撤回遺言）をさらに遺言の方式に従って撤回した場合，遺言書の記載に照らし，遺言者の意思が原遺言の復活を希望するものであることが明らかなときは，原遺言の効力の復活を認めるのが相当であるとしている（最判平9・11・13民集51巻10号4144頁）。

遺言の取消し　詐欺・強迫による取消しの規定（96条）は，遺言にも適用される。ただし，取消しの対象となるのは財産上の事項を内容とするものに限られるのかどうか，また，遺言者はいつでも遺言の方式に従って，遺言の全部または一部を撤回することができるが（1022条），この遺言撤回の自由との関係で，遺言者が死亡する前でも詐欺・強迫を理由とする遺言の取消しができるかどうか，また相続人が取消権を行使することができるかなどについては，見解の対立がある。

Case 13-6

Aは，妻子と別居し，約7年間にわたり半同棲のような形で愛人関係にあった女性Bに遺産の3分の1を，妻と子にも各3分の1を遺贈する旨の遺言をした。このような遺言は有効か。

遺言の無効

(1) 遺言能力がない者による遺言

15歳未満の者がした遺言（961条），または遺言者が意思能力を失っている段階で作成された遺言は，**遺言能力がなかったものとして無効とされる**。一般に遺言者は高齢者の場合が多いが，老化あるいは疾患による精神的能力の衰えにより，方式に多少不備があるものや，真意が判別しにくい遺言書が作成されると，利害関係人から，遺言者は遺言を作成する能力がなかったのではないか，という主張がなされる。遺言者の年齢や症状の変遷などを検討して遺言時の客観的能力を探求するとともに，遺言内容や遺言作成に向けた動機などを総合的に考慮して，遺言能力の存否について判断することになる（東京高判平21・8・6判タ1320号228頁は自筆証書遺言の無効例，高知地判平24・3・29判タ1385号225頁は公正証書遺言の無効例）。

◆遺言者生存中の遺言無効確認の訴え　遺言者の生存中は，遺言による権利の得喪変更は，将来の見込みないし事実上の期待でしかない。したがって，遺言の利害関係人から遺言者の生存中に**遺言無効確認の訴え**が起こされた場合は，たとえ遺言者がアルツハイマー病でもはや回復する見込みがなく，遺言者による遺言の撤回または変更の可能性が事実上ない状態であっても，不適法である（最判平11・6・11判時1685号36頁）。この事件では，受遺者である遺言者の甥は，遺言後に遺言者の禁治産宣告（旧法）により後見人に選任されているが，これに対して遺言者の相続人である養子から無効確認の訴えがなされたものである。しかし，遺言能力を問題にするのであれば，遺言者の生存中でも能力判断をすることができるし，能力が失われ回復の可能性がないのであれば，遺言者死亡時まで待って遺言無効を争わせる必要はない。

(2) 公序良俗違反の遺言　公序良俗に反する遺言（90条）は，無効である。とくに遺言の内容の社会的妥当性が問題となるものとしては，不倫な関係にある女性への包括遺贈の例がある。

Case 13-6 はその一例であるが，最高裁は，このような遺言でも無効ではないとした（最判昭 61・11・20 民集 40 巻 7 号 1167 頁）。他方，妻と別居して 20 年間同棲していた女性に全遺産を遺贈する旨の遺言を無効とした事例もある（東京地判昭 63・11・14 判時 1318 号 78 頁）。遺言が不倫な関係の維持継続を目的とするものではなく，もっぱら受遺者の生活を保全するためになされたものであり，遺言内容が相続人らの生活基盤を脅かすものでない場合には，公序良俗に反しないとされる。

全財産を相続人以外の者に遺贈する旨の遺言も，それだけで公序良俗に反するとはいえない。兄弟姉妹以外の相続人には遺留分（1042 条）があり，受遺者に対し，遺留分侵害額に相当する金銭の支払を請求することができるからである（2018 年改正前の遺贈の減殺事例であるが，最判昭 25・4・28 民集 4 巻 4 号 152 頁参照）。

(3) 後見人を利する被後見人の遺言　　被後見人が，後見の計算終了前に，後見人またはその配偶者もしくは直系卑属の利益となるべき遺言をしたときは，直系血族，配偶者または兄弟姉妹が後見人である場合を除き，遺言は無効である（966 条）。後見人が被後見人に影響を与えて管理の計算をあいまいにし，不当に利益を得ようとすることから，被後見人を保護するための規定である。もっとも，成年被後見人の遺言は，事理弁識能力を一時回復した時に医師 2 人以上の立会いのもとにするものであり（973 条 1 項），身寄りのない高齢者が成年後見人に感謝して遺贈するような場合は，真意を尊重して有効にする余地も残すべきであろう（無効の場合も特別縁故者として財産分与の可能性がある）。

4 遺言による財産処分

遺　贈

遺言者は，包括または特定の名義で，その財産の全部または一部を処分することができる（964条）。これが遺贈である。遺贈は，遺言によって受遺者に財産権を与える遺言者の意思表示で，遺言者の死亡を不確定期限とする。遺言者が生前に自己の財産について有する使用・収益・処分権の延長として，死亡時に残存する財産について自由に処分することを法的に保障するものである。

　包括名義の遺贈は包括遺贈と呼ばれるが，相続財産の全部を与えるという内容のものと財産の何分の1を与えるという内容のものがある。特定の名義の遺贈とは，目的物が特定しうる遺贈であり，特定遺贈と呼ばれる。これにも，甲不動産を遺贈するというような特定物の遺贈と，種類・品質等で定まるものの一定量を与えるというような不特定物の遺贈がある。相続財産を与えられた者が相続人でないときは，常に遺贈と考えられるので問題はない。しかし，たとえば，相続財産中の特定のもの（乙不動産）を妻に，別のもの（価値の少ない動産丙）を子に相続させるという遺言をした場合，遺贈か，遺産分割方法の指定（908条）ないし特定財産承継遺言（1014条2項）か，あるいは相続分の指定（902条）をともなうかなど，その理解をめぐって判例・学説上の争いがある（⇒本章4「相続させる」旨の遺言）。

　虚偽の嫡出子出生届による子への財産処分につき，「法的に定められたる相續人を以って相續を与へる」とした遺言を，客観的にはその者への遺贈と解する余地があるとした事例がある（最判平17・7・22家月58巻1号83頁）。

Case 13-7

　身寄りがないＡは，「①死んだら財産はすべて子ども同様にかわいが
っている柴犬コロに与える。②親身に世話をしてくれたホームヘルパー
のＢにコロを譲るので，可愛がってほしい。③コロが死んだ時に残っ
ている遺産はＢに与える。」という遺言をした。この遺言は有効か。

| 受遺能力 | 　自然人でも法人（包括遺贈については説が分かれている）でも受遺者となること |

ができる。胎児でもかまわない（965条・886条）が，遺言の効力
が発生する時に胎児であることが必要であり，「いずれ生まれて
くるであろう初孫に与える」という遺言は無効である（条件付き
のものとして有効とする説もある）。Case 13-7の場合，犬のコロ
には権利能力がないので，①は無効である。②は遺贈として有効
である。可愛がることはＡの希望であり，条件付遺贈とまではい
えない。③は，遺産でコロの世話をしてもらい，残りはＢが取得
するということであるから，いったんコロに移転させたものが，コ
ロの死亡によりＢに移転する趣旨のものではなく，全体としてコ
ロの世話を条件とするＢへの包括遺贈であると考えるべきである。

　遺贈は，遺言者の死亡以前に受遺者が死亡したときは，その効
力を生じないものとされているが（994条1項），死者への遺贈が
その相続人または祭祀主宰者に対する遺贈であり，死者を偲ぶ記
念碑などを建立して欲しいという趣旨の場合もありうる。

　相続欠格事由に該当する者は受遺者にもなれないと考えられる
（965条・891条）。しかし，欠格者であることを承知の上で，あえ
て遺贈したような場合は，遺言者は，欠格者を許して資格を回復
させたものと解することもできる。このように被相続人の意思で
法律上の欠格の効力を失わせることを，欠格の宥恕（許すこと）

という（⇒第8章**4**欠格の効果）。

特定遺贈の効力

特定遺贈は，遺言の効力発生の時から物権的にその効力を生じると解されている（大判大5・11・8民録22輯2078頁）。したがって，遺贈された物の所有権は，遺言者の死亡とともに受遺者に移転する（遺贈による権利移転の対抗力について⇒第9章**2**遺贈と登記）。

　遺贈が金銭その他の不特定物または相続財産に属しないもの（996条ただし書・997条）を対象としているときは，受遺者は，遺贈を実行する義務を負う者，すなわち遺贈義務者（相続人，遺言執行者など）に対して，目的物を特定し，または取得して，自己に給付することを請求することができる。民法は，受遺者の権利を保護するために，担保請求権（991条），果実取得権（992条），遺贈義務者の引渡義務（998条），遺贈の物上代位（999条・1001条）などを規定している。

　受遺者は，いつでも遺贈の放棄をすることができ，放棄すれば，その効力は遺言者の死亡の時にさかのぼる（986条）。放棄について特別の方式は定められていないが，一度放棄すれば任意に撤回することはできない（989条）。遺贈義務者等には，遺贈を承認するか放棄するかについての催告権が与えられている（987条）。

包括遺贈の効力

包括受遺者は，相続人と同一の権利義務を有する（990条）。この規定によって，たとえば，相続財産の3分の1を遺贈された包括受遺者は，あたかも遺言によって3分の1の相続分を有する相続人に指定された者であるかのように，他の法定相続人と共同で相続財産を承継すると考えられている（包括遺贈を相続人指定と同視することを疑問とする有力な反対説がある）。したがって，遺贈の承認・放棄についても，包括遺贈は，特定遺贈の場合と異なり，相続の承認・放

棄に関する規定（915条以下）によって熟慮期間が算定され、遺産分割の手続にも参加することになる。また、遺言者に相続人は存在しないが相続財産全部の包括受遺者が存在する場合は、民法951条にいう「相続人のあることが明らかでないとき」にはあたらないとされている（最判平9・9・12民集51巻8号3887頁）。

◆包括受遺者と相続人の異同　①法人も包括受遺者になることができる。②包括遺贈には代襲相続に相当するものはない。③遺留分がない。④相続人でない者への遺贈による移転登記は遺言執行者または相続人との共同申請。⑤他の包括受遺者や相続人による放棄があっても、原則として、包括受遺者には添加されない（995条）。

◆清算型包括遺贈　「遺言者の財産のすべてを換価し、一切の債務を弁済し、遺言執行に関する諸費用を控除した残りの金額を、某に贈与する」というような遺言の場合、遺言執行者の清算権限をともなう清算型遺言であり、残余財産についての一種の包括遺贈（残余遺贈）であると解することができる。

◆「財産を全てまかせる」旨の遺言　「私が亡くなったら財産については私の世話をしてくれた長女某に全てまかせます」という趣旨の遺言について、遺言時の諸事情から、長女への遺産全部の包括遺贈と解した事例がある（大阪高判平25・9・5判時2204号39頁）。

Case 13-8

次のような遺言は、どのような効力をもつか。

① 「Bに相続財産の半分を遺贈する。ただし、Bは遺言者Aの未成年の子Cが成人するまで扶養すること。」

② 「すべてDに譲る。Dが相続開始以前に死亡したときは、Dの妻Eに遺贈する。」

③ 「遺産は妻Wにすべて遺贈する。Wが死亡または再婚したときは、遺産は弟のFに取得させる。」

負担付遺贈　Case 13-8 ①のように、受遺者に一定の負担を付けた遺贈をすることもできる。

たとえば，受遺者Gは，その受ける利益1000万円のうち，300万円をHに分け与えることという趣旨の遺贈は（負担付遺贈の一種で），裾分け遺贈と呼ばれている。受遺者は，遺贈の目的（遺贈された物件）の価額を超えない限度で，負担した義務を履行しなければならないが（1002条1項・1003条），負担の履行が長期間にわたり面倒であるなど，負担付遺贈を受けたくないと考えるときは，これを放棄することができ，その場合は，負担の利益を受けるべき者が，受遺者となることができる（1002条2項）。

また，Bが負担した義務を履行しない場合，相続人が催告してもなお履行がないときは，その遺贈の取消しを家庭裁判所に請求することができる（1027条）。取り消された場合，受益者の負担履行における利益（確固とした権利ではない）は消滅し，遺贈の目的物は相続人に帰属する（995条）。

補充遺贈・後継ぎ遺贈 Case 13-8 ②の遺言（補充遺贈）は，Dに対する遺贈であるとともに，Dの死亡という不確定な期限が付けられている予備的なEに対する遺贈としても有効としてよいであろう。Case 13-8 ③の遺言（後継ぎ遺贈）は，負担付きないしは条件付きの遺言としての効力が問題となる。

◆後継ぎ遺贈の効力　受遺者（第1次受遺者）の受ける遺贈利益を一定の条件の成就または期限の到来（たとえば，第1次受遺者の再婚または死亡）により，別の受遺者（第2次受遺者）に移転させる旨の遺贈をした場合，2つの遺贈の関係が問題となる。このようなものを後継ぎ遺贈と呼んでいるが，このような遺贈が停止条件付遺贈（985条2項）あるいは負担付遺贈（1002条）として効力を有するかどうかについては，議論がある。

最判昭58・3・18家月36巻3号143頁は，不動産を妻に遺贈するが，経営する店のために必要なので一応そのままに利用させて，妻の死後は遺言者の弟妹らがその権利を分割所有する旨の遺言の趣

旨を問題とした。原審は，本遺言は後継ぎ遺贈といわれるものであるが，妻への遺贈として有効なものであり，弟妹への権利移転は単なる希望にすぎないと解釈したが，最高裁は，①原審の解釈による遺贈のほか，②弟妹への権利移転を負担内容とする妻への負担付遺贈，③妻死亡時に当該不動産の所有権が妻にあるときは所有権が弟妹に移転する趣旨の遺贈，あるいは④妻は実質的に不動産の使用収益権を付与されたにすぎず，妻の死亡を不確定期限とする弟妹への遺贈，と解釈する余地があるとして，原判決を破棄差し戻した。

最高裁は，後継ぎ遺贈の効力については明確な判断を示していないが，学説では，第1次受遺者の権限の範囲，その相続人や債権者と第2次受遺者の権限との関係など複雑な法律問題を生じるおそれがあるので，後継ぎ遺贈の効力を否定する見解が有力である（信託との関連につき⇒第9章 *Column* ㉒）。

Case 13-9 ──────────────────────────────────

Aは，①現住する土地建物を妻Wに相続させ，山林を子Cに相続させ，②銀行預金3000万円をCの妻Dに相続させ，③残余の遺産はWとCが各2分の1を取得する，という遺言をした。

──────────────────────────────────

「相続させる」旨の遺言 　特定の相続財産を特定の相続人に「相続させる」旨の遺言は公正証書実務の中から登場してきたもので，登記手続上のメリットがあり（分割協議不要，登記手続を受益相続人のみですることができ，登録免許税が遺贈の4分の1以下であった〔2003年4月から税法改正で相続人に対する遺贈は相続と同率になった〕），自筆証書遺言でも用いられているが，その法的性格については，遺産分割方法の指定，遺贈，遺産分割の効力をともなう特別の遺言，と説が分かれていた。最高裁は，特段の事情がないかぎり，相続開始と同時に何らの行為を要しないで，当該相続財産が遺言受益者である相続人に帰属する（即時移転の効力）ことになるとしている（最判平3・4・19民集45

巻4号477頁）。

Case 13-9の場合，①により不動産は，直接にAからWまたはCに帰属し，A名義から各自単独でWまたはCの名義に所有権移転登記手続（相続による登記）をすることが許される（最判平7・1・24判時1523号81頁参照）。遺産分割手続を経なくても直接に帰属するところは遺贈に類似するが，権利移転の性格はあくまで相続によるものということになる。

②は，Dが相続人でなければ「相続させる」という文言はあっても遺贈である。③は，①の財産価額にかかわらず残余を2分割せよという相続分の指定の意味を有するが，具体的な権利の帰属は遺産分割に委ねられる。

「相続させる」旨の遺言については，指定を受けた推定相続人が遺言者の死亡以前に死亡した場合には，代襲者にもその指定の効力は及ぶのかどうか見解の対立があったが，最高裁は，相続させる遺言条項と遺言書の他の記載との関係，遺言書作成当時の事情および遺言者のおかれていた状況などから，遺言者が，推定相続人の代襲者その他の者に遺産を相続させる旨の意思を有していたとみるべき特段の事情のないかぎり，遺言は効力を生じないものとした（最判平23・2・22民集65巻2号699頁）。実務上は，遺産分割方法の指定を代襲相続人にも及ぼす意思がある場合は，その旨の補充受益者条項がおかれるようになっている。

2018（平30）年改正により，遺産の分割の方法の指定として遺産に属する特定の財産を共同相続人の1人または数人に相続させる旨の遺言は，「特定財産承継遺言」と命名され明文化された（1014条2項）。

5 遺言の執行

遺言執行の意義 　遺言は遺言者の死亡の時から効力を生ずるが，遺言者の意図していた法律状態を実現するためには，遺言の内容を実現する行為が必要となる。民法はそのために**遺言執行制度**を設けて，**遺言執行者**による公正な遺言執行が行われるようにした。もっとも，遺言の内容によってはとくに執行する必要がないもの，あるいは遺言執行者を選任する必要がないものもある。たとえば，未成年後見人の指定（839条）や相続分の指定（902条），遺産分割方法の指定（908条），特別受益の持戻しの免除（903条3項）などの場合がそうである。

遺言の検認・開封 　公正証書遺言以外の遺言書については，その保管者（法務局に保管されたものを除く）または遺言書を発見した相続人は，相続の開始を知った後，遅滞なく遺言書を家庭裁判所に提出して，その検認を請求しなければならない（1004条1項・2項）。**遺言書の検認**は，遺言の執行の準備段階として，遺言の方式に関する一切の事実を調査して，遺言書の状態を確定し，事後の偽造・変造を防止し，その保存を確実にするためのものであって，遺言の有効性についての判断をするものではない。死亡危急者の遺言について必要である**遺言の確認**（976条4項・979条3項）は，検認とは別個の手続である。

　封印のある遺言書は，家庭裁判所において相続人またはその代理人の立会いをもって開封しなければならない（1004条3項）。遺言書の検認の手続を怠ったり，家庭裁判所外において遺言書を開封したときは，5万円以下の過料に処せられる（1005条）。

遺言執行者は遺言によって指定される場合のほか，遺言で委託された者によって指定される場合（1006条）もあり，指定がない場合や指定された者の就職拒絶（1007条），就職不能（1009条），辞任・解任（1019条）などの場合には，利害関係人の請求に基づき，家庭裁判所によって選任される（1010条）。遺言執行者は1人に限られない。全体について数人の者が指定されることもあるし，遺言条項のそれぞれについての遺言執行者を定めることもできる（1017条）。遺言執行者は，相続人，遺言受益者，遺言の証人であってもかまわない。遺言者の友人・知人，親族のほか，弁護士が選任される例も少なくない。法人でもよい。最近では，信託会社による遺言の管理・執行（遺言信託と呼んでいる）もみられるようになった。

　遺言執行者は遺言者の意思を実現するための機関であるから，実質的には，遺言者の代理人的地位に立つ。しかし，すでに死亡している遺言者には権利能力がないから，遺言執行者の行為の法的効果を遺言者に帰属せしめることはできない。そこで民法は，遺言執行者を相続人の代理人と位置付けていたが（旧1015条），2018（平30）年改正により，遺言執行者がその権限内において遺言執行者であることを示してした行為は，相続人に対して直接にその効力を生ずることを明文で定めた（1015条）。

遺言執行者の権利義務　（1）　遺言執行者は，就職後，直ちにその任務を行わなければならず，任務を開始したときは，遅滞なく，遺言の内容を相続人に通知しなければならない（1007条）。遺言執行者は，相続財産の目録を作成して相続人に交付する（1011条）など，遺言の内容を実現するため，相続財産の管理その他遺言の執行に必要な一切の行為をする権利義務を有する（1012条1項）。遺言執行者の義務と責任，費用償還，

報酬の支払方法，任務終了後の処分などにつき，委任に関する規定が準用されている（同条3項・1018条2項・1020条）。任務の遂行を容易にするために，2018（平30）年改正により，遺言執行者の復任権が拡張されている（1016条）。

(2) 遺言による認知（781条2項）があるときは，遺言執行者は，就職の日から10日以内に，認知にあたり承諾が必要な者（782条・783条）があるときはその承諾も得て，戸籍上の届出をしなければならない（戸64条）。推定相続人の廃除（893条）またはその取消し（894条2項）の遺言については，家庭裁判所にその請求（審判の申立て）を行い，審判が確定したときは，10日以内に戸籍上の届出をしなければならない（戸97条・63条1項）。

(3) 遺言執行者がある場合には，遺贈の履行は，遺言執行者のみが行うことができる（1012条2項）。判例は，特定遺贈がされた場合において，遺言執行者があるときは，遺言執行者のみが遺贈義務者となるとしていたが（最判昭43・5・31民集22巻5号1137頁），2018（平30）年改正で追加された本項の規定では，特定遺贈と包括遺贈の区別はない。遺贈の履行としては，目的物の引渡し，不動産の移転登記手続（受遺者と遺言執行者の共同申請）などがある。

特定財産承継遺言について，遺言執行者は，受益相続人が対抗要件を備えるために必要な行為をすることができる（1014条2項）。移転登記については，受益相続人が単独で申請することができるが（不登63条2項），2018（平30）年改正により，特定財産承継遺言による場合も，法定相続分を超える権利の承継については対抗要件主義がとられたので（899条の2第1項），遺言執行者の任務として速やかな登記申請（相続登記の促進）が必要とされている。預貯金債権を目的とする特定財産承継遺言の場合は，

遺言執行者は，預貯金の払戻しの請求および預貯金契約の解約
（預貯金債権の全部が特定財産承継遺言の目的である場合に限る）の
申入れをすることができる（1014条3項）。

　◆遺言執行者による受遺者の選定が問題となった事例　　Aには
成人の子が2人あったが，「遺産は一切の相続を排除し，全部を公
共に寄与する。弁護士Bを遺言執行者とする」との遺言を残して
死亡した。この遺言は，全部包括遺贈を意図するものであるが，誰
に遺贈するのか特定されていない。
　最高裁は，受遺者の選定を遺言執行者に委託した遺言も有効な遺
言であるとした。すなわち，遺言の解釈にあたっては遺言書に表明
されている遺言者の意思を尊重して合理的にその趣旨を解釈すべき
であるが，可能なかぎりこれを有効となるように解釈することがそ
の意思に沿うゆえんであり，そのためには，遺言書の文言を前提に
しながらも，遺言者が遺言書作成に至った経緯およびそのおかれた
状況等を考慮することも許される。このような見地から考えると，
被相続人としては，自らの遺産を法定相続人に取得させず，これを
すべて公益目的のために役立てたいという意思を有していたことが
明らかであり，本件遺言は，その目的を達成することのできる団体
等にその遺産の全部を包括遺贈する趣旨である。本件においては，
被選定者の範囲も前記の団体等に限定され，そのいずれが受遺者と
して選定されても遺言者の意思と離れることはなく，したがって，
選定者における選定権濫用の危険も認められないのであるから，本
件遺言の効力は否定されない（最判平5・1・19民集47巻1号1頁）。

相続人の処分制限　　　遺言執行者がある場合には，相続人は，
　　　　　　　　　　　相続財産の処分その他遺言の執行を妨げ
るような行為をすることができない（1013条1項）。遺言執行者
として指定された者が就職を承諾する前でも，「遺言執行者があ
る場合」にあたる（最判昭62・4・23民集41巻3号474頁）。これ
に反して相続人が相続財産についてした処分行為は絶対的に無効

であると解されていた（大判昭5・6・16民集9巻550頁）。しかし，2018（平30）年改正により，相続人の遺言執行妨害行為は無効であることが明示される一方で，この無効は善意の第三者に対抗することができないものとされた（同条2項）。改正前の判例によれば，民法1013条は遺言者の意思を尊重し，遺言執行者に遺言の公正な実現を図らせることをその趣旨とするから，相続人の処分行為は無効であり，受遺者は遺贈による目的不動産の所有権取得を登記なくしてその処分行為の相手方である第三者に対抗することができる（前掲最判昭62・4・23）ものとされていたが，改正法では取引の安全がより重視されている。また，相続人の債権者（相続債権者を含む）が相続財産についてその権利を行使すること（差押え，相殺の意思表示等）は妨げられないことも明示された（同条3項）。

遺言執行者の解任・辞任　遺言執行者がその任務を怠ったときその他正当な事由があるときは，利害関係人は，その解任を家庭裁判所に請求することができる（1019条1項，家事別表第一106項）。また，正当な事由があれば，遺言執行者は，家庭裁判所の許可を得て，辞任することができる（1019条2項，家事別表第一107項）。

　　　　　法定相続人の相続権と被相続人の財産処分の自由との
調和を図るために民法は遺留分の制度をおき，兄弟姉妹
以外の法定相続人に一定額の相続上の利益を確保する途
を保障している。本章では，遺留分の権利内容と効力に
ついて学ぼう。

1 遺留分とは

遺留分制度の意義　　　民法は，被相続人の財産処分の自由を前
　　　　　　　　　　　　提とした上で，配偶者・直系卑属・直系
尊属が一定額の相続上の利益を確保するための法制度を用意した。
これが遺留分制度である（1042条以下）。たとえば，妻子ある被
相続人の全遺産を愛人に与える旨の遺言は，不倫な関係の維持・
継続を目的として行うものであれば，公序良俗に反して無効とさ
れ（⇒第13章*3*遺言の無効)，妻と子が法定相続分に応じて相続す
ることになる。これに対して，妻に全財産を相続させる旨の遺言
は有効であるが，2分の1の法定相続権（900条1号）を有する子
らは，遺言があるため相続で取得するものが何もないことになる。
このような場合において，民法は，法定相続人（第3順位の兄弟
姉妹を除く）に一定額の相続上の利益を確保するための権利（遺
留分権）を付与した。

◆遺留分の沿革　　法定相続のあり方が変われば被相続人の処分の意味も変わり，それによって遺留分の意味も変わってくる。旧法では家督相続制度が中心で，家族の財産に関する遺産相続は影が薄かった。遺留分減殺請求権も，家産の散逸を防ぐ目的があり，家督相続財産を戸主が処分してしまった場合に，家の財産的基盤を確保するために，家督相続人によって行使されることが考えられていた。

　戦後改正民法は諸子均分相続の原則を採用したが，遺留分の規定はほぼ踏襲された。今では，法定相続人の１人または一部の者に相続財産を集中させるための贈与または遺言による処分が多くみられ，他の相続人との間で遺留分が問題となる事例が増加する一方で，遺留分制度の存在意義に対する疑問も生まれている。

　日本の遺留分法はゲルマン法，フランス法系統の遺留分制度に属するといわれ，相続人資格のある者に遺産自体に対する一定の権利を保障していた。他方，ドイツ法はローマ法の流れを汲むとされるが，遺言で相続から除かれた者に対して，遺産自体に代えて，一定額の金銭債権を保障する。英米法には遺留分はなく，要扶助家族は，裁判所に訴えて，遺産からの給付金を請求することができる。

　2018（平30）年改正前は，遺留分権利者からの減殺請求権の行使により，遺言による処分は遺留分を侵害する限度でその効力を失い，受遺者等の取得した権利は，その限度で当然に減殺請求をした遺留分権利者に帰属するものと解されていた（最判昭51・8・30民集30巻7号768頁）。その結果，受遺者らと遺留分権利者との共有関係の解消が紛争を生じさせ，とくに共同相続人間での遺留分減殺の場合は，一般の共有物分割手続によるか，遺産分割によるかどうかが問題となっていた。こうした情況は，2018（平30）年改正により根本的に変化した。遺留分権利者は，もはや遺贈等を失効させ，遺贈等の目的財産を取得し得る（現物を取り戻す）権利を有さず，遺留分侵害額に相当する金銭の支払を請求する権利（遺留分侵害額請求権）を有するにすぎない（1046条）。

◆金銭債権化した遺留分　　近年では遺留分権の行使によって遺贈・贈与の目的財産それ自体を取り戻すことの重要性が減少し，むしろ遺留分権利者の方も遺留分相当の価額の取得を希望する場合あるいはそれで満足する場合が多くなっていた。また，遺留分減殺の結果として生ずる複雑な共有状態の解消が新たな紛争を生じさせること，とくに事業用財産の場合は円滑な事情承継を困難にする原因ともなることから，2018（平30）年改正では，遺留分を一定額の金銭を請求しうる遺留分権利者の権利として再構成した。被相続人の意思による財産処分の効力を安定させつつ（被相続人の意思の尊重および取引の安全を重視），遺留分権利者の保護（生活の保障，潜在的持分の取戻し，他の相続人との衡平など遺留分になお期待される機能の確保）との調和を図ろうとしている。相続財産がかつての父祖伝来的な不動産（家産）を中心としたものから，被相続人個人が（家族と共に）形成した金融資産その他金銭的評価になじむものに変化してきていることも遺留分権の金銭債権への転換の基礎となっている。

2　遺留分の確定

1　遺留分権利者

Case 14-1

被相続人Ａは，妻Ｗとの間に子Ｂ，亡Ｃをもうけたほか，婚外子Ｄがいる。亡Ｃには，妻Ｅとの間に子ＦとＧがいる。遺留分権利者それぞれの遺留分はいくらか。

遺留分は，直系尊属のみが相続人であるときは，被相続人の財産の3分の1，その他の場合には，被相続人の財産の2分の1となっている（1042条1項）。1980（昭55）年の改正前は，相続人中に直系卑属がいる場合は2分の1，それ以外は3分の1であっ

表14-1 相続人と遺留分

相続人	子(代襲者)	直系尊属	兄弟姉妹
配偶者がいるとき	配偶者4分の1 子4分の1	配偶者3分の1 直系尊属6分の1	配偶者2分の1 兄弟姉妹 0
配偶者がいないとき	子2分の1	直系尊属3分の1	兄弟姉妹 0

た。要するに、この改正で配偶者の遺留分が増加したのである。

　相続人が複数あるときは、相続人全体としての遺留分（総体的遺留分）に各遺留分権利者の相続分を乗じて得た割合が、各自の遺留分（個別的遺留分）の割合（遺留分率）となる（1042条2項）。また、嫡出でない子の遺留分は、従前は、嫡出子の遺留分の半分となっていたが、2013（平25）年の改正で、法定相続分が同等になったことにより（⇒ *Column ⑳*）、この差はなくなった。子の代襲相続人（および再代襲者）は、被代襲者の遺留分と同じ遺留分を有する。Case 14-1 では、Wの遺留分は相続財産の4分の1（2分の1×2分の1）、BとDは12分の1、亡Cの代襲相続人FとGは各24分の1がそれぞれの遺留分である。被相続人の意思でこの割合を変更することはできない。

② 遺留分の算定

Case 14-2

　Aは、事業が順調であった5年前に子Bに開業資金として3000万円を提供した。しかしAは、事業に失敗して自殺をし、遺言で、自宅（8000万円）は妻Wが相続し、預金1000万円は、Wに800万円、Bに200万円与えるものとした。負債も1500万円あった。また、Aは、Wを受取人とする5000万円の生命保険契約をしていた。

図14-1　遺留分算定の基礎となる財産

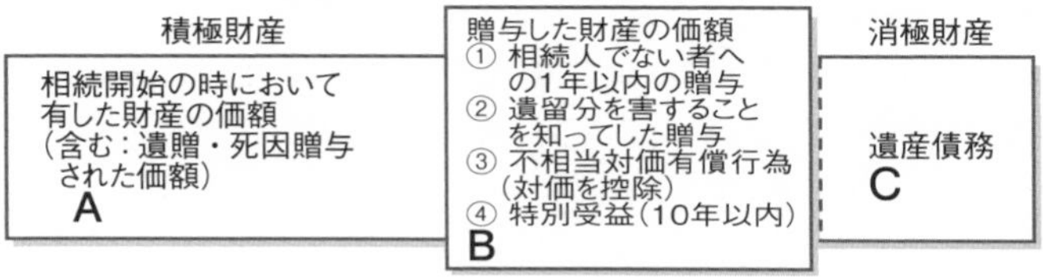

図14-1　遺留分算定の基礎となる財産

積極財産	贈与した財産の価額	消極財産
相続開始の時において有した財産の価額（含む：遺贈・死因贈与された価額） **A**	① 相続人でない者への1年以内の贈与 ② 遺留分を害することを知ってした贈与 ③ 不相当対価有償行為（対価を控除） ④ 特別受益（10年以内） **B**	遺産債務 **C**

遺留分算定の基礎となる財産

総体的遺留分または個別的遺留分がいくらになるか，具体的な数額を算出するためには，まず，計算の基礎となる財産を確定する必要がある。この遺留分算定の基礎となる財産の価額は，被相続人が相続開始の時において有した財産の価額（遺贈の価額を含む）に被相続人が贈与した財産の価額を加えた額から債務の全額を控除した額である（1043条1項）。図 14-1 で A＋B－C である。債務には，私法上の債務のみならず，公法上の債務（租税債務，罰金等）も含まれるが，相続財産に関する費用（管理費用，訴訟費用等，885条）や遺言執行に関する費用（検認費用，財産目録作成費用，遺言執行者の選任費用・報酬等，1021条）は除かれる。

算入される贈与──①相続開始前1年間の贈与

相続開始前になされた贈与の価額を算入しないと，遺留分制度の目的を十分に果たすことができない。他方，すでに行われた贈与を実質的に取り消すことになるので，受贈者に思わぬ不利益を与えることにもなる。そこで，無条件に算入するもの（遺留分侵害についての認識の有無を問わない）は，相続開始前1年間にした相続人でない者に対する贈与に限定した（1044条1項前段）。基準となるのは契約締結時であり，履行期が1年以内でも，対象とはならない。ただし，死因贈与は1年前までに締結されたものでも，遺贈と同視される。また，実質的に贈与と同視すべき

無償処分（寄付行為，債務免除など）も含まれる。負担付遺贈の場合は，贈与の目的の価額から負担の価額を控除した額を贈与した財産の価額とする（1045条1項）。日常的な儀礼のためになされたものは対象とならない。ただし，それに仮託してなされた財産処分であると認められる場合は別である。法律上の義務の履行約束（養育費の支払，離婚財産分与など）も，贈与にはならない。

算入される贈与——②相続開始の1年前までの悪意の贈与

被相続人と受贈者の双方が遺留分権利者に損害を加えることを知ってした贈与（1044条1項後段）は，死亡の1年前までに行われたものでも対象となる。損害を加えることの認識があれば足り，損害を加える意図までは必要でない（大判昭4・6・22民集8巻618頁）。たとえば，死ぬまでに自分の財産が増加する可能性がないことを予見しながら，財産の2分の1を超える贈与をした場合は，遺留分を侵害することがわかっていながらした贈与となる（大判昭11・6・17民集15巻1246頁）。加害の認識の証明責任は遺留分権利者にあるが，被相続人の心身の状況，経済状況等から，贈与時点での財産減少が2分の1を大きく上回り，将来の回復の見込みが客観的に期待しえなかったときは，加害の認識があったものと解される。もっとも，相続開始の10年以上前のものについては，加害の認識はなかったものと解すべきである。

遺留分権利者になる前に行われた贈与であっても，遺留分算定基礎財産に含められる。たとえば，養子縁組の話が進行中に，養親が第三者に全財産を贈与したような場合，遺留分権利者を害することを知って行われたものということができる。

算入される贈与——③不相当な対価による有償行為

有償ではあるが対価が不相当に低い場合には，当事者双方が遺留分権利者に損害を与えることを知ってしたときにかぎり，

対価を控除した額を贈与したものとする（1045条2項）。対価の不相当性は，当該有償行為の時点での客観的な評価額（取引価格）が判断基準となる。取引の諸事情によってある程度の低価格での売却はあるとしても，1000万円の価値のあるものを100万円ないし200万円で売るような場合，不相当な対価である。

算入される贈与——④相続人に対する特別受益となる贈与

（1）　Case 14-2 のBに対する資金援助のように，相続人が，婚姻もしくは養子縁組のため，または生計の資本として被相続人から受けた贈与（特別受益）は，相続開始前の10年間にしたものに限り，その価額を遺留分算定のための基礎財産に算入する。ただし，当事者双方が遺留分権利者に損害を加えることを知っていたときは，10年前の日より前にしたものも算入される（1044条3項）。判例は，相続人に対する特別受益は，すべて旧1044条・旧903条の規定により遺留分算定の基礎となる財産に含まれることを前提とした上で，特別受益となる贈与が相続開始よりも相当以前にされたものであって，その後の時の経過にともなう社会経済事情や相続人など関係人の個人的事情の変化をも考慮するとき，減殺請求を認めることが相続人に酷であるなどの特段の事情のないかぎり，遺留分減殺の対象となるとしていた（最判平10・3・24民集52巻2号433頁）。2018（平30）年改正により，この判例が修正され，相続人に対する贈与については，原則として10年以内の特別受益のみが遺留分を算定するための財産の価額に算入されることが明確にされた（受益相続人と遺留分権利者との不公平の是正よりも法的安全性を重視）。

（2）　特別受益の持戻しを免除する旨の被相続人の意思表示（903条3項）があった場合について判例は，当該意思表示が減殺請求を受けたときは，持戻し免除の意思表示が遺留分を侵害する

限度で失効し，当該贈与に係る財産の価額は，遺留分を侵害する限度で，遺留分権利者である相続人の相続分に加算され，受贈相続人の相続分から控除されるものとしていた（最決平24・1・26家月64巻7号100頁）。2018（平30）年改正により，この判例も修正を受ける（遺留分の算定との関係では，持戻し免除という観念はない）。

（3）　特別受益を得た者が相続を放棄し，または相続欠格もしくは廃除によって相続人とならないときは，その者への贈与は特別受益性を失い，通常の贈与の基準で判断することになる。ただし，死亡の場合を含めて代襲相続人がいる場合は，その者への特別受益とみなして，遺留分算定の基礎財産に算入すべきである。

◆共同相続人間における無償の相続分譲渡の「贈与性」　　判例は，共同相続人間での相続分譲渡は，それに含まれる積極財産および消極財産の価額等を考慮して算定した当該相続分に財産的価値があるとはいえない場合を除き，相続分譲渡者の相続において，903条1項に規定する「贈与」に当たるとした（最判平30・10・19民集72巻5号900頁）。2018（平30）年改正後は，1044条3項の「贈与」に当たるものと解される。

◆生命保険金請求権と遺留分　　生命保険金は，遺族の生活保障にとって極めて大きな意味をもっている。保険金受取権は契約（他人のためにする生命保険契約）に基づく権利として固有性を有し，相続とは切り離して考えられるべきものとされているが，実質的には特定の相続人に対して，相続財産の一部を生前に処分したものと考えることもできる。処分されたものは何かについては，既払い保険料額，保険金額に占める既払い保険料の割合額，解約返戻金額などの見解があり，特別受益性など相続人間の衡平の観点から議論されている（最決平16・10・29民集58巻7号1979頁は，不公平が民法903条の趣旨に照らし到底是認できないほどに著しいものであると評価すべき特段の事情がある場合には，同条の類推適用により，保険金請求権は特

別受益に準じて持戻しの対象となるとした⇒第9章*Column* ㉑)。

　生命保険金以外にめぼしい財産がない場合は，遺留分との関係でも問題が生じる。自己を被保険者とする生命保険契約の契約者が死亡保険金の受取人を妻から父に変更した事例において，妻は，受取人の変更は死因贈与またはこれと同視すべき無償の死因処分であるから，遺留分減殺の対象となると主張したが，最高裁は，保険金請求権は受取人の固有の権利であり，払い込んだ保険料と等価の関係に立つものではなく，被保険者の稼働能力に代わる給付でもないのであって，実質的に被保険者の財産に属していたものとみることはできないことから，保険金受取人を変更する行為は改正前の民法1031条に規定する遺贈または贈与に当たらない，と判示した（最判平14・11・5民集56巻8号2069頁）。受取人指定行為自体が，遺贈または贈与に当たらないものと解するものであろう。Case 14-2の生命保険金も，遺留分を算定するための財産には含まれない。逆に，妻に生命保険金を取得させ，他の遺産は子に相続させるとした場合，保険金は相続により得た財産に算入されないとすれば，遺留分相当額全額につき，子に対して遺留分侵害額の請求をすることができる。

　遺族給付も生命保険金と同様に相続性を有しないものとして，受給権者の固有の財産であり，遺留分算定の基礎財産には算入されない。死亡退職金については，受給権者の固有財産ではあるが，一種の未払賃金であると考えられるものについては，遺留分を算定するための財産に算入することも考えられる。

基礎財産の評価

　遺留分算定の基礎となる財産を，どの時点における価額に基づいて評価し，遺留分を計算すべきか。遺留分権利者としてはより価額の高い時点で贈与物を算定することを望むであろうが，価額の算定は，相続開始時の価額によるべきものと考えられている。条件付きの権利または存続期間の不確定な権利は，家庭裁判所が選定した鑑定人の評価に従って，その価格を定める（1043条2項）。

　金銭の贈与については，物価指数の変動に応じて，相続開始の

時の貨幣価値に換算した価額をもって評価すべきものと考えられている（最判昭51・3・18民集30巻2号111頁）。名目主義すなわち「円は円に等しい」（100万円は何年経っても100万円である）とすることは，相続人間の衡平に反するからである。

3 遺留分侵害額請求権

① 遺留分侵害額請求権の行使

遺留分権利者およびその承継人（相続人・包括受遺者など）による**遺留分侵害額請求権**（1046条）の行使は，受贈者または受遺者に対する意思表示によってすれば足り（黙示の意思表示でもよい），裁判上の請求による必要はない（最判昭41・7・14民集20巻6号1183頁）。

遺留分侵害額の算定　　遺留分の侵害額は，遺留分額から，遺留分権利者が相続により得た財産額を控除し，その者の負担する相続債務額を加算して算定される（最判平8・11・26民集50巻10号2747頁）。2018（平30）年改正では，この遺留分侵害額の算定方法を明文化した（1046条2項）。控除される取得財産は，特別受益（贈与は10年以内のものに限られない）および具体的相続分（寄与分は考慮しない）に応じて遺産分割において取得すべき遺産である。

加算される相続債務額は，法定相続分または指定相続分の割合に応じて遺留分権利者が承継する相続債務の額である。判例によれば，他の相続人に単独相続させる旨の遺言があった場合は，遺留分権利者が負担する相続債務として加算されるべきものはない

（最判平 21・3・24 民集 63 巻 3 号 427 頁）。

> **Web　遺留分侵害額請求権の代位行使** ❖❖❖❖❖❖❖❖❖❖❖❖❖❖❖
>
> 　遺留分権利者の債権者（あるいは被相続人の債権者）は，遺留分侵害額請求権を代位行使することができるか。改正前の遺留分減殺請求権について，学説では，代位行使が許されるとするものが多かったが，最高裁は，減殺請求権は帰属上の一身専属権ではないものの，行使上の一身専属性があることを認め，債権者による代位行使を否定した（最判平 13・11・22 民集 55 巻 6 号 1033 頁）（⇒第 4 巻第 5 章 *3*）。金銭請求権に純化された遺留分侵害額請求権についても同判決の論理は妥当すると解されているが，代位行使を認めてもよいと思われる。
>
> ❖❖❖

Case 14-3

　A は，亡妻 W との間に子 BCD がある。価額 6000 万円の財産を有していたが，死亡する 3 ヵ月前に B に 4000 万円の不動産を贈与し，2 ヵ月前に C に 2000 万円の現金等を与えた。1 ヵ月前に作成された A の遺言には，D は B に対して 1000 万円を請求することができる，と書かれていた。

遺留分侵害額の負担　　（1）　相続財産から逸出した時期が新しい順に受益者が遺留分侵害額を負担するのが基本である。民法は，まず受遺者が負担し，次いで受贈者が負担するものとしている（1047 条 1 項 1 号）。

　（2）　複数の遺贈があるときは，遺言者の別段の意思表示がないかぎり，その目的額の割合に応じて負担する（1047 条 1 項 2 号）。遺言者の別段の意思に従うものとされているのは，遺贈は同時に効力が発生するので，受遺者の権利の安定，取引の安全を害するおそれがないからである。また，遺言者は，遺留分侵害額請求の可能性を考慮して遺贈額を変えることも自由にできるから

である。

（3）　異なる時期に複数の贈与があるときは（同時贈与は遺贈と同じ扱い），後の贈与に係る受贈者から順次前の贈与に係る受贈者が負担する（1047条1項3号）。この負担の順序に関する規定は強行規定と解されており，贈与契約において，または遺言によって負担すべき受贈者の順位変更をすることはできない。法的安定性を害するし，遺言による変更を認めることは，贈与の取消しを被相続人の自由にさせることになる。受贈者の無資力による損失は遺留分権利者の負担に帰する（同条4項）から，恣意的な負担の順位付けは遺留分権利者の利益を害するおそれもある。

Case 14-3 の場合，D は遺留分 1000 万円を侵害されているので，後の受贈者である C に対して侵害額の請求をすることができる。A の遺言により，B に対する請求が認められるものではない（A の B への贈与が負担付贈与であり，その受益の権利を遺言で D に与えたと解することはできる）。

◆死因贈与の受贈者の負担順位　　死因贈与を生前贈与と同順位にするか（贈与説），遺贈と同順位とするか（遺贈説），遺贈と生前贈与の間（中間説）にするかは，見解の分かれるところである。旧民法では，遺贈の減殺に関する規定に引き続いて「総テ贈与ニシテ贈与者ノ死亡ノ後執行ス可キモノハ遺贈ト其効力ヲ同フス」（財産取得編389条）と定めていたので，遺贈と同順位とする考えであったと思われる。現行法では，贈与に関する規定の中で，「贈与者の死亡によって効力を生ずる贈与については……遺贈に関する規定を準用する」（554条）と規定するのみであるので，準用される遺贈に関する規定については疑問がある。贈与契約としての拘束力は相続開始前に発生している一方で，財産移転の効力は遺贈と同時であることから，中間説が有力になりつつある（東京高判平 12・3・8 高民集53巻1号93頁）。2018（平30）年改正の際に立法的解決も検討されたが，最終的には解釈に委ねられた。

◆受贈者らが無資力である場合　遺留分侵害額を負担すべき順位にある受贈者（履行済みの遺贈・死因贈与も同様）が無資力であるために侵害額の支払を受けることができない場合，①当該贈与を遺留分額から除外し再度算定する，②前贈与に係る受贈者の負担とする，③遺留分権利者の負担とする，の３つの方法がありうるが，民法は③を採用した（1047 条４項）。Case 14-3 の場合，Ｃが無資力であっても，その前の受贈者Ｂに対して遺留分侵害額の負担を請求することはできない。もっとも，ＢＣへの贈与が死亡の直前に，１週間の間をおいてあるいは極端な場合には連日行われたときは，Ａの意思としては同時の贈与ということもできるので，前受贈者Ｂが割合的な遺留分侵害額の負担を認めないことは，権利濫用となることも考えられる。

遺留分侵害額請求の効力

（1）　遺留分侵害額請求権の法的性質

この権利は請求権と称されているが，権利の性格としては形成権であると解されている。つまり，遺留分権利者が受贈者または受遺者に対して遺留分侵害額請求の意思表示をすると，遺留分侵害額に相当する金銭の支払を求める権利（金銭債権）が発生することになる。2018（平 30）年改正前の遺留分権利者が有した遺留分減殺請求権は，形成権であるとともに，その行使により，遺留分の保全に必要な限度において，減殺の対象となった遺贈および贈与はその効力を失い（物権的効力），失効した遺贈等の目的物は減殺請求をした遺留分権利者に帰属すると解するのが通説・判例であった（前掲最判昭 51・8・30）。その結果として生ずる物権的共有関係の解消方法が問題となっていたが，改正法による遺留分侵害額請求権は金銭債権の発生という効果をもたらすに過ぎないので，改正前の遺留分減殺後の法律関係をめぐる理論的実務的問題はなくなった。

（2）　受遺者らによる相続債務の弁済等　遺留分を算定する

ための財産の価額の算出に当たっては，被相続人の債務が控除されている。これは，遺留分権利者が相続債務を支払っても，最小限度の相続利益である遺留分を確保することができるようにするためであり，遺留分侵害額の算定に当たり，被相続人が相続開始の時において有した債務のうち，その相続分に応じて遺留分権利者が承継する債務の額を加算するかたちで反映されている（1046条2項3号）。

　遺留分侵害額請求を受けた受遺者らは，遺留分権利者が承継した債務について弁済その他の債務を消滅させる行為（免責的債務引受等）をしたときは，消滅した債務の額の限度において，遺留分権利者に対する意思表示によって遺留分侵害額負担債務を消滅させることができる。この場合，遺留分権利者に対して取得した求償権は，消滅した債務の額の限度において消滅する（1047条3項）。受遺者らによる弁済（第三者弁済）によって遺留分権利者に対する求償権が発生するので（免責的債務引受人は求償権を取得しない。472条の3），求償権の行使，相殺権の行使で事後の処理がなされることもあり得るが，2018（平30）年改正では，意思表示による遺留分侵害額債務の消滅とこれにともなう求償権の消滅という簡易な方法を導入した。

　(3)　支払猶予　　遺留分侵害額の支払を請求された受遺者らが，支払に足りる現金・金融資産を有していない場合，そして遺贈等の目的物を換価することも困難な事情がある場合，受遺者らが支払に窮することになる。2018（平30）年改正の審議の過程では，受遺物等の現物にかかる権利を遺留分権利者に移転させること（現物給付）で，受遺者らが責任を免れることができるものとする方法（改正前の現物返還に当たる）も検討されたが，不要な財産の押しつけや予測可能性に対する危惧があったことから，最終

的には採用されなかった（受遺者らと遺留分権利者との合意による代物弁済の方法はあるが，受遺者らに税法上の不利益が生じることもある）。そのため，受遺者らの保護のために，裁判所は，受遺者らの請求により，その負担した遺留分侵害額債務の全部または一部の支払につき相当の期限を許与することができるものとされている（1047条5項）。この裁判所によって許与された期限が到来するまでは，受遺者らについて遅延利息は発生しない。

② 共同相続と遺留分

Case 14-4

Aは1億円の財産を残したが，遺産の2分の1を妻Wに，2分の1を子Bに相続させる旨の遺言をしている。Aの前妻の子Cは，WBに対して，どのように遺留分侵害額を請求することができるか。

共同相続人間での
遺留分侵害額請求

（1）遺留分を侵害する相続分指定がある場合　2018（平30）年改正前は，遺言による相続分の指定は，遺留分に関する規定に違反することができないものと定められていた（旧902条1項ただし書）。この規定の解釈として，他の相続人の遺留分を侵害することになる相続分指定を無効とする見解と，相続分指定は有効であるが遺留分減殺の対象となるとする見解との対立があったところ，通説・判例は，減殺対象説を支持し（最決平24・1・26家月64巻7号100頁），減殺によって修正された指定相続分の割合で遺産を分割するものと解されていた。2018（平30）年改正はこの判例を変更し，相続分指定についても，遺贈と同様に，遺留分侵害額に相当する金銭の支払を請求することができるものとされた（1046条1項）。

（2）　特定財産承継遺言がある場合　　2018年（平30）改正法は，遺産分割方法の指定として，遺産に属する特定の財産を特定の相続人に承継（＝相続）させる旨の遺言（特定財産承継遺言）があったときは，これにより財産を承継した相続人に対しても，遺留分権利者は，遺留分侵害額に相当する金銭の支払を請求することができることを明文で定めている（1046条1項）。

（3）　受遺者らが遺留分権利者である場合　　相続人の一部の者にした遺贈等によって他の相続人の遺留分が侵害されている場合，遺留分権利者からの遺留分侵害額請求に対し，受遺者らは，遺留分として当該相続人が受けるべき額を控除した額を限度として，遺留分侵害額を負担する（1047条1項）。改正前においては，旧1034条にいう「目的の価額」の解釈として，①遺贈等の目的物の価額を基準とする遺贈額説，②遺留分額を超えた額を基準とする遺留分超過額説（多数説），③法定相続分を超えた額を基準とする法定相続分超過額説などがあり，判例は遺留分超過額説をとっていた（最判平10・2・26民集52巻1号274頁，前掲最決平24・1・26）。改正法はこれを明文化したものである。

　Case 14-4では，Wの受益の遺留分超過額は4分の1，Bの受益の遺留分超過額は8分の3であるので，2対3の割合で，Cに対して遺留分侵害額1250万円を負担する（W500万円，B750万円）。

◆配偶者別格の原則　　贈与・遺贈を受けた者が共同相続人のみである場合，血族相続人からの遺留分侵害額請求に対しては配偶者別格の原則が妥当すべきという説もある。相続分と同様に，配偶者の遺留分と血族相続人の遺留分は，それぞれにおいてまず確保されるべきと考えるものである（遺留分の株分け）。Case 14-4の場合，子Cは遺留分を侵害されているとして，まずはBに対してのみ遺留分侵害額請求できるのか，それともWBに等しく請求することが

できるのか。1042条2項は900条を準用し、また、1980年改正前の規定では、「直系卑属及び配偶者が相続人であるときは、被相続人の財産の2分の1」（旧1028条1号）となっていたので、配偶者を別格とする考えに多少親和性があったが、現在では、こうした考えはとられていない。

遺留分侵害額請求と遺産分割

共同相続人間で遺留分侵害額請求権が行使される場合には、遺産分割との関係が問題となる。2018（平30）年改正前の遺留分減殺請求では、相続財産の現物を取得することが内容となっていたことから、遺産分割の請求のかたちで、実質的に減殺請求が行われることも十分に考えられた。したがって、遺産分割協議の申込み、遺産分割調停・審判の申立てがなされた場合に、そこには遺留分減殺の意思表示も当然に含まれると解されるかについて、見解が分かれていた。これに関して判例は、遺産分割と遺留分減殺とはその要件、効果を異にするから、遺産分割協議の申入れに、当然、遺留分減殺の意思表示が含まれているということはできないが、被相続人の全財産が相続人の一部の者に遺贈された場合には、遺贈を受けなかった相続人が遺産の配分を求めるには、法律上、遺留分減殺によるほかないのであるから、遺留分減殺請求権を有する相続人が、遺贈の効力を争うことなく遺産分割協議の申入れをしたときは、特段の事情のないかぎり、その申入れには遺留分減殺の意思表示が含まれているとしていた（最判平10・6・11民集52巻4号1034頁）。

しかし、2018（平30）年改正後の遺留分侵害額請求権は金銭債権を発生させるにすぎないので、遺産分割との効果の差異は根本的なものとなった。遺産分割においても代償金の取得に終わることもあり、金銭による解決の可能性という意味ではなお共通な部

分は残っているとはいえ（遺留分侵害額請求についても代物弁済として現物の給付による解決もあり得る），遺産分割協議の申入れには，特段の事情がないかぎり，遺留分侵害額請求の意思表示は含まれていないと解すべきことになろう。

なお，遺産分割は家事事件手続法別表第二調停事件である（調停不成立の場合は審判手続に移行する）のに対して，遺留分侵害額請求は一般調停事件（家事 244 条）である（調停不成立の場合は地方裁判所での訴訟となる）。

遺留分と寄与分との関係　協議または家庭裁判所の審判によって定められた寄与分（904 条の 2）に対して，遺留分権利者は，遺留分侵害額の請求をすることができるか。旧1044 条が 904 条の 2 を準用していないことから，寄与分は 2018（平 30）年改正前の減殺の対象にはならない（寄与分は遺留分に勝る）という見解が有力であった。改正法の立案過程でも検討されたが，結果的に寄与分は，遺留分算定の基礎財産においても（1043 条 1 項），遺留分侵害額の算定においても（1046 条 2 項），考慮されていない。しかし，寄与分は遺贈の価額を控除した残額を超えてはならないが（904 条の 2 第 3 項），遺留分侵害額の第一の負担者は受遺者である（1047 条 1 項 1 号）。したがって，遺留分は遺贈よりも寄与分よりも優位にあると考えるのが自然である。他方で，寄与分は遺留分侵害額を負担するものとはされていないので，寄与分が遺留分に優先するともいえる。

このように寄与分と遺留分の関係は，明確ではない。寄与分が共同相続人間の衡平の観点からなされる相続分の調整にとどまらず，具体的な財産形成につながる貢献に基づく実体的権利として観念すべきものであるとすれば，相続債務として遺留分算定の際に控除すればよいのであろうが，現行法では，寄与分は，そのよ

うな性格のものとはされていない。

　遺産分割の実務上は，寄与分が共同相続人の協議で定められたときは，遺留分についても考慮しているであろうし，家庭裁判所が寄与分につき定めるときは，考慮すべき一切の事情のなかに遺留分も含まれるであろう。裁判例では，遺留分を侵害しない範囲で寄与分を定めることが基本的には望ましいものと考えられている（東京高決平3・12・24判タ794号215頁）。

③　遺留分侵害額請求権行使の制限

Case 14-5

　Aは，妻Wとの間に子ができなかったので，遠縁のBを養子にしたが，BがFと婚姻する際にもめて以来，Bとは疎遠となった。その後，AWはCを養女とし，CはDと結婚してからもA夫婦の面倒を20年間見続け，AWの葬儀もCD夫婦が取り仕切った。Aには6000万円の遺産があるが，Aは，すべてをCに譲る，Bには離縁金として100万円だけ与えて欲しい，という遺言をしていた。3年後，親族から話を聞いたBは，Aの遺言は無効である，無効でなければ遺留分を請求すると主張した。CはBの請求に応じなければならないか。

遺留分侵害額請求権の期間の制限

　（1）　遺留分侵害額の請求権は，遺留分権利者が，相続の開始および遺留分を侵害する贈与または遺贈があったことを知った時から，1年間行使しないときは，時効によって消滅する。相続開始の時から10年を経過したときも，同様である（1048条）。ただし，1年は短期消滅時効であるが，10年は除斥期間と考えられている。

　（2）　1年の期間の起算点については，単に贈与または遺贈が

あったことを知っただけではなく，それが遺留分を侵害すること
を知ることが必要である。2018（平30）年改正前の事例において，
遺留分権利者が減殺すべき贈与の効力を争っている場合について
最高裁は，「遺留分権利者が訴訟上無効の主張をしさえすれば，
それが根拠のない言いがかりにすぎない場合であっても時効は進
行を始めないとするのは相当でないから，被相続人の財産のほと
んど全部が贈与されていて遺留分権利者が右事実を認識している
という場合においては，無効の主張について，一応，事実上及び
法律上の根拠があって，遺留分権利者が右無効を信じているため
遺留分減殺請求権を行使しなかったことがもっともであると首肯
しうる特段の事情が認められない限り，右贈与が減殺することの
できるものであることを知っていたものと推認するのが相当」と
判示している（最判昭57・11・12民集36巻11号2193頁）。遺贈の
無効を訴訟上主張していた場合における遺留分減殺請求権の消滅
時効の進行について，遅くとも，上記訴訟について請求棄却の第
1審判決の送達が遺留分権利者に対しなされた日の翌日から開始
するとされた事例がある（東京高判平12・7・13家月53巻8号64
頁）。これらは2018（平30）年改正後も妥当する。

　Case 14-5の場合，BがAの相続開始を知らなかったとすれば，
遺留分侵害額請求権が時効によって消滅しているということはな
い（しかし，その権利行使は疑問⇒遺留分侵害額請求権の濫用）。

　遺留分権利者が未成年者または成年被後見人であるときは，時
効の期間の満了前6ヵ月以内の間に法定代理人がないときは，遺
留分権利者が行為能力者となった時または法定代理人が就職した
時から6ヵ月を経過するまでの間は，時効は完成しない（158条
1項）。時効の期間の満了前6ヵ月以内の間に精神上の障害によ
り事理を弁識する能力を欠く常況にある者に法定代理人がない場

合において，少なくとも，時効の期間の満了前の申立てに基づき後見開始の審判がされたときも，同様である（最判平26・3・14民集68巻3号229頁）。

（3）　遺留分侵害額請求権の行使の結果として生じた遺留分侵害額に相当する金銭の支払を求める権利（金銭債権）は，ここでいう消滅時効には服しない（改正前の減殺請求に関する最判昭57・3・4民集36巻3号241頁）。これは一般の金銭債権と同様の消滅時効にかかり，その期間は，2020（令2）年4月（2017〔平成29〕年民法改正の施行）からは5年間である（166条1項1号）。

遺留分侵害額請求権の濫用　2018（平30）年改正前の遺留分減殺請求権に関するものであるが，わずかな期間を養子として共同生活していたが，その後長く事実上の離縁状態になっていた者が，その後に養子となり養親を世話してきた者に対して，被相続人である養親がした遺贈を減殺請求することは，権利濫用となると解されている（名古屋地判昭51・11・30判時859号80頁）。現行法でもこれは妥当する。

遺留分権利者に親族としての信頼関係を破壊する不信行為があり，被相続人との間の実質的な家族関係が失われているような場合は，遺留分権は実質的な法的基盤を欠くので，その行使を制限すべきである。離婚・離縁の手続が進行中であった場合，あるいは被相続人が相続からの廃除の意思を有していたが，手続が済んでいなかった場合などで，それらが認められる蓋然性があったときは，遺留分侵害額請求は，権利濫用となりうるものである。例えば，2018（平30）年改正前の事例であるが，子らの協議により母親の面倒を長年みてきた娘に対して単独で相続させる遺言があった場合に，共同相続人らは遺留分の事前放棄を約束していたときは，それに反する遺留分減殺請求は権利濫用であるとしたもの

がある（東京高判平 4・2・24 判時 1418 号 81 頁）。

Case 14-5 の場合，AB 間の養親子関係は形骸化し，A には離縁の意思もあり，事実上，相続廃除の意思もみられる。B からの遺留分侵害額請求権行使は，権利濫用として排斥されるべきである。

4 遺留分の放棄

Case 14-6

A の相続人は妻 W と子 B，C，前妻の子 D である。D は，父母離婚の際に相当の財産を与えられて，遺留分放棄の手続をした。C も，A から遺贈を受ける約束で，遺留分を放棄している。しかし A は，W に全財産を相続させる旨の遺言をした。BCD の遺留分はどうなるか。

相続開始前の遺留分放棄　　　　　1947（昭 22）年改正で新たに遺留分法体系に組み込まれたものが，相続開始前の遺留分放棄の規定である。旧法の下では，遺留分権の事前放棄を認める裁判例もあったが，学説は否定的であった。遺留分権は「家」の権利であり，その放棄は家督相続の精神に反すると考えられていたからである。しかし，1947 年の改正により家督相続制度が廃止されたことで，逆のかたちで遺留分の事前放棄が問題とされるようになった。つまり，家産，とくに農地などの農業資産を子の 1 人に単独で相続させるには，他の相続人に相続権を放棄させるか，贈与または遺贈によらざるをえなくなったのである。しかし，相続の開始前に相続放棄をすることは，わが国では認められていない。したがって，被相続人としては贈与または遺贈の

方法をとることになるが，そのためには遺留分の存在が妨げになる。そこで，家督相続廃止の代償として，相続開始前における遺留分放棄の制度が設けられたものと考えられる（ただし，実務上，特別受益があることを理由にして，あるいは遺産分割を通じて遺産を特定相続人に集中させる方法が利用されるようになる⇒第10章 *3* ②）。

家庭裁判所の許可　相続の放棄（938条）は相続の開始後にしかできないのに，遺留分についてのみ事前の放棄を認めることには，批判が強い。また，遺留分権利者が被相続人や他の相続人の圧力によって放棄を強いられることで，実質的な家督相続を温存させ，1947年改正による配偶者相続権の確立および均分相続の原則に反するおそれがある。そこで，**遺留分の事前放棄は，家庭裁判所の許可**（家事216条・別表第一110項）**を受けたときにかぎり，有効なものとされている**（1049条1項）。この放棄の意思表示は，被相続人を相手方とする一方的意思表示（単独行為）である（相手方のない単独行為説，家庭裁判所を相手方とする説もある）。

　家庭裁判所の許可に際しては，遺留分の放棄が相続人の自由な意思によるものかどうか，相続人は遺留分の放棄に応じた代償を得ているか（Case 14-6のD），等が考慮される。たとえば，被相続人（父）に結婚を反対され，それが原因で親子の関係がうまくいかなくなった娘が，父の意に沿うように申立てをした遺留分放棄の申立ては，申立人の真意ではないとして，あるいは，代償財産の取得が不確実であるとして，遺留分の放棄が認められなかった例がある（ただし，既済事件の9割以上は許可されている。**表14-2**は新受件数の推移を示すが，旧受を含めた2021〔令3〕年の既済784件のうち認容は739）。なお，未成年者，成年被後見人，被保佐人らのための法定代理人，保佐人らからの申立ては，許可すべ

表 14-2 遺留分の放棄についての許可事件 (新受件数・司法統計年報家事編)

1955 年	1965 年	1975 年	1985 年	1993 年	1995 年	2000 年	2021 年
433	759	1,035	1,271	1,822	1,554	1,297	781

きでない。

遺留分放棄の効力　遺留分を放棄した相続人も相続権そのものを失うわけではないので，遺留分を侵害するような贈与・遺贈がなければ，結果的には同じことになる。また，共同相続人の 1 人のした遺留分放棄は，他の共同相続人の遺留分には影響を及ぼさない（1049 条 2 項）。被相続人が自由に処分することができる財産（自由分）が，放棄された遺留分に応じて増加することになる。Case 14-6 の B の遺留分は，他の遺留分権利者の放棄にかかわらず 12 分の 1 である。もっとも，遺留分放棄者が相続開始後に相続放棄をしたときは，その者は初めから相続人でなかったことになるので，他の遺留分権利者の遺留分が増加する結果となる（異論もみられる）。

Case 14-6 の D のように，遺留分の事前放棄の見返りとして，相続人が放棄者に一定の財産を分与する場合，実質的には，事前の相続放棄契約に近いが，与えられた財産は特別受益財産として，取り扱われることになろう。したがって，遺留分を侵害されている者があれば，その全部が遺留分侵害額請求の対象となる。

相続開始後における遺留分放棄　相続開始後に遺留分を放棄することは，遺留分権利者の自由である。遺留分侵害額請求権を行使しないままに消滅時効にかかれば，結果的に遺留分を放棄したのと同じことになるが，それだけに，明示的に遺留分を放棄することができることは当然である。

相続開始前に家庭裁判所の許可を得て遺留分を放棄したが，その後に事情が変化して，遺留分の放棄を取り消したいと考えるに至ったとき，これは認められるであろうか。相続人の廃除（892条）については，その取消しが明文で認められている（894条）。しかし，**遺留分の事前放棄の取消し**を認める規定は，民法にも家事事件手続法にもない。したがって，家庭裁判所の許可審判がなされている以上，いかなる事情の変更があろうとも，相続人に認められた自由分の拡大の利益を奪うことは許されない，と考えることもできる。しかし，遺留分の事前放棄の制度をおくこと自体に対する批判も多いし，この制度が合理的に運用されているかについても危惧があるところから，法定相続人の相続利益を不当に侵害するような事態に至れば，それを維持する必要はない。

　下級審裁判例は，限定的にではあるが，遺留分の事前放棄のための家庭裁判所の許可審判を，事情変更を理由として取り消すことができるものとしている（家事78条参照）。そして，それは相続の開始前だけでなく，相続が開始した後であっても認められる（仙台高決昭56・8・10家月34巻12号41頁）。Case 14-6のCは，Aの約束した遺贈を受けられなかったことを理由として，事前放棄の取消しを求めることができると考えられる。

　なお，これとは別に，遺留分放棄の意思表示は，放棄者の意思能力の欠缺，錯誤（95条），詐欺・強迫（96条）を原因として，無効または取り消すことができるものとなる。

Column ㉔　中小企業の経営の承継と遺留分 ●━●━●━●━●━●━●━●━●━●━●

　中小企業の代表者の死亡による経営の承継が事業活動の継続に影響を及ぼすことを憂慮する声に押され，遺留分に関し民法の特例を定める「中小企業における経営の承継の円滑化に関する法

律」が 2008（平 20）年 5 月 9 日に成立した（同年 10 月 1 日施行，民法の特例に関する部分は 2009 年 3 月 1 日施行）。同法は，中小企業経営者の後継者となる相続人が，先代経営者（旧代表者）の遺留分権利者全員との合意をもって，書面により，後継者が先代経営者からの贈与等により取得した株式等について，これを遺留分算定の基礎財産に算入しないこと（相続に伴う株式分散の防止），または算入すべき価額を合意の時における価額（弁護士，公認会計士等が相当な価額として証明したものにかぎる）とすること（後継者の貢献による株式価値上昇分が遺留分算定の際に対象外となり経営意欲が阻害されない）等を定めることができるものとしたが（同法 4 条 1 項），合意の効力は経済産業大臣の確認（同法 7 条）および家庭裁判所の許可（同法 8 条，家事 234 条・別表第一 134 項）を要件とする。この合意の際には，推定相続人間の衡平を図るための措置に関する定めをすることもできる（同法 6 条）。この手続は，後継者が単独ですることができる（事前の遺留分放棄は遺留分権利者各人が個別に手続する）。2021（令 3）年の家庭裁判所許可申立新受件数は 40，既済 43 のうち，認容 42 である。本法は遺留分制度の存在意義をめぐる議論に，いかなる影響を与えるであろうか。

　本書は，家族の実態・家族法の新しい動きを踏まえつつ，わかりやすく親族法・相続法の体系を学んでもらいたいと考えて書かれたものです。家族の実態や法はこれからもどんどん変わっていくと思いますが，その変化を自ら見つめる視点・基礎を本書で養ってもらえればと願っています。

　本書を読んで後のさらなる学習のために，本文では引用できなかった基本的かつ主要な参考文献を以下に紹介します。最新の研究を知るためには多くの論文を読まなければなりませんが，紙幅の関係上ここに掲載することはできませんでした。以下の参考文献を利用して，家族法をいっそう深く勉強してくださることを期待しています。

＊教科書

有地亨・家族法概論（新版補訂版）（2005・法律文化社）

伊藤昌司・相続法（2002・有斐閣）

泉久雄・親族法（1997・有斐閣）

犬伏由子＝石井美智子＝常岡史子＝松尾知子・親族・相続法（第3版）（2020・弘文堂）

内田貴・民法Ⅳ親族・相続（補訂版）（2004・東京大学出版会）

遠藤浩他・民法(8)親族（第4版増補補訂版）（2004・有斐閣）

遠藤浩他・民法(9)相続（第4版増補補訂版）（2005・有斐閣）

近江幸治・民法講義Ⅶ親族法・相続法（第2版）（2015・成文堂）

大村敦志・家族法（第3版）（2010・有斐閣）

北川善太郎・親族・相続（民法講要Ⅴ）（第2版）（2001・有斐閣）

久貴忠彦・親族法（1984・日本評論社）

窪田充見・家族法（第 4 版）（2019・有斐閣）

佐藤義彦＝伊藤昌司＝右近健男・民法 V 親族・相続（第 4 版）
　（2012・有斐閣）

潮見佳男・詳解相続法（第 2 版）（2022・弘文堂）

清水節・判例先例親族法 II・III（II 1997・III 2000・日本加除出版）

鈴木禄弥・親族法講義（1988・創文社）

鈴木禄弥・相続法講義（改訂版）（1996・創文社）

鈴木禄弥＝唄孝一・人事法 I・II（I 1980・II 1975・有斐閣）

高木多喜男・口述相続法（1988・成文堂）

常岡史子・家族法（2020・新世社）

床谷文雄＝犬伏由子編・現代相続法（2010・有斐閣）

中川善之助・新訂親族法（1967・青林書院新社）

中川善之助＝泉久雄・相続法（第 4 版）（2000・有斐閣）

中川高男・親族・相続法講義（新版）（1995・ミネルヴァ書房）

二宮周平・家族法（第 5 版）（2019・新世社）

深谷松男・現代家族法（第 4 版）（2001・青林書院）

星野英一・家族法（1994・放送大学教育振興会）

前田陽一＝本山敦＝浦野由紀子・民法 VI 親族・相続（第 6 版）
　（2022・有斐閣）

松原正明・全訂判例先例相続法 I II（第 2 版）・III・IV・V（I
　II 2022・III 2008・IV 2010・V 2012・日本加除出版）

我妻栄・親族法（1961・有斐閣）

＊注解・注釈書

新注釈民法(17)(19)(2017～2023・有斐閣）

新版注釈民法(21)～(28)(1989～2013・有斐閣）

大村敦志・民法読解親族編（2015・有斐閣）

中川淳・改訂親族法逐条解説（1990・日本加除出版）

中川淳・相続法逐条解説（1985～1995・日本加除出版）

新基本法コンメンタール親族（第2版）（2019・日本評論社）

新基本法コンメンタール相続（2016・日本評論社）

論点大系・判例民法10親族・11相続（第3版）（2018～2019・第一法規）

　＊講　座　等

家族法大系Ⅰ～Ⅶ（1959～1960・有斐閣）

現代家族法大系1～5（1979～1980・有斐閣）

民法講座7親族・相続（1984・有斐閣）

講座・現代家族法1～6（1991～1992・日本評論社）

民法典の百年Ⅰ・Ⅳ（1998・有斐閣）

新家族法実務大系1～5（2008・新日本法規出版）

現代家族法講座1～5（2020～2021・日本評論社）

　＊演　習

窪田充見＝佐久間毅＝沖野眞已編・民法演習ノートⅢ（2013・弘文堂）

道垣内弘人＝大村敦志・民法解釈ゼミナール5親族・相続（1999・有斐閣）

山畠正男＝泉久雄・演習民法（親族）・（相続）（1985・青林書院）

　＊立法に関する文献

石川稔＝中川淳＝米倉明編・家族法改正への課題（1993・日本加除出版）

中田裕康編・家族法改正（2010・有斐閣）

水野紀子編・相続法の立法的課題（2016・有斐閣）

　＊判例解説

大村敦志＝沖野眞已編・民法判例百選Ⅲ（第3版）（2023・有斐閣）

456

最高裁判所

家庭裁判所

【有斐閣アルマ】

民法 7 親族・相続〔第 7 版〕

2004 年 3 月 30 日 初 版第 1 刷発行	2017 年 9 月 30 日 第 5 版第 1 刷発行
2007 年 10 月 5 日 第 2 版第 1 刷発行	2020 年 3 月 30 日 第 6 版第 1 刷発行
2011 年 12 月 25 日 第 3 版第 1 刷発行	2023 年 10 月 30 日 第 7 版第 1 刷発行
2014 年 10 月 30 日 第 4 版第 1 刷発行	2024 年 11 月 20 日 第 7 版第 2 刷発行

著　者　　高橋朋子 = 床谷文雄 = 棚村政行

発行者　　江草貞治

発行所　　株式会社有斐閣

〒101-0051 東京都千代田区神田神保町 2-17

https://www.yuhikaku.co.jp/

装　丁　　デザイン集合ゼブラ＋酒井哲也

印　刷　　株式会社精興社

製　本　　大口製本印刷株式会社

装丁印刷　株式会社亨有堂印刷所

落丁・乱丁本はお取替えいたします。定価はカバーに表示してあります。
©2023, T. Takahashi, F. Tokotani, M. Tanamura.
Printed in Japan ISBN 978-4-641-22221-2